高等学校经济管理类核心课程教材

财务报表分析与估值

立体化数字教材版

主　编　宋顺林　郑登津
副主编　陈运森　梁上坤　鲁桂华

FINANCIAL STATEMENT ANALYSIS AND VALUATION

中国人民大学出版社
·北京·

前　言

教材对于教师的教学和学生的学习都十分重要，但是编写一本高质量的教材并不是一件容易的事情。尤其是在相关高水平教材已经琳琅满目的前提下，再编写一本教材可能不太理性。因此，作为本书的作者，我们首先需要思考和回答的问题是：为什么要编写这本教材？

我们认为，现有的教材可能更强调教授学生与财务报表分析相关的知识和指标，而把真正手把手教学生分析财务数据的任务留给了社会实践。财务报表分析是一门实践性非常强的学问，也是商科的核心课程。财务报表分析课程应让每个商科学生知道如何分析公司的财务报表，能够透过财务数据了解和跟踪公司的经营和财务状况。

为了达成这个目标，我们做了很多努力。《财务报表分析与估值》（立体化数字教材版）一书至少具备以下六个创新点。

1. 明确定位和聚焦

以往的教材更强调通用目的的财务报表分析，面向的对象是所有财务报表的使用者，包括外部股票投资者、外部债券投资者和内部管理者等。这种通用目的的财务报表分析内容不够聚焦，也缺乏情境化的内容。

本书更加聚焦于满足一类主要的使用者，即价值投资者的需求。明确的定位使得本书内容更具针对性，更加贴近投资者在实际分析中的真实情境，便于读者真正掌握分析财务报表中数据的技巧和方法。

2. 创新框架和内容

为了更好地满足读者学习财务报表分析的需求，我们结合财务报表数据的优缺点，充分借鉴与吸收前人的智慧，构建了本书的分析框架。这一框架包括财务报表分析的一个视角、两大功能、三个方法和四项原则。此外，在内容上，为了满足投资者的分析需求，相比传统的教材，本书增加了创新能力分析、三大风险分析、公司前景分析与股票估值三部分内容。

3. 立足中国实践

作为本土化的教材，本书必须立足中国实践。为此，我们主要做了两件事情：(1) 使用的案例绝大部分是读者熟悉的中国案例，以便于读者理解和增加可读性；(2) 每章都设置“中国实践”专栏，描述中国上市公司最新的数据，或介绍中国资本市场最新的政策，以方便读者了解中国资本市场的实践。

4. 巧妙融合思政元素

作为一名价值投资者，其品德和价值观也会在其投资行为中体现。介绍财务报表分析的教材除了教授财务报表知识和帮助读者提升分析能力之外，必须在立德树人和价值观的塑造方面发挥基本作用。本书在这方面做出了创新尝试，即将课程思政与中国资本市场的实践相结合，让读者在了解中国资本市场实践的过程中，提升自己的境界、修养和思维。

5. 统一和丰富的案例相结合

全书贯穿使用一个核心案例，以便于读者更系统地学习如何深入分析一家公司。同时，根据各章内容的需要，还会补充其他案例，以增加内容的丰富性和可读性。

6. 数字化教辅资料

为了辅助教师更好地使用本书，本书配备了 PPT、即测即评、慕课视频、练习题、教师微信交流群、微信公众号等相关资源，具体说明如下：

(1) PPT。教师可以通过中国人民大学出版社网站或电子邮件联系主编获得教材的 PPT。

(2) 即测即评。每节附二维码形式的“即测即评”，主要包括判断题、单选题和多选题，并附有答案、解析、知识点、难易程度。这一方面便于学生在课后随时随地练习；另一方面便于教师利用系统布置作业和考试，监督学生学习情况、做好过程考核。

(3) 慕课视频。可通过由清华大学建立的慕课平台“学堂在线”搜索“财务报表分析：投资者视角”或“宋顺林”，查找与课程相关的慕课视频，慕课平台可在课前预习时使用。

(4) 每章后面有练习题，便于学生巩固本章知识并通过实践加强学习。

(5) 建立教师微信交流群，便于任课教师相互交流和学习。

(6) 创建微信公众号（名称：“我爱读年报”；微信号：investment _ finance），补充分享财务报表分析的最新知识、案例和商业书籍，作为拓展阅读材料。

本书共分为 5 篇 14 章，第 1 篇为基础篇，包括总论，以及对资产负债表、利润表、现金流量表的分析与介绍；第 2 篇为能力篇，介绍盈利与成长能力分析、营运能力分析、创新能力分析和综合财务分析；第 3 篇为风险篇，介绍竞争风险分析、清偿风险分析和财务舞弊风险分析；第 4 篇为估值篇，介绍公司前景分析与股票估值；第 5 篇为综合篇，介绍美的集团的财务报表分析与估值。

本书编写团队集结了中央财经大学会计学院五位资深教授，既有国家级学术人才，又有省部级教学名师。分工如下：宋顺林负责第 1～4 章、第 7 章、第 9 章和第 11 章，郑登津负责第 5 章、第 12～13 章，陈运森负责第 8 章，梁上坤负责第 6 章，鲁桂华负责第 10 章，宋顺林和郑登津共同负责第 14 章。

我们认为，财务报表分析是商科学生的必修课。因此，本书力求通俗易懂，以满足非会计专业学生的选修需求。同时，本书的内容也有一定的难度和深度，以确保适合会计专业的本科生学习。因此，对于非会计专业学生，我们建议适当降低学习要求，注重掌握基础知识；对于会计专业学生，我们鼓励他们在行动学习方面提出更高的要求。

主编宋顺林感谢编辑陈永凤老师等在本书写作过程中的鼓励与支持，感谢中央财经大学会计学院同事们长期以来的指导和帮助，特别感谢好友黄健峰、杨振斌和郑广录等的大力支持。

我们期待各位读者的反馈，力求在本书修订再版时进一步完善。主编联系方式：宋顺林，songsl@cufe. edu. cn；郑登津，zhengdengjincufe@126. com。

目　录

第1篇　基础篇

第1章　总　论 …… 3
1.1　财务报表分析概述 …… 4
1.2　本书的财务报表分析框架 …… 8
1.3　读财务报表前的准备知识 …… 17
第2章　资产负债表 …… 31
2.1　初识资产负债表 …… 32
2.2　资产分析 …… 34
2.3　负债分析 …… 57
2.4　所有者权益分析 …… 63
第3章　利润表 …… 70
3.1　初识利润表 …… 71
3.2　利润表的解读：利润的产生过程 …… 73
3.3　收入及费用分析 …… 79
3.4　利润表中的陷阱和机会 …… 87
第4章　现金流量表 …… 93
4.1　初识现金流量表 …… 94
4.2　现金流量表的编制 …… 96
4.3　自由现金流的计算和分析 …… 105
4.4　财务报表之间的关系及展望 …… 110

第2篇　能力篇

第5章　盈利与成长能力分析 …… 119
5.1　盈利能力 …… 120
5.2　业务获利能力 …… 121
5.3　资产获利能力 …… 128
5.4　市场获利能力 …… 133
5.5　成长能力 …… 137
第6章　营运能力分析 …… 141
6.1　营运能力分析概述 …… 142
6.2　总体营运能力分析 …… 145
6.3　流动资产管理能力分析 …… 151
6.4　非流动资产管理能力分析 …… 158
第7章　创新能力分析 …… 162
7.1　创新能力分析概述 …… 163
7.2　创新投入与创新产出分析 …… 167
7.3　创新商业化成效分析 …… 178
第8章　综合财务分析 …… 183
8.1　股东权益报酬率的构成与杜邦分解流程 …… 186
8.2　杜邦分析的运用 …… 191
8.3　业财融合的杜邦分析运用 …… 196

第3篇　风险篇

第9章　竞争风险分析 …… 209
9.1　竞争风险概述与分析框架 …… 210
9.2　现有竞争者之间的竞争程度分析 …… 214
9.3　潜在进入者和替代品的影响分析 …… 218
9.4　上下游议价能力分析 …… 222
第10章　清偿风险分析 …… 227
10.1　杠杆与系统性风险分析 …… 228
10.2　清偿能力分析 …… 240
第11章　财务舞弊风险分析 …… 258
11.1　财务舞弊概述 …… 259

11.2 财务舞弊的成因与手段 …… 262
11.3 财务舞弊风险的识别：一个框架 …… 267
11.4 财务舞弊风险的识别：一个案例 …… 270

第 4 篇 估值篇

第 12 章 公司前景分析 …… 285
12.1 前景分析：四维分析框架 …… 286
12.2 前景分析：财务预测方法 …… 294
第 13 章 股票估值 …… 300
13.1 绝对估值法 …… 301
13.2 相对估值法 …… 313

第 5 篇 综合篇

第 14 章 财务报表分析与估值：以美的集团为例 …… 325
14.1 业务与治理 …… 325
14.2 三大报表分析 …… 329
14.3 四项能力分析 …… 335
14.4 三大风险分析 …… 337
14.5 前景与估值分析 …… 339

主要参考文献 …… 341

第 1 篇
基础篇

第1章

总论

学习目标

1. 掌握什么是财务报表分析。
2. 了解本书的财务报表分析框架。
3. 了解读财务报表前的准备知识。
4. 思考价值投资在资本市场中的作用和地位。

引导案例

巴菲特为何偏爱读财报

据报道，“股神”巴菲特每天最重要的工作就是阅读。他的办公室里没有电脑，更不可能有股票行情软件，有的只是大量的阅读材料。这些阅读材料中最重要的无疑是年报。巴菲特的档案间有188个抽屉，里面装满了年报，助理的主要工作就是管理这些年报。据说，巴菲特平均每天要阅读16份公司年报，按照一份年报平均100页计算，16份年报接近1 600页。

公司年报是巴菲特最看重的投资信息来源。巴菲特几十年如一日，持之以恒阅读公司年报。他建议投资新手像他一样，长期阅读年报，必将终身受益。财务报表无疑是年报中最重要的部分。要读懂年报，就必须掌握“会计”这门语言。虽然巴菲特本人并不是会计专业科班出身，但从巴菲特“致股东的信”中可以窥见其财务报表分析功力的深厚。在会计方面，巴菲特是自学成才，这源于他对商业的极大兴趣。

投资者在股市赚钱的多少与对投资对象的了解程度成正比。巴菲特建议，投资者必须了解年报，它是企业与外界交流的语言，一种“完美无瑕”的语言。只有愿意花时间学习如何分析它，才能独立地选择好的投资标的。

当然，也有人认为读年报并不是那么有趣。特斯拉创始人马斯克说，巴菲特每天的工作就是坐在那里看年报，超级无聊。但是，马斯克也说，虽然他不是巴菲特的粉丝，但是他认为巴菲特做的工作对经济社会非常有用。最重要的是，巴菲特确实乐在其中，并且会把这件事持续做下去。

思考：

（1）巴菲特为何如此喜欢读年报？

（2）巴菲特所做工作的社会价值体现在哪些方面？

1.1 财务报表分析概述

1.1.1 什么是会计

何谓会计（accounting）？问得好，但不好答！

1.1 即测即评

上大学前，很多人对会计的认识是好找工作。上大学选专业时，一些家长会强烈推荐会计专业，原因无他，好找工作！试想，每个企业都需要会计！据统计，全国会计从业人员已达 4 000 万之多，也就是说，大约每 100 个中国人里就有 3 个会计从业人员。2022 年 4 月，《人民日报》发布了“毕业生人数最多的 10 个专业”，会计专业不负众望排名第一。你知道会计专业毕业生每年有多少吗？70 万人！虽然会计从业人员众多，但高端人才仍然紧俏。根据中国注册会计师协会发布的 2021 年数据，全国只有 30 万人拥有注册会计师证书，每年的会计专业硕士毕业生只有 9 000 多人。

上大学后，部分同学会觉得学会计有点枯燥，整天不是“借”就是“贷”，比较复杂、烦琐，后悔“听妈妈的话”选择会计专业。很多非会计专业的学生学完“会计学”课程后一头雾水、不得要领，难以对会计这门学科产生兴趣。

毕业后，很多人都会感受到会计其实非常有用，尤其是对于从事投资相关工作的人而言，财务报表分析是必备技能。会计专业的毕业生可能会后悔在大学时没有学好会计，而非会计专业的毕业生可能会羡慕学会计的，因为自己想学些会计知识但又没有基础，学起来很吃力。

对于会计的这三种看法，到底哪一个对呢？都对，又都不对。这取决于你如何理解会计。对会计的理解大致可以分为两个层次：（1）浅层次的理解。会计是“做账”的或者“做表”的，会计工作人员因此被称为“账房先生”或“表哥表姐”，某些会计工作还面临被人工智能取代的威胁。（2）深层次的理解。会计是一门国际通用的商业语言，会计师像律师一样有非常强的专业性，会计工作人员应该被称为“商务专家”。人工智能替代的只是部分基础性的会计工作，人工智能不能取代会计，只会让会计职业发展得更好。

会计是国际通用的**商业语言**（business language），有了这门语言，商业人士的沟通和决策变得更为简单。理解了会计的本质是商业语言，上述三种看法是否正确就不言自明了。首先，会计专业相对其他专业的确更好找工作，并且商业越发展，会计越重要。当然，在人工智能时代，低端会计人才（业务处理）和高端会计人才（决策支持）的前景会有所差异。其次，会计是否枯燥取决于你对商业世界是否有兴趣，取决于你是否理解会计的本质——商业语言。最后，会计当然有用，只要你从事商业活动，掌握这门商业语言或多或少都是有用的。你离商业核心越近，会计就越重要。

1.1.2 什么是财务报表

1. 财务报表是会计的一项产品

何谓**财务报表**（financial statements）？我们先来看看财务报表的模样。表1-1节选自2022年美的集团合并资产负债表。你会发现此报表的主要内容是会计项目名称和会计数字。

表1-1 美的集团合并资产负债表（节选） 单位：亿元

项目	2022-12-31	2021-12-31
流动资产合计	2 610.99	2 488.65
非流动资产合计	1 614.56	1 390.82
资产总计	4 225.55	3 879.47
流动负债合计	2 063.42	2 228.51
非流动负债合计	642.90	302.70
负债合计	2 706.31	2 531.21
所有者权益合计	1 519.24	1 348.25
负债和所有者权益总计	4 225.55	3 879.46

本书认为，财务报表的本质是会计人员基于分类和计量的学问打造出来的一项产品。首先，如表1-1所示，资产负债表的资产项目下面有很多子项目，这些子项目是对资产这一会计要素的进一步分类，所以报表体现了“会计是分类的艺术”。其次，每个报表项目都对应一个精确的会计数字，所以报表体现了“会计是计量的科学”。最后，报表项目和数字以表格的形式呈现，目的是便于使用者查阅和分析，体现了用户导向的原则。

理解了什么是财务报表，我们再来查看财务报表这项产品到底包括哪些内容。根据企业会计准则，企业的财务报表至少应当包括资产负债表、利润表和现金流量表。这三张表就是人们通常所说的会计的“三大报表”。为什么是这三张表呢？有这三张表就足够了吗？关于这三张表的逻辑关系，有一种有趣的说法：企业的三张报表分别代表企业的“底子”“面子”“日子”。掌握了一家企业的“底子”“面子”“日子”，就可以比较完整地理解一家企业的经营状况。那么，到底谁是“底子”、谁是“面子”、谁又是“日子”呢？学完本书，相信你会得到答案。

2. 财务报表与公司年报的关系

除了财务报表，大家可能还听说过财务报告和**公司年报**（annual report），这两个概念与财务报表是什么关系呢？其实，财务报告和财务报表含义相近，两者经常交替使用。根据企业会计准则，财务报告是指企业对外提供的反映企业某一特定日期的财务状况和某一会计期间的经营成果、现金流量等会计信息的文件。财务报告包括财务报表和财务报表附注两部分。财务报表附注旨在帮助财务报表使用者深入了解基本财务报表的内容，主要包括会计处理方法，以及对财务报表有关内容和项目所做的说明和解释。

年报是一家公司最重要的对外披露文件，也是投资者必读的文件。例如，价值投资大师巴菲特就非常享受喝着可乐读年报的美好时光。年报既包含财务信息，又包含非财务信息。年报的范围要远大于财务报告和财务报表。但是，就篇幅而言，财务报告是年报中的绝对主角。读者翻阅美的集团 2022 年年报提纲可知，美的集团 270 多页的年报中，第十节“财务报告”的篇幅占了一半左右。此外，第二节“公司简介和主要财务指标”以及第三节“管理层讨论与分析”，也大部分是在介绍和分析公司的财务数据。其他上市公司的年报提纲也大体如此。由此可见，学会分析财务报表数据，是看懂公司年报和了解一家公司的必要条件。

3. 财务报表数据的获取

财务报表数据一般从哪里获取呢？毫无疑问，公司年报是获取财务报表数据最可靠的途径，是报表数据的一手来源。公司年报可以在公司官网、中国证监会、证券交易所等官方网站获得，还可以在巨潮资讯网、东方财富网、同花顺、新浪财经等第三方网站获取。

除此之外，数据库公司（如 Wind、CSMAR 和 Choice）也会专门整理企业的报表数据，帮助我们更方便地获取和整理大样本的公司财务数据。很多我们日常生活中接触到的公司，如美的集团、伊利股份、腾讯控股等都是公众公司（上市公司），它们的财务数据都可以非常便捷地获取到。因此，对于那些想练习报表分析的同学来说，数据不是问题，关键在于你是否对商业感兴趣，是否有了解一家公司的好奇心。

1.1.3 什么是财务报表分析

何谓**财务报表分析**（financial statement analysis）？要回答此问题，首先要明确财务报表是如何产生的。哈佛财务分析框架很好地展示了财务报表的由来，如图 1－1 所示。

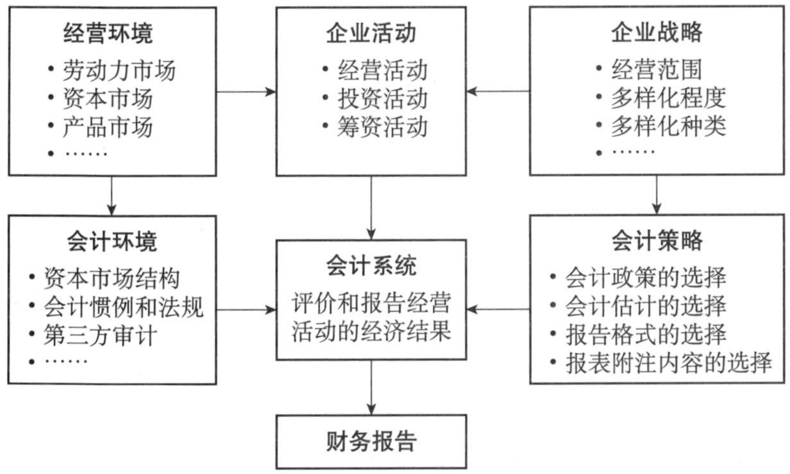

图1-1 哈佛财务分析框架

根据哈佛财务分析框架，企业活动经过会计系统的加工，最终表现为财务报表。企业活动是财务报表的根源，没有企业活动，财务报表就成了无源之水、无本之木。企业活动受经营环境和企业战略的影响，而会计系统受会计环境和会计策略的影响，因此，企业的财务报表间接地受经营环境、企业战略、会计环境和会计策略等因素的影响。在分析企业的财务报表时，这些因素也不可不察。

将企业活动加工成财务报表的活动就是财务会计工作。财务会计的主要工作是记账、编制报表，把企业的业务活动以财务报表的形式呈现出来。财务报表分析的工作可以看作财务会计工作的反向操作，即通过分析企业的财务报表，了解企业真实的业务状况，给企业的经营画像。因此，本书认为，**财务报表分析**（financial statement analysis）是指报表使用者在了解企业业务的基础上，对企业财务状况、经营成果和现金流量等会计信息进行加工、处理和分析，以掌握企业真实的业务状况、跟踪企业业务状况的变化，进而作出正确商业决策的过程。

初看起来，财务报表分析工作与财务会计工作十分相似，实则不然。财务报表分析的难度要远大于财务会计工作。财务会计工作主要是根据公司的业务活动凭证和会计规则，按部就班地编制财务报表。相关工作人员主要需要掌握会计知识，了解记账规则。外部的财务报表分析者，往往与公司“素未谋面”，需要通过对报表数据的加工和分析，研判公司的业务状况。根据哈佛财务分析框架，财务报表分析者不仅要分析公司当前和过去的业绩（即财务分析），而且要评估公司所处的内外部环境，评估公司的战略（即战略分析），评估会计反映基本经营现实的程度（即会计分析），并在财务分析、会计分析和战略分析的基础上对公司的未来作出科学预测（即前景分析）。因此，财务报表分析者不仅要掌握会计专业知识，而且要熟悉经济、管理等学科的知识；

不仅要了解产业和公司的业务，而且要有很强的分析能力和丰富的实践经验。

1.2 本书的财务报表分析框架

为了更好地满足读者学习财务报表分析的需求，我们结合财务报表数据的优缺点、充分借鉴与吸收前人的智慧，构建了本书的财务报表分析框架，如图 1－2 所示。该框架包括财务报表分析的一个视角、两大功能、三个方法和四项原则。

1.2 即测即评

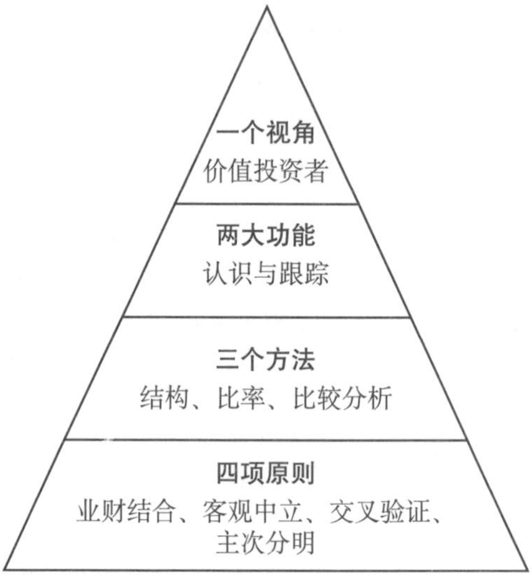

图 1－2 本书的财务报表分析框架

1.2.1 财务报表分析的一个视角

1. 本书关注的报表使用者：价值投资者

当前，企业披露的财务报表一般是通用目的的财务报表，即不为某类特定使用者服务的报表。财务报表使用者需要根据自己的需求对财务报表中的数据进行加工和处理。财务报表的使用者可大致分为三类：内部管理层、外部投资者（包括股东和债权人）以及其他利益相关者（包括监管部门和中介机构等）。国际财务会计概念框架（CFFR）认为，财务报表的主要使用者应当是外部投资者。与内部管理层不同，这些外部投资者无法要求企业直接向其提供信息，因而必须依赖财务报表来获取所需的诸多财务信息。

通常大部分教材倾向于满足所有财务报表使用者的需求，包括股东、债权人和内部管理层等，但不同的财务报表使用者的视角和关注的问题并不一样，这些很难在一本书中兼顾。与其他教材不同，本书主要聚焦于满足一类主要使用者的需求，即股票分析师，包括股票投资者和为投资者服务的证券分析师。我们相信，本书定位于**价值投资者**（value investor）视角的财务报表分析，至少有三大好处：（1）明确学习财务报表分析的目的——为价值投资者服务，这使得学习内容更具针对性，达到事半功倍的学习效果。（2）本书致力于教授如何分析企业的财务报表数据，而不仅仅局限于教授财务知识和指标计算。这种更加聚焦的定位也让本书更有可能实现其教育目标。（3）从价值投资者视角出发的财务报表分析，将财务报表知识融入真实的投资情境中，为非会计专业价值投资者提供了一个补充财会知识的最佳途径。

中国实践 1-1

全面注册制与价值投资

多年来，中国证监会以各种方式和多种途径宣传和促进价值投资。例如，2022年4月26日，中国证监会发布《关于加快推进公募基金行业高质量发展的意见》（简称《意见》），提出要引导基金管理人坚持价值投资。《意见》以习近平新时代中国特色社会主义思想为指导，紧紧围绕打造规范、透明、开放、有活力、有韧性的资本市场总目标，坚持市场化、法治化、国际化方向，加快推进公募基金行业高质量发展。《意见》提出，公募基金作为重要的机构投资者，在资本市场改革发展稳定中发挥着日益重要的作用。截至2022年3月末，我国公募基金行业有152家公募基金管理人，包括138家基金公司和14家取得公募基金管理资格的资产管理机构，合计管理规模超32万亿元。《意见》指出，未来将引导基金管理人坚持长期投资、价值投资理念，采取有效监管措施限制"风格漂移""高换手率"等博取短线交易收益的行为，切实发挥资本市场"稳定器"和"压舱石"的功能作用。

科创板、创业板和北京证券交易所的注册制试点改革分别于2019年、2020年和2021年开始并稳步推进，取得了良好的效果。在此基础上，2023年2月，中国证监会启动全面注册制改革。全面注册制将如何影响价值投资呢？一方面，全面注册制改革必将促进价值投资在资本市场的发展。注册制改革是一场涉及监管理念的深刻变革，注册制改革的本质是把选择权交给市场，强化市场约束和法治约束。实施全面注册制后，"收益自享、风险自担"的理念将更加深入人心，好的企业会被给予更高的溢价，而差的企业有可能无人问津，"炒小""炒差""炒新"的行为将得到一定程度的抑制。从长远来看，实施全面注册制对推动A股市场生态转变以及价值投资和资本市场健康发展有重大意义。另一方面，全面注册制的成功实施，需要价值投资的支撑。实施全面注册制之后，选择权将交给市场，市场需要足够多的聪明投资者坚持价值投资、长期投资的理念，需要投资者识别优质公司和劣质公司，并为上市公司合理估值。因此，价值投资理念的盛行，是全面注册制改革成功的基础，两者相辅相成。

资料来源：程丹．壮大公募基金管理人队伍 提高中长期资金占比．证券时报，2022-04-27.

2. 财务报表分析在股票市场中的作用

一个健康的**股票市场**（stock market）有助于实现两大功能：融资功能和投资功能。融资功能是指企业能够通过资本市场融到企业发展所需的资金；投资功能是指投资者能够通过股票市场实现资产的保值和增值。股票市场健康运作的关键是资金和信息的有效流动。图 1-3 描述了资本市场的资金和信息流动。

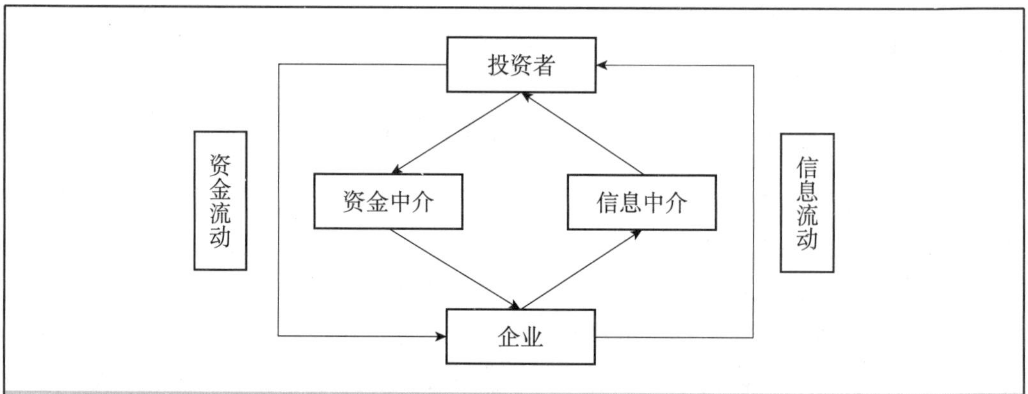

图 1-3　资本市场的资金和信息流动

企业是资金需求者，同时也是企业信息的提供者。投资者是资金提供者，同时也是企业信息的需求者。一个健康的股票市场要保证“优企遇上良资”，即好的企业能够以低成本融到长期资本。如果资金都流向了劣质公司会如何呢？一方面，好公司融不到资金，会阻碍经济发展；另一方面，差公司融到了资金，但无法产生好的投资收益，会使投资者受损。长此以往，资本市场成为一个“柠檬市场”①，投资者因信息不对称不愿意参与股票市场投资。打破“柠檬市场”的关键在于信息。首先，公司需要披露足够多的信息，这往往是监管层强制披露要求和上市公司自愿披露动机共同作用的结果。其次，投资者要有足够的动机和能力去收集和解读这些信息。前者向来备受重视，相对而言，后者的作用往往容易被忽略。

投资者收集和解读信息的动机与能力同样重要。一方面，投资者要有动机收集和解读信息，这需要市场中有长期价值投资者。短期投机者追求从股价波动中获取收益，

① “柠檬市场”这一概念最早由经济学家乔治·阿克洛夫提出。它用于描述在信息不对称的情况下，市场中的高质量产品最终被低质量产品挤出市场的现象。

并没有足够的动机去研究公司的基本面。因此，存在大量的长期价值投资者是一个市场健康运行的基础。另一方面，投资者还需要有能力收集和解读信息，这需要投资者有足够的知识和经验。由于能力限制，成熟市场的资金提供者一般不直接参与投资，而是将资金交给专业的机构投资者（资金中介）间接参与投资。此外，信息中介（包括证券分析师、财经媒体等）也在提高资金市场信息效率和资源配置效率中发挥重要作用。

财务报表提供的信息无疑是最重要的一类信息，投资者本身和证券分析师的财务报表分析能力能够帮助投资者提高投资回报，对于提升整个资本市场的运行效率、促进国家经济发展也具有重要意义。

3. 哪些职业需要学习投资者视角的财务报表分析

由于会计是国际通用的商业语言，有志于在商业领域大展身手的人士多多少少需要学习一些财务报表知识。以下几类人可能更需要学习投资者视角的财务报表分析：

（1）股票投资者，包括**个人投资者**（individual investor）和**机构投资者**（institutional investor）。毋庸置疑，本书就是专门为他们量身打造的。

（2）**证券分析师**（securities analyst）。证券分析师需要为投资者提供盈利预测和股票推荐建议，财务报表分析是他们的必备技能。

（3）**投资银行家**（investment banker），包括财务顾问和券商保荐人等。投资银行家需要对公司做尽职调查，帮助公司撰写招股说明书，财务报表分析也是他们的重要技能。

（4）**企业家**（entrepreneur），包括总经理、财务总监、董事会秘书等。企业的高管也需要了解投资者如何看待企业的财务数据。此外，从投资者的视角分析企业的财务数据，有助于企业更好地为股东创造价值。

（5）**审计师**（auditor）。财务报表分析是审计师的基础技能。此外，部分审计师可能转行做证券分析师、投资银行家或企业高管，他们需要通过财务报表了解企业的经营情况和发展趋势。

1.2.2 财务报表分析的两大功能

1. 财务报表数据的优缺点

财务报表分析虽然重要，但也不是万能的。为了更客观地认识财务报表分析的功能或目标，需要了解财务报表数据的优缺点。财务报表数据的优点至少有以下三点：

（1）财务报表数据是硬信息。财务信息这种以货币计量的信息通常被称为硬信息，而其他非财务信息则被称为软信息，硬信息相比软信息往往更加精确、更具可比性。例如，比较“公司的规模很大”与“公司的资产规模为2.53亿元”这两种表述，显然后者更加精确和可比。

（2）财务报表数据更可信。会计是一门成熟的商业语言，配备了一套成熟的会计准则和独立的审计师。会计准则规定了做账的规则，审计师负责鉴证公司的财务报表编制工作是否遵循会计准则。成熟的会计准则和独立的审计师提高了使用者对财务信息的信任程度。例如，比较“公司今年业绩增长很不错”与“经审计后的财务报表数据显示今年利润增长18.86%”这两种表述，显然后者更为可信。

（3）财务报表数据比较全面。财务报表数据的全面性体现在两个方面：一方面，公司的所有重要交易或事项都会在财务报表系统中得到反映。内部控制良好的企业，一般能够保证凡是经营上有动作，财务上一定有反映。虽然财务只是公司业务的一部分，并未涵盖公司的战略、研发和营销等内容，但如果这些活动都必须通过交易或事项来完成，那么财务报表信息实际上相当于涵盖了所有活动。另一方面，财务报表包含资产负债表、利润表和现金流量表，分别反映了企业的财务状况、经营成果和现金收支情况。基于三张报表，还能构建盈利能力、成长能力、营运能力和偿债能力等多个方面的指标。三张报表以及多维度的财务指标，有助于投资者较全面地了解一家公司。

财务报表数据当然也有局限性。财务报表数据的缺点至少有以下三点：

（1）财务报表信息是历史信息。财务报表都是“老黄历”“马后炮”，财务报表涵盖的是历史数据，而投资者更关注未来，这是财务报表信息“无用论”的核心观点。必须承认的是，财务报表数据反映的是历史信息，此为其重大局限之一，财务报表信息使用者必须牢记。但是，这不意味着财务报表数据无用，有时分析历史正是揭示未来的最好方法。

（2）财务报表目前一般不记录自创商誉等无形资产。会计上的资产与我们日常生活中理解的资产并不完全相同，企业拥有的资产计入资产负债表要符合会计上资产的定义和确认条件。然而，在新经济时代，很多优秀的公司最重要的资源恰恰是品牌、人力资本、数据资产等表外无形资产，此为财务报表信息的重要缺点。资产负债表的表外资产的章节将对此展开讨论。

（3）财务报表信息是浑浊的。财务报表数据虽然以货币计量，但并不意味着同样的1亿元资产或利润在A公司和B公司之间完全可比，因为财务报表信息是浑浊的。首先，资产负债表的信息是浑浊的。企业的总资产包括各种类型的资产，这些资产的计量标准可能不同。例如，公司的大部分资产以历史成本计量，但也有少部分金融资产以公允价值计量。将历史成本和公允价值汇总在一起，资产的信息当然是浑浊的。其次，利润表的信息也是浑浊的。例如，投资者最为关心的净利润，既包括主营业务的利润，又包括其他业务的利润，还包括非经常性损益。将各种渠道的利润汇总在一起，利润的信息也是浑浊的。

2. 财务报表分析的功能

企业经营涉及方方面面，所以公司定性的描述未必可靠。考虑到财务报表数据的三个优点，财务报表分析可以作为投资者快速全面地认识一家公司的重要工具。对一家公司进行全面的财务报表分析就如同对公司进行全面体验，有助于快速了解企业经营状况和财务健康状况。人体体检异常，通常说明身体多多少少有些问题，但是体检没有异常并不能说明身体完全没有问题，因为有些疾病是慢性的，发病时间不固定，并且有些疾病在身体内的潜伏期比较长，常规的体检没有办法检查出来。财务报表分析亦如此，财务报表数据异常或表现不佳的公司，大概率不是一家好公司，因此，有人指出“财务报表是用来排除企业的”。但是，财务报表分析正常或表现优良的公司，未必是一家优秀的公司，也许只是公司存在的问题暂时没有暴露出来。

尽管财务报表数据有种种局限，但只要企业不同时期的财务报表数据具有可比性，财务报表分析就是跟踪企业基本面变化的有效工具。企业经营瞬息万变且竞争日趋激烈，企业管理层和证券分析师往往倾向于报喜不报忧，因此，外部投资者了解企业经营状况尤其是负面信息的渠道十分有限。值得庆幸的是，上市公司每个季度都会公布财务报表数据，这为外部投资者及时跟踪企业的经营状况提供了较为及时和可靠的信息。

最后，在公司估值这个环节，财务报表分析能否发挥重要作用呢？虽然投资者可以借助某些估值指标或估值工具，但估值的本质是预测。根据现金流折现模型（DCF 模型），企业现在值多少钱取决于企业未来能够赚多少钱。财务报表分析能否帮助我们预测企业未来的盈利能力呢？能，但作用有限。因此，我们认为，虽然财务报表数据是构建估值模型时的重要输入参数，但不应过分夸大财务报表分析在估值中的作用。

综合起来，本书认为，投资者视角的财务报表分析应该聚焦两大功能：认识公司和跟踪公司。在会计指标的分析过程中，主要解决三个问题：一是行业商业模式的特征如何影响会计指标？二是同行业不同公司会计指标产生差异的具体原因是什么？三是公司某一会计指标发生变化传递了什么信息？

3. 好公司的标准

财务报表分析的主要功能是认识和跟踪公司。认识公司的目的是挑出好公司，所以需要知道一家好公司的标准。在讨论好公司的标准时，本书主要考虑的是价值投资者（以巴菲特为代表）的观点以及国家战略的需要（以国家规划和远景目标为代表）。

巴菲特在致股东的信里多次提到他和合伙人芒格选择公司有三个标准：第一，公司有持续的竞争优势；第二，管理层有杰出的能力或优秀的品格；第三，公司的估值低。这三个标准有时也会被表述为好生意、好管理层和好价格。投资人段永平是巴菲特投资理念的践行者，他的选股标准是强调好的商业模式和好的企业文化，这两者分别对应巴菲特提到的好生意和好管理层。

风险投资者张磊的投资理念的核心仍是价值投资，但又在价值投资的基础上有所发展。张磊在《价值》一书中提出了一条新的标准：创造社会价值。他认为，只有持续创新的企业才拥有真正的“护城河”（竞争优势）。根据《中华人民共和国国民经济和社会发展第十四个五年规划和2035年远景目标纲要》，2035年我国将进入创新型国家前列。在我国从要素推动到创新推动的关键转型期间，只有积极创新的企业才是最能为社会创造价值的企业。因此，创新应作为判断好公司的重要标准。

综合价值投资者的观点和国家战略的需要，本书认为投资者的目标是找到“三好”公司：**好生意**（good business）、**好创新**（good innovation）、**好管理**（good management），并以**好价格**（good price）买入“三好”公司。然而，好生意、好创新、好管理以及好价格的定义非常宽泛，难以准确界定，在此只能抛砖引玉，做简要介绍，供读者思考。生意模式（或商业模式）是指企业能否以及如何为股东赚钱（现金流）。具体而言，可以对企业依靠什么资产赚钱（资产负债表）、企业销售产品或服务的钱花在哪里（利润表）、企业何时开始赚钱（现金流量表）等问题进行思考。好创新是指公司不断创新，打造核心技术或提供优质产品。好管理是指管理层有强大的战略能力、经营能力和良好的职业道德。其中，战略能力是指管理层制定成功战略以提升企业核心竞争力（资源）的能力；经营能力是指管理层在给定资源下提升企业资产配置效率的能力；职业道德是指管理层能否以股东利益最大化为目标。好价格是指企业的市场价格远低于企业的内在价值。

1.2.3 财务报表分析的三个方法

财务报表分析有三个基础的方法，分别是**结构分析法**（structure analysis method）、**比率分析法**（ratio analysis method）和**比较分析法**（comparison analysis method）。

1. 结构分析法

结构分析法是指计算财务报表中各项目所占的比例，以进一步得出对决策有用信息的方法。有些学者也称该方法为同型分析法。在资产负债表中，我们可以计算各项资产占总资产的比例，进而了解企业资产的变动和结构，评估企业资产的质量。例如，通过计算固定资产占总资产的比例，可以评估企业是重资产还是轻资产企业。在利润表中，我们可以计量各项成本费用占营业收入的比例，进而了解企业的成本结构，判断企业的类型。例如，通过计算研发费用以及销售费用占营业收入的比例，可以判断企业是研发导向型企业，还是营销驱动型企业。

2. 比率分析法

比率分析法是指通过财务报表中的有关项目计算比率（如资产负债率等于总负债除以总资产），分析企业的财务状况和经营成果的方法。由于不同企业的规模不同，很多指标不能直接比较，需要在原始数据的基础上计算比率。例如，如何评估企业的盈利能力呢？当然不能直接看企业的净利润，而要看盈利能力指标。例如，净资产收益率（ROE）（净利润除以净资产）是反映企业盈利能力的重要指标。ROE 是很多投资者筛选投资标的重要参考指标。巴菲特曾说，如果只能根据一个财务指标进行选股，他会选择 ROE。

3. 比较分析法

比较分析法是指通过横向和纵向比较分析企业的财务指标，发现企业与同行业其他企业之间的优势或差距，揭示企业在财务和经营上的变化趋势的方法。比较分析法包括横向比较法和纵向比较法。其中，横向比较法又称为水平分析法，纵向比较法则称为趋势分析法。对于投资者而言，比较分析法是最基础、最重要的方法。投资者的选股过程，无非是将一个个投资标的进行比较，而财务报表数据的最大优点恰好在于其具有可比性，不仅是不同公司之间有可比性，同一公司在不同时间维度上也有可比性。在运用结构分析法和比率分析法时，也不可避免要用到比较分析法。财务比率的纵向比较有时会使我们得到一些意想不到的结果。例如，毛利率、净利率等指标的下滑往往传递了比较危险的信号，它可能反映了整个行业的竞争环境恶化，也可能是公司的竞争力出现了下降。

以上介绍的三个方法虽然是基础方法，但在实际运用中却能够充分展现分析者的水平高低。读者可能听说过根据福尔摩斯系列小说改编的电视剧《基本演绎法》，基本演绎法看似神秘，其实就是观察加推理，当你还是一头雾水时福尔摩斯已经得出了结论。这是为什么呢？差距在哪里呢？差距主要在观察力以及知识储备上。福尔摩斯可以观察到你没注意到的细节，并且他有非常丰富的知识储备和经验，可以根据细节推断出可靠的结论。财务报表分析与侦探工作有异曲同工之妙。财务报表数据的打假专家也有财务侦探的美誉。如果把财务报表分析比作侦探工作，那么侦探水平的差异可能主要体现在以下几个方面：对数据的敏感性；知识的多元性；经验的丰富性。简言之，“功夫在诗外”。

1.2.4 财务报表分析的四项原则

如何分析一家企业的财务报表呢？每个人的方法都不尽相同，但是目标是一致的，就是通过分析财务报表数据，得到客观、明确的结论。如何实现这一点呢？鉴于财务报表数据的特点，我们认为财务报表分析需要遵循四项原则。

1. 业财结合原则

业财结合是指财务报表分析必须要与业务分析相结合。为什么必须要业财结合？主要有两个原因：第一，不同行业的财务指标数值差异大，不同行业间不完全可比。例如，制造业和房地产业的资产负债率就差别较大。不理解业务，直接比较财务指标并不妥当。第二，会计系统不完美，有时并不能非常好地反映企业的业务实质。如果不了解业务，仅凭财务报表数据进行分析，可能得出错误结论。例如，有些新经济企业还处于投产期，利润亏损严重，如果据此认为企业的经营业绩很糟糕就有失偏颇。

著名会计学者理查德·G. 斯隆（Richard G. Sloan）教授在其论文中指出："我的大部分职业生涯都在教学生如何解读财务报表。我给学生留下深刻印象的重要一课是他们不应仅根据少数财务比率作出财务决策，相反，他们应该深入分析基础业务，仔细分析会计数字反映的经济现实的程度。"① 有人借鉴"书呆子"这个词将只看会计数字、不懂背后业务的人称为"呆会计"，此比喻非常形象贴切。业财结合是财务报表分析的一项基本原则，也是最重要的原则。这里的业务是指什么？在分析财务报表之前，我们要对企业的业务了解到什么程度呢？这可能是一个仁者见仁、智者见智的问题。我们认为，在读财务报表之前，至少要了解企业所处的行业、企业的主要业务和发展阶段等信息，如果能掌握企业所处的行业环境、战略、核心竞争力等信息则更佳。

2. 客观中立原则

在投资分析中，保持客观中立非常重要，又实属不易。投资中最容易犯的一个错误就是证实性偏差，或称"屁股决定脑袋"。例如，投资者一旦买入一只股票，就会下意识地寻找或留意与该公司相关的利好消息而忽略或轻视利空消息。投资者之所以会去阅读公司的财务报表，也许是觉得公司不错，也许是他人推荐，那么他在读财务报表时，难免会受到先入为主的影响，难以保持客观中立的态度。当投资者已经是这家公司的长期股东时，在跟踪分析企业的财务报表数据时保持客观中立的态度就更具有挑战性了。优秀的投资者必须保持理性，克服偏见，才能穿越迷雾，发现财务报表数据背后的秘密。

3. 交叉验证原则

财务报表数据的一个重要优点在于其具有全面性，这有助于投资者从多个方面分析企业的经营状况。只有全面分析企业，才有可能避免一叶障目，得出更加客观、真实的结论。更为重要的是，正是因为财务报表数据的全面性，我们才可以利用交叉验证提高财务报表分析结论的可靠性。如果一个指标表现优秀，则只有 60%的概率说明一家公司是好公司，如果三个指标都表现优秀，有多大的概率表明这家公司很优秀呢？答案是 97.3%。这就是交叉验证的力量。

如何进行交叉验证呢？首先，不同财务指标之间可以相互验证。例如，如何判断一家公司是不是高科技公司呢？最常用的指标是研发强度，即研发投入占公司营业收入的比例，其代表的是公司对研发的重视程度。研发强度高的公司就一定是高科技公司吗？未必。也许公司重视研发，但是实际研发效果不佳，并没有积累多少核心技术。为了进一步验证公司的科技属性，可以考察公司的销售毛利率。通常情况下，销售毛利率越高说明产品的差异性或独特性越大，可以从侧面验证公司的技术实力。

---

① Sloan R G. Fundamental Analysis Redux. The Accounting Review，2019，94（2）：363－377.

其次，财务数据与非财务数据之间也可以相互验证。为了验证一家公司的科技属性，除了用财务指标，也可以用非财务指标，例如，公司的专利数量、专利的原创性和影响力、公司员工的学历构成、研发人员的薪酬等。如果一家公司号称高科技公司，但发明专利很少、员工大多为低学历，公司的科技含量自然存疑。

4. 主次分明原则

为了节省时间、提高效率，但又不放弃对财务指标的全面分析和交叉验证，最好的办法只能是抓住重点、主次分明。例如，Wind 数据库中有上市公司的详细资料，其中包括财务数据和财务分析两大栏目。财务数据栏目中有财务摘要、资产负债表、利润表和现金流量表等。财务分析栏目中有每股收益、盈利能力、偿债能力、营运能力等指标。通常来说，我们会先看财务摘要，对公司三张报表中的主要项目以及重点财务指标有基本的了解，再根据需要进一步查看三张报表中的项目和具体的财务指标。

在查看资产负债表时，我们可以先看资产、负债和所有者权益金额及其比例，再看资产结构、负债结构以及所有者权益结构，最后看具体的资产项目、负债项目以及所有者权益项目。资产项目有很多，可能还有一些我们不太熟悉的项目，但是我们只需要搞清楚重要的项目即可。什么是重要的项目呢？主要有两个标准：一是金额占比较大的项目。例如，一家企业的货币资金占比超过 50%，那么我们可能要关注货币资金的真实性以及货币资金的构成和收益情况。二是与我们所关切问题的相关程度。例如，贵州茅台的有息负债为 0，显然不需要担忧其偿债能力，那么，需要关注它的哪一方面呢？可能是其未来的增长潜力，重点是找到与其未来增长潜力相关的指标并进行分析。

1.3 读财务报表前的准备知识

1.3.1 理解公司：业务与治理

1. 何谓企业

何谓企业（firm）？此问题既基础又重要。在罗纳德·H. 科斯（Ronald H. Coase）的理论提出之前，企业在经济学家眼里只是一个生产函数，或者是一个追求利润最大化的组织。经济学家将企业视为“黑箱”，进而追求对经济问题进行逻辑缜密、力求均衡的分析，这导致经济学对现实世界缺乏真正的理解和指导。科斯称这样的经济学为“黑板经济学”。

1.3 即测即评

1937 年，年仅 27 岁的科斯发表了一篇名为《企业的性质》的论文，这篇论文彻底改变了经济学界对企业的理解。① 科斯指出，企业在本质上是一种资源配置的方式，是价格机制的替代物。企业之所以出现，是因为企业通过权威（管理层）协调资源配置的成本低于市场协调资源配置的成本。由此，新制度经济学和交易成本理论应运而生。

新制度经济学认为企业是一系列契约的集合。这些契约既包括外部的契约（企业与股东、客户和其他利益相关者等之间的契约），又包括企业内部的契约（管理层与董事会、员工等之间的契约）。

既然企业是一系列契约的集合，那么企业应该为谁服务呢？学术界有两种观点：一种是股东至上理论；另一种是利益相关者理论。股东至上理论认为，企业存在的唯一目的是赚取长期利润，从而实现股东长期价值最大化。利益相关者理论认为，企业的目标不仅是股东价值最大化，还要关注其他利益相关者的利益，包括社会、员工和政府等的利益。长期以来，股东至上理论一直占据统治地位，但是最近几年，人们越来越重视可持续发展，环境、社会与治理（ESG）大行其道，利益相关者理论开始复苏。

上市公司一般被称为公司而不是企业。公司与企业的概念类似，但企业的概念要大于公司，企业包括个人独资企业、合伙企业和公司。公司一般是指有限责任公司和股份有限公司。上市公司在上市之前要完成股份改造，因而均为股份有限公司。

2. 公司业务

公司要想在市场上生存，就必须选择一个业务并进入某一行业展开竞争。投资者可以选择专注于一个行业的公司进行投资，也可以将资金分散配置在多个行业。与投资者不同的是，公司一旦选定了行业和业务就很难轻易改变，多元化并非易事。不同行业的发展速度和竞争环境千差万别。公司所处的行业以及在行业中的地位在很大程度上决定了公司的战略选择和财务数据的表现。公司想要在行业中长远立足，就必须选定合适的战略，持续打造和不断强化核心竞争力。投资者在做出投资决策时，可以通过查阅年报等方式，了解公司业务和战略等信息。与财务报表中的信息不同，以上信息大部分是软信息，可能包含公司管理层的乐观预期或者对公司形象的美化，投资者需要谨慎判断。

案例分析 1-1

以美的集团 2022 年年报为例。公司年报的第三节为管理层讨论与分析，包括主要产品与业务概述、报告期内公司从事的主要业务、核心竞争力分析、公司未来发展的展望等内容。详细介绍了公司的业务概况、行业地位、行业发展概述、核心竞争力、发展战略等信息，具体如下。

1. 业务概况

美的是一家覆盖智能家居、工业技术、楼宇科技、机器人与自动化及其他创新型业务的全球化科技集团，已建立 ToC 与 ToB 并重发展的业务矩阵，可提供多元化的产

① Coase R H. The Nature of the Firm. Economica，1937，4（16）：386-405.

品与服务。美的是一家全球运营的公司，业务与客户遍及全球。迄今，美的在全球拥有约200家子公司、35个研发中心和35个主要生产基地，员工超过16万人，业务覆盖200多个国家和地区。从营业收入构成来看，美的暖通空调、消费电器、机器人及自动化系统的营业收入占比分别为43.80%、36.43%和8.70%，国内和国外营业收入占比分别为58.52%和41.48%。

2. 行业地位

2022年8月，《财富》世界500强榜单发布，美的跃居第245位，较上年跃升43位，连续七年跻身世界500强；2022年7月，《财富》中国500强榜单发布，美的位列第35名，较上年提升4位。2022年，美的在中国区域全面推进落实"数一"战略，奥维云网数据显示，在家用空调、台式泛微波、台式烤箱、电暖器、电磁炉、电热水壶等6个品类中，美的系产品在国内线上与线下的市场份额均位列行业第一。大家电中，家用空调、洗衣机、干衣机、冰箱四大家电产品线下的市场份额分别为33.70%、25.10%、23.10%、13.50%，分别位列行业第1，2，2，2名。

3. 行业发展概述

2022年家电行业出口和内销规模均出现下滑，其中家电行业出口规模为5 681.6亿元，同比下降10.90%；家电行业国内销售规模为7 307.2亿元，同比下降9.50%。虽然家电销售整体增长减速，但在2022年消费升级并未减速，市场竞争愈发激烈，拉动市场结构向上提升，高品质、高性能已经成为企业和消费者的共识，而且从中长期来看，产业结构升级、居民收入相对稳定、消费多元化、国家政策对绿色和智能产业发展引导以及家电行业产品标准持续升级将带来新的增长机会。

4. 核心竞争力

(1) 美的作为主要产品品类皆占据领导地位的全球家电行业龙头企业，可为用户提供覆盖全品类的一站式高品质家庭生活服务方案。

(2) 坚持科技领先战略，整合全球研发资源，构建全球创新生态体系与科学家体系，持续打造产品与技术创新能力。

(3) 凭借持续的全球资源配置与产业投入，依靠全球领先的制造水平、规模优势，不断实现全球突破。

(4) 美的业态布局完整且广阔稳固的渠道网络与完善的智能供应链体系为公司在国内市场的稳步增长提供坚实保障。

(5) 聚焦数智驱动，围绕用户体验进行全面数字化、全面智能化变革，力争成为物联网时代的领先企业。

5. 发展战略

美的坚持"科技领先、用户直达、数智驱动、全球突破"的四大战略主轴，聚焦全面智能化和全面数字化，以四大战略主轴为支柱推进公司业务持续发展。

3. 公司治理

关于**公司治理**（corporate governance），施莱弗和维什尼（Shleifer and Vishny，1997）认为，公司治理要解决的是公司的资金供给者（股东和债权人）如何确保自己可以得到回报的问题。[①] 显然，只有此问题得到妥善的解决，资金拥有者才会愿意将资金投入公司。具体地说，公司治理解决的是公司权力的分配问题，包括内部治理和外部治理两个方面。内部治理主要涉及股东会、董事会、监事会和经营管理层等组织架构及其运作，外部治理则依赖于审计师、分析师、媒体等中介机构的监督与反馈。公司股东会、董事会、监事会和经营管理层责权分明、各司其职、有效制衡、科学决策、协调运营，是公司业务持续、稳定、健康发展的基础。关于公司治理的相关信息，投资者可以在年报的“董事、监事、高级管理人员”和“公司治理”中查看。其中，股权结构、董事会和经营管理层通常是投资者最为关注的公司治理信息，以下做简要介绍。

（1）股权结构。投资者在投资决策时，需要关注公司的性质以及大股东的情况，这些信息都能够在年报的“股份变动及股东情况”部分中找到。首先，通过“公司实际控制人及其一致行动人”部分，投资者可以查看公司的实际控制人，并了解公司与实际控制人的产权及产权关系图。这些信息有助于投资者判断公司的性质，即公司是属于国有企业还是民营企业，其中，民营企业的实际控制人一般为个人。对于两种所有制的优势和劣势，学术界和实务界有很多研究和讨论，投资者有必要详细了解。

其次，在“前十大股东”信息中，投资者可以查看控股股东的情况。第一大股东持股比例超过50%则被认定为绝对控制，超过30%则为相对控股。但是在有些情况下，持股比例低于30%的第一大股东依然能够通过控制董事会对公司形成有效控制。一般而言，公司的第一大股东持股比例超过20%就认为公司存在控股股东。第一大股东的持股具有双重效应，即协同效应和壕沟效应。协同效应是指当第一大股东持股比例较高时，其利益与中小股东的利益比较一致。壕沟效应是指第一大股东能够对公司实施有效控制但持股比例又较低时，其可能会与中小股东的利益不一致，甚至通过关联交易等手段损害公司的利益、侵占中小股东的权益。以上只是对持股效应的理论分析，现实中控股股东是伸出“援助之手”还是“攫取之手”，需要具体情况具体分析。

最后，在“前十大股东”信息中，投资者还可以查看除控股股东以外的其他大股东信息。重要的机构投资者持有公司股份在一定程度上代表机构对公司的认可。此外，重要股东的持股变动可以在一定程度上反映公司重要股东对公司经营趋势的看法。需要指出的是，这些信息虽然可以作为参考，但不能完全代替投资者对公司基本面的全

---

① Shleifer A, Vishny R W. A survey of corporate governance. The Journal of Finance, 1997, 52 (2): 737-783.

面分析。

(2) 董事会。公司设立董事会，董事会由股东会选举产生。股东会是权力机构，而董事会是决策机构，公司的重要事项均需要经董事会讨论和通过。虽然股东会是权力机构，但由于股东人数众多，实际上只能委托董事会代为行使决策权。

董事会主要由大股东指派的董事、高管董事和独立董事构成。高管董事又称执行董事，是公司重要决策的具体执行者。理论上，董事会代表股东的利益，是管理层的监督者。但是，在实际操作中，董事会可能被管理层控制，尤其是在董事长和CEO两职合一的情况下。为了防范和减少管理层对董事会的控制，美国引入了独立董事制度。独立董事制度是指在董事会中设立独立董事，以在董事会内部形成权力制衡与监督的制度。我国早在2001年就引进了独立董事制度，其主要目的是制衡大股东对董事会的控制。独立董事是否独立并且“懂事”，是独立董事制度能否发挥作用的关键。独立董事的作用在国内外的理论界和实务界都极具争议。

(3) 经营管理层。巴菲特非常强调经营管理层的品行和能力。许多学者也认为公司治理最重要的功能是保证公司由德才兼备的CEO掌舵。在公司年报中，投资者可以轻易获取公司的CEO和其他主要高管的简历信息。但是，判断公司高管的品行和能力绝非易事，需要长期“听其言，观其行”。除了查看履历，阅读高管的访谈和演讲内容也是一种重要途径。如果条件允许，投资者还可以进行现场调研或参加公司业绩说明会。当然，这些方式都有局限性，财务报表分析依然是非常重要的工具。通过深入分析公司的历史业绩和经营表现，投资者可以更加准确地评价管理层的经营能力。

案例分析 1-2

美的集团2022年年报显示，公司第一大股东美的控股有限公司持股31.05%，何享健持有美的控股有限公司94.55%的股份，为公司实际控制人，说明美的集团是一家民营企业，大股东处于相对控股地位。第二大股东为香港中央结算有限公司（陆股通），持股比例高达20.48%，说明美的集团较受外资偏爱。

公司董事会由8名成员组成，其中3名为独立董事，占比超过1/3。非独立董事何剑峰为创始人何享健的儿子，可看作大股东的代表。鉴于董事会的独立性和大股东代表的参与，投资者有理由相信，实际控制人能够对公司的经理人实施有效监督。此外，根据年报信息可知，公司的关联交易金额较少，大股东的代理问题不突出。

公司董事长兼总裁均为方红波。方红波出生于1967年，于1992年加入美的，曾任美的空调事业部总经理、美的制冷家电集团总裁、广东美的电器股份有限公司董事长兼总裁等职务。作为职业经理人，方红波持有公司股份占比为1.67%，折合市值约60亿元。以上信息表明，经理人属于公司内部培养人员，具有较强的专业能力，公司对其有较高的激励水平。

1.3.2 掌握会计：基本准则

本节主要基于我国的《企业会计准则——基本准则》和国际会计准则理事会（IASB）2018年修订的《财务报告概念框架》，介绍财务会计报告的目标，会计确认、计量和报告的基础，会计信息的基本特征等内容。《财务报告概念框架》由IASB颁布，在会计准则制定中居于统驭地位，作用包括：（1）协助制定国际财务报告具体准则；（2）协助在会计准则无明确规定的情况下制定会计政策；（3）协助各方理解和解读会计准则。我国的《企业会计准则——基本准则》与IASB的《财务报告概念框架》在功能上类似。了解《企业会计准则——基本准则》的主要内容，是理解和解读财务报表的基础。

1. 财务会计报告的目标

财务会计报告的目标是什么？此问题至关重要。财务会计报告的目标是《企业会计准则——基本准则》的核心，会计信息的质量特征，会计要素的确认和终止确认、计量等，都是根据财务会计报告的目标推演而来。

《企业会计准则——基本准则》规定，财务会计报告的目标是向财务会计报告使用者提供与企业财务状况、经营成果和现金流量等有关的会计信息，反映企业管理层受托责任履行情况，有助于财务会计报告使用者作出经济决策。此目标指出了有关财务会计报告目标的两大理论：**受托责任观**（stewardship perspective）和**决策有用观**（decision-usefulness perspective）。

受托责任观认为，会计的目标主要是为委托人评估受托人的经营状况服务。在上市公司中，委托人一般是股东，受托人是公司的内部管理层。在此背景下，委托人更关注资本保全（资本保值和增值），想要了解公司真实的经营状况。因此，受托责任观更重视资产负债表，并且偏好采用历史成本计量模式。

决策有用观认为，会计的目标是为利益相关者进行决策提供有用信息。根据决策有用观，会计信息服务的对象不仅包括股东，还包括债权人、政府等其他利益相关者。这些利益相关者不仅关注资产负债表，还关注利润表和现金流量表中的信息。他们不仅要求信息具有可靠性，还关注信息的相关性，因而更能接受除历史成本以外的其他计量方法（如公允价值计量）。

总而言之，两种观点的侧重点不同，受托责任观侧重于监督，强调监督受托人的受托责任；决策有用观侧重于提供信息，即向信息使用者提供决策有用的信息。目前，我国的《企业会计准则——基本准则》和IASB的《财务报告概念框架》都兼顾了受托责任观和决策有用观这两种观点，但《财务报告概念框架》将决策有用观置于更优先的位置，反映了其更重视决策有用观。

2. 会计确认、计量和报告的基础

《企业会计准则——基本准则》规定，企业应当以权责发生制为基础进行会计确认、计量和报告。**权责发生制**（accrual basis）是会计的记账基础。权责发生制是以权利和责任的实际发生时间来决定收入和费用归属期的一项原则，即使收入和费用产生的现金收入或支付可能在不同的期间发生。与之相对的**收付实现制**（cash basis）是以款项是否已经实际收到或支付作为计算标准来确定本期收益和费用的一种方法。

权责发生制和收付实现制，哪一种更适合作为记账基础呢？尽管有一些会计专家经常批判权责发生制，认为权责发生制是会计舞弊和盈余管理频发的罪魁祸首，但客观来讲，企业会计准则规定以权责发生制为记账基础是明智的。《财务报告概念框架》认为，权责发生制能够为评估公司过去和未来的业绩提供更可靠的依据。实际上，在现行财务报表体系中，资产负债表和利润表都是基于权责发生制编制的，反映了企业的财务状况和经营成果。现金流量表则基于收付实现制编制，它向投资者和债权人提供了一套比较完整的现金流量资料，帮助报表使用者更准确地评价企业的流动性和财务状况。可以说，为了给决策者提供有用的信息，现行财务报告体系兼顾了权责发生制和收付实现制。

3. 会计信息的基本特征

《企业会计准则——基本准则》规定：（1）企业应当以实际发生的交易或者事项为依据进行会计确认、计量和报告，如实反映符合确认和计量要求的各项会计要素及其他相关信息，保证会计信息真实可靠、内容完整；（2）企业提供的会计信息应当与财务会计报告使用者的经济决策需要相关，有助于财务会计报告使用者对企业过去、现在或者未来的情况作出评价或者预测。前者强调会计信息的**可靠性**（reliability），后者强调**相关性**（relevance）。《财务报告概念框架》使用“如实反映”代替“可靠性”。除了可靠性和相关性这两个**基本质量特征**（fundamental qualitative characteristics），还有一些**提升质量特征**（enhancing qualitative characteristics），如可比性、可验证性、及时性、可理解性、实质重于形式等，投资者对会计信息的这些特征应有所了解。

需要指出的是，可靠且相关的会计信息只是财务会计准则的美好愿望。在现实中，公司披露的财务会计信息离理想状况有一定差距。对于投资者而言，从众多的信息来源中分辨出既相关又可靠的信息，或者从披露的不完整、不中立、不审慎的信息中揭示出财务信息的真实面貌，是优秀投资者的必修课。

4. 会计的四大假设

会计的四个基本假设为：**会计主体**（accounting entity）、**持续经营**（going concern）、**会计分期**（accounting periods）和**货币计量**（monetary measurement）。这些基本假设是我们理解和解读财务会计信息的基础。

（1）会计主体。会计主体是指会计信息所反映的单位，即编制财务会计报告的任何单位或组织。会计主体与法律主体有所区别。法律主体是为了区分法律上的权利义务或责任的归属，会计主体是为了区分财务上的权利义务归属。法律主体必然是会计主体，但会计主体不一定是法律主体。例如，一家企业的部门如果独立核算盈亏，可以作为一个会计主体，但不能成为一个法律主体。

上市公司在定期报告中会披露两张报表，即合并报表和母公司报表。其中，母公司既是会计主体，又是法律主体。合并报表以合并口径的企业集团为会计主体，但企业集团并不是法律主体，企业集团内的母公司和子公司才是法律主体。

投资者应该重点分析母公司报表还是合并报表呢？应该是合并报表。合并报表提供了母公司和子公司作为一个报告主体的资产、负债、所有者权益、收入和费用等信息。这些信息对母公司报表的使用者评估母公司的未来净现金流入很有用处，因为母公司的净现金流入包含子公司对母公司的现金分配，而现金分配又依赖于子公司的净现金流入。需要指出的是，上市公司并不提供任何一家特定子公司的财务报表，这些信息由子公司自行提供，如果子公司不是公众公司，这些信息则无从查阅。此外，由于投资者主要依据合并报表进行分析，上市公司有动机影响合并范围，进而影响投资者所观察的财务数据。

案例分析 1－3

美的集团 2022 年年报显示，公司合并报表上的营业收入是 3 439.18 亿元，而母公司只有 13.85 亿元。可见，美的集团是一家控股型公司，主要经营业务都在子公司，母公司承载的主要是投资管理的功能。母公司的长期股权投资高达 731.04 亿元，这是子公司在母公司报表上的账面价值。母公司取得投资收益所收到的现金为 134.92 亿元，这是子公司分配给母公司的现金。母公司的未分配利润是 277.20 亿元，这是上市公司可以进行股利分配的最大金额。从美的集团的案例来看，投资者应该重点关注合并报表的信息，但母公司报表有时也能提供一些额外的信息，我国现有的报告体系会同时公布合并报表和母公司报表。

（2）持续经营。持续经营是指企业会计确认、计量和报告应当以持续、正常的生产经营活动为前提。一般情况下，应当假定企业将会按当前的规模和状态继续经营下去，不考虑停业、破产、清算或大规模削减业务等因素。明确了这个基本前提，会计人员就可在此基础上选择会计原则和方法，如资产的计量基础、费用的定期分配、负债的按期偿还等，否则正常的核算就无法进行。但是，持续经营这个假设看起来似乎不太合理，因为即使是世界 500 强企业，寿命也不过只有几十年，普通企业的寿命可能只有 10～20 年，初创企业寿命平均不到 5 年。因此，持续经营应当是指从当前的财务状况和经营情况来看，公司没有无法持续经营的风险。

在编制财务报表时，管理层负责评估公司的持续经营能力，披露与持续经营相关的事项，并运用持续经营假设，除非公司计划进行清算、终止运营或面临其他无法持续的现实选择。审计师负责对管理层使用持续经营假设的恰当性得出结论。如果审计师发现公司持续经营能力存在重大不确定性，应当在审计报告中提请报表使用者注意财务报表中的相关披露；如果披露的信息不充分，审计师应该发表非标准无保留意见。

（3）会计分期。企业会计准则规定，企业应当划分会计期间、分期结算账目和编制财务会计报告。会计期间分为年度和中期。中期是指短于一个完整的会计年度的报告期间。会计期间一般从公历 1 月 1 日开始，至 12 月 31 日结束，因此又称会计年度。在我国，会计年度和会计期间是固定的，即按自然年度为一个会计年度，而会计期间就是连续的 12 个自然月。但在其他大多数国家，会计年度和会计期间往往不做硬性规定，企业可以根据自己的经营需要定义。我国 A 股上市公司会披露年报、半年报和季度报告，在港交所上市的公司一般只披露年报和半年报，只有部分大型公司会披露季报。

正是有了会计分期，才出现了资本化支出和费用化支出的区别。费用化支出是指当期发生就一次性计入当期损益的支出，从而减少企业当期的利润。资本化支出是指先计入资产，后续年度通过折旧摊销等方式计入费用，从而减少企业以后年度的利润。由于会计分期，一项支出选择费用化还是资本化会影响企业当期的利润。基于会计稳健性原则，企业会计准则倾向于将未来产出不确定的支出进行费用化（如研发支出）。然而，企业也有动机将费用资本化，以提升企业当期的利润。

会计期间与经营周期不同。经营周期是指从支付现金购买产品或劳务开始，到售出这些产品或劳务收回现金为止的整个过程所需要的时间。每个企业的经营周期不同，但会计期间是一样的。会计期间也不同于产品生命周期。产品生命周期包括导入期、成长期、成熟期、衰退期，其周期远超过一年。因此，会计期间以年为单位，有时并不能完全反映企业真实的经济业务。在产品生命周期的早期，企业的收入和利润往往是较低的。由于会计期间以年为单位，投资者也特别看重企业的年度业绩，这导致很多企业有动机平滑企业年度收入和利润，甚至在经营业绩不达市场预期时操纵财务报表。

（4）货币计量。企业会计准则规定，企业会计应当以货币计量。货币计量是指会计主体在会计确认、计量和报告时以货币计量，反映会计主体的生产经营活动。货币计量是会计的重要特点，它使得财务报表中的信息成为硬信息，相比软信息更加可靠、可比。但是，货币计量也有重大局限：一是很多重要资产不易通过货币来计量；二是货币计量无法反映通货膨胀。机器、设备等有形资产较容易以货币计量，但人力资源、品牌、文化等无形资产较难通过货币计量，并且企业的核心竞争力不可能是机器、设备等有形资产的组合，因为有形资产通常不具有排他性。无形资产具有独特性和难以复制性两个特点，往往是企业核心竞争力的体现。现实是，真正重要的无形资产难以计量，很难体现在企业的资产负债表上，越来越多的学者注意到这是货币计量的一个重大局限。此外，货币计量会计假设的成立以币值稳定为前提条件。如果发生恶性通货膨胀，那么未考虑通货膨胀的货币计量会对会计信息的决策有用性产生重大负面影响。

5. 会计的六大要素

会计的六大要素分别是**资产**（assets）、**负债**（liabilities）、**所有者权益**（owner's equity）、**收入**（revenues）、**费用**（expenses）和**利润**（income）。会计要素，例如资产，可能与我们日常生活中理解的资产有所不同，需要加以区分。会计要素的具体定义说明如下。

（1）资产、负债和所有者权益。

1）资产。资产是指企业过去的交易或者事项形成的、由企业拥有或者控制的、预期会给企业带来经济利益的资源。企业过去的交易或者事项包括购买、生产、建造行为或其他交易或者事项。预期在未来发生的交易或者事项不形成资产。由企业拥有或者控制是指企业享有某项资源的所有权，或者虽然不享有某项资源的所有权，但该资源能被企业控制。预期会给企业带来经济利益是指直接或者间接导致现金和现金等价物流入企业的潜力。

2）负债。负债是指企业过去的交易或者事项形成的、预期会导致经济利益流出企业的现时义务。现时义务是指企业在现行条件下已承担的义务。未来发生的交易或者事项形成的义务不属于现时义务，不应当确认为负债。

3）所有者权益。所有者权益是指企业资产扣除负债后由所有者享有的剩余权益。公司的所有者权益又称为股东权益，有时也称为净资产。所有者权益的来源包括所有者投入的资本、留存收益（企业日常活动赚取的利润）、直接计入所有者权益的利得和损失等（非日常活动产生的利润）。

（2）收入、费用和利润。

1）收入。收入是指企业在日常活动中形成的、会导致所有者权益增加的、与所有者投入资本无关的经济利益的总流入。

2）费用。费用是指企业在日常活动中发生的、会导致所有者权益减少的、与向所有者分配利润无关的经济利益的总流出。

3）利润。利润是指企业在一定会计期间的经营成果。利润包括收入减去费用后的净额、直接计入当期利润的利得和损失等。

6. 会计要素的确认

什么样的会计要素会确认，从而出现在资产负债表和利润表上呢？根据《企业会计准则——基本准则》，以资产为例，资产要进入表内首先要符合资产的定义。除此之外，符合资产定义的资源，在同时满足以下条件时，确认为资产：（1）与该资源有关的未来经济利益很可能流入企业；（2）该资源的成本或价值能够可靠地计量。

显然，企业拥有的机器、设备和厂房等有形资产，符合资产的定义，也满足资产确认的两个条件，因此能够进入财务报表。但有些无形资产，如人力资本（人才），虽然对于企业而言无疑是有极高的价值，但由于不满足“企业拥有或者控制”这一点，因此不能确认为资产。企业与企业的人才是雇佣关系，而不是所有权关系。此外，有些无形资产，如品牌，虽然符合资产的定义，但不满足资产确认的第二个条件——该资源的成本或价值能够可靠地计量。虽然品牌对于很多企业而言是宝贵的资源，但由于其计量的不确定性，计量品牌的价值未必能提供对决策有用的信息。

7. 会计计量属性

符合确认条件的会计要素，登记入账并列示于财务报表时，应当如何确定其金额呢？根据《企业会计准则——基本准则》，企业按照规定的会计计量属性进行计量，确定其金额。规定的会计计量属性主要包括以下几种。

（1）**历史成本**（historical cost）。在历史成本计量下，资产按照购置时支付的现金或者现金等价物的金额，或者按照购置资产时所付出对价的公允价值计量。负债按照因承担现时义务而实际收到的款项或者资产的金额，或者承担现时义务的合同金额，或者按照日常活动中为偿还负债预期需要支付的现金或者现金等价物的金额计量。

（2）**重置成本**（replacement cost）。在重置成本计量下，资产按照现在购买相同或者相似资产所需支付的现金或者现金等价物的金额计量，负债按照现在偿付该项债务所需支付的现金或者现金等价物的金额计量。

（3）**可变现净值**（realizable present value）。在可变现净值计量下，资产按照其正常对外销售所能收到现金或者现金等价物的金额扣减该资产至完工时估计将要发生的成本、估计的销售费用以及相关税费后的金额计量。

（4）**现值**（present value）。在现值计量下，资产按照预计从其持续使用和最终处置中所产生的未来净现金流入量的折现金额计量，负债按照预计期限内需要偿还的未来净现金流出量的折现金额计量。

（5）**公允价值**（fair value）。在公允价值计量下，资产和负债按照市场参与者在计量日发生的有序交易中，出售资产所能收到或者转移负债所需支付的价格计量。

现行的财务报表采用的是混合计量的方式，即使用多种计量基础，其中最常用的两种计量方法分别是历史成本和公允价值。引入公允价值计量是我国 2006 年修订的《企业会计准则——基本准则》的一大亮点，但公允价值会计在世界范围内存在争议。其原因是，以公允价值计量的金融资产价值波动太大，进而导致企业的净利润波动较大，投资者可能被金融资产的价值波动误导，而企业也可能为了短期业绩操纵金融资产。

8. 列示与披露

财务报表本质上是会计系统打造的一项产品，目的是让投资者更好地使用会计系统产生的信息。会计是一门分类的艺术，在列示和披露时主要考虑财务报表的项目如何分类，以便投资者使用。《财务报告概念框架》认为，列示的基本原则是：（1）将类似项目归类，将不相似的项目分开，对信息进行分类；（2）以不过于细致也不过于概略的方式，对信息进行汇总。

为了规范财务报表的列报，保证同一企业不同期间和同一期间不同企业的财务报表具有可比性，我国的《企业会计准则第30号——财务报表列报》规定了以下内容：(1) 财务报表至少应当包括的组成部分；(2) 财务报表项目的列报应当在各个会计期间保持一致；(3) 财务报表应当单独列示的项目；(4) 其他。在正常情况下，财务报表中列示的项目在不同公司、不同时点上应该具有可比性。但由于企业会计准则的修订，财务报表中列示的项目可能会发生细微的变化。此外，由于不同行业的业务性质不同，不同行业公司的财务报表项目也并非完全可比。投资者有时要根据自己的需求，调整报表中列示的项目，以得出更加有用的决策信息。

1.3.3 了解审计：审计意见

1. 审计师

为什么需要**审计师**（auditor）？主要是由于代理问题和信息不对称。所有权和经营权的分离，导致企业的所有者和实际控制者不再合二为一，企业的实际控制者不再拥有公司100%的股份。两权分离之后，所有者（委托人）和代理人（管理层）的利益不完全一致，由此产生了一系列代理问题，如管理层追求私人利益或者安逸的生活。

当然，即使存在代理问题，如果没有信息不对称，管理层也不太可能为所欲为。代理问题加上普遍存在的信息不对称，是管理层追求私人利益的两大前置条件。由于人类道德的不完善，帮他人做事总是不如为自己做事那样尽心尽力，产生代理问题在所难免。当管理层未持有或者只持有公司的小部分股份时，代理问题可能更为严重。监督和激励是解决代理问题的两种主要手段。监督依靠的是信息。因此，减少信息不对称正是处理代理问题的重要途径。财务报表是监管者尤其是外部中小投资者获取公司信息的主要途径，其真实性对于投资者决策至关重要，而审计师是财务报表真实性的守护者。

审计行业正是人类道德有缺陷及人类普遍相互不信任的产物。如果说会计的目的是建立信任，那么独立审计实际上是对这种信任的背书，目的是增强财务报表的可信度。审计服务并不是免费提供的，目前的模式是上市公司花钱聘请审计师，为公司的财务报表提供鉴证服务。有专家戏称审计师是“拿人钱财，替人消灾”。当然，由于审计师是上市公司聘请的，“拿人手短，吃人嘴软”，审计师的独立性可能会受到影响，这是审计行业时常被诟病的一个重要原因。

2. 审计意见

审计意见（auditor opinion）是指审计师在完成审计工作后，对鉴证对象是否符合鉴证标准发表的意见。对于财务报表审计而言，审计意见则是对财务报表是否已按照适用的企业会计准则编制，以及财务报表是否在所有重大方面公允地反映了被审计者的财务状况、经营成果和现金流量发表意见。

财务报表审计的审计意见类型分为五种，分别是：

(1) **标准无保留意见** (unqualified opinion)。说明审计师认为被审计者编制的财务报表已按照适用的企业会计准则的规定编制，并在所有重大方面公允地反映了被审计者的财务状况、经营成果和现金流量。

(2) **带强调事项段的无保留意见** (unqualified opinion with an emphasis of matter paragraph)。说明审计师认为被审计者编制的财务报表符合相关企业会计准则的要求，并在所有重大方面公允地反映了被审计者的财务状况、经营成果和现金流量，但是存在需要说明的事项，如对持续经营能力产生重大疑虑及重大不确定事项等。

(3) **保留意见** (qualified opinion)。说明审计师认为财务报表整体是公允的，但是存在影响重大的错报。

(4) **否定意见** (adverse opinion)。说明审计师认为财务报表整体是不公允的或没有按照适用的企业会计准则的规定编制。

(5) **无法表示意见** (disclaimer of opinion)。说明审计师的审计范围受到了限制，且其可能产生的影响是重大而广泛的，审计师不能获取充分的审计证据。

后四种审计意见被称为非标意见。企业被出具非标意见，说明企业的财务报表或多或少有问题。当企业收到非标意见时，投资者在进行财务报表分析时需要加以留意。但是，企业被出具标准无保留审计意见并不意味着企业的财务报表没有问题，只是说明由于审计师能力和时间的限制，他们没有发现问题，或者审计发现了问题，但由于独立性的原因没有报告问题。事实上，很多财务造假的公司在财务造假被揭露之前，审计师都出具了标准无保留审计意见。据统计，2016—2020年审计师出具的审计意见中，标准无保留意见占94.78%，带强调事项段的无保留意见、保留意见和无法表示意见分别占2.5%、1.96%和0.76%。

由于审计意见提供的信息有限，从2018年开始，除了审计意见，审计师还需要在审计报告中披露关键审计事项。关键审计事项是指审计师根据职业判断，认为对本期财务报表审计最为重要的事项。通过了解这些关键审计事项及其应对措施，投资者可以更好地识别影响企业财务报表真实性的关键风险点。

3. 审计独立性

由于95%的公司都获得了标准无保留审计意见，所以审计意见提供的信息含量有限。标准无保留审计意见并不能保证公司财务报表的真实性，更无法保证公司盈余质量是高质量的。除了审计意见，投资者还能从审计师那里获取哪些信息呢？

近年来，由于资本市场财务舞弊事件频发，审计师或审计公司常常被推到风口浪尖，审计师或审计公司的独立性也广受质疑。除审计意见之外，**审计独立性** (audit independence) 尤其值得关注。影响审计独立性的因素很多，包括审计师或审计公司的声誉、审计收费和审计任期等。最为重要的，无疑是审计师或审计公司的声誉。学术研究普遍表明，高声誉的审计师或审计公司往往有更高的审计质量，更有可能出具非标审计意见，经他们审计的公司有更高的盈余质量和更低的财务错报风险。但是，如何度量审计师或审计公司的独立性呢？一个最简单的方式就是观察审计公司（会计师事务所）的规模。学术界通常用“国际四大”和“国内十大”来评估审计公司的声誉。此外，中国注册会计师协会每年根据会计师事务所的收入、受处罚情况、注册会计师人数等方面综合评价会计师事务所，评选出会计师事务所综合评价百强，其可以作为审计师或审计公司独立性的重要参考。

案例分析 1-4

根据美的集团 2022 年年报，公司的内部控制审计意见为标准无保留意见，表明审计师认为，公司按照《企业内部控制基本规范》和相关规定在所有重大方面保持了有效的财务报告内部控制。公司财务报告的审计意见也为标准无保留意见，表明审计师认为，公司的财务报表在所有重大方面按照企业会计准则的规定编制，公允反映了美的集团 2022 年 12 月 31 日的合并及公司财务状况以及 2022 年度的合并及公司经营成果和现金流量。

公司的审计公司为普华永道中天会计师事务所（特殊普通合伙），报酬为 897.5 万元，已经连续为公司服务八年。注册会计师为姚文平、吴芳芳，已经分别连续为公司服务 3 年和 2 年。从现有信息来看，公司的审计师和审计公司声誉较高，没有证据表明，他们存在独立性缺失的情况。

练习题

一、行动学习

下载并快速浏览美的集团（000333）、贵州茅台（600519）及中芯国际（688981）三家公司的最新年报，尤其要关注年报中业务和治理、审计意见、财务报表等相关内容，并思考如何快速阅读一家公司的年报。

二、简答题

1. 什么是财务报表以及财务报表分析？
2. 财务报表的主要使用者有哪些？
3. 价值投资者视角的财务报表分析的主要（基本）功能有哪些？
4. 财务报表分析的主要（基本）方法有哪些？
5. 价值投资者视角的财务报表分析应遵守哪些基本原则？
6. 财务报表数据有哪些优点和缺点？
7. 分析企业的财务报表之前，投资者需要掌握哪些基础知识？

第2章

资产负债表

学习目标

1. 掌握资产负债表的定义和功能。
2. 学会分析资产负债表中的资产。
3. 学会分析资产负债表中的负债和所有者权益。
4. 思考如何分析表外的无形资产。

引导案例

中国恒大的资产负债表

截至2021年6月30日，中国恒大的总资产、负债、所有者权益和归属于母公司所有者权益分别为23 775.75亿元、19 665.34亿元、4 110.41亿元和1 908.08亿元。2021年公司股价一路下滑，截至2022年3月18日，总市值仅为约178亿元，只有不到归属于母公司所有者权益（净资产）的1/10，不到总资产的1%。为什么会出现这种情况？这是否意味着公司的市场价值（股价）被严重低估？

一些投资者认为，公司的股价远低于每股净资产意味着公司的股价被严重低估，这正是买入公司股票的好机会。2021年4月30日，中国恒大的市净率（PB）为0.988，股价跌破每股净资产（简称“破净”）。截至2022年3月18日，中国恒大的市净率跌至0.1，公司股价在“破净”的基础上下跌幅度达到90%。如果投资者简单地认为“破净”即为低估，则将损失惨重。

“破净”并不意味着低估，为什么？因为公司的资产可能被高估，而负债往往没有被高估，根据“所有者权益=资产-负债”的公式，资产高估将导致所有者权益严重高估。如果公司的所有者权益被高估，“破净”自然并不意味着公司的价值被低估。尤其是当公司的资产负债率较高时，资产被高估对所有者权益的价值影响更大。

中国恒大总资产的账面价值为 23 775.75 亿元，假设总资产被高估 10%，则总资产的账面价值要下调 10%，即 2 377.58 亿元，所有者权益将由 4 110.41 亿元变成 1 732.83 亿元，归属于母公司所有者权益则约为 804.4 亿元。

在极端情况下，如果公司发生债务危机，持续经营能力受损，市净率将失去参考价值。因为资产负债表上的资产价值是以持续经营为前提得出的，如果公司的持续经营能力受损，公司账面上资产的参考价值就要大打折扣。

思考：

（1）能否根据资产负债表中的信息评估公司的价值？

（2）如何评估中国恒大的资产质量和商业模式？

2.1 初识资产负债表

2.1.1 资产负债表的定义和功能

生活中的一个例子或许有助于理解资产负债表的本质。在男女相亲的过程中，女方一般想知道对方的哪些信息呢？通常，女方会直接或间接询问男方家里有没有房、有没有车、有多少存款等问题。如果有房，女方可能还会追问，是全款还是贷款，还有多少贷款没有还。从会计的角度来看，女方实际上是对男方进行一场财务上的“尽职调查”，目的是尽快且全面地了解男方的家底。资产负债表的本质恰恰就是展现企业的“家底”。

2.1 即测即评

常有人把结婚比作企业并购。因为在企业并购过程中，调查目标方的资产、负债和所有者权益情况是必要且正当的流程。但是，在相亲过程中，如果女方直接询问男方的财产情况，显得太过功利，有时候还容易伤及对方的尊严。这是因为人的价值并不能完全用金钱来衡量，在分析相亲对象在婚姻市场上的价值时，不应该只考虑房子、车子等有形资产，更应该看重对方的人品、性格等无形资产，而这些无形资产并不能体现在其财产中。虽然资产负债表的本质是展现企业的“家底”，但由于表外无形资产的存在，资产负债表也只是反映企业的部分“家底”。

根据企业会计准则，**资产负债表**（balance sheet）是指反映企业在某一特定日期的财务状况的会计报表。根据这个定义，我们可以总结出资产负债表的两个关键特点：

（1）资产负债表反映的是公司的财务状况，也就是公司的资产、负债和所有者权益情况。

（2）资产负债表是静态报表，反映的是资产负债表日的财务状况。资产负债表日是指结账和编制资产负债表的日期。在我国会计年度中，年度资产负债表日一般是指每年的 12 月 31 日。

投资者通过对公司和同行业其他公司的资产负债表进行分析，至少可以达成如下目标：

(1) 通过分析公司的资产负债率，评估公司的商业模式、风险水平和举债能力等；

(2) 通过分析公司的资产结构和资产项目，评估公司的商业模式、资产质量（或价值）和风险水平等；

(3) 通过分析公司的负债结构和负债项目，评估公司的商业模式和流动性风险等；

(4) 通过分析公司的所有者权益结构，评估公司的商业模式和历史盈利能力等。

总之，通过对资产负债表的分析，价值投资者可以了解公司的商业模式、资产质量和风险水平等关键信息，从而作出更加准确的投资决策。

2.1.2　资产负债表中的会计恒等式

会计有六大要素，分别是资产、负债、所有者权益（又称股东权益或净资产）、收入、费用和利润。资产负债表包含了其中的前三大要素：资产、负债和所有者权益。这三个要素构成了首个也是最著名的会计恒等式：

$$资产=负债+所有者权益 \tag{2-1}$$

这个恒等式一定成立。因为等式右边反映的是资金的来源，其中来自债权人的资金称为负债，来自股东的资金称为所有者权益；等式左边反映的是资金的用途，表现为现金、存货和固定资产等形态。等式左边的资金占用总额一定等于右边的资金来源总额。

如果把这个等式稍做转换，可以变成：

$$所有者权益=资产-负债 \tag{2-2}$$

$$负债=资产-所有者权益 \tag{2-3}$$

式（2-2）和式（2-3）哪个正确呢？从数学关系上讲，这两个等式都正确。但从经济学含义上讲，只有式（2-2）正确，因为股东和债权人中只有股东是剩余索取者。公司的资产只有在偿还所有负债后的剩余部分才属于股东。同时，企业赚取的利润只有在偿还债权人的利息和缴纳所得税后的剩余部分才属于股东。因此，股东所持股份的价值，重点参考的是净资产而不是总资产。如果一家公司资不抵债，即资产比负债少，则所有者权益为负。如果一个人拥有这样的公司，那可称得上是真正的“负”翁。当然，由于上市公司通常是股份有限公司，股东对公司债务承担的责任是有限的。如果公司破产，股东的损失通常限于其在公司中的投资份额，不会因此承担额外的个人债务。

2.2 资产分析

2.2.1 资产结构分析：商业模式视角

资产负债表中的资产项目众多，根据主次分明的原则，投资者可以先对资产来源结构及资产结构进行分析，然后重点关注金额占比较大的资产。资产负债表中的资产项目主要按流动性进行排序，但是投资者也可以根据分析需要对资产项目进行重构。通过对资产负债表资产项目的重构，投资者可以更好地窥见公司的**商业模式**（business model）。

2.2 即测即评

1. 资产来源结构：资产负债率

资产来源结构即**资产负债率**（assets-liabilities ratio），又称杠杆率、资本结构，其计算公式为：

$$资产负债率=\frac{总负债}{总资产}$$

负债是一把双刃剑，在行业繁荣时期，通过举债提高资产负债率，可以增强公司的盈利能力，加速公司的发展；在行业不景气时期，举债可能削弱公司的盈利能力，增加公司破产的风险。实践中，投资大师巴菲特就特别偏好资产负债率低的公司。在他看来，商业模式较好的公司，盈利能力比较突出，资本开支比较低，往往不需要过度依赖举债经营。更为重要的是，负债水平反映了一家公司的经营理念，长期来看，行稳才能致远。作为长期价值投资者，巴菲特更偏好稳健经营的企业。

要分析企业的资产负债率，需要了解影响资产负债率的主要因素。首先，企业的资产负债率主要受行业商业模式影响。

以白酒和房地产行业的龙头公司为例，2022 年，贵州茅台的资产负债率比较低，只有 19.42%，且没有有息负债，主要原因是公司的商业模式较好，具体表现为资本开支水平较低、资金需求较少，并且公司本身的盈利能力很强。万科作为房地产行业的领军企业，其资产负债率高达 76.95%，主要原因是房地产行业对资金的巨大需求，如巨额存货投资等，导致该行业的杠杆率普遍较高。

其次，在同一行业内，不同公司资产负债率的差异还受公司经营理念的影响。例如，同样属于房地产行业，2020 年万科的有息负债率就远低于中国恒大，这反映了两家公司经营理念的差异。

案例分析 2－1

表 2－1 节选自美的集团 2022 年度合并资产负债表。

表 2－1 美的集团 2022 年度合并资产负债表 单位：亿元

资产	2022－12－31	2021－12－31
流动资产		
货币资金	552.70	718.76
交易性金融资产	32.85	58.79
衍生金融资产	6.65	5.46
应收票据	47.58	47.85
应收账款	282.38	246.36
应收款项融资	135.27	102.74
预付款项	43.67	43.53
其他应收款	22.11	31.04
存货	460.45	459.24
合同资产	44.99	38.23
发放贷款和垫款	141.39	206.57
一年内到期的非流动资产	375.53	198.52
其他流动资产	465.42	331.56
流动资产合计	2 610.99	2 488.65
非流动资产		
其他债权投资	110.94	78.94
长期应收款	6.15	8.71
长期股权投资	51.89	37.97
其他非流动金融资产	106.25	59.13
投资性房地产	8.10	8.59
固定资产	260.83	228.53
在建工程	38.44	26.91
使用权资产	23.40	22.97
无形资产	169.09	171.73
商誉	285.49	278.75
长期待摊费用	15.80	13.94
递延所得税资产	102.44	81.92
其他非流动资产	428.40	363.74

续表

资产	2022-12-31	2021-12-31
非流动资产合计	1 614.56	1 390.82
资产总计	4 225.55	3 879.46
负债和股东权益	**2022-12-31**	**2021-12-31**
流动负债		
短期借款	51.69	53.82
交易性金融负债	15.81	—
衍生金融负债	2.35	1.58
应付票据	255.72	327.52
应付账款	642.33	659.84
合同负债	279.60	239.17
应付职工薪酬	71.52	75.35
应交税费	49.55	54.04
其他应付款	43.22	42.88
一年内到期的非流动负债	72.41	289.48
其他流动负债	578.44	482.28
流动负债合计	2 063.42	2 228.51
非流动负债		
长期借款	506.86	197.34
应付债券	31.64	—
租赁负债	15.07	15.34
预计负债	3.95	3.11
递延收益	17.21	12.28
长期应付职工薪酬	14.88	18.25
递延所得税负债	46.48	49.50
其他非流动负债	6.80	6.88
非流动负债合计	642.90	302.70
负债合计	2 706.31	2 531.21
股东权益		
股本	69.97	69.87
资本公积	196.93	205.17
减：库存股	149.34	140.45

续表

负债和股东权益	2022-12-31	2021-12-31
其他综合收益	1.08	−17.59
一般风险准备	6.72	7.20
盈余公积	107.03	94.50
未分配利润	1 196.79	1 029.83
归属于母公司股东权益合计	1 429.35	1 248.68
少数股东权益	89.89	99.57
股东权益合计	1 519.24	1 348.25
负债和股东权益总计	4 225.55	3 879.46

注：删除了少量金额较小（重要性较低）的项目。

表 2-1 中的数据显示，美的集团的总资产规模高达 4 225.55 亿元；资产负债率为 64.05%，高于制造业公司的平均水平，低于竞争对手格力电器（71.30%），但高于竞争对手海尔智家（59.84%）。美的集团总体的资产负债率较高，投资者需要进一步分析美的集团的财务状况和负债构成，以评估公司的商业模式和信用风险。

中国实践 2-1

中国企业的资产负债率和去杠杆实践

表 2-2 所示的是 2017—2022 年中国上市公司不同行业的资产负债率。

表 2-2 2017—2022 年中国上市公司不同行业的资产负债率（%）

行业	2017 年	2018 年	2019 年	2020 年	2021 年	2022 年
农、林、牧、渔业（A）	40.58	38.50	39.77	41.89	48.00	50.71
采矿业（B）	46.47	47.52	49.78	47.66	49.63	49.63
制造业（C）	36.04	38.88	38.58	37.82	38.27	39.21
电力、热力、燃气及水生产和供应业（D）	54.45	57.41	55.26	57.52	57.96	58.00
建筑业（E）	62.95	66.34	68.91	69.07	71.82	72.99
批发和零售业（F）	52.88	54.93	55.71	53.82	56.89	54.43
交通运输、仓储和邮政业（G）	42.43	41.84	41.03	44.57	43.80	43.90
信息传输、软件和信息技术服务业（I）	29.75	34.13	33.40	31.60	31.21	33.29
房地产业（K）	68.00	67.54	69.08	70.64	69.73	71.58
租赁和商务服务业（L）	43.89	51.12	45.87	49.74	52.83	52.40
科学研究和技术服务业（M）	27.90	34.15	36.12	35.83	33.58	34.21

续表

行业	2017 年	2018 年	2019 年	2020 年	2021 年	2022 年
水利、环境和公共设施管理业（N）	49.06	51.80	51.69	47.21	51.87	52.33
文化、体育和娱乐业（R）	34.59	32.98	33.47	34.82	36.57	35.26
总计	39.29	41.61	41.45	40.67	40.54	41.32

注：①表中列示的是各行业资产负债率的中位数，资产负债率＝总负债/总资产；
②根据中国证监会 2012 年划分的一级行业（门类），仅保留样本量超过 30 的行业，不包括金融业。

表 2－2 中的数据显示，资产负债率较高的行业分别是房地产业，建筑业，电力、热力、燃气及水生产和供应业，其 2022 年资产负债率的中位数分别为 71.58%、72.99%和 58.00%；资产负债率较低的行业分别是信息传输、软件和信息技术服务业，科学研究和技术服务业以及文化、体育和娱乐业，其 2022 年资产负债率的中位数分别为 33.29%、34.21%和 35.26%。2022 年制造业资产负债率的中位数是 39.21%。值得指出的是，制造业涉及的细分行业较多，不同细分行业的资产负债率差异较大。此外，表中数据显示，各行业的资产负债率在时间序列上保持比较稳定的状态。

宏观上，资产负债率是政府非常关心的指标。2015 年 12 月 18 日至 21 日中央经济工作会议在北京举行。会议提出，2016 年经济社会发展主要是抓好去产能、去库存、去杠杆、降成本、补短板五大任务。自此，去杠杆成为 2016 年后的一项重要任务。企业去杠杆就是去负债，降低资产负债率。企业去杠杆不但在微观上有助于企业行稳致远，而且在宏观上有助于防范金融风险、降低系统性金融危机发生的概率。表 2－2 中的数据显示，总体上，我国上市公司的资产负债率（中位数）保持在 40%左右。近几年，上市公司整体资产负债率从 2018 年开始略有降低，中位数从 41.61%下降到 2021 年的 40.54%，2022 年有所回升。为了贯彻落实中央的去杠杆政策，企业一方面可以通过稳健经营，尽量降低债务融资需求；另一方面可以改变融资方式，增加股权融资，减少债务融资。

2. 资产结构：流动性视角

（1）资产流动性的定义。资产负债表上的资产项目，大致按资产的**流动性**（liquidity）排序，流动性高的排在前面，流动性低的排在后面。资产按流动性可以细分为**流动资产**（current assets）和**非流动资产**（non-current assets）两大类。流动资产是指企业可以在一年或者超过一年的一个营业周期内变现或者耗用的资产，包括货币资金、应收账款和存货等。非流动资产是指不能在一年或者超过一年的一个营业周期内变现或者耗用的资产，包括固定资产和无形资产等。

资产的流动性是指企业的资产转化为现金的难易程度，越容易转化为现金，表示流动性越高。显然，企业流动性最高的资产是货币资金。应收账款的流动性弱于货币资金，因为应收账款要先被收回来才能转化为货币资金。存货的流动性更低，因为存货要先转化为应收账款，然后才能进一步转化为货币资金。

（2）资产流动性的分析。流动资产占总资产的比例是评估企业资产流动性的重要指标，投资者应该理解该指标的含义和主要影响因素。相对而言，流动资产比非流动资产的流动性更高，因而被认为是质量更高或风险更低的资产。流动资产相比非流动资产更为透明。例如，我们能理解账面上 1 亿元货币资金的真实价值，但较难评估账面上 1 亿元固定资产的真实价值。

但是，仅根据资产流动性判断资产质量至少存在两大缺陷：第一，资产负债表上资产项目的流动性排序总体上可靠，但有时也不准确。例如，如果存在公开交易市场，计入非流动资产的金融资产的流动性要高于存货。第二，不同公司流动资产的质量差异很大，不一定具有可比性。例如，投资人段永平曾指出："相较于消费电子行业，如手机制造业，茅台酒业务的一个显著区别可能体现在库存价值上。在消费电子领域，库存往往会迅速贬值，相对而言价值较低，而茅台酒的库存则因其长期增值潜力而被视为宝贵资产。"为什么？因为手机贬值很快，时间久了还会损坏，而茅台酒不仅不会损坏，时间越久价值还越高。要更好地比较不同公司的资产质量，还需要牢记业财结合的原则。

分析不同公司的流动资产占比时，首先，需要了解影响资产结构的因素。流动资产在总资产中的占比受行业商业模式的影响。以家电行业和电力行业的龙头公司为例，2022 年，美的集团的流动资产占比约为 2/3，而同期长江电力（600900）流动资产占比不到 1/10，主要原因是美的集团的经营主要依靠品牌等表外无形资产，而长江电力主要依靠巨额的固定资产。

其次，在同一行业内，不同公司的流动资产占比还受公司经营战略等因素的影响。例如，有些公司为了保持较高的资产流动性，会保留较高比例的货币资金；有些公司为了争取客户而实施宽松的信用政策，造成较高比例的应收账款。因此，当公司的流动资产占比发生变化时，投资者要注意公司经营战略的变化和潜在的经营风险。

案例分析 2－2

根据表 2－1 中的数据计算，美的集团流动资产占比为 61.79%，非流动资产占比为 38.21%。从流动性的角度看，公司的资产质量较高。从金额上看，排名靠前的流动资产分别是货币资金、应收账款、存货以及其他流动资产；排名靠前的非流动资产主要是商誉、固定资产及其他债权投资等，这些资产的质量需要后续进一步分析。

3. 资产结构：重资产与轻资产

（1）资产轻重模式的定义。对于怎样判断企业资产模式的轻和重，学术界没有统一的标准。一种简便的办法是用固定资产占总资产的比例来区分是重资产模式还是轻资产模式。固定资产占比较高，通常是重资产模式；固定资产占比较低，通常是轻资产模式，但也有例外。例如，不能将固定资产占比较低的房地产业简单地认定为轻资产模式，原因是固定资产占比这一指标没有考虑除固定资产以外的其他长期资产的投入。房地产公司将大量资金投入存货，这些存货变现时间一般较长（存货周转天数超过 1 000 天），实际上相当于长期资产。

（2）资产轻重模式的分析。通常来说，重资产模式不如轻资产模式灵活。固定资产投入一般构成企业的固定成本，如果企业未来的经营状况不如预期，这部分成本较难收回，因此面临较大的投资风险。但是，一旦企业取得成功，大规模的固定资产投入也会成为竞争壁垒。因此，巴菲特虽然偏好轻资产模式，但是并不认为可以简单地用好和坏来评判资产轻重模式。如前所述，企业的资产轻重模式更多受行业因素影响，行业特征基本决定了企业的资产轻重模式。此外，同行业内企业资产轻重模式还受企业经营战略选择的影响。例如，一家企业选择自建工厂，而另一家企业选择租赁工厂，这势必会导致两家企业的资产结构产生差异。如果企业逐渐偏向重资产模式，可能预示着企业的经营风险在上升，此时投资者需要根据业务情况做进一步分析判断。

案例分析 2-3

根据表 2-1 中的数据计算，美的集团 2022 年固定资产占总资产的比例只有 6.17%，低于大多数行业，也远低于制造业的中位数水平以及竞争对手海尔智家（11.52%）和格力电器（9.53%）。因此，我们可以认为，美的集团的资产模式较轻。

4. 资产结构：经营性资产与金融性资产

资产负债表中披露的资产项目通常按其流动性来排序。但是，为了更好地分析企业的商业模式，投资者也可以将企业的资产区分为经营性资产和金融性资产。需要指出的是，从商业模式视角分辨的金融性资产和会计上定义的金融资产差别较大。总的来说，区分金融性资产和经营性资产的关键，是判断这些资产是不是直接为经营业务服务，如果是，就算作经营性资产，如果不是，就算作金融性资产。企业金融化是指企业有较大比例的金融性资产。如果一家企业的金融化程度提高，则需要关注企业是不是“偏离主业”，以及金融性资产的配置效率。

案例分析 2-4

以美的集团为例，公司的货币资金、应收账款、存货等资产主要是为生产经营服务的，属于经营性资产，而交易性金融资产、其他流动资产、其他债权投资、投资性房地产等资产，并不是直接为经营业务服务的，主要是为了资产的保值和增值，应划作金融性资产。在区分企业的经营性资产和金融性资产之后，投资者就可以分析企业到底是经营性企业还是金融性企业，以及企业的金融化程度如何。

按照表 2-1 的数据计算，美的集团金融性资产占比约 20%，说明公司主要以经营实业为主，金融化程度略高。进一步分析表明，2022 年公司的净利润主要来自经营业务，金融业务产生的利润占比不到 1/10，公司金融化的风险可控。

5. 资产结构：内生式增长与外延式增长

投资者还可以从企业商誉的占比窥见企业的商业模式。如果商誉占比较高，则说明企业当前的商业模式更倾向于外延式发展。企业增长主要有两个模式：内生式增长和外延式增长。内生式增长是指企业依靠现有业务的优化或新业务的开拓实现增长，外延式增长是指企业通过对外收购、兼并等方式实现增长。虽然内生式增长通常被视为更为稳健和可靠的方式，但外延式增长有助于加速企业的发展。根据我国企业会计准则，只有企业并购时产生的并购溢价才会形成商誉，企业对外并购行为一般会使企业资产负债表中商誉资产占比提升。因此，投资者可以从企业商誉占总资产比例这一数据"一叶知秋"，初步了解企业当前的商业模式和增长战略。

案例分析 2-5

根据表 2-1 中的数据计算，美的集团商誉占总资产的比例为 6.76%。据统计，2022 年我国制造业上市公司中，商誉占总资产的比例的 50%、75%和 90%分位数分别是 0、1.12%和 5.60%，美的集团的商誉占比已超过 90%的同行业公司，说明美的集团当前的商业模式是比较依靠对外并购实现增长。作为对比，格力电器的商誉占总资产的比例只有 0.47%，而海尔智家的商誉占总资产的比例接近 10%，这体现了三家公司商业模式和发展战略的差异。对于投资者而言，在分析美的集团的增长前景时，其外延式增长的机会和风险应该列为分析重点。

2.2.2　重要资产项目分析

1. 货币资金

（1）**货币资金**（monetary capital）的定义。货币资金是指企业拥有的，以货币形式存在的资产，包括现金、银行存款和其他货币资金等。由于企业的资产以货币计量，所以货币资金是企业流动性最高和最可靠的资产，在资产负债表中排在首位。货币资金是企业资金运动的起点和终点，流动资金从货币形态开始，在供、产、销过程中，依次转化为储备资金、生产资金、成品资金，最后又回到货币资金的状态。投资者从资产负债表中可以查看货币资金的总额，从年报的货币资金项目附注中可以进一步查看货币资金的构成明细。通常货币资金占总资产比例较高的公司的商业模式较好，表明公司现金充沛。

（2）货币资金存在的风险。实务中，在对货币资金进行分析时，投资者需要警惕两种风险：货币资金过少的偿债风险；货币资金过多的虚假货币资金风险。

案例分析 2-6

根据表 2-1 中的数据计算，美的集团货币资金占总资产的比例为 13.08%，略低于行业平均水平以及竞争对手海尔智家（22.96%）和格力电器（44.36%）。鉴于公司较强的盈利能力和卓越的融资能力，即使公司的现金及现金等价物（货币资金）占比不高，面临的财务风险也相对较小。

公司货币资金余额远小于短期借款可能存在流动性风险。例如，2020 年年末，中国恒大可动用的货币资金只有 1 587 亿元，但一年内到期的有息负债高达3 355亿元，货币资金远不足以覆盖短期借款，这引发了市场对其偿债能力的担忧。此外，公司货币资金占总资产的比例过高可能存在虚假货币资金的风险。例如，康得新（002450，已退市）2017 年账面上货币资金高达 185 亿元，占总资产比例超过 50%，远高于 90%的上市公司，并且公司有息负债超过 100 亿元、财务费用高达 5.5 亿元，公司“大存大贷”的行为显然不太符合正常的商业逻辑，事后证明，公司的货币资金早已被大股东挪用。

（3）货币资金的分析。货币资金是否越多越好？理论上存在最佳货币资金持有量，总的原则是既要满足生产经营、偿债和投资的需求，又不能造成大额现金的闲置。过少的货币资金持有量将严重影响企业正常的经营和投资活动，制约企业发展，甚至会导致流动性危机。当外部经营环境不确定性较大时，留有足够的货币资金才能保证企业平稳渡过难关。但是，过多的货币资金持有量往往会造成投资机会的浪费，降低货币资金利用效率。

对于货币资金的分析，投资者需要把握一个基本规则：货币资金应与企业的经营需求、短期债务和投资需要相匹配。企业增加货币资金主要有三个途径：1）经营活动，也就是说，使经营活动的现金流入持续大于现金流出；2）融资活动，如发行股票或举债；3）投资活动，如出售资产或业务部门。因此，理论上，企业的最佳货币资金持有量主要取决于以下因素：1）企业的营运资金需求，包括经营、偿债和投资需求；2）企业经营活动赚取现金流量的能力；3）外部融资环境以及企业的融资能力；4）企业其他资产的流动性。营运资金需求越小、经营活动赚取现金流量能力越强、外部融资能力越强、资产流动性越高，则企业的最佳货币持有量越趋近于一个较低的合理水平。

2. 应收款项

（1）**应收款项**（receivable）的定义。应收款项泛指企业拥有的将来获取现款、商品或劳动的权利，是日常生产经营过程中发生的各种债权，是企业重要的流动资产。资产负债表中报告的应收款项主要包括应收票据、应收账款、应收账款融资、其他应收款等。通常应收款项占总资产比例较低的公司商业模式较好，表明公司应收款项占用的资金较少。

应收票据（notes receivable）是由付款人或收款人签发、付款人承兑、到期无条件付款的一种书面凭证。按承兑人不同，应收票据分为银行承兑汇票和商业承兑汇票。银行承兑汇票是指由在承兑银行开立存款账户的存款人出票，由承兑银行承兑的票据。商业承兑汇票是指付款人签发并承兑，或由收款人签发交由付款人承兑的汇票。商业汇票既可以依法背书转让，又可以向银行申请贴现。按照我国现行法律，商业汇票的付款期限不得超过 6 个月。通常而言，银行承兑汇票因银行承兑不存在重大的信用风险，不需要计提坏账准备。商业承兑汇票有信用风险，存在收不回资金的情况，需要按照整个存续期的预期信用损失计提坏账准备。当商业汇票到期后，如果付款人无力支付票款，则应收票据转为应收账款。

应收账款（accounts receivable）是指企业在正常的经营过程中因销售商品、提供劳务等，应向购买单位收取的款项。应收账款是伴随企业的销售行为发生而形成的一项债权，相当于日常生活中的“欠条”，存在较大的信用风险。企业通常会将客户的应收账款划分不同组合，并参考历史信用损失经验，结合当前状况以及对未来经济状况的预测，编制应收账款逾期天数与整个存续期预期信用损失率对照表，从而计算预期信用损失。

应收票据和应收账款虽然都属于商业信用，但两者的信用风险差异较大。从信用风险排名来看，应收账款＞商业汇票＞银行汇票＞现金，现金信用风险最低。很明显，现款现货销售模式的信用风险最低。但是，在当今的市场竞争环境中，大部分商品都是买方市场，常见的模式是先货后款，即存在一定时间的账期。不同公司收款方式不同以及账期不同，造成不同公司期末应收款项规模差异较大。

根据 2019 年新金融工具准则，资产负债表新增“应收款项融资”项目于应收账款、应收票据之下。其性质与前两者相似，这是理解该项目的起点。深入分析，“应收款项融资”可拆为“应收款项”与“融资”两部分，理解关键在于：一是明确应收款项范围，二是知晓融资含义。融资指企业基于日常资金管理，以转让、贴现或背书等方式向银行融资，但企业可能承担被追索权，风险未完全转移。应收款项主要涵盖应收账款和应收票据，可用于融资的通常是信用良好的应收款项，如银行承兑汇票和优质应收账款。以美的集团为例，其应收款项融资主要是通过转让、贴现或背书回款并终止确认的银行承兑汇票。应收款项融资能加速企业资金回笼，提升资金利用效率，但也面临一定的贴现损失。

（2）应收款项中存在的风险。应收款项分析的重点是应收账款。应收账款主要有两个风险点：一是坏账风险；二是财务造假风险。根据权责发生制原则，企业在销售商品时，一旦签订合同并发出货物就可以确认收入、产生利润，无论是否收到现金。如果没有收到现金，销售收入就会相应转化为应收账款。如果预计应收账款无法收回，则要计提相应的坏账准备，这将增加资产减值损失、减少利润。因此，有些企业为了提高短期的销售收入和利润，可能会使用比较宽松的信用政策或降低客户质量控制标准。这种方法虽然会提高企业的短期业绩，但可能损害长期利益。此外，值得注意的是，应收账款规模异常的企业可能有财务造假的风险。企业财务造假的常用手段是利用关联方客户虚增收入，并同时虚增应收账款，无实际经营现金流流入。

（3）应收款项的分析。除分析应收款项在总资产中的占比以外，投资者通常使用应收账款周转率分析应收账款的管理情况。应收账款周转率是反映应收账款周转速度的比率，其计算公式如下：

$$应收账款周转率=\frac{当期销售净收入}{应收账款平均余额}$$

$$应收账款平均余额=\frac{期初应收账款余额+期末应收账款余额}{2}$$

应收账款周转率越高，表示应收账款周转速度越快、应收账款管理水平越高。一家企业应收账款周转率的高低主要取决于以下三个因素：1）行业的竞争环境和企业的竞争优势。通常，如果企业的应收账款较少还能够做到先款后货或现钱现货，这说明企业所处的竞争环境较为有利，或者企业在行业内具备某种竞争优势。2）企业的应收账款管理水平。管理水平较高的企业，通常应收账款的相对规模较小，发生坏账的概率较低。3）企业的信用政策。如果企业为了吸引客户、增加销售收入，选择较为宽松的信用政策，则企业的应收账款规模会增大。投资者可以运用比较分析法，将企业的应收账款周转率与同行业可比企业进行对比，并且纵向对比分析企业应收账款周转率在时间趋势上的变化。

如果公司的应收账款周转率显著低于同行业可比公司，可能有以下几种原因：1）公司的商业模式较差，竞争优势较弱，在行业中的地位不高；2）公司的应收账款管理水平较低；3）公司可能使用了较为宽松的信用政策，收入中的“水分”较多，甚至可能存在财务造假。如果公司的应收账款周转率呈明显下降趋势，投资者可参考上述可能性进行分析。

对于应收账款金额较大的公司，根据主次分明原则，投资者还可以进一步查阅年报附注（合并报表项目附注）中应收票据和应收账款的相关信息。在附注中，投资者可以看到：1）应收票据的构成，即公司的应收票据主要是银行承兑汇票还是商业承兑汇票；2）应收账款中坏账准备的金额，以及按不同账龄分类的应收账款余额；3）不同应收账款组合的坏账计提率（预期信用损失率）；4）按欠款方归集的余额前五名的应收账款总额。投资者通过分析附注中的相关信息，并且将其与同行业其他公司进行对比，可以进一步评估公司的坏账风险以及会计政策是否稳健。

案例分析 2-7

根据表 2-1 中的数据计算，2022 年美的集团应收账款占总资产的比例为 6.68%，相比 2021 年略有下降，但低于行业平均水平，处于行业正常范围之内。美的集团的应收账款周转率为 13 倍左右，应收账款周转率较高说明应收账款风险可控，这主要得益于公司面向消费者（ToC）的稳健商业模式及其在产业链中的优势地位。进一步分析发现，公司计提的坏账准备总金额由 2021 年的 8.6 亿元增加到 2022 年的 13.3 亿元，增幅约 55%。1～2 年账龄的应收账款金额也增加了 77%，总金额约为 10.11 亿元。总体上，美的集团应收账款的质量有所恶化，但由于规模较小，对利润的影响不大。

3. 存货

（1）**存货**（inventory）的定义。存货是指企业在日常活动中持有以备出售的库存商品（或产成品）、处在生产过程中的在产品、在生产过程或提供劳务过程中耗用的原材料等。资产负债表上列报的是存货的账面价值。已经销售的库存商品需要结转销售成本（营业成本），销售成本即存货在资本负债表上的账面价值。库存商品（营业成本）的账面价值主要由直接材料、直接人工和制造费用三部分构成，具体数据可在年报附注中查看。通常存货占总资产比例较低的公司商业模式较好，表明公司存货占用的资金较少。

（2）存货中存在的风险。通常企业的存货水平在合理范围内越低越好，因为存货会带来很多成本，主要有三类：1）资金占用成本，存货会占用公司的货币资金；2）存货保管成本，如仓库建设与管理、存货维护与保管等费用；3）存货贬值风险，对于大多数商品而言，存货存放的时间越长，贬值的可能性越大。现代化企业非常重视存货管理，库存水平越低，往往代表企业的运营管理水平越高；反之，存货管理不善，则会给企业经营带来很大的风险。值得指出的是，不同行业的存货性质有很大差异，存货分析需要结合公司所处的行业和业务特点来进行，这体现了业财结合的原则。如前所述，手机行业的存货和白酒行业的存货有很大差异，前者贬值的速度很快，而后者不仅不会贬值，还可能会升值。

除了存货管理不善，企业还可能利用存货的会计政策或会计估计进行盈余管理，主要方法有三类：1）选择发出存货的计价方法以提升短期利润；2）减少或延迟存货跌价准备计提以提升短期利润；3）通过增加产量以提升短期利润。通过增加产量也能提高企业短期利润？企业的总成本包括固定成本和变动成本，企业增加销量会降低单位产品的固定成本，从而提高企业的利润率。实际上，企业不需要增加销量，只需要增加产量，也能达到同样效果。企业生产的产品数量越多，单位产品的固定成本越低，企业的利润率越高。也就是说，企业仅仅通过增加产量就能够提高企业的利润率和利润规模。当然，如果企业只是增加产量，销量并未相应增加，则企业的存货水平将会提高，从而损害企业的长期发展。

案例分析 2-8

当公司的存货账面价值连年增长，但期间公司计提的存货跌价准备金额较小时，可能存在较大的风险。例如，康美药业（600518）的财务数据显示，2017 年、2018 年、2019 年公司存货金额分别为 157.31 亿元、342.66 亿元和 320.09 亿元；2020 年公司突然计提存货跌价准备约 203 亿元，导致公司当年利润亏损约 277 亿元。

（3）存货的分析。如何分析存货中的风险呢？主要是运用前面章节介绍的结构分析法、比率分析法和比较分析法。首先，计算存货占总资产的比例，考察公司存货占比是否处于行业正常的范围。不同行业的存货占比差异非常大，这主要是因为不同行业的业务特征不同。在进行存货分析时，需要使用对比分析法，分析企业的存货占比是否高于同行业可比企业、是否有上升的趋势。其次，投资者还可以通过计算企业的存货周转率来分析存货周转情况。存货周转率就是反映存货周转速度的比率，其计算公式如下：

$$存货周转率=\frac{当期销售成本}{存货平均余额}$$

$$存货平均余额=\frac{期初存货+期末存货}{2}$$

存货周转率越高，表示存货周转速度越快、存货管理水平越高。计算出该指标后，还需要进行比较分析，即将企业的存货周转率与同行业可比企业进行横向对比，并跟踪存货周转率在时间上的变化趋势。如果企业的存货周转率显著低于同行业可比企业或呈现下降趋势，那么可能存在以下几种原因：1）公司的存货管理水平较差；2）公司的产品滞销；3）公司存货造假或利用存货进行盈余管理。

对于存货周转状况不佳的公司，根据主次分明原则，投资者还可以进一步查阅年报附注（合并报表项目附注）中存货的相关信息。在附注中，投资者可以看到：1）存货的构成，包括库存商品、在产品以及原材料等的占比；2）关于存货的会计政策，以及各项存货跌价准备计提的规模。投资者通过分析附注中的相关信息，并进行横向和纵向对比，可以进一步评估公司是否存在存货管理不善、产品滞销或存货造假等风险。关于存货的进一步分析，可参考营运能力分析章节。

案例分析 2-9

根据表 2-1 中的数据计算，2022 年，美的集团存货占总资产的比例为 10.90%，相比 2021 年略有下降，也低于行业平均水平，但处于行业正常范围之内。进一步分析表明，美的集团的存货周转率较高（2022 年高于 5 倍）且较为稳定，并且低于可比公司格力电器，表明公司的商业模式较好、存货的风险可控。

4. 金融资产

（1）**金融资产**（financial assets）的定义和分类。《企业会计准则第 22 号——金融工具确认和计量》规定，金融资产包括企业持有的现金、其他方的权益工具，以及收取现金或其他金融资产的合同权利等。金融资产并非资产负债表的单一项目，而是涵盖货币资金、应收账款、交易性金融资产等具有金融属性报表项目的总称。

根据《企业会计准则第 22 号——金融工具确认和计量》，企业应当根据其管理金融资产的业务模式和金融资产的合同现金流量特征，将金融资产划分为以下三类：第一，以公允价值计量且其变动计入当期损益的金融资产，如交易性金融资产（如股票、基金和可转换债券）；第二，以公允价值计量且其变动计入其他综合收益的金融资产，如其他债权投资；第三，以摊余成本（实际成本）计量的金融资产，包括除第一、二类以外的其他金融资产，如货币资金。值得指出的是，公司对金融资产的具体划分需要查询年报确认，并且会计上的金融资产的定义与前面资产结构分析中的金融性资产的定义有较大差别。

理论上，金融资产划分的依据是企业管理金融资产的业务模式，即企业如何管理其金融资产以产生现金流量。业务模式决定所管理金融资产现金流量的来源，是收取合同现金流量（赚利息）、出售金融资产（赚差价），还是两者兼有。如果合同现金流量不是本金和利息而是差价，则应划分为第一类；如果业务模式是收取合同现金流量，并且金融资产可以出售，则划分为第二类；如果合同现金流量仅为本金和利息，则应划分为第三类。企业一旦对金融资产进行分类，一般不应当重分类。

（2）金融资产的分析。对金融资产的分析可以按照以下几个步骤进行：第一，梳理企业持有的各类金融资产的金额和所属类别，尤其应关注第一、二类金融资产的金额。通过年报附注信息，查明第一、二类金融资产的性质（如股票或债权）。如果是股票性质的金融资产，还可以进一步查看主要持有的公司。第二，收集相关信息，评估第一、二类金融资产公允价值的变化对公司净利润和其他综合收益的影响。第三，在年报披露后，评估金融资产公允价值变动损益对净利润的影响以及这部分利润（或亏损）的可持续性。总之，企业会计准则对金融资产进行严格分类的主要目的是提升财务报表的决策有用性，而投资者对金融资产进行分析的主要目的是判断其对公司业绩和价值的影响。

案例分析 2-10

根据美的集团 2022 年年报，划分为第一类的金融资产主要包括交易性金融资产、衍生金融资产和部分其他非流动资产（如非上市公司股权）。公司 2022 年公允价值变动净损益为−2.51 亿元，公允价值变动对净利润影响的风险可控。划分为第二类的金融资产主要包括应收款项融资、其他债权投资等，从利润表来看，这部分资产对其他综合收益的影响较小。美的集团前两类金融资产（以公允价值计量的金融资产）总金额为 458.56 亿元。划分为第三类的金融资产包括货币资金、应收票据、应收账款、一年内到期的非流动资产等，这部分金融资产价值变动风险较小。对于公司金融资产分类和计量政策，可查阅年报附注中的“主要会计政策和会计估计”部分。

5. 长期股权投资

（1）**长期股权投资**（long term equity investment）的定义和分类。《企业会计准则第2号——长期股权投资》对长期股权投资的内容、确认、计量进行了规范。其中第二条指出，长期股权投资是指投资方对被投资单位实施控制、重大影响的权益性投资，以及对其合营企业的权益性投资。长期股权投资包括以下内容：1）投资方能够对被投资单位实施控制的权益性投资，即对控股子公司投资；2）投资方对被投资单位具有重大影响的权益性投资，即对联营企业投资；3）投资企业与其他合营方一同对被投资单位实施共同控制的权益性投资，即对合营企业投资。除上述情况外，企业持有的其他权益性投资，视情况计入长期股权投资或交易性金融资产。

（2）长期股权投资的初始和后续计量。长期股权投资的初始计量要分三种情况：1）如果是通过企业合并形成长期股权投资，并且是同一控制下的企业合并，则以被合并方净资产的账面价值作为长期股权投资的初始投资成本。2）如果是通过企业合并形成长期股权投资，并且是非同一控制下的企业合并，则以合并成本作为初始投资成本，合并成本包括购买方付出的资产、发生或承担的负债、发行的权益性证券的价值。3）对于合并以外形成的长期股权投资，如果以现金支付，则应当按照实际支付的购买价款作为初始投资成本；如果通过发行股票取得，则以发行股票的公允价值作为初始投资成本。

长期股权投资的后续计量方法有成本法和权益法。具体选择依据以下三种情况：1）如果投资方能够对被投资企业实施控制，则使用成本法；2）如果投资方对被投资企业有共同控制或重大影响，但不能控制，则使用权益法；3）如果投资方对被投资企业没有共同控制或重大影响，并且公允价值不能可靠计量，则使用成本法。如果公允价值能够可靠计量，应将其计入交易性金融资产。

判断公司对被投资企业是否实施控制或者有重大影响的简单标准是持股比例，持股比例超过50%属于绝对控制，持股比例小于50%但大于20%属于有重大影响。但是，持股比例并不是唯一的标准，有时还需要参考公司对被投资企业的表决权和对董事会的控制权。

成本法和权益法的选择不仅影响长期股权投资账面价值的调整，还影响投资收益的确认。在成本法下，长期股权投资按照初始投资成本计价，只有在追加或收回投资成本时才进行调整。被投资企业赚取的利润，只有在发放现金股利时才能确认为投资收益。在权益法下，投资企业在取得长期股权投资后，应当按照享有的被投资企业实现的利润的份额确认投资收益，并调整长期股权投资的账面价值。

（3）长期股权投资的分析。理解长期股权投资的初始和后续计量规则，有助于判断公司长期股权投资的真实价值以及被投资公司经营状况对投资公司利润的影响。一方面，由于公司资产负债表上列报的是长期股权投资的账面价值而非公允价值，其真实价值可能存在严重低估，投资者可根据被投资公司的市场价值或财务数据（如可获得）进行评估；另一方面，子公司或联营公司可能会比集团公司更早披露公司的财务数据，投资者可以推算子公司或联营公司的经营表现对集团公司业绩的潜在影响。此外，投资者还可以从集团和母公司长期股权投资的金额中一窥集团的管控模式。投资者在分析报表时，通常更关注集团合并报表的数据。因为它合并了子公司的全部资产、负债、收入和费用。合并后，控股子公司的长期股权投资和子公司的资产负债抵消，合并报表上只报告非控股子公司的长期股权投资，而母公司报表报告的是包括子公司、联营公司等在内的所有长期股权投资。如果母公司的长期股权投资金额较大，而集团合并报表上长期股权投资金额较小，说明集团的经营主体主要是子公司，上市公司集团可能采取的是一种相对放权的管控方式。

案例分析 2 - 11

2022 年美的集团母公司长期股权投资金额为 731.04 亿元（包括对子公司的长期股权投资以及对联营企业和合营企业的长期股权投资），集团合并报表的长期股权投资金额仅为 51.89 亿元（不包括对子公司的长期股权投资），说明母公司的长期股权投资主要是对子公司的投资，对合营企业和联营企业的投资规模较小，集团采取的可能是相对放权的管控模式。美的集团对合营企业和联营企业投资采用权益法核算，因此集团按所占份额享有这些公司的利润。

6. 固定资产

（1）**固定资产**（fixed assets）的定义和计量。固定资产是指企业为生产产品、提供劳务、出租或者经营管理而持有的，使用时间超过 12 个月的，价值达到一定标准的非货币性资产，包括房屋、建筑物、机器、运输工具以及其他与生产经营活动有关的设备和工具等。固定资产是企业的劳动手段，也是传统企业进行生产经营的主要资产。在传统产业中，人们通常认为固定资产占总资产比例较低的公司商业模式较好，表明公司是轻资产模式。

固定资产是经济寿命跨越多个会计期间的长期资产，属于资本性支出，应予以资本化，即先计入资产类科目，然后按其估计的损耗每期转入适当的费用科目。折旧计量的是固定资产在使用过程中因损耗而转移到产品中的那部分价值，折旧的计算方法主要有年限平均法、工作量法、加速折旧法等。固定资产减值是指固定资产发生损坏、技术陈旧或者其他经济原因，导致其可收回金额低于其账面价值。如果固定资产的可收回金额低于其账面价值，应当按可收回金额低于其账面价值的差额计提减值准备，并计入当期损益。

（2）固定资产中存在的风险和机会。固定资产中存在的机会是指固定资产的账面价值可能远低于其真实的价值。例如，一些业绩优良的公司选择在税法允许的范围内，根据会计稳健性原则，采用加速折旧的方法，从而增加当期费用、减少当期利润。此外，还有一些特殊的固定资产，如位于核心城市的办公场所，其不仅没有大幅贬值，还可能升值。当然，固定资产中可能存在很多风险。例如，企业可能高估固定资产的使用寿命，少计提折旧和固定资产减值准备，导致当期资产和利润被高估。

（3）固定资产的分析。投资者在分析企业的固定资产时，应重点关注以下几点：1）固定资产占总资产的比例，以及固定资产折旧占营业收入或利润的比例。如果这两项占比较高，说明公司可能是重资产模式，公司利润受固定资产会计估计的影响较大。根据主次分明原则，公司固定资产相关信息值得重点关注。2）固定资产相关的详细信息，包括固定资产的具体构成、固定资产的增减变动情况、各项固定资产折旧和减值的金额，以及各项固定资产的预计使用寿命、残值率以及年折旧率等信息。3）固定资产相关的会计政策和会计估计，包括固定资产的确认及初始计量、固定资产的折旧方法、固定资产的减值准备政策。

上述信息可以在年报附注中获取，或者直接在年报中搜索“固定资产”获取。通过对上述信息的分析和判断，可以识别出固定资产中存在的机会或潜在的风险。若使用比较分析法对上述信息进行横向或纵向对比分析，则效果更佳。

案例分析 2-12

美的集团 2022 年的固定资产金额为 260.83 亿元，占总资产的比例为 6.17%。公司的固定资产包括房屋及建筑物、境外土地、机器设备、运输工具、电子设备及其他等。2022 年公司固定资产折旧的金额为 33.65 亿元。固定资产折旧政策对公司的利润水平影响较小。

7. 无形资产

（1）**无形资产**（intangible assets）的定义和计量。无形资产是指没有实物形态的可辨认非货币性资产，包括专利权、商标权、土地使用权等。土地在许多国家属于固定资产，但因为我国土地实行公有制，企业购买的土地使用权通常计入无形资产（房地产公司除外）。此外，还需区分会计上的无形资产（表内反映）和经济上的无形资产（大多在表外反映）。品牌、人力资本和企业文化等虽然属于经济上的无形资产，但由于不符合会计上资产的定义或不具有可辨认性，往往不在资产负债表表内反映。

企业无形资产的取得主要有外购、自创、接受其他单位投资三种途径。外购与接受其他单位投资的无形资产价值的确认较为简单，但自创无形资产的价值计量相对较为复杂。公司研发产生的无形资产记录在无形资产项目下的“专利权及非专利技术”，但是，“专利权及非专利技术”可能只包含小部分研究与开发项目的价值。根据现行企业会计准则，内部研发项目（研发投入）支出根据其性质和不确定性被分为研究阶段支出和开发阶段支出。为研究生产工艺或产品而进行的有计划的调查、评价和选择阶段的支出为研究阶段支出，于发生时计入当期损益；在大规模生产之前，针对该生产工艺或产品最终应用的相关设计、测试阶段的支出为开发阶段支出，同时满足一定条件的，予以资本化。实践中，研发投入的资本化或费用化选择存在一定的灵活性，基于会计稳健性原则，大部分企业将研发投入计入当期损益（研发费用）。

无形资产的摊销类似于固定资产的折旧。企业会计准则规定，使用寿命有限的无形资产，其应摊销金额应当在使用寿命内系统合理摊销。使用寿命不确定的无形资产不应摊销，只能期末做减值测试。企业应当在每个会计期间对使用寿命不确定的无形资产的使用寿命进行复核。无形资产减值的处理方法与固定资产类似，当无形资产的可收回金额低于其账面价值时，账面价值减记至可收回金额。减值一经确定，不允许转回。

（2）无形资产中存在的机会与风险。无形资产中存在的机会是指，企业无形资产的账面价值可能远低于其真实价值。例如，最近几年，华为公司每年的研发投入近 1 000 亿元，仅 2021 年就投入 1 427 亿元，但 2021 年资产负债表上记录的无形资产只有 81 亿元，无形资产的价值被严重低估。优秀的公司基于会计稳健性原则，通常会选择将全部或大部分研发投入费用化，导致公司当期利润减少。当然，无形资产中也可能存在风险。企业可能高估无形资产的使用寿命，少计提摊销和无形资产减值损失，导致公司当期利润增加。无形资产的分析与固定资产类似，不再赘述。

案例分析 2-13

美的集团 2022 年的无形资产金额为 169.09 亿元，占总资产的比例为 4.00%。公司的无形资产包括土地使用权、专利权及非专利技术、商标权、商标使用权和其他等，它们都以历史成本计量。2022 年公司无形资产摊销的金额为 10.17 亿元，摊销政策对公司的利润水平影响较小。从金额来看，公司表内的无形资产较少，投资者需要重点关注表外的无形资产。

8. 商誉

（1）**商誉**（goodwill）的定义和计量。商誉是企业所拥有或控制的、由企业整体协同效应导致的、能为企业带来未来超额收益的不可辨认的无形经济资源。由于商誉不具有可辨认性，因而不属于会计上的无形资产。商誉包括自创声誉以及并购时形成的商誉。目前的企业会计准则只确认并购时形成的商誉，不确认自创商誉。企业在并购时，合并成本大于合并中取得的被购买方于购买日可辨认净资产公允价值份额的差额，确认为商誉。商誉主要由以下要素组成：1）被收购企业未确认不可辨认的净资产的公允价值；2）收购企业与被收购企业净资产和业务结合的预期协同效应的公允价值；

3）收购企业多支付的金额。通常商誉占总资产比例较高的公司商业模式较差，表明公司相对依赖并购的方式实现增长。

对于商誉是否应该像其他无形资产一样每年计提摊销，理论界和实务界都存在争议。现行的企业会计准则不要求商誉每年进行摊销，而是要求定期进行减值测试。商誉减值是指对企业在合并中形成的商誉进行减值测试后，确认相应的减值损失。减值损失一经确认，以后期间不予转回。

（2）商誉中存在的风险和机会。投资者普遍对商誉这项资产的质量有所怀疑，原因何在？投资者认为，并购时并购方往往对被并购方的发展前景过于乐观，从而支付过高的并购价格。但是，在并购市场上“买的没有卖的精”，买贵了、买错了是常态，商誉容易变成“伤誉”，需要计提减值准备。商誉减值是指对企业在合并中形成的商誉进行减值测试后，确认相应的减值损失。商誉减值导致企业当期利润减少，甚至引发巨额亏损，因此投资者应十分警惕商誉减值带来的风险。但是，商誉减值也可能带来机会。商誉减值虽然在短期内可能会造成利润巨额亏损，但不影响公司的现金流，也不一定影响公司的长期经营表现。如果市场对商誉减值导致的短期亏损反应过度，可能为投资者提供较好的投资机会。

（3）商誉的分析。商誉分析首先要确定企业资产负债表中商誉占总资产的比例。如果商誉占比较高，根据主次分明原则，则需要进一步分析商誉的质量以及相应的商誉减值风险。可能的措施是：查找其他相关资料（如并购报告），分析商誉形成背后的并购交易，包括并购资产的质量、并购价格的合理性、被并购公司当前的基本面情况、并购后的协同效应等信息。如果被并购公司为非上市公司，获取其最新的财务报表并评估商誉减值风险有一定难度。这时只能依赖公司管理层的诚信度以及审计师的专业性和独立性。如果公司的商誉金额较大，审计师通常会将商誉减值作为关键审计事项，并采取相应的措施评估管理层在商誉减值测试中使用的会计估计与判断是否合理。

案例分析 2-14

根据表 2-1 中的数据计算，2022 年美的集团的商誉金额为 285.49 亿元，占总资产的比例 6.76%，高于 90%的 A 股上市公司。进一步分析表明，公司的商誉主要是收购库卡机器人公司形成的。因此，投资者需要关注公司商誉减值的风险。2022 年，管理层经过测试，诊断出与商誉相关的资产组和资产组组合的可收回金额高于其账面价值，因此无须对商誉计提减值准备。审计师将公司商誉减值测试作为关键审计事项，经过一系列的审计程序后，认可了管理层的减值测试结论。投资者需要判断是否信任管理层和审计师的结论，如果不信任，还可以进一步在官网查找库卡机器人公司的最新财务数据，做深入的分析和测试。

2.2.3 表外无形资产分析

1. 账面价值与市场价值

投资者可能会发现，很多公司所有者权益的**账面价值**（book value）和二级市场投资者给出的**市场价值**（market value）相差甚远。

对比2022年美的集团、贵州茅台和万科三家公司的资产、负债和所有者权益情况，可以发现，从资产规模来看，从高到低排序依次为万科、美的集团和贵州茅台；从所有者权益规模来看，从高到低排序依次是万科、贵州茅台和美的集团。从三家公司的资产负债表信息来看，三家公司的市场价值应如何排序？通过查证三家公司2022年年底的市场价值，投资者意外地发现，三家公司的市场价值的排序与按资产和所有者权益规模的排序均不相同。这说明企业的总资产或者所有者权益的账面价值并不等于企业的市场价值。美的集团2022年的所有者权益账面价值只有1 519.24亿元，而2022年年底公司的市场价值接近4 000亿元，原因何在？

要回答这一问题，首先需要说明几个重要概念。关于所有者权益的价值，事实上涉及三个概念：账面价值、内在价值和市场价值。这三者的关系大致是：账面价值大于或小于内在价值，内在价值大于或小于市场价值。为了简便起见，假定市场是有效的（事实往往不是如此），即内在价值等于市场价值，那么问题变成了为何公司的账面价值大于或小于市场价值？

通常较为优秀的公司的市场价值往往大于账面价值，表现为市净率（市场价值/账面价值）大于1。据Wind统计，截至2022年4月27日，沪深300指数和科创板的市净率的算术平均值分别为4.2和4.87。公司市场价值大于账面价值的原因众多，主要可归结为以下两点：

（1）资产负债表上的部分资产，其账面价值远远低于市场价值，即存在低估的账面资产。根据前述分析，固定资产、长期股权投资等资产项目，可能存在账面价值被低估的情况。

（2）很多重要的无形资产未在财务报表上反映，这些资产称为表外无形资产或自创商誉。例如，美的集团的品牌、研发能力、销售渠道和管理团队这些无形资产，均未在资产负债表上有所反映。相比资产被低估，表外无形资产的问题更为普遍，尤其是在新经济时代，很多企业的重要资产表现为表外无形资产。

当然，此处需要提醒的是，随着注册制的推进，A股上市公司的估值差异越来越大，逐渐出现了市场价值低于账面价值的公司。在香港市场，市场价值远低于账面价值是常态。究其原因，有以下几个：（1）公司并没有积累较多表外无形资产；（2）公司账面上的资产可能被严重高估，导致所有者权益的账面价值相应被高估；（3）公司的治理能力较差，大股东、管理层与小股东的利益不一致。

2. 表外无形资产的定义

为什么会有**表外无形资产**（off-balance sheet intangible assets）？要回答这个问题，需要理解会计上资产的定义。会计上的资产与我们日常生活中理解的资产并不相同。企业拥有的资产进入资产负债表要符合会计上资产的定义和确认条件。根据现行企业会计准则，资产是指企业过去的交易或者事项形成的、由企业拥有或者控制的、预期会给企业带来经济利益的资源。此外，除了符合这一定义，还要同时满足以下两个条件，才能确认为资产：（1）与该资源有关的经济利益很可能流入企业；（2）该资源的成本或者价值能够可靠地计量。由于会计对资产有严格的定义和确认条件，很多对企业有价值的资产无法反映在资产负债表中。

案例分析 2－15

美的集团的品牌，这项重要的无形资产在资产负债表上无法体现。品牌是企业过去与消费者在互动过程中形成的、企业拥有或者控制的、能够给企业带来巨大经济利益的资源，所以，品牌符合资产的定义。但是，品牌可能不符合资产确认的第二个条件——该资源的成本或者价值能够可靠地计量。品牌的形成可能涉及广告宣传、产品研发、产品质量等多方面的投入，这些成本很难可靠地计量。虽然广告宣传支出比较容易计量，但是在产品的研发、生产质量方面的投入，很难单独分离出应该计入品牌价值的部分。既然通过成本计量品牌价值的路径走不通，那么有没有可能通过市场价值来评估品牌呢？根据“2022 胡润品牌榜”，美的集团位列中国企业第 41 名，品牌价值为 345 亿元；根据“2022 中国上市公司品牌价值榜”，美的集团位列第 10 名，品牌价值高达 2 748 亿元。同一时间两家机构对于美的集团的品牌价值的排名和估值也相距甚远。由此可见，计量品牌的市场价值非常困难。

会计上的无形资产是指企业拥有或者控制的没有实物形态的可辨认非货币性资产。关键词是“可辨认”，可辨认是指可以单独出租或出售的资产。企业的品牌并不能独立于企业的工厂和员工，与企业的生产、研发和销售等环节也不可分割，因而不能算作会计上的无形资产。我们将在经济实质上属于无形资产，但不符合会计上无形资产的定义或不满足无形资产的确认条件，导致在资产负债表中无法反映的资产统称为表外无形资产。

3. 表外无形资产的分析

既然表外无形资产无法在资产负债表上体现，分析起来就存在难度。目前的年报中虽并没有专门披露企业的表外无形资产，但会披露企业的核心竞争力。核心竞争力相关信息的披露大致可以反映出表外的无形资产。例如，美的集团年报披露，公司的核心竞争力主要是品牌、创新能力、销售渠道和公司治理等，并对这几个方面进行了具体说明。投资者可以通过这些信息分析企业的核心竞争力。但是，由于核心竞争力是软信息，加之不同公司披露软信息的可靠性和详尽程度相去甚远，投资者不能对此过于依赖。

投资者应该以公司年报中披露的核心竞争力信息为起点，结合其他信息来源，包括财务信息和非财务信息，分析企业的表外无形资产（核心竞争力）。例如，如果某公司自称其核心竞争力是研发能力，投资者可以通过查询该公司和同行业其他公司的研发投入等财务信息加以佐证，也可以进一步查询该公司的专利申请和获得情况进一步确认。资产负债表在反映重要的无形资产方面存在缺陷，投资者还可以查看利润表，利润表可作为资产负债表的重要补充。虽然这些表外无形资产的价值没有被记录在资产负债表上，但它们带来的超额利润迟早会体现在利润表上。由于资产负债表的局限（基本无法反映表外无形资产），不同报表之间信息的相互印证变得尤为重要。

案例分析 2-16

根据美的集团2022年年报“核心竞争力”分析部分的披露，美的集团认为其核心竞争力主要包括全球家电行业龙头（品牌形象）、产品与技术创新能力（创新能力）、全球领先的制造水平、规模优势（生产能力）、稳固的渠道网络（销售渠道）、数智驱动（数字化水平）、完善的公司治理机制。这些资产是美的集团的表外无形资产，在资产负债表上大多没有体现。然而，通过品牌价值排行榜、市场占用率、专利申请数量、公司治理等非财务信息，以及公司营业收入、利润和研发投入等财务数据，可以初步验证美的集团的核心竞争力所言非虚。

中国实践 2-2

中国企业的资产结构

表2-3所示的是2022年中国上市公司不同行业的资产结构。

表2-3 2022年中国上市公司不同行业的资产结构（%）

行业	流动资产占比	货币资金占比	应收款项占比	存货占比	金融性资产占比	固定资产占比	无形资产占比
农、林、牧、渔业（A）	41.75	11.05	2.07	16.43	3.12	29.01	3.41
采矿业（B）	36.34	14.45	5.35	3.15	2.74	29.63	9.24
制造业（C）	59.71	15.72	14.83	11.95	4.93	18.69	3.26
电力、热力、燃气及水生产和供应业（D）	25.84	9.48	5.99	1.44	2.58	45.06	2.95
建筑业（E）	74.56	12.84	18.42	3.15	4.63	3.56	1.72
批发和零售业（F）	60.00	14.52	5.82	14.77	6.03	7.91	2.19
交通运输、仓储和邮政业（G）	25.60	13.82	3.35	0.71	3.87	29.28	5.10
信息传输、软件和信息技术服务业（I）	69.22	21.37	16.84	5.75	8.40	5.47	1.72

续表

行业	流动资产占比	货币资金占比	应收款项占比	存货占比	金融性资产占比	固定资产占比	无形资产占比
房地产业（K）	76.53	9.58	0.74	48.86	11.05	1.20	0.15
租赁和商务服务业（L）	61.53	15.91	8.60	1.28	10.84	2.37	1.18
科学研究和技术服务业（M）	69.79	21.43	17.55	2.30	7.03	9.50	2.08
水利、环境和公共设施管理业（N）	43.03	8.23	13.83	1.71	3.18	8.90	10.74
文化、体育和娱乐业（R）	59.72	24.71	7.54	7.84	12.89	6.35	1.91
总计	59.44	15.47	13.39	10.46	5.31	15.96	3.00

注：①表中列示的是2022年A股上市公司不同行业各项资产占总资产的比例的中位数，如流动资产占比＝流动资产/总资产。

②金融性资产＝交易性金融资产＋衍生金融资产＋其他非流动金融资产＋其他债权投资＋其他权益投资工具＋债权投资＋投资性房地产＋发放贷款＋其他流动资产；应收款项＝应收票据＋应收账款＋应收账款融资。

③根据中国证监会2012年划分的一级行业（门类），仅保留样本量超过30的行业。

表2-3中的数据显示，2022年，A股上市公司流动资产占比中位数为59.44%，占比较高的行业有科学研究和技术服务业，建筑业，房地行业；占比较低的行业有电力、热力、燃气及水生产和供应业，交通运输、仓储和邮政业，采矿业。货币资金占比中位数为15.47%，占比较高的行业有文化、体育和娱乐业，信息传输、软件和信息技术服务业，科学研究和技术服务业；占比较低的行业有电力、热力、燃气及水生产和供应业，水利、环境和公共设施管理业，房地产业。应收款项占比中位数为13.39%，占比较高的行业有科学研究和技术服务业，信息传输、软件和信息技术服务业，建筑业；占比较低的行业有房地产业，农、林、牧、渔业，交通运输、仓储和邮政业。存货占比中位数为10.46%，占比较高的行业有批发和零售业，农、林、牧、渔业，房地产业；占比较低的行业有交通运输、仓储和邮政业，租赁和商务服务业，水利、环境和公共设施管理业。金融性资产占比中位数为5.31%，占比较高的行业有房地产业，租赁和商务服务业，文化、体育和娱乐业；占比较低的行业有农、林、牧、渔业，建筑业，采矿业，电力、热力、燃气及水生产和供应业等。固定资产占比中位数为15.96%，占比较高的行业有农、林、牧、渔业，采矿业，电力、热力、燃气及水生产和供应业；占比较低的行业有房地产业，租赁和商务服务业，建筑业。无形资产占比中位数为3%，占比较高的行业有交通运输、仓储和邮政业，采矿业，水利、环境和公共设施管理业；占比较低的行业有房地产业，租赁和商务服务业，文化、体育和娱乐业。

上述数据显示，各行业的资产结构差异较为明显，这一方面说明不同行业的商业模式存在较大差异；另一方面说明分析财务报表必须业财结合，了解财务数据背后隐藏的业务性质。

2.3 负债分析

投资者对资产负债表的关注重点是资产，原因是资产的状况可能恶化。相对而言，负债的价值通常由既定数额或既定的计量模式确定，计量时受主观性的影响较小，可操纵的空间也较小。但是，这不意味着负债不重要，负债代表着债权人的一种权益，是公司的一种义务。负债的规模和结构对于分析企业的风险非常重要。

2.3 即测即评

2.3.1 负债的结构分析

企业的资产负债率一般用来衡量企业的杠杆水平。但是，实际上资产负债率有时并不能反映企业真实的杠杆水平。以美的集团为例，其2022年的资产负债率高达64.05%。美的集团作为一家大型企业，应该没那么缺钱，为什么有如此高的资产负债率？要回答这个问题，就需要理解企业的负债结构。

1. 负债结构：流动性视角

（1）负债流动性的定义。资产负债表上的负债项目按流动性进行排序，流动性高的排在前面，流动性低的排在后面。但是，负债的流动性与资产的流动性的含义大不相同。负债的流动性就是负债的偿还时间，负债流动性越高，表示偿还负债的时间越短，偿债的紧迫性越强。因此，资产的流动性一般是越高越好，而负债刚好相反，流动性越低越好。企业的负债按流动性可以进一步细分为**流动负债**（current liabilities）和**非流动负债**（non-current liabilities）。流动负债是指企业将在一年或超过一年的一个营业周期内偿还的债务，包括短期借款、应付票据、应付账款等。非流动负债是指偿还期在一年以上的债务，包括长期借款、应付债券等。

（2）负债流动性的分析。负债的流动性分析主要关注流动负债占总负债的比例。如果流动负债占比较高，则需要进一步关注公司可能存在的流动性风险。投资者可进一步分析公司的流动负债占流动资产的比例，确定公司的流动资产是否足够偿还流动负债，以及分析公司是否存在短债长投的问题，即以短期贷款来投资长期资产。

案例分析 2-17

2022年，美的集团流动负债和非流动负债占总资产的比例分别为48.83%和15.21%。在总负债中，流动负债占76.24%，非流动负债只占23.76%。占比较高的流动负债主要是应付账款、应付票据、其他流动负债（主要是欠经销商的奖励）、合同负债、一年内到期的非流动负债；非流动负债主要是长期借款。2022 年，公司长期借款有所增加，同时一年内到期的非流动负债有所减少，推测系长期借款“借新还旧”所致。通过对比美的集团流动负债和流动资产的金额，并结合公司的盈利能力，可初步判断公司的信用风险较低。

2. 负债结构：付息视角

表 2-1 中的数据显示，2022 年，美的集团的资产负债率高达 64.05%，负债中 76.24%为流动负债。美的集团的盈利能力很强，为何还会有如此高的资产负债率？这就需要从另外一个角度来理解美的集团的负债结构。按是否需要支付利息，可以将企业的负债区分为**有息负债**（interest-bearing liabilities）和**无息负债**（non-interest bearing liabilities）。有息负债可看作债权人的投入资本，无息负债又称为**商业信用**（business credit）。有息负债主要指短期借款、长期借款和应付债券这些需要支付利息的负债。

案例分析 2-18

美的集团的有息负债主要是短期借款、一年内到期的非流动负债、长期借款和应付债券，它们占总资产的比例并不高，合计不到 16%。在学术研究中，通常将有息负债当作企业的真正负债，用“有息负债/总资产”度量企业的资产负债率。以此来看，美的集团的实际负债率只有不到 16%，杠杆率并不高，说明公司负债经营的风险并不高。

2.3.2 重要负债项目分析

1. 有息负债

（1）有息负债的定义。企业的有息负债主要包括短期借款、长期借款和应付债券三项。短期借款是指企业根据生产经营的需要，从银行或其他金融机构借入的偿还期在一年以内的各种借款。长期借款是指企业向金融机构和其他单位借入的偿还期限在一年或超过一年的一个营业周期以上的借款。应付债券是指企业为筹集资金而对外发行的期限在一年以上的债券。企业发行的可转换债券具有股票和债券的双重性质，负债部分的价值计入应付债券。

有息负债的特征是会产生借款费用。借款费用是指因借款而发生的利息及其他相关成本，包括但不限于借款利息。根据《企业会计准则第 17 号——借款费用》，可直接归属于符合资本化条件的资产的购建或者生产的借款费用（如使用银行借款购买固定资产）予以资本化并计入相关资产的成本，其他借款费用均于发生当期确认为财务费用。

（2）有息负债的分析。有息负债的分析主要关注以下几点：

1）有息负债的规模及借款利率。有息负债占比较高，说明公司的资产负债率较高，财务风险较高。此外，根据财务费用（或收入）中的利息费用和有息负债的规模，可以大致推测出公司的借款利率。借款利率越低，说明公司的信用水平越高或流动性风险越低。部分公司（如万科）还会在年报附注中详细披露公司各项有息负债的规模和利息水平，这些信息有助于投资者评估公司的信用状况和流动性风险。

2）有息负债的结构。在我国，大部分公司的有息负债主要是短期借款，长期借款较少。有息负债的结构可能是由供需两方导致的。一方面，由于长期借款的利率较高，企业进行长期借款并不划算。只有部分高杠杆的企业（如房地产行业）才有长期借款的需求。根据万科 2021 年年报，公司短期借款的利率为 2.99%～3.38%，而长期借款的利率是 4.45%～6.11%，长期借款的利率是短期借款的近两倍。相对而言，万科在房地产行业的信用水平较高，部分信用水平较低的公司，长期借款利率甚至超过 10%。另一方面，长期借款的风险较大，加之我国长期定期存款少，银行对长期借款客户的信用要求非常高，只有特别优质的客户（如大型中央企业和信用良好的龙头民营企业）才能获得长期借款。部分公司经常有大量的长期投资需求，但又无法获得长期借款，导致出现“短债长投”，这加大了公司的流动性风险。

案例分析 2-19

美的集团 2022 年年报中的数据显示，美的集团账面上总共有 666.2 亿元的有息负债，包括应付债券、长期借款、一年内到期的非流动负债、短期借款，而利息支出只有 18.21 亿元，据此估算，公司的年化利率不到 3%。此外，美的集团账面上还有 552.70 亿元的货币资金，发放贷款或垫款的余额近 150 亿元，利息收入高达 58.38 亿元（其中从事金融业务的利息收入约 17.4 亿元）。综合起来，公司 2022 年的净财务费用（利息收入－利息支出）达到 33.87 亿元，说明公司资金配置效率较高。

2. 应付款项

(1) 应付款项的定义和特点。应付款项包括**应付票据**（notes payable）、**应付账款**（accounts payable）、应付职工薪酬、其他应付款等。应付票据是指由出票人出票，并由承兑人允诺在一定时期内支付一定款项的书面证明。应付账款用以核算企业因购买材料、商品和接受劳务供应等经营活动应支付的款项。客户的应付票据和应收账款分别对应供应商的应收票据和应收账款。

从信用风险角度来看，应收账款＞商业汇票＞银行汇票＞现金，现金信用风险最低。对于收款方而言，他们更偏好信用风险低的付款方式，而付款方则恰好相反。一方面，付款方偏好使用应付票据和应付账款，以占用上游（供应商）的资金获得利息收入等好处。问题的关键在于供应商是否接受这种付款方式，以及愿意给公司多长时间的账期，这取决于公司的信用水平和相对实力。另一方面，下游（客户）的资金占用表现为应收账款和应收票据。付款方会策略性地选择对上游（供应商）使用应付票据和应付账款，以减少资金压力。通常企业的应付账款周转率应与应收账款周转率相匹配。

（2）应付款项的分析。一家公司的应付款项的相对规模主要取决于以下两个因素：1）公司对于其供应商的重要性以及供应商所处行业的竞争环境、供应商的竞争优势。通常来说，如果公司的应付账款较多，能够做到“先货后款”，则说明公司的信用水平较高，或者公司对于其供应商比较重要。2）公司侵占上游供应商资金的意愿。有些公司将侵占上游的资金作为一种竞争优势或获利方式，一些公司则更倾向于扶持供应商，这也会表现出不同规模和账期的应付款项。

对于应付款项等负债，投资者可以重点分析以下两个方面：1）通过分析应收款项和应付款项的相对规模，以及应收账款周转率和应付账款周转率的差异，判断公司面临的营运资金压力。2）通过分析公司和同行业其他公司的应付账款周转率，判断公司的信用水平和对上游的议价能力。

需要指出的是，应付款项的分析还需要考虑公司的实际经营情况。在正常的经营情况下，应付款项规模较大更多地反映出公司对上游的控制能力，而在持续经营能力受损的情况下，应付款项的规模较大更多地暴露出公司的流动性风险。

案例分析 2-20

2022 年，美的集团的应付账款为 642.33 亿元，主要是应付材料供应商的账款，其金额是应收账款（282.38 亿元）的两倍多。结合其他信息可知，美的集团拥有较大规模应付账款的主要原因是公司对上游的话语权较强。

3. 合同负债和预收账款

（1）合同负债和预收账款的定义。预收账款（款项）是指企业向购货方预收的购货订金或部分货款，以买卖双方协议或合同为依据，由购货方预先支付一部分（或全部）货款给供应方而发生的一项负债，这项负债要用以后的商品或劳务来偿付。由此可见，预收账款虽然在会计上确认为一项负债，并且列示在应付账款之后，但与应付账款有本质不同。应付账款要以现金偿还，而预收账款只需提供商品或劳务。

合同负债（contractual liabilities）是指企业已收或应收客户对价而应向客户转让商品的义务。企业在向客户转让商品之前，如果客户已经支付了合同对价或企业已经取得了无条件收取合同对价的权利，则企业应当在客户实际支付款项与到期应支付款项孰早时点，将该已收或应收的款项列示为合同负债。合同负债是 2017 年财政部修订印发的《企业会计准则第 14 号——收入》（新收入准则）新增加的一个概念，该准则最早于 2018 年 1 月 1 日起实施。通俗地讲，合同负债核算的就是之前预收账款核算的部分内容，有了合同负债这一新的会计科目以后，绝大部分（超过95%）的预收账款变成了合同负债，少部分金额仍记录在预收账款中，因而预收账款项科目得以保留。合同负债和预收账款有两个关键的差别：一是合同负债构成企业交付商品的履约义务，而预收账款不构成；二是有预收账款代表企业已提前收到资金，而合同负债代表企业有收取资金的权利，而资金可能尚未实际到账。

值得指出的是，流动资产中的合同负债与合同资产虽然在名称上十分相似，但实际性质完全不同。流动资产中的预付账款与预收账款及合同负债的性质相似。预付账款是指企业按照购货合同的规定，预先以货币资金或货币等价物支付供应单位的款项，一般包括预付的货款、购货订金。

(2) 合同负债和预收账款的分析。合同负债的分析可参考应收账款。通俗地讲，应收账款是"先货后款"，合同负债则是"先款后货"。应收账款体现的是买方市场的特征，合同负债则体现的是卖方市场的特征。合同负债规模较大或合同负债占营业收入比例较高的企业，表现为商品供不应求，卖方掌握买卖主动权。因此，合同负债的金额和占比可作为投资者判断公司商品供求状况的重要工具。此外，合同负债在履约（发货）时转换为营业收入，这使得合同负债成为预测近期营业收入的一个有力指标。投资者在一定程度上可以通过分析合同负债金额和占比变化，推测公司下一期收入和利润的增长情况。值得一提的是，合同负债除了能体现企业的实力，还受到行业业务模式的影响。例如，房地产行业普遍采取的预售模式会导致企业的合同负债金额较高。在进行合同负债的分析时，需要注意业财结合的原则。

预付账款的分析与合同负债类似。预付账款体现的是买方市场的特征。预付账款规模较大或占营业收入比例较高的企业，表现为公司需要的某种原材料供不应求，供应商掌握买卖主动权，公司对上游的议价能力较弱。同样，在进行预付账款的分析时，需要注意业财结合的原则。在某些行业，预付账款有必要性（如预付工程款）。

案例分析 2-21

2022年，美的集团合同负债主要为预收货款及劳务款，金额为279.60亿元，占营业收入的比例为8.13%。作为对比，格力电器和海尔智家的合同负债分别为149.72亿元和93.30亿元，占营业收入的比例分别为7.90%和3.40%。综合来看，美的集团在部分业务领域中对下游的话语权较强。

中国实践 2-3

中国企业的负债结构

表2-4列示的是2022年中国上市公司不同行业的负债结构。

表 2-4 2022 年中国上市公司不同行业的负债结构（%）

行业	流动负债占比	非流动负债占比	短期借款占比	长期负债占比	商业信用占比
农、林、牧、渔业（A）	30.21	11.85	10.57	3.24	5.94
采矿业（B）	30.76	12.20	4.88	4.74	9.57
制造业（C）	30.20	4.95	4.46	1.48	11.69
电力、热力、燃气及水生产和供应业（D）	26.85	26.42	5.33	20.42	6.70
建筑业（E）	57.60	7.16	4.62	5.47	30.96
批发和零售业（F）	44.61	7.03	5.69	0.23	12.37
交通运输、仓储和邮政业（G）	22.18	18.93	3.10	10.17	4.30
信息传输、软件和信息技术服务业（I）	26.87	2.06	1.52	0	8.18
房地产业（K）	47.35	16.55	0.90	12.99	7.49
租赁和商务服务业（L）	37.79	5.38	4.19	0.36	6.59
科学研究和技术服务业（M）	27.64	3.47	0.70	0	7.96
水利、环境和公共设施管理业（N）	32.60	15.50	6.51	9.86	12.22
文化、体育和娱乐业（R）	28.94	5.16	0.09	0	9.11
总计	30.93	5.60	3.95	1.62	10.67

注：①表中列示的是 2022 年 A 股上市公司不同行业各项负债占总资产的比例的中位数，如流动负债占比＝流动负债/总资产；

②长期负债＝长期借款＋应付债券，商业信用＝应付票据＋应付账款；

③根据中国证监会 2012 年划分的一级行业（门类），仅保留样本量超过 30 的行业。

表 2-4 中的数据显示，2022 年，A 股上市公司流动负债占比中位数为 30.93%，占比较高的行业有批发和零售业，房地产业，建筑业；占比较低的行业有交通运输、仓储和邮政业，科学研究和技术服务业，电力、热力、燃气及水生产和供应业。非流动负债占比中位数为 5.60%，占比较高的行业有房地产业，交通运输、仓储和邮政业，电力、热力、燃气及水生产和供应业；占比较低的行业有信息传输、软件和信息技术服务业，科学研究和技术服务业，制造业。短期借款占比中位数为 3.95%，占比较高的行业有采矿业，批发和零售业，农、林、牧、渔业；占比较低的行业有文化、体育和娱乐业，科学研究和技术服务业，房地产业。长期借款占比中位数为 1.62%，占比较高的行业有交通运输、仓储和邮政业，房地产业，电力、热力、燃气及水生产和供应业；占比较低的行业有交通运输、仓储和邮政业，租赁和商务服务业，水利、环境和公共设施管理业。商业信用占比中位数为 10.67%，占比较高的行业有房地产业，租赁和商务服务业，文化、体育和娱乐业；占比较低的行业有交通运输、仓储和邮政业，农、林、牧、渔业，租赁和商务服务业。

综合来看，上市公司流动负债的规模远超非流动负债，短期借款的规模远超长期负债，商业信用的规模远超有息负债。此外，不同行业的负债结构差异较为明显，这说明了各行业商业模式存在较大差异，也说明了在分析财务报表时必须要业财结合，了解财务数据背后的业务性质。

2.4　所有者权益分析

股东是剩余所有者，所有者权益的账面价值取决于资产和负债的计量。所有者权益是股东所拥有的公司权益的账面价值。了解所有者权益的结构和具体内容，对于投资者了解公司大有裨益。

2.4　即测即评

2.4.1　所有者权益的结构分析

1. 所有者权益项目的排序

在资产负债表中，资产和负债项目都是按流动性排序。那么，所有者权益项目应如何排序？显然并不是按流动性排序。所有者权益项目可以说是“论资排辈”，即依据所有者权益项目形成的先后顺序排序。企业生产经营需要向股东募集资金，先形成股本，超过股本的部分计入资本公积；获利后，先提取法定盈余公积（一般是利润的10%左右），然后进行股利分配，企业赚取的利润减去法定盈余公积和股利分配后，计入未分配利润。因此，所有者权益的四个项目，按其形成的先后顺序排序依次是股本（或称实收资本）、资本公积、盈余公积和未分配利润。

2. 留存收益的定义和分析

所有者权益的四个主要项目又可进一步分为两类：一类是**募集资金**（contributed funds），包括股本和资本公积；一类是**留存收益**（retaincd carnings），包括盈余公积和未分配利润。募集资金是企业向股东募集而来的资金，留存收益是企业在经营过程中自己赚取的资金。这两部分资金的来源不同，代表的含义大不相同。

根据所有者权益数据，我们可以很容易计算出企业的留存收益占比，这一比例等于留存收益除以所有者权益。该比例越高，说明在所有者权益中企业自己赚取的利润占比越高。留存收益占比主要受三个因素的影响：（1）公司的融资行为，公司融资越多、发行溢价越高，则资本公积越多；（2）公司的盈利能力，盈利能力越强，则留存收益越多；（3）公司的股利政策，发放现金股利会减少留存收益，且企业的现金股利水平往往与盈利水平高度相关。通常企业的留存收益占比越高，说明这家企业的盈利能力越强、经营模式越好；相反，如果一家企业在成熟阶段还未能盈利或者只有微利，留存收益占比较低，则说明这家企业的生意模式较差，盈利困难。

投资者对“圈钱”一词并不陌生。一些投资者认为，很多公司到 A 股上市就是为了“圈钱”。其实，企业上市的主要目的是融资，通过上市募集资金是“天经地义”的事情。但是，如果一家企业上市多年“一毛不拔”（不发放现金股利），留存收益占比还很低，那么投资者认为此类公司上市是为了“圈钱”也无可厚非。

案例分析 2-22

2022年，美的集团留存收益金额高达1 303.82亿元，占所有者权益的85.82%。此外，美的集团自2013年整体上市以来，仅在2014年通过定向增发募集资金12.04亿元，但累计派发现金股利金额超过867亿元、累积回购的股份近200亿元。综合来看，这些数据说明美的集团的商业模式较好，盈利能力较强。

中国实践 2-4

保护投资者利益，增强股东回报

习近平总书记指出，“要把发展直接融资放在重要位置，形成融资功能完备、基础制度扎实、市场监管有效、投资者合法权益得到有效保护的多层次资本市场体系”①。为了防止上市公司“圈钱”、切实保护投资者的合法权益和合理利益，近年来，中国证监会多管齐下，取得了良好的成效。第一，监管部门持续严厉打击大股东资金占用、违规担保行为，以保护中小投资者的利益。第二，监管层加强了对上市公司再融资的监管，通过对公开增发在历史分红和盈利等方面设置严苛的条件，鼓励上市公司通过定向增发的方式向少数机构投资募集资金，而不是通过公开增发的方式向公众股东募集资金。第三，监管层大力倡导专业投资、价值投资、长期投资的理念，引导上市公司通过现金分红、股份回购等方式加大对投资者的回报力度。第四，监管层持续优化资本市场生态，对证券违法违规行为采取“零容忍”的态度，推动证券纠纷特别代表人诉讼制度落地，以更好保护投资者特别是中小投资者合法权益。

中国证监会前主席易会满指出，下一步深化资本市场改革，监管层仍须进一步增强上市公司价值创造能力，提升行业机构专业能力，实现实体经济发展、上市公司质量提升与投资者回报增长的良性互促。

2.4.2 所有者权益重要项目分析

1. 归属于母公司所有者权益与少数股东权益

合并资产负债表中有三个与所有者权益相关的项目，分别是归属于母公司所有者权益、少数股东权益和所有者权益。三者的关系是：

① 习近平．深化金融改革 促进经济和金融良性循环健康发展．人民日报，2017-07-16.

归属于母公司所有者权益十少数股东权益＝所有者权益

少数股东权益形成的主要原因是母公司不是 100％拥有控股子公司的权益。例如，母公司拥有子公司 80％的股份，剩余的 20％属于其他小股东，这 20％的所有者权益就称为少数股东权益。对于大部分公司而言，少数股东权益的占比较小，可以忽略不计。但是，也有少数行业和公司的少数股东权益占比较高。对于这类公司，投资者需要警惕两类风险：（1）利润表操纵风险，即上市公司将亏损转移到存在少数股东权益的子公司中，从而提升上市公司业绩；（2）资产负债表操纵风险，即上市公司通过控股子公司以“明股实债”的融资方式，降低上市公司的资产负债率。

2. 股本与资本公积

股本（stock）也称**实收资本**（paid in capital），A 股上市公司股票面值通常为 1 元，因此实收资本在数值上等同于股份总额（总股本）。每股价格和每股净资产的计算都会用到总股本。如果公司通过送股、转增等股利政策增加总股本，相当于将整个公司划分为更多的份额，则每股价格和每股净资产相应下降。从这个角度来看，不同公司股票的绝对股价不具备可比性，公司的总股本以及总股本的变化不能作为衡量公司价值的工具。

资本公积（capital reserve）是指企业在经营过程中由于股本溢价、接受捐赠以及法定财产重估增值等原因形成的公积金。对于大部分公司而言，股本溢价是资本公积的主要组成部分。股本溢价是指股份有限公司溢价发行股票时实际收到的款项超过股票面值总额的数额。例如，某公司在 IPO 时发行 1 亿股新股、每股面值为 1 元、发行价格为 10 元，股票发行会导致公司的股本溢价增加约 9 亿元（扣除相关费用后）。因此，公司 IPO 会大大增加股本和资本公积，在增加所有者权益的同时，还会改变公司的权益结构。为什么每股面值 1 元的股票，能够以远高于 1 元的价格发行？主要有三方面原因：（1）上市前公司每股净资产的价格往往高于面值；（2）公司存在表外无形资产，使得资产的市场价值大于账面价值；（3）投资者可能高估新股的价值。

3. 盈余公积与未分配利润

盈余公积（surplus reserve）是指企业从税后利润中提取并存留于企业内部、具有特定用途的收益积累。盈余公积分为法定盈余公积和任意盈余公积两种。上市公司的法定盈余公积按照税后利润的 10％提取，当法定盈余公积累计额达到注册资本的 50％时可以不再提取。任意盈余公积主要是上市公司按照股东大会的决议提取。法定盈余公积和任意盈余公积的区别就在于计提的依据不同。前者是基于国家的法律或行政规章，后者则是基于公司内部的决策（一般不提取）。企业提取的盈余公积可用于弥补亏损、扩大生产经营、转增资本（或股本）或派送新股等。企业经营获利以后，利润的分配顺序是：弥补以前年度的亏损（若有）、提取法定盈余公积、提取任意盈余公积、分配股利。

未分配利润（undistributed profit）是指企业留待以后年度分配或待分配的利润。未分配利润在以后年度可继续进行分配，在未分配之前，属于所有者权益的组成部分。从数量上来看，未分配利润是期初未分配利润加上本期实现的净利润，减去提取的各种盈余公积和分配的利润后的余额。相比所有者权益的其他部分，企业对于未分配利润的使用有较大的自主权。未分配利润较多，说明公司的盈利能力较强、发展机会较多，但也有可能是代理问题的一种体现，即将过多的利润留存在公司，而不是以股利形式发放给投资者。

2.4.3 股利政策分析

为了更好地对所有者权益进行分析，投资者有必要了解股利政策对所有者权益的影响。一方面，股利政策会影响所有者权益的金额和构成；另一方面，所有者权益的金额和构成也会反过来影响企业的股利政策。企业的股利政策包括现金股利、股票股利和股票回购，股票股利又包括送股和转增两种方式。

1. 现金股利分析

现金股利（cash dividend），亦称派现、现金红利，是股份公司以货币形式发放给股东的股利，也是最普通和最常见的股利形式。现金股利分派会导致企业货币资金（资产）和所有者权益减少。现金股利可看作已分派的所有者权益，公司赚取的利润如果不通过现金股利的形式分配给股东，则反映在未分配利润项目中。公司的现金股利政策会影响未分配利润和所有者权益的金额，以及以所有者权益为分母计算的财务指标（如 ROE）。公司是否满足分红条件取决于两个因素：（1）公司当年有无利润；（2）公司是否有未弥补的历史亏损（即未分配利润是否为正）。若公司当年亏损或者有历史未弥补的亏损，一般不进行分红。需要指出的是，根据公司法（国资委和证监会可能使用不同口径），对于编制合并财务报表的公司，其利润分配以母公司的可分配利润为依据。合并财务报表中的可分配利润不能作为母公司实际分配利润的依据。满足分红条件的公司是否发放现金股利，还取决于两个因素：（1）公司是否有足够的现金用于发放股利；（2）公司发放现金股利的意愿。公司是否愿意将利润分配给股东，理论上取决于公司是否有好的投资机会，但实际上还受公司的代理问题的影响，即公司管理层是否以股东利益最大化为目标进行决策。

2. 股票股利分析

股票股利（stock dividend）包括转增和送股两种方式。资本公积转成股本，一般称为转增。转增会增加股本，同时减少等额的资本公积。这相当于把属于股东的所有者权益从一个口袋（资本公积）转到另一个口袋（股本），理论上并不改变公司的价值，但有时投资者也将其视为积极信号。公司能够转增的前提是，公司有足够的资本公积。盈余公积可以转增或送股（转增资本后，盈余公积余额不得低于注册资本

25%)，而资本公积只能转增而不能送股。原因是送红股来自公司的年度税后利润，只有在公司有盈余的情况下，才能向股东送红股，而转增股本却来自资本公积，它可以不受公司年度可分配利润的多少及时间的限制。

理论上，股票股利只影响所有者权益的构成，一般不影响公司的价值。公司有时会发放股票股利，主要目的是增加公司股本，或满足投资者的需要。

3. 股票回购分析

股票回购（stock repurchased）是指上市公司使用现金等方式，从股票市场上购回本公司发行在外的一定数额的股票的行为。股票回购会减少公司的现金和股本，同时也会影响以股本为分母计算的财务指标（如每股收益）。公司在股票回购完成后可以将所回购的股票注销，也可将其以库存股的形式留作他用（如股权激励和员工持股计划）。上市公司股票回购是国际通行的稳定股价的必要手段。2018年11月9日，证监会、财政部、国资委联合发布《关于支持上市公司回购股份的意见》，旨在鼓励上市公司充分有效运用法律规定的股票回购方式，积极回报投资者。

案例分析 2-23

美的集团在2013—2022年累积分红867亿元左右，2022年实际派发现金股利172亿元，占归属于母公司所有者的净利润的比例达58.2%。美的集团分别在2014年和2016年实施转增，并在近几年发放股票股利。美的集团在稳定分红派现的同时，持续推出实施了一系列股票回购方案。公司自2019年起已连续四年推出回购计划，将回购的股票用于公司股权激励计划及员工持股计划，以维护公司市值稳定与全体股东利益。2021年公司累计回购的金额已超过136亿元，2022年回购金额超过26亿元。综上，美的集团的经营模式良好，盈利能力较强且较注重对投资者的回报。

中国实践 2-5

中国企业的所有者权益结构

表2-5列示的是2022年中国上市公司不同行业的所有者权益结构。

表2-5 2022年中国上市公司不同行业的所有者权益结构（%）

行业	股本占比	资本公积占比	盈余公积占比	未分配利润占比
农、林、牧、渔业（A）	30.59	45.06	4.68	25.32
采矿业（B）	17.36	22.21	4.97	35.01
制造业（C）	17.40	40.80	4.37	31.29
电力、热力、燃气及水生产和供应业（D）	19.09	29.23	4.55	24.48

续表

行业	股本占比	资本公积占比	盈余公积占比	未分配利润占比
建筑业（E）	18.93	28.90	4.15	30.64
批发和零售业（F）	18.41	28.15	4.73	34.01
交通运输、仓储和邮政业（G）	18.90	28.05	5.40	34.65
信息传输、软件和信息技术服务业（I）	19.95	50.03	3.86	24.77
房地产业（K）	18.06	18.11	5.49	34.64
租赁和商务服务业（L）	27.74	40.01	4.74	21.62
科学研究和技术服务业（M）	14.67	47.45	3.29	30.50
水利、环境和公共设施管理业（N）	17.54	43.69	4.26	28.68
文化、体育和娱乐业（R）	26.76	39.13	4.91	34.18
总计	17.89	39.52	4.32	30.60

注：①表中列示的是2022年A股上市公司不同行业各项权益占所有者权益的比例的中位数，如股本占比＝股本/所有者权益；

②根据中国证监会2012年划分的一级行业（门类），仅保留样本量超过30的行业。

表2-5中的数据显示，2022年，A股上市公司股本占比中位数为17.89%，占比较高的行业有文化、体育和娱乐业，租赁和商务服务业，农、林、牧、渔业；占比较低的行业有科学研究和技术服务业，水利、环境和公共设施管理业，房地产业。资本公积占比中位数为39.52%，占比较高的行业有农、林、牧、渔业，信息传输、软件和信息技术服务业，科学研究和技术服务业；占比较低的行业有房地产业，采矿业，交通运输、仓储和邮政业。盈余公积占比中位数为4.32%，占比较高的行业有采矿业，交通运输、仓储和邮政业，房地产业；占比较低的行业有科学研究和技术服务业，信息传输、软件和信息技术服务业，租赁和商务服务业。未分配利润占比中位数为30.6%，占比较高的行业有房地产业，采矿业，交通运输、仓储和邮政业；占比较低的行业有农、林、牧、渔业，电力、热力、燃气及水生产和供应业，租赁和商务服务业。

综合来看，上市公司资本公积的规模远超股本，未分配利润的规模远超盈余公积。此外，不同行业所有者权益结构的差异较为明显，反映了不同行业的盈利能力、融资行为和股利政策存在差异。

练习题

一、行动学习

下载并快速浏览美的集团（000333）、贵州茅台（600519）及中芯国际（688981）三家公司的最新年报，仔细阅读公司的资产负债表，结合本章所学对这三家公司的资产负债表进行详细的分析。

二、简答题

1. 什么是资产负债表？资产负债表的主要功能有哪些？
2. 什么是资产负债率？如何分析企业的资产负债率？
3. 如何从不同角度分析企业的资产结构？
4. 什么是应收账款？如何分析企业的应收账款？
5. 什么是固定资产？如何分析企业的固定资产？
6. 什么是表外无形资产？如何分析企业的表外无形资产？
7. 如何从不同角度分析企业的负债结构？
8. 什么是有息负债？如何分析企业的有息负债？
9. 如何分析企业的所有者权益结构？
10. 企业的股利政策如何影响所有者权益的金额和构成？

第3章

利润表

学习目标

1. 掌握利润表的定义和功能。
2. 了解利润项目的产生过程。
3. 学会分析利润表中的收入和费用。
4. 思考利润表中包含的机会和陷阱。

引导案例

云南白药的年报争议

2021年3月26日，云南白药公布了2020年年度报告。报告显示，2020年公司实现营业收入327.43亿元，同比增长10.38%；实现净利润①55.16亿元，同比增长31.85%；实现扣除非经常性损益后的净利润28.99亿元，同比增长26.63%。从数据来看，公司业绩表现出色。然而，就是这份看似“漂亮”的年报在投资者中引起了巨大争议，原因何在？

一些投资者认为，这份年报并不如预期那样令人满意。细心的投资者发现，尽管云南白药的归属于母公司所有者的净利润高达55亿元，但扣除非经常性损益后的净利润仅约为29亿元，其中26亿元是非经常性损益。2020年的非经常性损益高达26亿元，2019年也有19亿元，这一趋势引发了投资者对公司业绩可持续性的质疑。

另一些投资者则担心云南白药热衷于“炒股”，不但收益不可持续，而且可能荒废主业。从核心业务来看，云南白药的表现也并不尽如人意。虽然2020年公司扣除非经常性损益后的净利润增长状况尚可，但自2015年以来，云南白药的核心净利润一直在

---

① 若无特别说明，本书中的净利润一般是指归属于母公司所有者的净利润。书中部分数据直接来自数据库，可能存在统计口径不一致的问题。

25亿元至30亿元之间，六年间几乎零增长。

此外，也有一些投资者对这些问题持中立态度。他们认为，虽然投资收益与核心业务利润相比不那么具有含金量，但将空闲资金用于购买股票进行理财也无可厚非。从持仓来看，云南白药似乎是典型的价值投资者，持有的股票标的优良，包括贵州茅台、伊利股份和小米集团等蓝筹股。

思考：

（1）云南白药的净利润是否具有可持续性？

（2）你是否赞同公司利用闲置资金进行股票投资？

3.1　初识利润表

3.1.1　利润表的定义和功能

3.1　即测即评

一个生活中的例子或许可以帮助我们理解利润表的本质。现在的年轻人回家过年时，最怕亲戚盘问。为什么呢？因为他们问来问去，无非就是那么几个问题，例如，“找到对象了吗？”“一年的收入有多少？”“一年下来能存多少钱？”其中第二个问题也是相亲对象必定要打听的。从会计的角度来看，亲戚和相亲对象想了解的是你的收入和支出情况，也就是你的“利润表”。在亲戚和相亲对象的眼中，高收入往往就是“事业有成”或者“能力卓越”的象征。对你而言，工资就是你的面子；对于企业而言，利润就是企业的面子。

根据企业会计准则，**利润表**（statements of income）是指反映企业在一定会计期间的经营成果的会计报表。根据这个定义，我们可以总结出利润表的两个关键特点：

（1）利润表反映的是公司的经营成果而不是财务状况，这是它与资产负债表在内容上的不同；

（2）利润表是动态的，反映的是某一个会计期间的经营成果，而资产负债表是静态的，反映的是资产负债表日的财务状况，这是它与资产负债表在时间上的不同。

投资者通过对公司和同行业其他公司的利润表进行分析，至少可以达成如下目标：

（1）通过分析公司的收入和利润规模及其增长情况，评估公司的经营规模、经营状况和发展潜力等；

（2）通过分析公司的收入结构及各业务的增长情况，评估公司的商业模式、经营战略和发展潜力等；

（3）通过分析公司的成本结构及其变化情况，评估公司的商业模式、成本控制能力和盈利能力等。

总之，通过对利润表的分析，价值投资者可以了解公司的商业模式、盈利能力和发展潜力等关键信息，从而作出更加准确的投资决策。

3.1.2 利润表中的会计恒等式

众所周知，会计有六大要素，分别是资产、负债、所有者权益、收入、费用和利润。资产负债表包含前三大要素，利润表则包含后三大要素。利润表中的三大要素构成第二个重要的会计恒等式：

利润＝收入－费用　　(3-1)

该等式虽然简单，但能反映企业经营的本质。企业要想赚更多的钱，无非有两条途径：一是开源，即增加收入；二是节流，即减少费用。企业是如此，个人也是如此。投资者可能会进一步追问，对于企业而言，开源和节流哪一个更重要？显然是开源，因为节流是有限的，开源则是无限的，至少理论上是如此。因此，投资者往往更看重企业收入的持续增长能力。但是，节流不仅仅代表削减成本，有时也能成为提升竞争力的武器（成本领先战略）。

回顾第一个重要的会计恒等式：

资产＝负债＋所有者权益　　(3-2)

根据动态会计恒等式（3-1）和静态会计恒等式（3-2），可以得出第三个重要的会计恒等式，即综合会计恒等式：

资产(期末)＝负债(期末)＋[所有者权益(期初)＋(当期收入－当期费用)]　(3-3)

综合会计恒等式是静态会计恒等式和动态会计恒等式的结合，它综合反映了企业在期初和期末的财务状况和会计期间内的经营成果。该等式也说明了企业当期的经营成果属于股东，当期的利润会增加当期的所有者权益。

中国实践 3-1

专精特新

2021 年 1 月 23 日，财政部与工业和信息化部发布《关于支持“专精特新”中小企业高质量发展的通知》，启动相关财政支持政策。“专精特新”代表专业化、精细化、特色化、创新性，是一种发展战略，旨在推动产业升级和区域经济发展。2022 年 11 月 9 日，工业和信息化部与山东省政府共同主办 2022 全国中小企业数字化转型大会，会议指出，自党的十八大以来，我国中小企业发展取得显著成效，创新能力加速跃升，累计培育 8 997 家专精特新“小巨人”企业、6 万多家专精特新中小企业。

国家级专精特新“小巨人”的认定标准与利润表中的数据密切相关。对部分财务指标的要求包括：(1) 主营业务收入占营业收入70%以上；(2) 上年度营业收入在1亿元及以上，且近2年研发经费支出占营业收入比重不低于3%；(3) 截至上年末的近2年主营业务收入或净利润的平均增长率达到5%以上。①

3.2 利润表的解读：利润的产生过程

3.2.1 利润表的解读

3.2 即测即评

了解利润的产生过程不仅有助于深入理解利润表各项目的含义，而且能够清晰地揭示企业赚取利润的整个流程。利润表正表的格式有两种：单步式利润表和多步式利润表。单步式利润表的编制方式是先将当期所有的收入列在一起，然后将所有的费用列在一起，两者相减得出当期净损益。多步式利润表的编制方式是先将当期的收入、费用、支出项目按性质加以归类，然后按利润形成的主要环节列示一些中间性利润指标，如营业利润、利润总额和净利润，分步计算当期净损益。目前，世界各大证券市场（包括美股、港股和A股）大多采用多步式利润表编制方法。

多步式利润表三个主要的编制步骤包括：第一步，计算营业收入；第二步，营业收入减去营业成本，加上其他收益或损失，得到营业利润；第三步，营业利润加上营业外收入减去营业外支出，减去所得税，得到净利润。接下来详细介绍各步骤及涉及的重要项目。

案例分析 3-1

本章以美的集团为例，介绍A股上市公司利润表编制的最新实践。表3-1是美的集团2022年度合并利润表。根据表中内容可知，虽然利润表中的项目众多，但金额较大的项目主要有营业收入、营业成本、销售费用、管理费用、研发费用等，这些项目是利润表的重要内容，需要进一步考察分析。

表3-1 美的集团2022年度合并利润表 单元：亿元

	2022-12-31	2021-12-31
一、营业总收入	3 457.09	3 433.61
其中：营业收入	3 439.18	3 412.33
其他类金融业务收入	17.91	21.28

① 具体参见《工业和信息化部办公厅关于开展第三批专精特新"小巨人"企业培育工作的通知》（工信厅企业函〔2021〕79号）。https://www.gov.cn/zhengce/zhengceku/2021-04/22/content_5601309.htm.

续表

	2022-12-31	2021-12-31
减：营业总成本	3 116.92	3 127.78
营业成本	2 605.39	2 645.26
税金及附加	15.66	16.09
销售费用	287.16	286.47
管理费用	115.83	102.66
研发费用	126.19	120.15
财务费用	−33.87	−43.86
其他业务成本（金融类）	0.57	1.00
加：其他收益	18.96	13.08
投资净收益	2.08	23.66
公允价值变动净收益	−2.51	−1.66
资产减值损失	−5.33	−4.83
信用减值损失	−5.14	−3.83
资产处置收益	−0.60	0.58
二、营业利润	347.63	332.81
加：营业外收入	3.95	6.25
减：营业外支出	2.03	1.88
三、利润总额	349.56	337.18
减：所得税	51.46	47.02
四、净利润	298.10	290.15
持续经营净利润	298.10	290.15
减：少数股东损益	2.57	4.42
归属于母公司股东的净利润	295.54	285.74
加：其他综合收益	18.93	−2.37
五、综合收益总额	317.03	287.78
减：归属于少数股东的综合收益总额	2.84	4.11
归属于母公司股东的综合收益总额	314.19	283.67

3.2.2 营业收入的产生

根据《企业会计准则第 14 号——收入》，**收入**（revenue）是指企业在日常活动中形成的、会导致所有者权益增加的、与所有者投入资本无关的经济利益的总流入。**营业收入**（operating revenue，sales）包括主营业务收入和其他业务收入。主营业务收入是指企业经常性的、主要业务所产生的收入。主营业务收入包括销售商品和提供劳务产生的收入，如制造企业销售产品取得的收入、服务企业提供服务取得的收入。主营业务收入在企业收入中所占的比重较大，是企业收入的主要组成部分。其他业务收入是指除上述各项主营业务收入之外的其他收入，如制造企业销售原材料取得的收入。其他业务收入虽然也与企业的日常经营活动有关，但在企业收入中所占的比重较小。利润表中只报告总的营业收入，主营业务收入和其他业务收入的占比可在年报附注中查看。

从经营上来看，企业要想获得营业收入，就必须提供他人需要的产品或服务，并且提供的产品或服务比竞争对手具有更高品质或更低价格。根据 4P 理论①，企业想要赢得顾客的青睐，最重要的是要打造出好产品，同时还要考虑定价、销售渠道以及促销方式。从会计上来看，企业应当在履行了合同中的履约义务，即在客户取得相关商品控制权时确认收入。取得相关商品控制权，是指能够主导该商品的使用并从中获得几乎全部的经济利益。

案例分析 3－2

美的集团营业总收入包括营业收入和其他类金融业务收入（主要是利息收入）两部分，其中以营业收入为主。2021 年和 2022 年公司营业收入分别为 3 412.33 亿元和 3 439.18 亿元，其他类金融业务收入分别为 21.28 亿元和 17.91 亿元，公司营业收入总体保持稳定。

3.2.3 营业利润的产生

1. 毛利润

在计算营业利润之前，先要计算**毛利润**（gross profit）。毛利润是指营业收入减去营业成本但还没有减去其他费用前的利润，A 股上市公司披露的利润表虽然没有单独列示毛利润，但投资者可以根据报表项目自行计算。

毛利润用公式表示为：

毛利润＝营业收入－营业成本

式中，**营业成本**（cost of sales）是与营业收入直接相关的、已经确定了归属期和归属对象的各种直接费用。营业成本应当与销售商品或者提供劳务取得的收入相配比。制

① 美国营销学学者杰罗姆·麦卡锡教授在 20 世纪 60 年代提出了“产品、价格、渠道、促销”四大营销组合策略。由于产品（product）、价格（price）、渠道（place）、促销（promotion）四个英文单词的首字母均为 P，因而合称 4P。

造企业产品营业成本（也称生产成本或产品销售成本）的构成主要包括：（1）直接材料（或原材料）。直接材料包括企业在生产经营过程中实际消耗的直接用于产品的生产，构成产品实体的原材料、辅助材料以及其他直接材料等。（2）直接人工（或人工工资）。直接人工包括企业中直接从事产品生产的人员的工资、奖金、津贴和补贴。（3）制造费用（折旧、能源等）。制造费用是指企业为生产产品和提供劳务而发生的各项间接费用，包括企业生产部门（如生产车间）发生的水电费、固定资产折旧等。营业成本的构成可以在年报附注中查看。

2. 营业利润

根据我国的利润表，**营业利润**（operating profit）[①] 等于营业总收入减去营业总成本，再加上其他收益或损失，用公式表达为：

营业利润＝营业总收入－营业总成本＋其他收益或损失

式中：

营业总成本＝营业成本＋期间费用＋税金及附加＋其他业务成本

期间费用是指企业在日常活动中发生的不能计入特定成本核算对象而应计入当期损益的费用。之所以不计入特定成本核算对象，主要是因为期间费用是企业为组织和管理整个经营活动发生的费用，与可以确定特定成本核算对象的材料采购、产品生产等没有直接关系。期间费用一般包括销售费用、管理费用和财务费用，这三项费用统称为“三费”。从2018年开始，研发费用在利润表中单独列支，期间费用从“三费”变成“四费”。接下来对四项费用分别做简要介绍。

销售费用（selling expenses）是指企业在销售产品和提供劳务等过程中发生的各项费用以及为销售本企业产品而专设销售机构的各项费用。具体包括应由企业在销售过程中承担的运输费、展览费、广告费等，以及专设销售机构人员的工资、福利费、差旅费等。企业内部销售部门属于行政管理部门，所发生的经费开支不包括在销售费用之内，而应列入管理费用。

管理费用（administrative expenses）是指企业在管理和组织生产经营活动中发生的各项费用。管理费用包括的项目非常多，不仅涵盖企业管理人员的工资、福利费和办公费等开支，还包括职工教育经费、业务招待费、审计费、坏账损失等支出。

研发费用（research and development expenses）是指企业在产品、技术、材料、工艺、标准的研究、开发过程中发生的各项费用。企业研发费用包括但不限于：（1）研发

---

① 我国现行财务报表中披露的营业利润与传统的营业利润概念有所不同。传统的营业利润＝营业收入－营业成本－管理费用－销售费用－研发费用。有些学者认为，传统的营业利润的概念比现行财务报表中营业利润的概念更窄，更能反映企业的核心利润，因而人们在计算营业利润率时，更倾向于使用传统的概念。本书后面的部分章节可能使用的是传统的营业利润，请注意区分。

活动中直接消耗的材料、燃料和动力费用；（2）企业在职研发人员的工资、奖金等人工费用；（3）研发活动中使用的仪器、设备、房屋等固定资产的折旧费用等。

财务费用（financial expenses）是指企业为进行资金筹集等活动而发生的各项费用。财务费用主要包括利息净支出（利息费用减利息收入）、汇兑净损失、金融机构手续费和其他因筹集资金而发生的费用。

其他收益或损失项目包括投资净收益、公允价值变动净收益、资产减值损失、信用减值损失和资产处置收益等。具体而言，投资净收益是指企业在一定时期内从各类投资活动中获得的收益减去投资成本后的净额。公允价值变动净收益是指企业持有的金融资产或金融负债在一定时期内因市场价格变动而产生的净收益。资产减值损失是指企业的长期资产（如固定资产、无形资产等）价值降低导致的损失。信用减值损失是指企业在一定时期内应收款项、合同资产等的信用风险的变化导致的预期信用损失。资产处置收益是指企业在出售或处置资产时所获得的收益减去资产原值和相关税费后的净额。

税金及附加项目反映企业经营主要业务应负担的消费税、城市维护建设税、教育费附加和资源税等。消费税是在对货物普遍征收增值税的基础上，选择少数消费品再征收的一个税种。现行消费税的征收范围主要包括烟、酒等消费品。城市维护建设税和教育费附加属于附加税费，按企业当期实际缴纳的增值税、消费税这两种税相加的税额的一定比例计算。需要说明的是，增值税是价外税，它在商品或服务的原始价格基础上征收，不包含在原始价格内，因而不计入营业收入，不在利润表中反映。

案例分析3-3

美的集团2022年年报显示，美的集团的营业成本为2 605.39亿元，占营业收入的比例为75.76%。年报附注显示，公司营业成本主要由原材料、人工工资、折旧和能源四部分组成，其中原材料占比高达83.63%，相比2021年略有下降；人工工资占比为6.26%，相比2021年略有上升。因此，原材料价格的波动会对美的集团营业成本及毛利率产生较大影响。

2022年，美的集团的销售费用为287.16亿元，占营业收入的比例为8.35%，主要构成为维修费、宣传促销费、职工薪酬费用、租赁费、运输及仓储费，这些费用占销售费用总额超过70%。管理费用为115.83亿元，占营业收入的比例为3.37%，主要构成为职工薪酬费用、折旧与摊销费用、技术维护费、行政办公费、租赁费以及物业管理费，这些费用占管理费用总额超过70%。研发费用为126.19亿元，占营业收入的比例为3.67%，主要构成为职工薪酬费用、折旧与摊销费用以及试制产品与材料投入，这些费用占研发费用总额超过80%。从纵向对比来看，美的集团的销售费用、管理费用和研发费用占营业收入的比例保持稳定。从横向对比来看，美的集团的营业收入规模大于海尔智家（2 435.14亿元）和格力电器（1 889.88亿元）；在研发费用占营业收入的比例上，这三家公司差异不大，然而，在销售费用和管理费用占营业收入的比例上，美的集团远低于海尔智家，但略高于格力电器。

3.2.4 净利润的产生

要编制利润表，先要计算利润总额。利润总额等于营业利润加上营业外收入减去营业外支出，用公式表示为：

利润总额＝营业利润＋营业外收入－营业外支出

式中，营业外收支是指与生产经营活动无直接关系，应计入当期损益的利得或损失。营业外收入包括非流动资产处置利得、债务重组利得、接受捐赠、政府补助等利得，营业外支出则包括相应的损失。通常，相比营业收支，营业外收支的规模较小，基本可以忽略。如果企业的营业外收支规模较大，则需要警惕。

利润总额进一步减去所得税，得出**净利润**（net income）。用公式表示为：

净利润＝利润总额－所得税

企业所得税是对我国境内的企业和其他取得收入的组织的生产经营所得和其他所得征收的一种所得税。在中华人民共和国境内，企业和其他取得收入的组织（以下统称企业）为企业所得税的纳税人。企业所得税的纳税人包括各类企业、事业单位、社会团体、民办非企业单位和从事经营活动的其他组织。个人独资企业、合伙企业不属于企业所得税纳税义务人。企业所得税的税率为25％的比例税率。国家重点扶持的高新技术企业，减按15％的税率缴纳企业所得税。需要指出的是，应纳税所得额并不等于利润总额，而是等于收入总额减去准予扣除项目后的金额，因此，根据利润总额和所得税额计算出来的税率并不准确。

此外，在利润表外，企业在年报中还会披露扣除非经常性损益后的净利润，用公式表示为：

扣除非经常性损益后的净利润＝净利润－非经常性损益

根据中国证监会发布的《公开发行证券的公司信息披露解释性公告第1号——非经常性损益（2008）》，非经常性损益是指与公司正常经营业务无直接关系，以及虽与正常经营业务相关，但由于其性质特殊和偶发性，影响报表使用人对公司经营业绩和盈利能力做出正确判断的各项交易和事项产生的损益。

严格来说，到目前为止计算出来的净利润还不是属于股东的净利润。真正属于股东的利润是归属于母公司所有者的净利润，计算公式如下：

归属于母公司所有者的净利润＝净利润－少数股东损益

式中，少数股东损益是指公司合并报表中的子公司的其他非控股股东享有的损益，这部分损益需要从净利润中扣除。由于大多数公司的少数股东损益金额很小，归属于母公司所有者的净利润与净利润相差无几。如果一家公司这两个指标值相差比较大，则需要给予一定的关注，尤其是当公司少数股东损益亏损金额较大时。

投资者会注意到，利润表的最后还有综合收益总额，其公式为：

综合收益总额＝归属于母公司所有者的净利润＋其他综合收益

式中，其他综合收益是指企业根据会计准则规定未在当期损益中确认的各项利得和损失。在计算利润表中的其他综合收益时，应当扣除所得税的影响。例如，某公司持有另一家上市公司的股票，如果以出售为目标，则持有的该股票价值的波动应计入公允价值变动损益；如果公司打算长期持有，则应将这部分变动计入其他综合收益。其他综合收益可以说是一种“妥协的产物”，它既通过所有者权益的变动记录了股票公允价值的变动，又避免了公允价值的变动对净利润的影响。根据中国内地会计准则，其他综合收益记录的主要是其他债权工具的公允价值变动。但是，根据中国香港会计准则，企业持有的上市公司股票的公允价值变动可以选择计入其他综合收益。因此，投资者在分析该项目时要注意会计准则的差异。

最后，投资者还可以根据利润表中的项目自行计算一些感兴趣的指标，如**息税前利润**（earnings before interest and taxes，EBIT），它是指一家企业在一定时期内剔除了利息和税收的影响，从核心业务活动中获得的收益，可用于衡量企业经营活动的盈利能力。

案例分析 3－4

2022年，美的集团的利润总额为349.56亿元，所得税为51.46亿元，实际税率为13%左右。美的集团的企业所得税税率为25%，为什么实际税率只有约13%？主要有两个原因：第一，美的集团有很多高新技术子公司，它们享受15%的企业所得税优惠税率；第二，根据前述内容，企业的应纳税所得额是企业的收入总额减去成本、费用、损失以及准予扣除项目后的金额，而不是利润表中的利润总额。

3.3 收入及费用分析

3.3 即测即评

3.3.1 收入分析

企业的总收入主要包括主营业务收入、其他业务收入和营业外收入三类。其中，主营业务收入和其他业务收入合称为营业收入。从企业收入的持续性来看，主营业务收入往往大于其他业务收入，远大于营业外收入。收入分析主要关注三个内容：企业主营业务的集中度、企业在细分业务板块中的市场占有率以及企业收入的增长情况。

首先，企业主营业务的集中度是收入分析的第一个重点。投资者可以通过查看企业年报的相关内容，进一步了解企业的业务范围及各业务板块、各业务板块市场份额和竞争地位，计算各业务板块收入（或利润）占主营业务收入（或利润）的比例等，从而分析企业的商业模式和竞争优势。

主营业务是否突出是衡量一家公司是否优秀的重要标准之一。在现代企业竞争越来越激烈的情况下，只有主营业务突出的企业才具有更强的竞争力。在中国资本市场上，有些企业在主营业务发展停滞的情况下，并未积极寻求主营业务的改善，而是热衷于资本运作，投资金融、地产等行业，但长期来看，这种策略的成功率并不高。具体而言，相比主营业务之间相关性较低的公司，主营业务集中的公司商业模式更好，原因是主营业务集中有利于企业：(1）专注核心竞争力的提升。企业将资源和精力集中在主营业务上，可以更好地发挥自身优势，提高产品或服务的质量和效率。（2）提升品牌形象。主营业务集中有助于企业在行业中树立良好的品牌形象，吸引更多的客户，因为消费者往往更愿意选择在某一领域具有专业优势的企业。（3）提高管理效率。企业专注于主营业务，有利于提高内部管理效率，控制风险，降低管理成本。

其次，企业在细分业务板块中的市场占有率是收入分析的第二个重点。细分市场占有率之所以重要，原因如下：（1）竞争优势。较高的细分市场占有率意味着企业在该细分市场中具有竞争优势。企业可以利用这一优势吸引更多客户、增加销售收入，从而提高盈利能力。(2）品牌知名度。在细分市场中占有较大份额的企业，通常具有较高的品牌知名度。这有助于提高消费者对企业及其产品的信任度，从而增强客户忠诚度。(3）规模经济。企业在细分市场中占有较大份额，有可能实现规模经济。这意味着企业可以降低生产成本，提高生产效率，从而增强盈利能力。市场占有率等信息虽然重要，但这些信息往往不在报表中披露，需要投资者结合公司年报和其他信息综合判断。

最后，企业收入的增长情况是收入分析的第三个重点。投资者非常关注企业未来的收入增长情况，因为收入增长（开源）是驱动企业利润增长的最重要的影响因素。但是，预测企业未来的收入增长情况无疑非常困难，需要结合历史收入趋势、宏观环境、行业发展、公司战略等诸多变量进行分析。分析企业收入增长情况可以按照以下几个步骤进行：(1）分析收入增长趋势。通过观察历年收入增长率的变化，分析企业的收入增长趋势。判断收入增长是否稳定、加速或放缓，有助于了解企业未来的发展前景。(2）分析收入结构。分析企业的收入结构，了解主营业务收入、非主营业务收入等对总收入的贡献，有助于了解企业收入的来源和依赖程度，进而判断企业收入增长的持续性。（3）分析影响收入增长的驱动因素。深入了解影响企业收入增长的内外部因素，如行业发展趋势、竞争格局变化、公司产品创新等，以便全面地把握企业收入增长的动力。

案例分析 3－5

表 3－2 列示的是美的集团分产品和分地区的营业收入及毛利率。在营业收入方面，分产品来看，2022 年公司的营业收入主要包括暖通空调业务收入（占比 43.80%）、消费电器业务收入（占比 36.43%）、机器人及自动化系统业务收入（占比 8.70%）。2020—2022 年，各项业务收入占比基本保持稳定，其中，暖通空调、机器人及自动化系统的业务收入略有增长，消费电器业务收入略有下降。分地区来看，2022 年公司国内外业务收入占比分别为 58.52%和 41.48%，近三年总体保持平稳。在毛利率方面，2022 年公司暖通空调和消费电器业务的毛利率相比 2021 年有所上升，国内外业务毛利率也有所上升，这主要受益于原材料成本下降和公司制造效率提升。总体来看，美的集团是一家主营业务突出、竞争力很强的家电龙头企业，但其业务未来的增长前景以及毛利率的变化还需要进一步跟踪观察。

表 3－2　美的集团分产品和分地区的营业收入及毛利率

项目	2022 年		2021 年		2020 年	
	金额	占比	金额	占比	金额	占比
营业收入合计	3 439.18	100.00%	3 433.61	100.00%	2 857.10	100.00%
营业收入（亿元）：分产品						
暖通空调	1 506.35	43.80%	1 418.79	41.32%	1 212.15	42.43%
消费电器	1 252.85	36.43%	1 318.66	38.40%	1 138.91	39.86%
机器人及自动化系统	299.28	8.70%	272.01	7.95%	215.80	7.56%
营业收入（亿元）：分地区						
国内	2 012.73	58.52%	2 035.79	59.29%	1 631.40	57.10%
国外	1 426.45	41.48%	1 376.54	40.09%	1 210.81	42.38%
毛利率（%）：分产品						
暖通空调	22.84		21.05		24.16	
消费电器	30.20		27.75		30.54	
机器人及自动化系统	20.93		21.74		19.88	
毛利率（%）：分地区						
国内	24.71		22.97		24.87	
国外	23.59		21.76		25.45	

3.3.2 费用分析

企业的营业总成本，包括营业成本、期间费用和各项税费等，营业成本包括直接材料、直接人工和制造费用，期间费用包括销售费用、管理费用、财务费用和研发费用。对企业营业总成本的构成分析应主要关注两项内容：一是营业成本及期间费用占营业收入的比例；二是营业成本及期间费用的具体构成。

1. 营业成本占比分析

营业成本在营业收入中的占比越低，公司的**毛利率**（gross margin）越高。

$$毛利率=\frac{营业收入-营业成本}{营业收入}\times 100\%$$

不同行业的毛利率差异较大，这与行业特点、市场竞争程度、产品定位等多种因素有关，在一定程度上也能反映公司所处行业商业模式的特点。首先，相比服务业，制造业的毛利率通常较低。这是因为制造业涉及大量原材料、劳动力和设备投入，生产成本相对较高；制造业的竞争通常较为激烈，导致价格竞争加剧，从而降低了毛利率。服务业，尤其是咨询、软件开发等知识密集型服务行业，边际成本相对较低；服务业的定价策略通常与其所提供的价值密切相关，提供的价值较高，定价较高，从而提高了毛利率。其次，相比高科技行业，低端制造业的毛利率通常较低。由于高科技行业的技术壁垒较高，企业的竞争对手较少，能够实现较高的定价，毛利率较高。由于低端制造业企业有大量竞争对手，产品同质化严重，低成本竞争常见，毛利率较低。最后，奢侈品和零售业的毛利率存在较大差异，这主要反映了两者商业模式的不同，前者依赖高利润率，后者依靠高资产周转率（薄利多销）。

2. 期间费用占比分析

期间费用率是指企业在一定时期内的期间费用（如销售费用、管理费用、财务费用和研发费用等）与营业收入之比。不同行业的期间费用率差异主要受行业特性、成本结构和商业模式等因素的影响。期间费用占比较高的企业类型有：（1）信息软件企业。这类企业一方面需要持续投入研发资源以开发新产品、新功能和新服务，从而保持竞争力；另一方面还需要投入大量的销售和市场推广费用以获取客户和增加市场份额。（2）金融服务企业，如银行、保险和证券公司等。这些企业的人力成本和管理费用较高。（3）创新药制造企业。这些企业需要投入大量的研发费用来开发新药和改进现有药物，涉及基础研究、临床试验、监管审批等各个环节，研发费用通常较高；同时，创新药制造企业为了争夺市场份额，需要进行广泛的销售和市场推广活动，销售费用通常较高。期间费用占比较低的企业类型有：（1）电力、水务和公用事业企业。这些企业在基础设施和固定资产上投入较大，但期间费用通常相对较低。（2）制造企业。制造企业的生产成本较高，成本主要集中在原材料采购、设备购置和生产过程中。

营业成本以及期间费用是企业的主要成本，两者占营业收入的比例在很大程度上决定了企业的**销售净利率**（profit margin）。销售净利率的计算公式为：

$$销售净利率=\frac{净利润}{营业收入}\times 100\%$$

当企业的营业成本占比较高，期间费用占比也较高时，销售净利率较低；反之，销售净利率较高。一些行业的营业成本占比较低，但期间费用占比较高，或营业成本占比较低，但期间费用率较高，导致最终的销售净利率并不高。由于不同行业的成本结构不同，毛利率在不同行业间并不可比，而销售净利率相对更可比。

3. 营业成本结构分析

营业成本结构是指企业营业成本的组成，主要包括直接材料、直接人工、制造费用。不同行业的营业成本结构存在差异。通过深入了解企业的营业成本构成，计算各部分在总营业成本中的占比，可以明确企业成本中的主要支出项目及其变化趋势，为后续分析提供基础。例如，若直接材料在营业成本中占比较高，则需要关注原材料供应商的议价能力以及原材料价格波动对企业毛利率的影响。若直接人工在营业成本中占比较高，则应关注劳动力市场的变化以及人工成本的发展趋势。对于绝大多数行业来说，营业成本是企业最重要的成本，因此分析其构成具有重要意义。投资者可以查阅年报中的附注以及其他相关资料，以便更准确地了解营业成本的详细构成。

4. 期间费用结构分析

期间费用也称营业费用，涵盖管理费用、销售费用、财务费用和研发费用等。各行业的期间费用结构存在差异。通过分析各项费用在营业收入中的占比，投资者可以获取丰富的信息，以更深入地了解企业的商业模式。若企业的销售费用率较高，则意味着品牌形象、营销能力和销售渠道可能是企业的核心竞争力；若管理费用率较高，则表明管理人才是公司宝贵的资源，企业需要建立有效的激励机制以防止人才流失；若研发费用率较高，则表明公司注重研发投入，持续创新能力可能是公司保持竞争优势的关键所在。在高科技行业，研发投入往往是企业在市场竞争中保持领先地位的关键驱动力。若财务费用率较高，则说明公司的杠杆水平较高，这意味着公司在追求利润的过程中可能需要承担较高的财务风险。高杠杆企业需要在风险和收益之间权衡，合理管控财务费用以确保企业稳健发展。

案例分析 3－6

2022年，美的集团的营业成本和期间费用占营业收入的比例分别为75.76%和15.39%，公司的毛利率和销售净利率分别为24.24%和8.59%。总体来看，公司的盈利能力较强，且毛利率和销售净利率相比2021年均略有提升。2022年，美的集团的销售费用率、管理费用率和研发费用率分别为8.35%、3.37%和3.67%，这些数据能说明什么呢？从研发费用率来看，美的集团虽然不是高科技企业，但其产品和技术均具有一定的技术含量。同时，通过对比美的集团的销售费用率和管理费用率，投资者可以看出公司过去并不属于技术导向型，而是营销导向型，公司的品牌和销售渠道可能比研发能力更重要。从公司年报描述和研发投入的规模来看，公司正在向科技集团转型，但科技的底色还略显不足。

中国实践 3-2

A 股上市公司的费用构成

表 3-3 所示的是 2022 年 A 股上市公司不同行业的成本费用率。

表 3-3　2022 年 A 股上市公司不同行业的成本费用率（%）

行业代码	营业成本率	销售费用率	管理费用率	研发费用率	财务费用率	税率
A	83.85	2.37	6.19	0.70	1.55	0.51
B	68.33	0.36	5.98	1.09	1.24	7.07
C	75.92	3.37	5.64	4.34	−0.02	1.55
D	80.84	0.32	4.01	0.36	3.83	2.41
E	88.08	0.61	4.56	3.00	0.98	0.97
F	80.51	6.37	3.55	0.09	0.68	1.15
G	79.52	0.53	4.83	0.26	2.12	2.94
I	66.43	7.78	9.48	10.70	−0.16	0.94
K	79.26	2.98	4.96	0	3.72	7.33
L	80.31	4.37	7.01	0.44	0.44	1.53
M	63.01	3.04	12.04	6.04	−0.11	1.89
N	75.68	2.30	9.55	3.00	2.27	2.11
R	71.25	7.42	12.47	0.57	−0.53	0.93
合计	75.87	3.26	5.88	3.83	0.21	1.55

注：①表中列示的是 2022 年 A 股上市公司不同行业成本费用率的中位数。其中，营业成本率是营业成本占营业收入的比率，其余成本费用率的计算以此类推。税率的计算涉及税金及附加和所得税。

②根据中国证监会 2012 年划分的一级行业（门类），仅保留样本量超过 30 的行业。其中，A 为农、林、牧、渔业，B 为采矿业，C 为制造业，D 为电力、热力、燃气及水生产和供应业，E 为建筑业，F 为批发和零售业，G 为交通运输、仓储和邮政业，I 为信息传输、软件和信息技术服务业，J 为金融业，K 为房地产业，L 为租赁和商务服务业，M 为科学研究和技术服务业，N 为水利、环境和公共设施管理业，R 为文化、体育和娱乐业。

表 3-3 中的数据显示，除金融业以外（报表较为特殊），营业成本率的中位数合计为 75.87%，大部分行业在 60.00%～80.00%之间，制造业的营业成本率中位数为 75.92%。营业成本率较低的行业有信息传输、软件和信息技术服务业，科学研究和技

术服务业等；营业成本率最高的行业为建筑业。在一级行业中，销售费用率较高的有批发和零售业，信息传输、软件和信息技术服务业，以及文化、体育和娱乐业；管理费用率较高的是科学研究和技术服务业，文化、体育和娱乐业；研发费用率较高的有信息传输、软件和信息技术服务业，科学研究和技术服务业；财务费用率较高的有电力、热力、燃气及水生产和供应业，房地产业。

表 3－4 所示的是 2022 年制造业各二级行业的成本费用率。

表 3－4　2022 年制造业各二级行业的成本费用率（%）

行业	营业成本率	销售费用率	管理费用率	研发费用率	财务费用率	税率
C13	88.47	2.24	3.43	0.58	0.43	0.75
C14	68.82	9.27	5.25	2.02	−0.08	2.14
C26	77.97	1.43	5.10	3.42	0.10	1.87
C27	42.75	25.21	7.74	5.37	−0.18	2.87
C29	81.58	2.69	5.06	3.91	0.09	1.20
C30	78.74	2.30	5.74	3.62	0.78	1.96
C32	88.47	0.40	2.23	1.65	0.63	1.05
C33	83.65	1.43	4.68	3.43	0.28	1.11
C34	77.73	3.99	5.80	4.38	−0.12	1.35
C35	69.50	5.60	6.78	6.27	−0.19	1.67
C36	82.96	2.23	4.99	4.41	0	1.19
C37	73.42	2.53	6.77	5.19	−0.44	1.52
C38	79.71	3.86	4.54	4.14	0.03	1.25
C39	74.23	2.92	5.92	6.76	−0.27	1.18
C40	62.43	9.75	7.17	8.01	−0.27	2.14

注：①表中列示的是 2022 年制造业各二级行业成本费用率的中位数。

②根据中国证监会 2012 年划分的制造业二级行业（大类），仅保留样本量超过 60 的行业。其中，C13 为农副食品加工业，C14 为食品制造业，C26 为化学原料和化学制品制造业，C27 为医药制造业，C29 为橡胶和塑料制品业，C30 为非金属矿物制品业，C32 为有色金属冶炼和压延加工业，C33 为金属制品业，C34 为通用设备制造业，C35 为专用设备制造业，C36 为汽车制造业，C37 为铁路、船舶、航空航天和其他运输设备制造业，C38 为电气机械和器材制造业，C39 为计算机、通信和其他电子设备制造业，C40 为仪器仪表制造业。

表 3－4 中的数据显示，虽然同为制造业门类，但各二级行业之间的成本结构差异显著。具体而言，营业成本率最低的行业为医药制造业，最高的行业为农副食品加工业以及有色金属冶炼和压延加工业。销售费用率和管理费用率最高的行业均为医药制造业。研发费用率最高的行业是仪器仪表制造业。财务费用率最高的行业是非金属矿物制品业。如果将医药制造业进一步细分出三级行业，可以预见，不同三级行业的成本结构也会有所不同，这再次说明了理解公司所在行业和业务对理解公司财务数据的重要性。

3.3.3 成本性态分析

成本性态，又称为成本习性，是指成本总额与业务总量之间的相互依存关系。根据成本性态，全部成本可分为三大类：固定成本、变动成本和混合成本。固定成本是指在一定范围内不随产品产量或销量变动而变动的成本，如企业厂房和设备的折旧费用。变动成本是指在一定条件下，成本总额随着业务量的变动而按正比例变动的成本，如生产产品使用的直接材料。混合成本介于固定成本和变动成本之间，其成本总额虽受业务量变动影响，但变动幅度并不与业务量的变动保持严格比例关系。需要指出的是，成本性态并非一成不变，例如，员工工资支出在短期内可能是固定成本，但长期来看可能是变动成本，因为人员是可以调整的。

了解成本性态有助于理解企业的经营杠杆。经营杠杆反映了产销量（假定销量等于产量）与息税前利润之间的杠杆关系，指的是企业在生产经营过程中，由于存在固定成本，利润变动率大于产销量变动率的规律。在一定的产销量范围内，产销量的增加通常不会影响固定成本总额，但会使单位产品的固定成本降低，从而提高单位产品的利润，并使利润增长率大于产销量增长率。图 3-1 直观展示了经营杠杆如何影响产销量与盈利的关系。

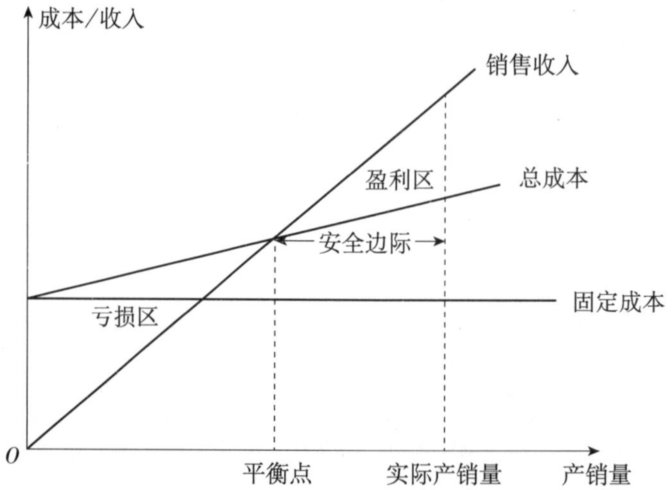

图 3-1 经营杠杆：产销量与盈利的关系

不同行业的经营杠杆可能存在显著差异，这主要取决于行业特点、成本结构和商业模式。高经营杠杆行业的典型例子是航空业。航空公司的固定成本较高，如飞机购买或租赁费、基础设施建设费、机场使用费等。当航班客座率提高时，航空公司的收入会迅速增加，从而产生较高的经营杠杆效应。低经营杠杆行业的代表是服务业，如咨询、广告、法律等行业。这些服务行业的固定成本相对较低，主要成本集中在人力资源方面，因此，其经营杠杆通常较低。

经营杠杆与规模效应之间存在密切的联系。在经营杠杆较高的企业中，固定成本占据较大比例。这些企业可以通过扩大生产规模，降低单位固定成本，提升利润率，这正是规模效应的显著体现。然而，在经营杠杆较低的公司中，也可能出现规模效应，这是因为规模较大的公司在购买原材料（变动成本）时，往往具有较强的议价能力。

需要指出的是，利润表中所披露的成本费用并未按照成本性态进行分类。因此，投资者在分析经营杠杆时，只能依赖部分模糊的信息。尽管如此，对于投资者来说，了解成本性态、经营杠杆和规模效应等重要概念仍至关重要，这些概念有助于他们分析企业利润规模和利润率如何随着销售收入的变化而变动。投资者掌握这些关键概念有助于更全面地评估企业的盈利能力和未来增长潜力。具体而言，投资者可以分析企业在不同销售水平下的利润表现，以及如何通过扩大规模来优化成本结构。

案例分析 3-7

在美的集团的营业总成本中，营业成本占据主导地位，且营业成本中80%以上是原材料成本。原材料成本是变动成本，因而美的集团的经营杠杆较低，规模效应并不显著。2013—2022年，公司的销售费用和管理费用占营业收入的比例略有下降，这显示了一定的规模效应，然而，考虑到当前的下降幅度，未来进一步下降的空间有限。反观餐饮行业，大比例成本是固定成本，如员工工资、餐厅租金、固定资产折旧，因而餐饮行业的经营杠杆较高，意味着公司的利润水平对销量（客流量）的变化较为敏感。

3.4 利润表中的陷阱和机会

3.4 即测即评

利润表的会计恒等式“利润=收入-费用”表明，虽然利润主要是员工的努力成果，但其计算（或估算）也是会计工作的一部分。利润表中存在潜在的投资机会和陷阱。探讨这些陷阱与机会，有助于投资者更好地解读利润表数据。

利润表中的主要陷阱是投资者可能高估当期利润的持续性。具体而言，利润含金量较低、非经常性损益较高、当期费用低估以及行业的周期性都可能影响企业盈利的持续性，其中，利润的含金量和非经常性损益也是衡量企业利润质量的重要指标。利润表中的机会是投资者可能低估当期真实利润水平，这主要体现在两个方面：(1) 费用前置、收入后置，即投入产出时间差导致企业的当期真实利润被低估；(2) 资产费用化，即企业遵循会计稳健性原则导致当期真实利润被低估。

3.4.1 利润表中的陷阱

1. 利润含金量较低

收入确认的关键在于通过合同来识别销售商品的权利和义务是否已经转移（或商品控制权是否已经转移）。当商品已经出售且权利和义务已转移，但公司尚未收到货款（现金）时，是否可以确认收入？根据权责发生制，企业应当按照取得收入的权利和承担费用的责任来确认各项收入和费用的归属期，而不是以款项是否已收到或已支付作为确认标准。因此，在尚未收到款项的情况下，收入仍可被确认。然而，公司不能确保在未来一定能收到款项。商品出售但未收到款项可能有多种原因，如正常的账期、公司为促销提供宽松的账期、公司有意提前确认收入或虚增收入。无论哪种情况，已发货但尚未收到款项对企业来说是风险。

权责发生制的目的是使当期收入和费用更好地匹配，从而更精确地计算企业当期利润。然而，相较于净利润，一些明智的投资者更倾向于关注经营活动产生的现金流量净额这一指标。这是因为净利润只表明企业赚取了利润，但并不意味着这些利润都能转化为现金，无法收回现金的利润实际上并非真正的利润，只是纸面财富。此外，相较于现金，利润更容易受到管理和操纵，有时无法真实反映企业的盈利能力。大量学术研究表明，经营活动产生的现金流量净额（指有现金流支撑的利润）确实比应计利润（没有现金流支撑的利润）更具持续性。有收入、利润，但没有现金流入，这是利润表中最大的陷阱。为避免陷入此陷阱，投资者可以参考收入和利润的含金量两个指标来辅助判断。关于收入和利润的含金量的介绍和分析，可参考现金流量表章节的内容。

案例分析 3-8

美的集团历年的经营活动产生的现金流量净额往往大于净利润，利润含金量超过100%，利润质量较高。反观海新能科（原名三聚环保），该公司的净利润在2013—2017年连续五年高速增长，从2.05亿元上升到26.54亿元，但经营活动产生的现金流量净额一直保持在较低水平，2017年甚至为−3.54亿元。后续的财务数据证明，公司的业绩并不具备可持续性。2017年6月前，公司的股价伴随净利润的增长一路上升，可见当时的投资者错误解读了公司业绩的可持续性。

2. 非经常性损益较高

在分析利润表时，除了关注净利润这一关键指标，明智的投资者还会重视扣除非经常性损益后的净利润，因为这一数据更能反映企业的持续盈利能力。非经常性损益，顾名思义，指的是不经常发生的盈利或损失项目。它们可能与公司的核心经营业务没有直接关联，或者虽然与经营业务相关，但发生频率较低。非经常性损益项目包括投资收益、资产处置收益、政府补助等。通常公司会在年报中披露非经常性损益项目以及扣除非经常性损益后的净利润。投资者需要区分净利润中的经常性损益和非经常性损益，以便更准确地评估企业的长期盈利能力和潜在投资价值。

案例分析3-9

利用非经常性损益粉饰利润是企业常用的手段。例如，2019年4月，海马汽车发布的业绩预告显示公司扭亏为盈，这主要归功于公司卖出了342套房屋所获得的非经常性收益。此外，海马汽车还通过出售股权、应收账款转回、获取政府补助等方式制造非经常性损益以提升利润水平。大股东费尽心思维护住了利润表这个“面子”，问题是投资者会给面子吗？业绩预告公布后，公司股票连续多日跌停。又如，云南白药年报显示2020年盈利55亿元，相比上年增长31%，这是非常出色的业绩。但是，细心的投资者发现，55亿元的利润中有26亿元来自股票投资收益。投资者同样不给云南白药面子，业绩公布后公司股价大跌。在这两个案例中，大部分投资者表现出了难能可贵的理性。

3. 当期费用低估

根据收入与费用的匹配关系，可以计算出当年应确认的费用。匹配原则有两条：一是依据收入与费用之间的直接因果关系进行直接配比；二是根据收入与费用项目之间的时间一致性进行间接配比。例如，直接材料等成本与收入具有直接因果关系，期间费用虽与收入无直接因果关系，但为销售产品服务，与收入存在间接因果关系，因此两者都应确认为当期费用。然而，购买的固定资产与当期收入在时间上不匹配，故不能直接计入当期费用，仅将固定资产当年折旧部分计入当期费用。

以固定资产为例，说明费用估算如何影响企业利润。固定资产可能产生两项费用，进而影响当期利润：一是每年需要计提折旧，产生折旧费用；二是固定资产可能贬值，年末须考虑是否计提资产减值损失。若企业会计政策不稳健，如高估固定资产使用寿命或低估其减值金额，这将导致企业当期利润被高估。除固定资产需要进行减值测试外，存货、应收账款和商誉等资产亦须进行期末减值测试。低估企业当期费用，是利润表中的第三大陷阱。为避免陷入此陷阱，投资者需要深入了解企业业务及评估企业会计政策的稳健性。

4. 行业的周期性

影响盈利持续性的第四个因素是周期性。周期性行业是指产品价格呈周期性波动的行业，如钢铁、煤炭、化工等资源型行业，以及生猪养殖行业（著名的猪周期）。在市场经济中，产品价格主要由供需关系而非成本决定。对于周期性行业，投资者不能依据企业当期利润数据进行简单的线性外推。

案例分析 3－10

生猪养殖行业有较强的周期性。猪周期这一经济现象揭示了肉价上涨—生猪供应增加—肉价下跌—生猪供应减少—肉价再次上涨的周期性规律。查看牧原股份的历年利润及利润增长率，投资者可以发现，公司的利润波动幅度较大，利润增长并非线性而是具有明显的周期性。成长性叠加周期性共同决定了公司的营业收入和利润数据。周期性较强的企业公布的优异的利润增长数据通常无法在市场中获得认可，因为市场认为这样的利润增长无法持续，且利润大幅增长之时往往预示着周期景气的顶点即将到来。

最后，需要强调的是，通过分析利润含金量、非经常性损益、当期费用和行业的周期性来了解企业盈利的持续性，仅限于财务报表分析层面。要真正评估企业的盈利持续性，还要分析企业所处行业的前景和核心竞争力，即需要跳出财务视角，结合商业分析来审视企业。

3.4.2 利润表中的机会

1. 费用前置、收入后置

由于投入和产出之间通常存在一定的时间差，许多处于扩张阶段的公司往往面临费用前置、收入后置的状况。这一特点在互联网公司的早期发展阶段和近年的生物医药公司中表现得尤为明显。许多互联网公司的商业模式是先吸引用户、汇集流量，再实现用户变现、创造利润。由于前期吸引用户的投入已被计入费用，而收益则要在未来几年逐渐显现，因此企业发展初期，报表上的利润很可能严重失真。例如，腾讯公司对微信的主要投入集中在早期，而微信的商业化则是后续逐步展开的，因此，在微信开发初期，腾讯公司的利润被严重低估，这也解释了当时腾讯公司的估值水平较高的原因。一些学者指出，旧的会计准则无法适应新经济模式，导致会计信息失真，这是分析新经济企业财务报表时面临的重大挑战。

总之，对于大部分企业，我们需要警惕利润被调高的风险。对于新经济企业，我们不能仅关注报表上的利润，有时需要根据收入费用匹配原则来估计真实利润，同时，还需要根据企业的商业模式，梳理清楚当前阶段是关注非财务指标（如用户数量）还是财务数据，是重视收入增长还是利润增长。

案例分析 3－11

投资者在审视很多生物科技公司的财务报表时，可能会看到少量的营业收入、大额的亏损以及巨额的研发投入，但是市场依然慷慨地给了它们较高的估值。典型的例子是百济神州公司。2022 年，该公司的营业总收入为 95.66 亿元，归属于母公司所有者的净利润为－136.42 亿元，而其市值高达 2 000 多亿元。数据显示，新药研发周期平均需要 6～7 年，而一款药物从研发到成功上市至少需要 10 年的时间以及 26 亿美元的资金投入。

2022 年，百济神州的研发费用高达 111.52 亿元，这显示了其对于研发的重视。

2. 资产费用化

在探讨资产费用化之前，我们先讲一个有趣的故事：一个贫穷的年轻人伪装成富豪欺骗了一个女孩，当女孩发现真相后，她责骂他是骗子并报了警。另一个真正的富豪假扮成穷人欺骗了一个女孩，当女孩得知真相后，感动不已，依然选择嫁给他。虽然这两者都涉及欺骗，但结果截然不同。这是因为后者遵循了会计的稳健性原则：提前确认不利信息，推迟确认有利信息。正因为遵循了稳健性原则，企业可能会提前确认费用，将资产费用化。一个典型的例子是研发投入的会计处理。由于研发活动的结果具有较大的不确定性，企业通常不会将研发支出资本化并计入无形资产，而是直接计入当期费用。然而，在经济实质上，研发支出很可能会为企业带来长期收益，至少部分投入应当被资本化。因此，对于研发投入较高的企业，当年的净利润可能被严重低估。会计稳健性原则导致的资产费用化成为利润表中隐藏的第二大机会。

案例分析 3－12

华为是中国最大的电信设备和智能手机制造商之一，以其在全球范围内的创新和技术实力而闻名。长期以来，华为一直高度重视研发投入，以保持其在行业中的领先地位。公开资料显示，过去几年里，华为的研发投入规模持续增长。2022 年公司研发投入达到 1 615 亿元，占全年收入的 25.1%。大规模的研发投入使华为能够在 5G 技术、人工智能、云计算等领域取得突破性进展。华为的研发投入 100%计入当期的研发费用。但是，研发投入的经济实质可能为企业带来长期收益，部分投入应该资产化，因此华为的当期利润可能被严重低估。虽然短期内高额的研发投入可能导致企业利润被低估，但从长远来看，这种投资将有助于公司创造更高的价值。这可能是华为坚持将 10%以上销售收入投入研发的原因。事实上，近年来，该公司的研发投入已远远超过 10%的水平。

需要指出的是，无论是费用前置、收入后置，还是资产费用化都伴随着一定的风险，并非无风险套利。这是因为前期投入产出的结果具有不确定性，而资产费用化未来带来的收益也同样具有不确定性。

练习题

一、行动学习

下载并快速浏览美的集团（000333）、贵州茅台（600519）及中芯国际（688981）

三家公司的最新年报，仔细阅读公司的利润表，结合本章所学对这三家公司的利润表进行详细分析。

二、简答题

1. 简述利润表的定义和功能。
2. 简述编制多步式利润表的三个主要步骤。
3. 简述如何进行企业的收入分析。
4. 简述如何进行企业的成本费用分析。
5. 简述如何进行企业的成本性态分析。
6. 简述利润表中包含的机会和陷阱。

第4章

现金流量表

学习目标

1. 掌握现金流量表的定义和功能。
2. 了解现金流量表的编制和重要项目。
3. 学会从现金流的特点分析企业的商业模式。
4. 思考三大报表之间的勾稽和逻辑关系。
5. 思考财务报表未来的发展趋势。

引导案例

连亏13年的京东为何没有倒闭

截至2022年4月底，京东的市值高达6 994.6亿元。但是，公司自2004年进军电商以来，曾连续亏损13年（2004—2016年），直到2017年才开始盈利。为什么连续亏损13年的京东不仅没有倒闭，市值反而高达几千亿元呢？本书认为，主要有以下两个原因：

第一，公司有良好的经营活动现金流。虽然公司的净利润连续亏损13年，最高亏损额为2015年的94亿元（美国通用会计准则下），但是公司自2012年以来，绝大部分年份的经营活动现金流量净额为正，尤其是2017年经营活动现金流量净额高达248亿元。

第二，公司有超强的融资能力。公司现金流（货币资金）的来源，不仅包括经营活动，而且包括融资活动。即使公司经营活动创造现金流的能力较弱，如果融资能力较强，依然可以获得充足的现金流。公司超强融资能力的背后是什么？可能是公司所处的赛道前景较好，并且公司核心竞争力突出，虽然公司的短期业绩不佳，但投资者看好公司的长期前景。

对于新经济企业而言，其所处赛道和核心竞争力可能比短期业绩更重要，而在评估企业业绩时，经营活动现金流或许比净利润更重要。著名会计学者巴斯等人2023年在《会计研究》上发表的一篇论文中指出，相比于19世纪70年代，20世纪10年代财务指标总的价值相关性并没有显著下降，但企业盈利指标的价值相关性已经显著下降。① 相对于旧经济企业，净利润在解释新经济企业市值方面的作用已经显著下降。同时，现金流和无形资产（研发）等相关指标的解释力度大幅上升。总而言之，在新经济时代，财务报表的数据仍然重要，但财务指标的价值相关性变得更为复杂。

思考：

（1）如何分析和解读京东的财务报表数据？

（2）如何评估京东的市场价值？

4.1 初识现金流量表

4.1.1 现金流量表的定义和功能

4.1 即测即评

众所周知，利润表是投资者最关注的财务报表，也是最容易被操纵的报表。有专家指出，利润表的编制基础——权责发生制才是财务造假的罪魁祸首。但是，他们忽略了一个基本事实：现有的财务报告体系不仅披露了利润表，而且报告了现金流量表。现金流量表以收付实现制为基础进行编制。如果投资者认为利润表不可靠，完全可以参考现金流量表中的信息。

什么是现金流量表的本质？想象一下，你有车有房，月薪5万元，家里有2个可爱的孩子，每月的房贷加上各种开支超过3万元。突然有一天，由于公司经营不善，单位虽然没有给你降薪，但总是拖欠你的工资。你由于没有现金，每月的日子过得紧巴巴，甚至要“弃房断供”。在这种情况下，你的日子还能好过吗？为什么日子过不好，是因为你的现金流出了问题。对你而言，过日子需要现金流；对于企业而言，没有现金流就无法持续经营。

领悟了本质，再来看现金流量表的正式定义。根据企业会计准则，**现金流量表**（statements of cash flows）是反映企业在一定会计期间的现金和现金等价物流入和流出的会计报表。根据该定义，我们可以总结出现金流量表的两个关键特点：（1）与利润表一样，现金流量表也是动态的，反映的是某一个会计期间的现金变化；（2）与利润表不同的是，现金流量表反映的是公司现金的流入和流出情况，而不是公司当年的经营成果。

① Barth M E, Li K, McClure C G. Evolution in value relevance of accounting information. The Accounting Review, 2023, 98 (1): 1-28.

通过对公司和同行业其他公司的现金流量表进行分析，投资者至少可以达成如下目标：

（1）通过分析公司的现金总流入和流出情况，评估公司的现金流总体状况和偿债能力；

（2）通过分析公司的销售收入和净利润含金量，评估公司的收益质量；

（3）通过分析公司的现金流量的结构和现金流入的时间，评估公司的商业模式和竞争优势等。

总之，通过对现金流量表的分析，价值投资者可以了解公司的现金流状况、收益质量和商业模式等关键信息，从而作出更加准确的投资决策。

4.1.2　现金流量表中的会计恒等式

现金流量表中的会计恒等式，也就是第四个重要的会计恒等式，可表示为：

$$\text{现金净增加额}=\text{现金总流入}-\text{现金总流出} \tag{4-1}$$

式中，现金指的是现金及现金等价物。该等式非常简单，但是反映了企业现金变化的本质。要想增加企业的现金，无非有两个途径：一是开源，即增加现金流入；二是节流，即减少现金流出。

从会计的视角来看，企业一年的经营聚集于三项核心活动：经营活动、投资活动和融资活动。企业现金流的变化，也无非来自这三项活动导致的现金流的变化。将上述现金流量表的会计恒等式稍做转换，可以得到：

$$\text{现金净增加额}=\begin{matrix}\text{经营活动产生的}\\\text{现金流量净额}\end{matrix}+\begin{matrix}\text{投资活动产生的}\\\text{现金流量净额}\end{matrix}+\begin{matrix}\text{筹资活动产生的}\\\text{现金流量净额}\end{matrix} \tag{4-2}$$

这个等式说明，增加企业的现金流可以通过经营活动的盈利、投资活动的资金收回或筹资活动的筹集资金来实现。如果企业想通过投资扩大生产规模，如何获得投资所需的资金呢？主要有两种方式：一是依靠经营活动赚钱；二是依靠筹资活动筹钱。现金流量表能够为投资者提供十分有用的信息，通过分析企业三项活动的现金流量情况，投资者不仅可以预测企业的现金流量变化趋势，而且可以洞察企业的商业模式和经营风险。

中国实践 4－1

IPO 审核与现金流指标

每当发生危机时，“现金为王”四个字就会被反复提及。现金流指标也是在首次公开募股（IPO）申请过程中非常重要的参考指标。首先，现金流指标是科创板第三套标准的重要指标。该套标准要求，预计市值不低于人民币 20 亿元的公司，最近一年营业收入不低于人民币3亿元，且最近三年经营活动产生的现金流量净额累计不低于人民币1亿元。该套标准对企业利润无要求，但对现金流指标有明确要求。

此外，在IPO过程中，现金流相关问题往往是监管部门的审核重点，典型的问题包括：(1) 经营活动产生的现金流量净额与同期净利润的差距较大的原因；(2) 最近一期经营现金流量净额为负的原因及合理性；(3) 报告期内盈利逐年大幅上升但现金流状况变差的原因及合理性；(4) 经营活动产生的现金流量净额是否与销售政策、采购政策、信用政策变化情况等相匹配。

4.2 现金流量表的编制

4.2 即测即评

现金流量表的编制方法包括直接法和间接法。直接法是将企业的活动分为经营、投资和筹资活动，并在各类活动下直接列出各项现金流入和现金流出来反映各类活动的现金收支情况。间接法是以企业的净利润为起点，调节各项不同时影响净利润和经营活动产生的现金流量净额的项目，从而反映企业净利润和经营活动产生的现金流量净额产生差异的情况。通常所说的现金流量表是指以直接法编制的现金流量表（主表），以间接法编制的现金流量表（附表）又称现金流量表的补充资料，可在年报附注中查看。

4.2.1 现金流量表（直接法）的解读

本节介绍以直接法编制的现金流量表中的重要项目。理解这些项目的含义、构成和计算方法是分析现金流量表的基础。表4-1列示的是节选的美的集团2022年度合并现金流量表。

表4-1 美的集团2022年度合并现金流量表 单位：亿元

	2022年	2021年
一、经营活动产生的现金流量		
销售商品、提供劳务收到的现金	3 169.98	3 104.90
收到的税费返还	109.35	99.68
收到其他与经营活动有关的现金	72.96	66.01
经营活动现金流入小计	3 437.68	3 304.15
购买商品、接受劳务支付的现金	2 213.46	2 092.16
支付给职工以及为职工支付的现金	356.75	320.96

续表

	2022 年	2021 年
支付的各项税费	173.87	156.13
支付其他与经营活动有关的现金	344.66	342.26
经营活动现金流出小计	3 091.10	2 953.24
经营活动产生的现金流量净额	346.58	350.92
二、投资活动（使用）/产生的现金流量		
收回投资收到的现金	985.65	1 216.28
取得投资收益收到的现金	38.00	56.48
处置固定资产、无形资产和其他长期资产收回的现金净额	2.39	3.36
处置子公司及其他营业单位收到的现金净额	0.15	1.88
投资活动现金流入小计	1 029.54	1 278.01
购建固定资产、无形资产和其他长期资产支付的现金	73.52	68.25
投资支付的现金	1 081.49	1 053.47
取得子公司及其他营业单位支付的现金净额	9.62	20.29
投资活动现金流出小计	1 164.63	1 142.02
投资活动（使用）/产生的现金流量净额	−135.10	136.00
三、筹资活动使用的现金流量		
吸收投资收到的现金	13.48	15.51
其中：子公司吸收少数股东投资收到的现金	0.27	0.63
取得借款收到的现金	464.76	160.34
收到其他与筹资活动有关的现金	0.70	5.61
发行债券收到的现金	28.45	—
发行短期融资券收到的现金	40.00	30.00
筹资活动现金流入小计	547.39	211.45
偿还债务支付的现金	409.21	182.25
兑付短期融资券支付的现金	40.00	60.00
分配股利、利润或偿付利息支付的现金	137.40	128.94
其中：子公司支付给少数股东的股利、利润	2.79	4.27
支付其他与筹资活动有关的现金	69.34	152.30
筹资活动现金流出小计	655.94	523.50
筹资活动使用的现金流量净额	−108.55	−312.05
四、汇率变动对现金及现金等价物的影响	2.88	−4.85
五、现金及现金等价物净增加额	105.82	170.02
加：年初现金及现金等价物余额	405.50	235.49
六、年末现金及现金等价物余额	511.32	405.50

1. 期末现金及现金等价物余额

在直接法中，期末现金及现金等价物余额根据下列公式计算：

$$\text{期末现金及现金等价物余额} = \text{期初现金及现金等价物余额} + \text{现金及现金等价物净增加额}$$

现金及现金等价物（cash and cash equivalents）包括库存现金、可以随时用于支付的存款以及持有期限短、流动性强、易于转换为已知金额现金、价值变动风险很小的投资等。现金流量表中的现金及现金等价物余额一般约等于资产负债表中的货币资金余额，但也可能存在差异。

货币资金和现金及现金等价物的关系大致可以用以下等式表示：

$$\text{期末现金及现金等价物余额} = \text{期末货币资金余额} - \text{不属于现金及现金等价物范畴的定期存款及应计利息} - \text{使用受到限制的存款}$$

部分公司期末现金及现金等价物余额可能少于货币资金。投资者在分析公司的现金流时应该参考哪一个数据呢？一般来说，应该主要参考货币资金的数据。但是，在两者差异较大时，投资者应通过年报附注查看产生差异的具体原因并作进一步分析判断。

企业的现金及现金等价物净增加额有三个来源：经营活动、投资活动和筹资活动，用公式表达则为：

$$\text{现金及现金等价物净增加额} = \text{经营活动产生的现金流量净额} + \text{投资活动产生的现金流量净额} + \text{筹资活动产生的现金流量净额}$$

式中，各项活动的现金流量净额等于各项活动的现金流入与现金流出的金额。

案例分析 4-1

2021 年，美的集团资产负债表中的货币资金为 718.76 亿元，而现金流量表中的现金及现金等价物只有 405.50 亿元，出现差异的主要原因是美的集团有近 300 亿元三个月以上的定期存款，这些定期存款虽计入资产负债表中的货币资金项目，但没有计入现金流量表中的现金及现金等价物项目。2022 年，公司的货币资金为 552.70 亿元，相比 2021 年有所下降，但现金及现金等价物为 511.32 亿元，相比 2021 年有所上升。2022 年，公司的经营活动、投资活动和筹资活动产生的现金流量净额，分别为 346.58 亿元、−135.10 亿元和−108.55 亿元，这说明公司主要依靠经营活动产生现金流量。

2. 经营活动产生的现金流量净额

经营活动产生的现金流量净额（cash generated by operating activities）可根据下面的公式计算得出：

经营活动产生的现金流量净额=经营活动现金流入小计-经营活动现金流出小计

经营活动现金流入的项目有：(1) 销售商品、提供劳务收到的现金（含销售收入和应向购买者收取的增值税税额）。(2) 收到的其他与经营活动有关的现金，包括其他收益、其他业务收入和营业外收入等项目，具体明细可以在现金流量表的附注中查看。(3) 收到的税费返还。该项目对应经营活动现金流出中的“支付的各项税费”，主要涉及即征即退、先征后返等情况。企业支付的各项税费包括增值税、消费税、企业所得税等。(4) 其他金融类业务现金流入。该项目存在于从事金融业务的部分公司中。经营活动现金流出项目与流入项目基本对应，不再赘述。

在经营活动产生的现金流量中，占比最高、投资者最为关注的项目是销售商品、提供劳务收到的现金。该项目的金额大致可用下述公式表示：

$$\begin{matrix}\text{销售商品、提供劳务}\\\text{收到的现金}\end{matrix}=\begin{matrix}\text{本期营业收入}\\\text{净额}\end{matrix}+\begin{matrix}\text{代收的}\\\text{增值税}\end{matrix}-\begin{matrix}\text{经营性}\\\text{应收项目的增加}\end{matrix}$$

关于销售商品、提供劳务收到的现金，有几点需要注意。首先，营业收入包括主营业务收入和其他业务收入，销售商品、提供劳务收到的现金可能只包含部分但不是全部的其他业务收入。因此，上述公式只是大致成立，并不是数学上的等式。其次，销售商品、提供劳务收到的现金中包含“应交税费——应交增值税（销项税额）”。这是因为增值税是价外税，不包含在企业的销售收入中，但是包含在消费者支付的价款中，相当于企业为国家代收的税金。最后，经营性应收款项的增减，如应收账款、应收票据等的变动也是造成销售商品、提供劳务收到的现金和营业收入产生差异的重要原因。

对处于成熟期的公司而言，长期来看，经营性应收款项保持稳定，以下公式大致成立：

$$\text{销售商品、提供劳务收到的现金}=\text{营业收入}+\text{应交增值税（销项税额）}$$

为了考察公司销售收入的质量，可以构建销售收入含金量（又称销售收现比）指标，计算公式如下：

$$\text{销售收入含金量}=\frac{\text{销售商品、提供劳务收到的现金}}{\text{营业收入}}\times 100\%$$

自2019年起，大部分公司的业务适用13%的增值税税率，因此销售收入含金量的参考值为113%，低于参考值则需要重点关注。

为了考察公司净利润的质量，可以构建净利润含金量（或称净利收现比）指标，计算公式如下：

$$\text{净利润含金量}=\frac{\text{经营活动产生的现金流量净额}}{\text{净利润}}\times 100\%$$

总体上，净利润含金量的参考值为100%，但不同行业差异较大，低于参考值需要重点关注。

销售收入含金量或净利润含金量主要取决于两个因素：（1）公司所处的行业。不同行业的商业模式差异较大，有些行业在产业链上下游中地位较高，现金收回情况较好，而有些行业现金收回不易，公司资金比较紧张。（2）公司本身的核心竞争力。现金流相关指标的差异可能反映了同一行业不同公司的产品竞争力，产品竞争力强的公司更容易收回现金。

案例分析 4-2

2022年和2021年，美的集团销售商品、提供劳务收到的现金分别为3 169.98亿元和3 104.90亿元，经营活动产生的现金流量净额分别为346.58亿元和350.92亿元。同时，公司2022年和2021年的营业收入分别为3 439.18亿元和3 412.33亿元，归属于母公司股东的净利润分别为295.54亿元和285.74亿元。综合两年的数据来看，美的集团2022年和2021年的销售收入含金量分别为92.17%和90.99%，均低于参考值113%；净利润含金量分别为117.27%和122.81%，均高于参考值100%。为何公司的销售收入含金量较低？董秘的回答是："销售商品收到的部分应收票据存在背书业务，用于购买材料或设备等，也即公司收到银行承兑汇票后，将其背书转让给上游供货商，导致销售商品收到的现金和购买商品支付的现金都大幅减少，企业经营活动产生的现金流量净额正常。"如果投资者发现某公司销售收入含金量长期远低于113%，可以进一步确认公司购买商品支付的现金是否大幅低于营业成本，以及公司的应收账款是否大幅增长。

3. 投资活动产生的现金流量净额

投资活动产生的现金流量净额（cash generated by investing activities）可由下式计算得出：

投资活动产生的现金流量净额=投资活动现金流入小计－投资活动现金流出小计

投资活动的现金流出主要有以下三项：（1）购建固定资产、无形资产和其他长期资产支付的现金。这些为购建长期资产而支付的现金又称为**资本开支**（capital expenditure）。资本开支是企业最重要的长期支出。对于此项目，附注中没有进一步的解释，投资者可以进一步查看固定资产的附注，从固定资产的历史明细分类中大致了解公司资本的去向。（2）投资支付的现金。该项目反映企业在现金等价物以外进行短期股票投资、短期债券投资、长期股权投资、长期债权投资所实际支付的现金，包括支付佣金、手续费的现金。（3）取得子公司及其他营业单位支付的现金净额。本项目反映企业取得子公司及其他营业单位购买出价中以现金支付的部分。

以上三类投资在性质上有较大区别：第（1）类为经营性投资，第（2）类为金融性投资，第（3）类为并购导致的现金流出。部分企业由于有较多的短期金融投资，投资支付的现金以及投资收到的现金两个项目的金额较大，对投资活动产生的现金流量净额影响较大，使其不能反映企业真实的投资活动现金流入和流出情况。投资者在分析企业投资活动产生的现金流量净额时，需要注意区分不同的投资类别。在投资类支出中，重点关注经营性投资。投资活动的现金流入项目与上述流出项目基本对应，不再赘述。

案例分析 4-3

2022年和2021年美的集团投资活动产生的现金流量净额分别为−135.10亿元和136.00亿元，波动较大，这主要是因为金融性投资（尤其是短期金融投资）较多。2022年公司投资支付的现金和投资收到的现金都近1 000亿元。相对而言，购建固定资产、无形资产和其他长期资产支付的现金（经营性投资）金额较少，2022年仅为73.52亿元，与2021年相比略有增长。公司金融性投资金额较大会掩盖投资活动产生的现金流量净额的信息，因此投资者需要关注各类具体投资项目的金额。

4. 筹资活动产生的现金流量净额

筹资活动产生的现金流量净额（cash generated by in financing activities）可由下式计算得出：

筹资活动产生的现金流量净额＝筹资活动现金流入小计－筹资活动现金流出小计

筹资活动现金流入主要有以下四项：(1) 吸收投资收到的现金。该项目反映企业收到投资者投入的现金，包括以发行股票、债券等方式实际收到的款项净额（即发行收入减去支付的佣金等发行费用后的净额）。(2) 取得借款收到的现金。该项目反映企业举借各种短期借款、长期借款而收到的现金。(3) 发行短期融资券收到的现金。短期融资券是指企业在银行间债券市场发行（即由国内各金融机构购买不向社会发行）和交易并约定在一年期限内还本付息的有价证券。(4) 收到的其他与筹资活动有关的现金。

筹资活动现金流出的项目有：(1) 分配股利、利润或偿付利息支付的现金；(2) 偿还债务支付的现金；(3) 兑付短期融资券支付的现金；(4) 支付其他与筹资活动有关的现金。上述项目分别对应筹资活动现金流入的第（1）至（4）项。

案例分析 4-4

2021年，美的集团筹资活动产生的现金流量净额为−312.05亿元，主要原因是筹资活动现金流入远小于现金流出。流入金额最大的项目是取得借款收到的现金；流出金额较大的项目有偿还债务支付的现金，分配股利、利润或偿付利息支付的现金以及支付其他与筹资活动有关的现金。其中，分配股利、利润或偿付利息支付的现金为128.94亿元，包括利息支出13.58亿元（参见利润表）和2021年分配给股东的股利

（2020年年度分红实施方案）110.66亿元。

4.2.2 间接法现金流量表

年报中，除了财务报告主表披露以直接法编制的现金流量表，附注还会披露以间接法编制的现金流量表，又称现金流量表补充资料。补充资料详细介绍了将净利润调节为经营活动产生的现金流量净额的情况。

在将净利润调节为经营活动产生的现金流量净额时，需要调整不同时影响净利润和经营活动产生的现金流量净额的项目。这主要分三个步骤：第一，加上没有现金流出的费用，包括折旧和摊销、资产减值准备和信用减值损失等。例如，折旧和摊销虽然减少了当期利润，但是并未导致现金流出，因此要在净利润的基础上加回。第二，减去不影响费用的现金流出，主要是净营运资本的追加。净营运资本等于非现金流动资产减去无利息流动负债，其变动包括经营性应收项目、经营性应付项目和存货等的增减。例如，经营性应收项目和存货的增加会导致公司净营运资本的增加，净营运资本的增加虽然会导致公司经营现金的流出，但不会增加公司当期的费用，因此需要在净利润的基础上减去。如果净营运资本的追加为负，即净营运资本减少，则需要在净利润的基础上加回。第三，减去非经营活动（投资和筹资活动）的损益，包括财务费用、投资收益等。例如，虽然投资收益可能带来现金流入，但它不属于经营活动范畴，而是属于投资活动，因此需要在净利润的基础上减去。

上述将净利润调节为经营活动产生的现金流量净额（简称经营现金流）的三个步骤可以用以下公式表示：

净利润＋折旧和摊销等－净营运资本的追加－非经营性损益＝经营现金流

根据上述公式可知，企业的净利润与经营现金流产生差异主要是折旧和摊销、净营运资本的追加和非经营性损益三项所致。通常企业的非经营性损益项目金额较小，如果企业的折旧和摊销金额较大、净营运资本的追加金额较小，则企业的经营现金流可能远大于净利润，如电力行业。如果企业的折旧和摊销金额较小，净营运资本的追加金额较大，则企业的经营现金流可能远小于净利润，这是投资者需要警惕的情形。根据现金流量表补充资料，投资者可以进一步探究净营运资本追加的具体原因。

上述公式经过简单的转换，可以变成：

净利润＝(经营现金流＋非经营性损益)＋(净营运资本的追加－折旧和摊销等)

或

经营净利润＝经营现金流＋应计利润

这一公式表明，企业的净利润主要有两个组成部分：有现金流支持的净利润和应计利润。应计利润主要取决于净营运资本的追加以及折旧和摊销两个项目。研究表明，相比应计利润，有现金流支持的净利润更具持续性。因此，当企业的净利润缺乏现金流支持，而主要由应计利润构成时，投资者需要仔细分析企业利润的真实性和持续性。

案例分析 4-5

美的集团现金流量表补充资料显示，将净利润调节为经营活动产生的现金流量净额共分三个步骤并涉及 13 个项目（见表 4-2）。这 13 个项目中，第一步调整涵盖资产减值损失、信用减值损失、折旧和摊销、公允价值变动损失、股份支付及其他，其中折旧和摊销金额最大，为 65.08 亿元。第二步调整涵盖递延所得税资产的增加、递延所得税负债的减少（属于长期资产，方便起见放在此处）、存货的增加、经营性应收项目的增加、经营性应付项目的增加，后两者对现金流量净额产生了显著影响，金额分别达—194.24 亿元和 215.56 亿元。第三步调整涵盖资产处置损失、财务收入、投资收益，金额分别为 0.60 亿元、—32.27 亿元和—2.08 亿元。2022 年公司经营活动产生的现金流量净额大于净利润，主要是因为折旧和摊销金额较大，以及经营性应付项目显著增加和经营性应收项目大幅减少。

表 4-2 美的集团现金流量表补充资料　　单位：亿元

	2022 年	2021 年
净利润	298.10	290.15
加：资产减值损失	5.33	4.83
信用减值损失	5.14	3.83
折旧和摊销	65.08	61.83
资产处置损失/(收益)	0.60	—0.58
公允价值变动损失	2.51	1.66
财务收入	—32.27	—31.20
投资收益	—2.08	—23.66
递延所得税资产的增加	—18.96	—7.80
递延所得税负债的减少	—4.25	—6.47
存货的增加	—4.24	—152.02
经营性应收项目的增加	—194.24	—54.54
经营性应付项目的增加	215.56	249.09
股份支付及其他	10.29	15.78
经营活动产生的现金流量净额	346.58	350.92

中国实践 4-2

中国企业的销售收入含金量和净利润含金量

表 4-3 所示的是 2021 年和 2022 年中国上市公司的销售收入含金量和净利润含金量。

表 4-3　2021 年和 2022 年中国上市公司的销售收入含金量和净利润含金量（%）

行业	销售收入含金量		净利润含金量	
	2021 年	2022 年	2021 年	2022 年
农、林、牧、渔业（A）	101.05	101.07	237.44	207.20
采矿业（B）	102.90	105.22	221.12	184.65
制造业（C）	97.16	98.58	93.68	113.50
电力、热力、燃气及水生产和供应业（D）	105.79	107.41	200.57	235.78
建筑业（E）	93.99	95.12	91.63	119.40
批发和零售业（F）	111.71	110.61	123.97	122.19
交通运输、仓储和邮政业（G）	103.23	102.87	192.42	193.22
信息传输、软件和信息技术服务业（I）	102.21	103.29	74.19	98.31
房地产业（K）	107.28	90.86	84.85	87.93
租赁和商务服务业（L）	105.53	102.27	108.82	183.72
科学研究和技术服务业（M）	95.01	93.62	88.65	87.58
水利、环境和公共设施管理业（N）	89.37	97.70	66.56	110.67
文化、体育和娱乐业（R）	103.97	102.51	146.36	144.90
总计	99.11	100.18	98.53	119.16

注：①表中列示的是 A 股上市公司 2021 年和 2022 年不同行业销售收入含金量和净利润含金量的中位数；
②根据中国证监会 2012 年划分的一级行业（门类），仅保留样本量超过 30 的行业。

表 4-3 中的数据显示，2021 年 A 股上市公司销售收入含金量和净利润含金量中位数分别为 99.11%和 98.53%。销售收入含金量较高的行业有批发和零售业以及房地产业，分别达到 111.71%和 107.28%；销售收入含金量较低的行业有建筑业，水利、环境和公共设施管理业，分别为 93.99%和 89.37%。净利润含金量较高的行业有农、林、牧、渔业，采矿业，电力、热力、燃气及水生产和供应业，交通运输、仓储和邮政业，分别达到 237.44%、221.12%、200.57%和 192.42%；净利润含金量较低的行业有水利、环境和公共设施管理业，信息传输、软件和信息技术服务业，房地产业，分别为 66.56%、74.19%和 84.85%。根据上述数据可知，净利润含金量在不同行业差异较大。2022 年各行业销售收入含金量和净利润含金量相比 2021 年变化不大。

上述数据表明，不同行业的销售收入含金量和净利润含金量差异较大，这从侧面反映了公司商业模式的好坏。在分析某公司的经营活动现金流是否正常时，上述数据可以作为初步参考。

4.3　自由现金流的计算和分析

4.3.1　自由现金流的定义和估算

对于价值投资者而言，自由现金流是评估企业价值最重要的概念之一。相较于利润表中披露的净利润，巴菲特更重视自由现金流，认为自由现金流才真正反映了属于股东的利润。但是，在实务中，投资者有时更关注净利润，所以有必要对自由现金流进行专门说明。

4.3　即测即评

1. 自由现金流的定义

自由现金流（free cash flow）是指企业赚取的、可以自由支配的现金。自由现金流涉及两个要点：一是利润并不等同于现金，企业不仅要实现盈利，而且要获得现金；二是企业获得的现金必须自由。自由的意思是企业可以自由地支配这些现金，既可以选择以股利的形式发放给股东，又可以选择以留存收益的形式留在公司进行再投资。如果企业赚取的现金必须用来更新厂房和设备，那么这部分资金不能称为自由现金流。

正如企业的资金有股权融资和债务融资两个来源，企业的自由现金流也包含两部分：属于股东的自由现金流和属于债权人的自由现金流。由于股东是剩余索取者，企业的自由现金流扣除支付给债权人的利息后的部分才是属于股东的自由现金流。

2. 自由现金流的估算：直接法

自由现金流的估算方法主要有两类，为了与现金流量表对应，本书将其称为直接法和间接法。直接法是指根据直接法编制的现金流量表中的项目直接计算自由现金流，具体公式如下：

自由现金流＝经营活动产生的现金流量净额－资本开支

该公式的基本原理是：(1) 企业的自由现金流主要通过经营活动产生，筹资活动和投资活动产生的现金流量不在计算范围内。(2) 资本开支是维持企业生产能力的必要开支，不能算是自由现金流，因此，要在经营活动产生的现金流量净额的基础上减去。资本开支对应现金流量表中的“购建固定资产、无形资产和其他长期资产支付的现金”项目。值得注意的是，如果计算股东的自由现金流，还要减去利息支出，因为利息是支付给债权人的现金流。对于部分高杠杆的企业（如房地产企业），利息支出的规模可能比较大，导致企业的自由现金流和股东的自由现金流的差异较大。

需要指出的是，资本开支可以细分为维持性资本开支和扩张性资本开支。巴菲特认为，维持性资本开支是维持现有生产能力和长期竞争地位必要的资本开支。这部分开支显然是必不可少的，不然企业的竞争力就会下降，所以是不自由的。很多学者认为，在分析企业的自由现金流时，应该减去维持性资本开支，而不是减去所有的资本开支。虽然理论上投资者可以区分维持性资本开支和扩张性资本开支，但现金流量表中未将它们分开披露，投资者需要结合公司的其他信息来评估维持性资本开支水平。

3. 自由现金流的估算：间接法

间接法是指根据现金流量表补充资料中的项目计算自由现金流，具体公式如下：

$$\text{自由现金流}=(\text{净利润}+\text{折旧和摊销等}-\text{净营运资本的追加}-\text{非经营性损益})-\text{资本开支}$$

使用该方法的好处是，投资者可以直接基于预测的利润表和资产负债表来预测企业的自由现金流。此外，该方法比较详细地说明了自由现金流的产生过程。在实务中，投资者在估值时，往往倾向于使用间接法预测企业的现金流。

案例分析 4-6

2022 年和 2021 年，美的集团经营活动产生的现金流量净额分别为 346.58 亿元和 350.92 亿元，购建固定资产、无形资产和其他长期资产支付的现金分别为 73.52 亿元和 68.25 亿元。根据直接法估算，2022 年和 2021 年公司的自由现金流分别为 273.06 亿元和 282.67 亿元，说明自由现金流的水平较高。

4.3.2 自由现金流、商业模式与风险分析

1. 企业生命周期与现金流特征

企业生命周期一般包括初创期、成长期、成熟期和衰退期。表 4-4 描述了企业不同生命周期阶段的现金流特征，具体如下：（1）初创期：市场尚未完全打开、市场竞争者较少，产品销量较少且产品单位成本较高，企业投入大、融资需求大，财务上通常表现为经营活动产生的现金流量净额为负、投资活动产生的现金流量净额为负（资本开支为正）、筹资活动产生的现金流量净额为正，企业的自由现金流为负。（2）成长期：市场逐渐开拓、市场竞争者增加，产品销量增加且产品单位成本下降，企业投入较大、融资需求较大，财务上通常表现为经营活动产生的现金流量净额为正、投资活动产生的现金流量净额为负（资本开支为正）、筹资活动产生的现金流量净额为正，企业的自由现金流为零。（3）成熟期：市场已经完全打开、竞争格局稳定，产品销量稳定且产品单位成本较低，企业投入减少、融资需求较少，财务上通常表现为经营活动产生的现金流量净额为正、投资活动产生的现金流量净额为零（资本开支为零）、筹资活动产生的现金流量净额为零，企业的自由现金流为正。（4）衰退期：新技术出现或者消费者偏好改变、市场需求开始萎缩，产品销量下降且产品单位成本上升，企业投入较少、融资需求较少，财务上通常表现为经营活动产生的现金流量净额为零、投资

活动产生的现金流量净额为零（资本开支为零）、筹资活动产生的现金流量净额为零，企业的自由现金流为零。

表 4－4　企业不同生命周期阶段的现金流特征

指标	初创期	成长期	成熟期	衰退期
经营活动产生的现金流量净额	负	正	正	零
投资活动产生的现金流量净额	负	负	零	零
资本开支	正	正	零	零
筹资活动产生的现金流量净额	正	正	零	零
自由现金流	负	零	正	零

注：正、负、零表示各项现金流的状态，正表示流入较多，负表示流出较多，零表示流入或流出较少。

2. 企业生命周期、现金流特征与商业模式

处于不同生命周期阶段的企业，其自由现金流一般符合表 4－4 总结的特征。如果不符合，则在一定程度上说明公司的商业模式较好或较差。商业模式的定义非常复杂，这里我们使用商业模式最简单的定义，即长期来看企业能否产生较高水平的自由现金流。

投资者可以根据公司现金流的特征，初步评估公司商业模式的优劣。商业模式较差的两种情况举例：(1) 处于成长期的公司，经营活动产生的现金流量净额为负、投资活动产生的现金流量净额为负、筹资活动产生的现金流量净额为正。这说明公司步入成长期后，经营活动尚未实现盈利，公司发展所需资金仍需依靠外部融资。(2) 处于成熟期的公司，经营活动产生的现金流量净额为正、投资活动产生的现金流量净额为负、筹资活动产生的现金流量净额为零。这说明公司步入成熟期后，资本开支仍然较大，自由现金流水平依然较低。商业模式较好的两种情况举例：(1) 处于初创期的公司，经营活动产生的现金流量净额为正。这说明公司步入初创期后，就展现出较强的盈利能力，即“自我造血”能力。(2) 处于成长期的公司，投资活动产生的现金流量净额为零（资本开支为零）。这说明公司步入发展阶段后，只需要较少的资本开支，公司的资金压力较小。

3. 企业生命周期、现金流特征与风险

从投资者的角度来看，企业的风险水平与企业的发展阶段和商业模式紧密相关。通常来说，从初创期到成熟期，企业的风险水平逐渐下降，投资者要求的回报水平也相应降低。但是，企业的风险还受管理层风险意识和战略选择的影响。处于初创期的企业面临着生存危机，管理层的风险意识通常也较强。处于成长期、成熟期和衰退期等发展阶段的企业很可能会因为管理层的风险意识和战略选择，面临额外的风险。

投资者可以根据企业的发展阶段和战略选择，初步评估企业的风险水平。投资风险较大的三种情况举例：(1) 处于成长期的企业，现金流水平较低，如果管理层的风

险意识较低，追求过快的发展速度，但管理能力未能同步提升，一旦遭遇经济波动，公司可能出现现金流断裂的流动性风险。（2）处于成熟期的企业，虽然运转良好、现金流水平较高，但成长受限，管理层希望通过并购等方式进入新的领域，重新开启增长之路，但新业务开拓往往存在较大的风险，公司可能陷入“增长陷阱”。（3）处于衰退期的企业，由于新技术出现、消费者偏好发生变化或者更有竞争力的企业出现，公司的业务萎缩、现金流情况恶化，但是此时管理层往往不甘心采取收缩战略，希望通过战略转型扭转局势，或者通过发展新业务实现“再次创业”。这一阶段，公司流动性风险较大，一方面现有业务创造经营活动现金流的能力越来越差，另一方面实现战略转型或发展新业务需要投入大量的资金。

案例分析 4－7

以美的集团为例，阐述投资者如何从企业的自由现金流看商业模式和风险。图 4－1 展示的是美的集团从 2003 年 12 月至 2022 年 12 月这 20 年的经营活动产生的现金流量净额和资本开支的数据。从图中数据可以看出，美的集团的现金流变化大致可以分为两个阶段：（1）成长期（2003—2011 年），美的集团经营活动产生的现金流量净额为正，同时资本开支水平较高，表现为自由现金流水平较低。（2）成熟期（2012—2022 年），美的集团经营活动产生的现金流量净额较高，同时资本开支水平较低，表现为自由现金流水平较高。但经营活动产生的现金流量净额的增长速度逐渐放缓甚至停滞。从现金流的数据来看，公司在成长期和成熟期的现金流数据基本符合其生命周期阶段的特征。美的集团在成熟期的自由现金流水平较高，这在一定程度上说明了公司的商业模式较好。最近几年，公司步入成熟期后成长性有所下降，为了应对这一问题，管理层试图通过内部培育和外部并购双管齐下寻找新的增长点。但是，新业务的拓展并不容易，投资者需要关注新业务发展不及预期的风险。

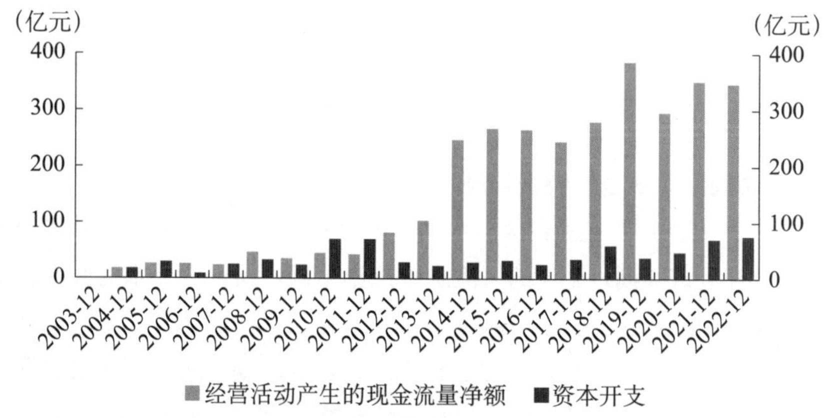

图 4－1　美的集团 20 年的自由现金流

中国实践4-3

中国企业的资本开支

表4-5所示的是2017—2022年中国上市公司的“资本开支/经营活动产生的现金流量净额”指标数据。

表4-5　2017—2022年中国上市公司的“资本开支/经营活动产生的现金流量净额”(%)

行业	2017年	2018年	2019年	2020年	2021年	2022年
农、林、牧、渔业(A)	86.85	61.10	70.16	84.27	95.06	85.79
采矿业(B)	48.82	53.58	58.77	54.09	42.26	53.36
制造业(C)	71.57	74.04	58.60	53.92	75.56	71.96
电力、热力、燃气及水生产和供应业(D)	103.61	92.91	72.84	77.58	88.22	76.60
建筑业(E)	46.05	60.19	29.93	25.08	36.66	41.85
批发和零售业(F)	38.42	57.85	35.87	35.31	30.34	28.17
交通运输、仓储和邮政业(G)	53.52	65.43	58.10	60.19	49.97	48.28
信息传输、软件和信息技术服务业(I)	49.02	50.70	34.88	35.18	60.32	63.99
房地产业(K)	2.86	4.93	6.62	11.66	2.88	3.85
租赁和商务服务业(L)	30.04	39.59	18.97	17.22	21.70	21.27
科学研究和技术服务业(M)	66.06	69.55	61.60	44.63	75.62	89.74
水利、环境和公共设施管理业(N)	90.30	136.81	99.54	117.14	132.31	117.03
文化、体育和娱乐业(R)	41.27	22.99	30.98	25.49	22.08	23.69
总计	64.79	65.80	54.61	49.65	66.22	64.78

注:①表中列示的是A股上市公司2017—2022年不同行业的“资本开支/经营活动产生的现金流量净额”指标的中位数;

②根据中国证监会2012年划分的一级行业(门类),仅保留样本量超过30的行业,同时剔除了经营活动产生的现金流量净额低于100万元的公司。

表4-5中的数据显示,2022年,A股上市公司“资本开支/经营活动产生的现金流量净额”这个指标的中位数为64.78%,即资本开支占经营活动产生的现金流量净额的2/3左右。该指标值较高的行业为水利、环境和公共设施管理业,农、林、牧、渔业,电力、热力、燃气及水生产和供应业;该指标较低的行业有房地产业,租赁和商务服务业。此外,数据显示,各行业历年资本开支水平有一定波动,这可能反映了不同行业在不同发展阶段对资本开支的需求差异。资本开支占比的高低在一定程度上反映了公司所处行业商业模式的特点以及公司的发展阶段。投资者需要根据公司当前的发展阶段和同行业其他公司的信息区分维持性资本开支和扩张性资本开支,以便更好地预测公司长期的资本开支水平。

4.4 财务报表之间的关系及展望

4.4.1 财务报表之间的勾稽关系

1. 三大报表的历史

4.4 即测即评

1494 年，被尊称为“现代会计之父”的卢卡·帕乔利出版了著作《数学大全》，其中详细阐述了复式记账法的原理，这标志着复式记账法的诞生。1531 年，德国商人约翰·戈特里布出版了《简明德国簿记》，该书被认为是首次公开展示资产负债表的实例。此后，资产负债表作为一种财务报表形式，在世界范围内逐渐被各国采纳和编制。1844 年，英国颁布了第一部公司法，即《合股公司法》（Joint Stock Companies Act），随后分别在 1856 年和 1862 年进行了修订。这些法律的出台为资产负债表的标准化和规范化奠定了基础，标志着资产负债表编制方法逐步走向成熟和国际化。

利润表的产生最早可追溯到 17 世纪的损益证明书，那时利润表初具雏形。1929 年，英国公司法首次正式要求企业编制利润表，这标志着利润表正式成为企业的第二张财务报表，财务报表由单表模式（资产负债表）变为两表模式（资产负债表＋利润表）。

现金流量表的雏形产生于 1862 年的英国，称为资金表或财务状况表。现代意义上的现金流量表源自美国。1989 年，国际会计准则委员会发布了《国际会计准则第 7 号——现金流量表》，正式将现金流量表确认为继资产负债表和利润表之外的第三张财务报表。自此，财务报表进入“三表”时代。中国财政部于 1998 年发布了《企业会计准则——现金流量表》，A 股上市公司自此开始进入“三表”时代。

2. 四大报表的勾稽关系

早期上市公司的财务报告中只有资产负债表和利润表两张报表，资产负债表是静态报表，利润表是动态报表，两张报表“一静一动”，分别反映企业的财务状况和经营成果。后来加入的现金流量表可以看作对资产负债表和利润表的补充，一方面补充说明资产负债表中货币资金的变动详情，另一方面补充说明利润表中的利润构成。这三张报表“一静一动一补充”，能够较为全面地反映企业的经营状况。实际上，除了三张报表，上市公司年报中还披露了第四张报表——所有者权益变动表，该表披露了公司所有者权益增减变动的详情。相对于前三大报表，第四张报表受到的投资者关注相对较少。

图 4－2 绘制了四大报表之间的勾稽关系，详细说明如下：

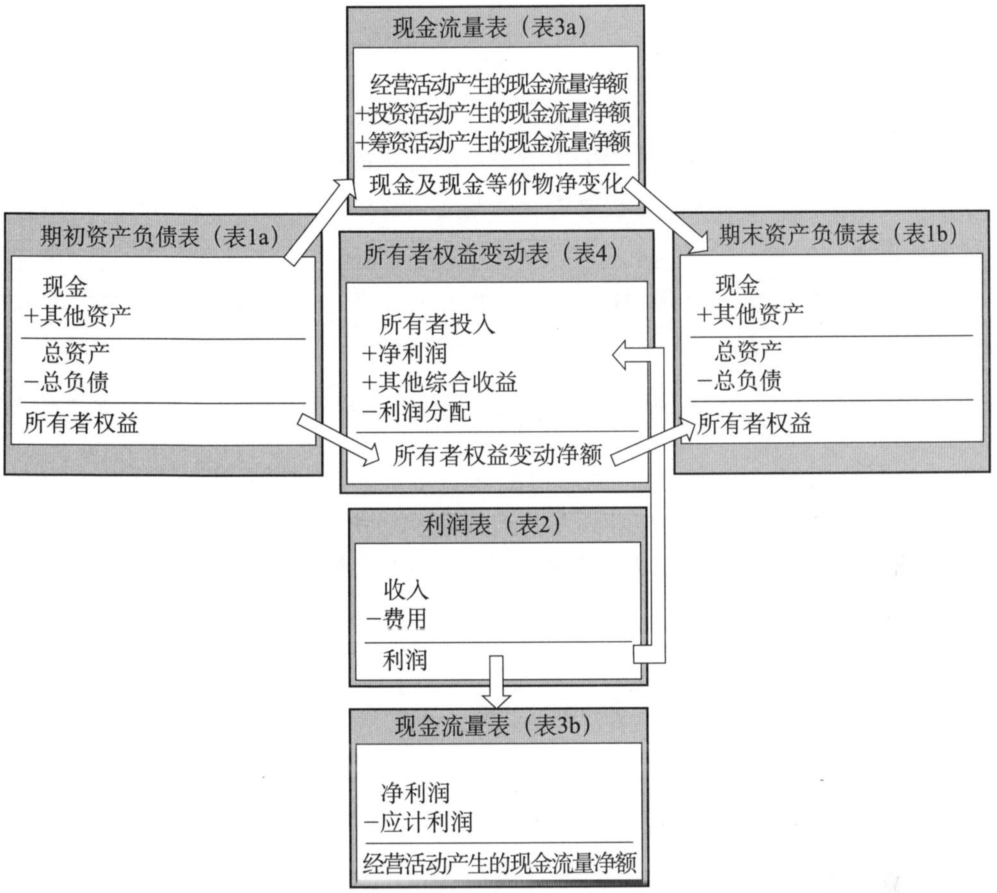

图 4-2　四大报表之间的勾稽关系

第一，图中的表 1a 和表 1b 分别代表期初和期末的资产负债表。资产负债表是静态报表，它反映了企业在某一时点的财务状况。由于企业经营活动持续进行，期初和期末的资产负债表的金额显然不同，这体现了企业财务状况的动态变化。资产负债表中包含第一个重要的会计等式：

$$资产=负债+所有者权益 \tag{4-3}$$

该等式右边揭示了企业资金的两个来源：债务融资和股权融资；左边揭示了资金的去向：现金资产和其他非现金资产。上述等式稍做转换可变成：所有者权益=资产−负债，其经济含义为股东是企业的剩余索取者，企业的资产在扣除负债后，剩余部分才属于股东。同样，企业赚取的利润在支付债权人的利息后，剩余部分才属于股东。

第二，图中的表 2 是利润表。利润表是动态报表，反映的是企业某一会计期间的经营成果。利润表中包含第二个重要的会计等式：

利润＝收入－费用 (4-4)

该等式右边说明了公司利润的两个来源：创造收入（开源）和节省费用（节流）；左边则展示了公司当期的经营成果。由于股东是公司的剩余索取者，公司的经营成果属于股东。净利润是公司所有者权益变化的重要组成部分，是利润表和资产负债表建立联系的枢纽。

根据静态会计等式（4-3）和动态会计等式（4-4），可以得出第三个重要的会计等式，即扩展会计等式：

资产(期末)＝负债(期末)＋[所有者权益(期初)＋(当期收入－当期费用)] (4-5)

扩展会计等式（又称综合会计等式）是静态会计等式和动态会计等式的结合，它综合反映了企业在期初、期末某一时点的财务状况和企业在某一会计期间内的经营成果。

第三，图中表 3a 和表 3b 分别是以直接法和间接法编制的现金流量表。直接法编制的现金流量表中包含第四个重要的会计等式：

现金及现金等价物净变化＝经营活动产生的现金流量净额＋投资活动产生的现金流量净额＋筹资活动产生的现金流量净额 (4-6)

该等式左边约等于货币资金的变化，右边则详细说明了货币资金的变化源于企业的哪项活动。用间接法编制的现金流量表中包含第五个重要的会计等式：

经营净利润＝经营活动产生的现金流量净额＋应计利润 (4-7)

这个等式解释了净利润的构成：有现金支持的利润和没有现金支持的应计利润，可将该等式看作对利润表中净利润的进一步补充说明。通过货币资金和净利润两个关键项目，资产负债表和利润表分别与以直接法编制的现金流量表和以间接法编制的现金流量表建立了联系。

第四，图中的表 4 为所有者权益变动表。所有者权益变动表中包含第六个重要的会计等式：

所有者权益变动＝所有者投入＋净利润＋其他综合收益－利润分配 (4-8)

该等式解释了所有者权益增减变动的原因。除了净利润会增加所有者权益，所有者投入和其他综合收益也会增加所有者权益，而利润分配会减少所有者权益。通过所有者权益变动表，投资者能够非常清晰地了解企业所有者权益变动的金额及变动原因。

4.4.2 财务报表之间的逻辑关系

1. 资产负债表观与利润表观

虽然资产负债表的产生时间早于利润表，但是关于资产负债表和利润表谁更重要，学术界和实务界一直存在争议，这场争议持续了将近一百年，至今仍无定论。两种代表性的观点分别为**资产负债表观**（balance sheet approach）和**利润表观**（income statement approach）。

资产负债表观认为资产负债表比利润表更重要。持资产负债表观的人认为，企业的股东、债权人等利益相关者主要关注的是企业资产、负债和所有者权益的存量信息以及增减变动，因此资产负债表更重要。此外，收益和损失源自资产、负债的变化，收入来自资产的增加或负债的减少，费用来自资产的减少或负债的增加，只要资产和负债的增减变动明晰，收入和费用自然明了。因此，资产负债表才是基础，利润表只是资产负债表的附属，有了资产负债表，利润表就没那么重要了。利润表观认为利润表比资产负债表更重要。持利润表观的人认为，某一期间内的收益（或损失）是当期收入与费用合理配比的结果。企业所有者更关注资产的收益，而不是资产本身，收益比资产更加接近会计的本质。

这两种观点哪种正确？20 世纪 40 年代以前，资产负债表观占上风。在此阶段，合伙制占主导，合伙企业的经营周期较短，合伙人更关注经营周期结束后公司净资产的增值。从 20 世纪 40 年代至 70 年代，利润表观占上风。主要有两方面的原因：一方面，在此期间，会计学家利特尔顿完善了会计分期、收入费用匹配等理论，使得利润表更加有用；另一方面，股份公司兴起使得企业经营周期变长，企业会计期间经营成果受到更多关注。自 20 世纪 70 年代以后，资产负债表又重新占据主导地位。在此阶段，美国经济萧条，出现滞胀（失业和通货膨胀同时持续高涨）。由于上游原材料价格上涨，下游行业成本端压力凸显，大部分企业短期盈利能力承压、短期业绩不确定性加大。投资者意识到，不仅应当关注企业的短期盈利能力，而且应该关注企业的长期价值，而资产负债表更能传递企业长期价值的信号。可见，随着时代的发展，资产负债表和利润表的相对重要性在发生变化。

2. “底子”“面子”和“日子”

实务界流传，企业的三张报表分别代表的是企业的“底子”“面子”“日子”。资产负债表是“底子”，利润表是“面子”，现金流量表是“日子”。“底子”代表的是基础，企业只有打好基础，才能有长远发展。面子代表企业表面的形象，俗语有云：“面子不是别人给的，而是自己挣的。”“日子”代表的是生活，首先要活下去，然后要活得精彩、滋润。

价值投资者在选择标的公司时，通常会考虑以下几个条件：（1）企业的“日子”能过下去，即短期内现金流没有问题，财务风险较低；（2）企业有扎实的“底子”，表现为有较高的核心竞争力或“护城河”，长期发展潜力良好；（3）企业的“面子”较好，即公司短期的经营利润良好。对于价值投资者而言，（1）和（2）是必要条件，（3）并不是必要条件。资产负债表和现金流量表的信息都有助于评估条件（1）是否满足，例如，资产负债表中的货币资金、资产负债率、资产的流动性等信息，以及现金流量表中的经营活动产生的现金流量净额等信息都有助于评估企业的财务风险。评估条件（2）是否满足时，要用到三张报表中的营运能力、盈利能力和收现能力等信息，以判断企业是否有核心竞争力和“护城河”。相对而言，评估条件（3）是否满足最为简单，主要参考利润表。

一家优秀的公司一般会通过不断地投入时间和金钱来加宽自己的“护城河”，不断地强化自己的核心竞争力，但这些投入短期内未必在财务数据上有所体现。与此同时，利润表也是最容易被操纵的报表。企业的“面子”不一定靠本事挣来，也可能依靠“财技”勉力支撑。

综上所述，虽然用“底子”“面子”“日子”做比喻为理解资产负债表、利润表和现金流量表提供了一个有趣的视角，但是需要指出的是，“底子”“面子”“日子”与三张报表的对应关系并不严格。价值投资者在分析财务报表时，需要综合运用三张报表中的信息，并结合财务信息和非财务信息找到当前的“日子”和“底子”俱佳且长期来看很有“面子”的优秀公司。

4.4.3 财务报表的发展展望

1. 会计的没落与复兴

目前，资产负债表观和利润表观均受到了学术界的挑战。美国会计名家巴鲁克·列夫的一系列研究表明，近几十年来，会计信息的价值相关性逐渐减弱。资产负债表中的所有者权益以及利润表中的净利润对股票价格的解释力逐渐下降。原因之一是，随着新经济企业的兴起，无形资产变得越来越重要，大量无形资产并没有被记录在资产负债表中。巴鲁克·列夫认为，会计界必须作出改变，以应对会计信息有用性的下降。① 不过，另一位会计名家斯蒂芬·佩因曼认为，虽然无形资产的价值没有完全反映在资产负债表中，但是利润表能够反映企业有价值的无形资产所带来的超额利润。此观点说明了结合资产负债表和利润表进行分析的重要性。②

此外，巴斯等（2023）的最新研究表明，在新经济时代，会计信息的有用性并没有明显下降，但对会计信息的解读可能变得更为复杂。这些研究结果表示，对于不同类型的企业，资产负债表、利润表和现金流量表的重要性似乎有所差别，但是对于投

---

① 巴鲁克·列夫，谷丰．会计的没落与复兴．方军雄，译．北京：北京大学出版社，2018.

② Barker R，Penman S，Lennard A，et al. Accounting for intangible assets：suggested solutions. Accounting and Business Research，2022，52（6）：601－630.

资者而言，想要更好地作出投资决策，重要的不是区分三张报表谁更重要，而是充分利用三张报表中的重要信息并进行交叉验证，以更全面和准确地认识一家企业。

2. 第四张报表

近年来，无论是学术界和实务界，都在探讨如何突破传统财务报表的局限，不约而同地提出并讨论了会计的第四张报表的概念。

早在 2016 年，国际四大会计师事务所之一德勤就提出过第四张报表的设想。德勤认为，传统的财务三张报表已无法帮助企业应对未来的挑战，聚焦业务数据的第四张报表的到来已经是大势所趋。由此，德勤构建了业务数据—财务表现—价值评估的价值评估模型。第四张报表中究竟有什么，才能实现从 D（数据：data）到 V（价值：value)？德勤强调，无论是哪种企业，编制第四张报表的共性是要抓住“一个核心，三个要素”——以用户为核心，基本框架围绕用户数据分析、渠道数据分析和产品数据分析这三个要素。每个大类别之下，德勤还设计了 20 个左右按需定制的小指标。例如，用户数据分析一般包括用户画像、高净值用户、用户的区域分布等信息。

2022 年 3 月 31 日，国际可持续准则理事会（ISSB）发布了《国际财务报告可持续披露准则第 1 号——可持续相关财务信息披露一般要求（征求意见稿）》（简称《一般要求》）。《一般要求》对可持续发展相关的财务信息披露作出了一般性的规范，包括目标、范围、核心内容、通用特征（一般特征）、附录等部分。根据《一般要求》，此类信息的主要使用者是财务报告的主要使用者，因此披露的目标是要求主体披露与可持续发展相关的重大风险和机遇信息，以便财务报告的主要使用者可以作出有效决策。《一般要求》特别强调非财务因素如何在短期、中期、长期转化为对主体的财务状况、财务业绩和现金流量的影响。核心内容包括治理、战略、风险管理、指标和目标四个维度。治理维度描述了监督和管理可持续相关风险和机遇时所用的治理流程、控制措施和程序。战略维度描述了主体对可持续相关风险和机遇的预期、评估和应对。风险管理维度描述了主体如何识别和管理可持续相关风险的管理流程，以及这些非财务风险（机遇）的管理流程如何与现有的整体风险（机遇）管理流程融合。

与此同时，学术界也开始总结和探索第四张报表的概念。陈信元等（2023）认为，在大数据时代背景下，严格的信息审核、会计准则要求以及披露形式和频率的限制，导致三张财务报表在信息的完整性和及时性上遇到了极大的挑战。[①] 他们立足于会计信息的估值功能和契约功能，提出了企业第四张报表的设想，并探讨了其要素内容以及数据实现的技术和方法，在此基础上，进一步讨论了第四张报表在企业估值、契约以及监管等方面的潜在应用价值以及未来的研究机会。这些研究为财务报表体系的创新和发展提供了有益的参考。

---

① 陈信元，何贤杰，邹汝康，韩松乔．基于大数据的企业“第四张报表”：理论分析、数据实现与研究机会．管理科学学报，2023，6（25）：23-52.

练习题

一、行动学习

下载并快速浏览美的集团（000333）、贵州茅台（600519）及中芯国际（688981）三家公司的最新年报，仔细阅读公司的现金流量表，结合本章所学对这三家公司的利润表进行详细的分析。

二、简答题

1. 简述现金流量表的定义和功能。
2. 简述现金流量表（直接法）的主要内容。
3. 简述现金流量表补充资料将净利润调节为经营活动产生的现金流量净额的主要步骤。
4. 简述自由现金流的定义和估算。
5. 简述如何通过企业的现金流分析企业商业模式的优劣。
6. 简述三张报表之间的关系。
7. 请展望和思考财务报表未来的发展趋势。

第 2 篇
能力篇

第5章

盈利与成长能力分析

学习目标

1. 掌握盈利和成长能力指标的计算方法。
2. 理解不同盈利能力指标计算中的数据选择。
3. 了解不同影响盈利能力指标的因素。
4. 学会分析中国上市公司的盈利和成长能力。

引导案例

大象能否再起舞：腾讯控股的盈利和成长

自2004年6月上市以来，腾讯控股给投资者带来了丰厚的回报，年化投资收益率超过20%。这得益于公司超强的盈利和成长能力。公司的营业收入从2004年的11.44亿元增长到2022年的5 545.52亿元，增长了近500倍。公司曾经连续13年（2006—2018年）保持30%以上的增长速度，部分年度甚至接近100%。此外，公司的毛利率长期保持在40%以上（早期接近70%），净利率也稳定在20%以上，盈利能力十分强劲。

然而，近年来公司的营收增长有所下滑，自2018年开始，营业收入增长速度下滑到30%以下，2022年公司营业收入首次出现了负增长，为－1.21%。与此同时，公司的毛利率也有所下滑，导致公司的盈利情况出现恶化，2022年公司的净利润下降了16.27%。

思考：

（1）腾讯公司为何能够连续多年保持强劲的盈利和成长能力？

（2）腾讯公司未来能否再次实现营收增长？能否继续提升盈利能力？

5.1 盈利能力

5.1.1 盈利能力的定义

企业的盈利能力（profitability）也称获利能力，是指企业在一定时期内利用投资者投入的经济资源进行经营活动并为其创造收益的能力。这里的经营活动是广义的，有别于现金流量表中狭义的经营活动，指企业开展的各项经营活动，如营业活动、对外投资活动、营业外收支活动等。

5.1 即测即评

根据上述定义，可以得出盈利能力分析的两个要点：第一，企业盈利来源于经营活动，因此在分析盈利能力时要着重关注利润表体现的经营成果，了解收益形成的原因；第二，企业进行经营活动离不开投资者投入的经济资源，因此在分析盈利能力时要把经济资源的投入规模纳入考量因素，以便从投资者的角度判断企业能否带来预期回报。

5.1.2 盈利能力分析的目的

1. 衡量企业管理者的经营业绩

盈利能力分析的第一个目的是衡量企业管理者的经营业绩。首先，进行纵向分析（企业历年数据比较）和横向分析（同一行业不同企业之间的数据比较），然后找出经营环节存在的问题，从而改善企业管理层的经营业绩。企业经营环节的具体表现最终都会反映在利润指标中。只有找出利润“缩水”的症结，对症下药，企业管理者才能为股东创造更大的价值。

2. 测度投资者的投资回报水平

盈利能力分析的第二个目的是测度投资者的投资回报水平。对于股东而言，丰厚的利润将充实股东权益，提高股利支付率，引起公司股价的上升；对于债权人而言，企业的盈利能力是其偿还债务的重要保障，盈利能力越强，企业偿债能力就越强。企业可观测的盈利能力指标仅反映过去的盈利水平和投资回报水平，对于当下的投资决策还要综合考虑政策变化、行业周期、企业战略等前瞻性因素。

5.1.3 盈利能力分析的维度与指标构建

从企业经营的不同角度考虑，我们可以从图 5－1 所示的三个维度来进行盈利能力分析。

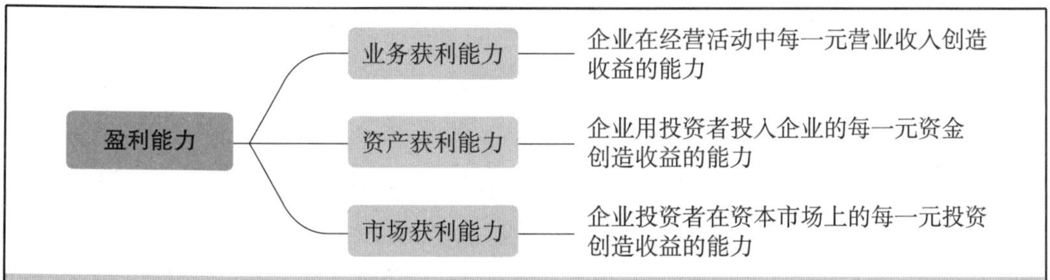

图 5－1　盈利能力分析的三个维度

由于不同企业的资产和业务规模不同，绝对数指标通常不具有可比性，因此对企业盈利能力的分析主要使用相对性的收益率指标。各维度收益率指标构造思路如下：

（1）业务获利能力指标——根据业务量与收益构造；

（2）资产获利能力指标——根据企业资产与收益构造；

（3）市场获利能力指标——根据资本市场投资者投资与其收益构造。

上述业务量或者资金投入分别有与其相匹配的利润概念，从而可以在经济含义及因果关系等方面反映业务量或者资金投入与收益的关联关系。与不同分析目的相对应，盈利能力分析指标的构建也会选择不同的盈利能力分析角度与收益口径。

（1）按企业经营活动创造收益的顺序，可分为销售毛利、营业利润、息税前利润和净利润。

（2）按企业的业务性质，可分为经营活动创造的经营利润和企业全部活动创造的利润。

值得指出的是，上述盈利能力分析指标仅基于资产负债表和利润表进行构建但利润表只反映了盈利的数量，而无法全面揭示盈利的质量。没有质量支撑的数量往往具有极大的欺骗性，而现金流量表不会“说谎”，通过建立利润表和现金流量表之间的联系，可以进一步从质量层面体现盈利能力。

5.2　业务获利能力

业务获利能力是指企业在经营活动中每一元营业收入创造收益的能力。将企业营业收入与利润表中不同的利润项目进行比较，可形成不同的业务获利能力指标，这里介绍最常用的三个指标：销售毛利率、经营利润率和销售净利率。

5.2　即测即评

5.2.1　销售毛利率

1. 指标定义与计算公式

销售毛利率（gross profit ratio）也称毛利率，是销售毛利占营业收入的百分比，表示营业收入扣除营业成本后，剩余能够用于各项期间费用和形成盈利的收入占比。

根据上述定义，销售毛利率的计算公式为：

$$销售毛利率=\frac{销售毛利}{营业收入}\times 100\%=\frac{营业收入-营业成本}{营业收入}\times 100\% \tag{5-1}$$

为消除其他偶发业务对销售毛利率的影响，可以分别从营业收入和营业成本中剔除其他业务收入和其他业务成本，得到主营业务收入和主营业务成本，进而计算主营业务毛利率：

$$主营业务毛利率=\frac{主营业务毛利}{主营业务收入}\times 100\%=\frac{主营业务收入-主营业务成本}{主营业务收入}\times 100\% \tag{5-2}$$

在实务中，由于企业经营的各项业务性质不完全相同，有分析者认为还要分拆各项业务的收入和毛利以形成分业务毛利率，从而更好地判断各项业务的核心竞争力。

2. 指标意义

销售毛利率反映了企业提供的产品或服务的初始获利能力。销售毛利率越高，通常表明企业提供的产品或服务的市场竞争力越强，盈利能力越强，企业初始获利能力也就越强。在未考虑期间费用和税费的情况下，较低的销售毛利率难以支撑企业持续实现较高的盈利。此外，也要考虑到行业差异，不同行业的成本结构不同，即使有较高的毛利率也可能由于负担较重的期间费用和税费而得到较低的营业利润和净利润。

3. 指标分析要点

（1）关注产品或服务的行业特点。不同行业有不同的销售毛利率。例如，技术和人才密集型的行业由于投入较多的研发费用和人力资源成本等，提供的产品或服务也相应更高端，通常展现出差异化和较高的销售毛利率。又如，门槛低、市场竞争激烈、产品或服务同质化严重的行业往往销售毛利率偏低。

中国实践 5-1

中国企业的销售毛利率

图 5-2 所示的是 2022 年不同行业销售毛利率的中位数。数据显示，除金融业以外（报表较为特殊），销售毛利率较高的行业包括采矿业，科学研究和技术服务业，信息传输、软件和信息技术服务业；销售毛利率较低的行业包括建筑业，农、林、牧、渔业，批发和零售业。这一结果也印证了高新技术和人才密集型行业的销售毛利率显著高于低端技术和人才稀少型行业的观点。因此，销售毛利率的对比需要置于同一行业中，即将企业的销售毛利率与同行业可比企业相比较。在行业相同、盈利规模相近的条件下，毛利率更高的产品或服务的核心竞争力更强。

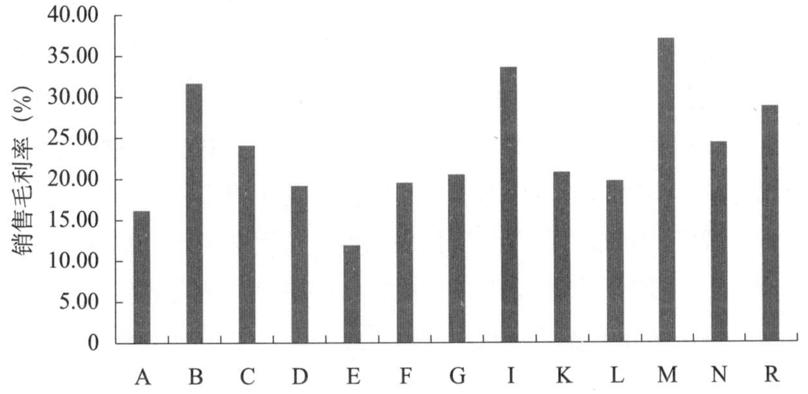

图5-2　2022年不同行业销售毛利率的中位数

注：根据中国证监会2012年划分的一级行业（门类），仅保留样本量超过30的行业。其中，A为农、林、牧、渔业，B为采矿业，C为制造业，D为电力、热力、燃气及水生产和供应业，E为建筑业，F为批发和零售业，G为交通运输、仓储和邮政业，I为信息传输、软件和信息技术服务业，K为房地产业，L为租赁和商务服务业，M为科学研究和技术服务业，N为水利、环境和公共设施管理业，R为文化、体育和娱乐业。

案例分析5-1

图5-3所示的是家电行业主要公司2022年的销售毛利率。数据显示，美的集团的销售毛利率为24.24%，位于行业中游水平，略低于格力电器的26.04%以及海尔智家的31.33%。海尔智家通过实施差异化战略，专注于智能家电研发与生产，形成了自身在行业中的独特优势。智能家电的高端服务使海尔智家获得了行业内最高水平的销售毛利率。

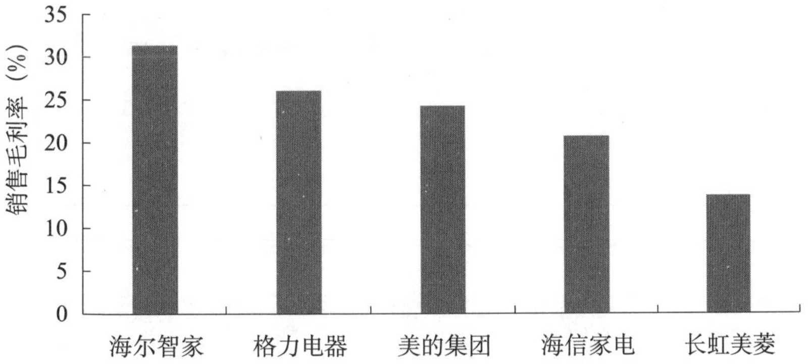

图5-3　家电行业主要公司2022年的销售毛利率

（2）关注企业竞争战略的影响。根据现代企业竞争战略理论①，企业竞争战略包括成本领先战略、差异化战略和目标聚焦战略，销售毛利率将受到不同竞争战略的影响。在成本领先战略下，公司以低成本提供同质且价格透明的标准化产品或服务，因此销售毛利率较低，成本领先战略适用于市场竞争激烈的大型制造和零售企业。在差异化战略下，公司通过提供独特的、高端产品或服务满足客户多样化需求，提高消费者对产品或服务的忠诚度，降低消费者的价格敏感度，从而在定价上更有自主权，实现较高的销售毛利率。在目标聚焦战略下，公司灵活使用成本领先战略和差异化战略以满足特定对象或者特定细分市场的需要，目标聚焦战略对于销售毛利率的影响需要具体情况具体分析。

（3）关注毛利率变动的原因。毛利率变动可反映企业的经营状况和发展趋势，毛利率上升意味着企业产品或服务的核心竞争力提升，盈利能力有所增强。毛利率上升也可能是行业周期性波动的暂时现象。因此，我们需要通过纵向分析和横向分析来全面把握。毛利率下降往往是企业盈利能力下降和持续经营受到质疑的信号，表现为行业竞争加剧或核心竞争力减弱导致的价格下降，或者成本控制能力下降导致的成本上升。

案例分析 5-2

图 5-4 所示的是美的集团 2018—2022 年销售毛利率的变动情况。数据显示，近 5 年间，美的集团的销售毛利率总体保持平稳，仅在 2020 年波动较大，即从 2019 年的 28.86%下降到 23.72%。但是，2020 年以后公司的销售毛利率保持平稳，并在 2022 年略有上升。

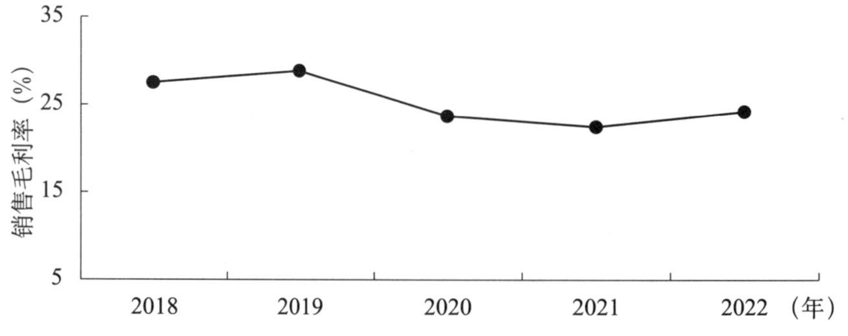

图 5-4 美的集团 2018—2022 年销售毛利率的变动情况

① 美国管理学学者迈克尔·波特在 20 世纪 80 年代提出了三种卓有成效的竞争战略，即成本领先战略、差异化战略和目标聚焦战略。

简而言之，销售毛利率指标的分析框架如图 5-5 所示。

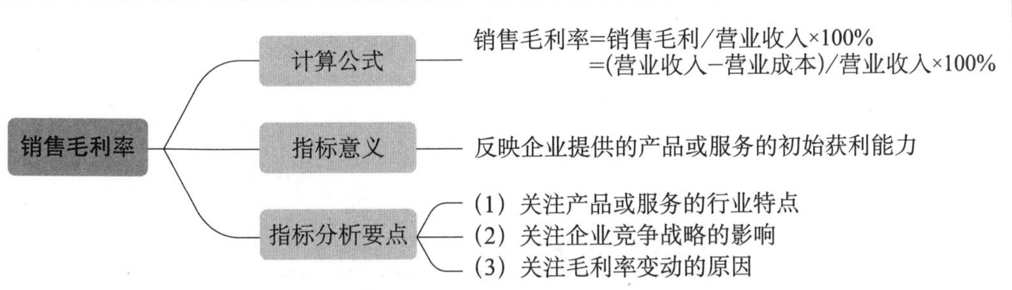

图 5-5　销售毛利率指标的分析框架

5.2.2　经营利润率

1. 指标定义与计算公式

经营利润率（return on operating），又称营业利润率是指营业收入在扣除营业成本、管理费用、销售费用和研发费用之后，所剩余的收益占营业收入的百分比，表示每一元营业收入扣除营业成本、管理费用、销售费用和研发费用后，能够实现的盈利金额。

根据上述定义，经营利润率的计算公式为：

$$经营利润率=\frac{营业收入-营业成本-管理费用-销售费用-研发费用}{营业收入}\times 100\% \tag{5-3}$$

2. 指标意义

经营利润率反映了企业经营活动的持续获利能力，即在不考虑所得税政策和营业外因素影响的情况下，企业通过日常经营活动持续为投资者创造收益的能力。一般情况下，经营利润率越高，说明企业的营业收入能为企业带来的经营利润越多，盈利能力越强。经营利润率强调企业收益的持续性，因此分子中不包含与生产经营无直接关系的营业外收支。分子在营业收入的基础上进一步考虑了企业在日常经营活动中发生的营业成本、管理费用、销售费用和研发费用，较为综合地反映了企业的经济效益。

3. 指标分析要点

要辩证地看待成本费用的影响。通常来说，经营利润率能够反映企业成本费用控制的综合效果。但这一说法并不绝对，企业成本费用上升至少有两种可能：一是企业成本费用控制部门的管理效率下降；二是企业改变了经营战略或策略，将费用前置、收益后置，如加大研发投入和广告支出等。这要求企业在制定严格的成本费用预算和考核制度的同时兼顾企业的长期发展。

简而言之，经营利润率指标的分析框架如图 5-6 所示。

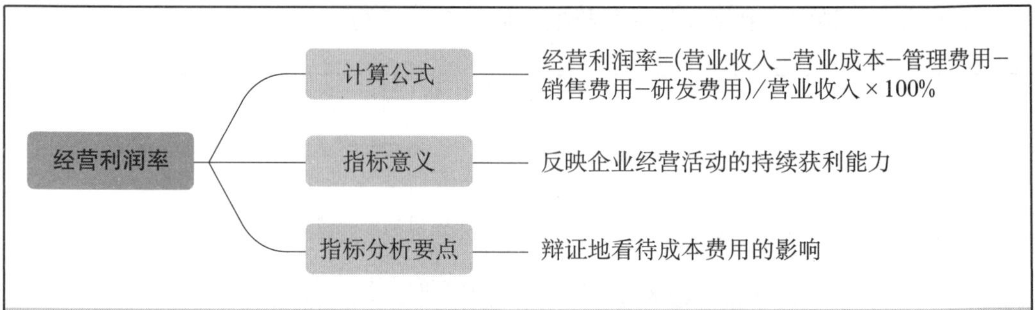

图 5-6　经营利润率指标的分析框架

5.2.3　销售净利率

1. 指标定义与计算公式

销售净利率（net profit margin）也称净利率，是指净利润占营业收入的百分比，表示每一元营业收入扣除所有成本、费用和所得税后，最终能形成的收益。

根据上述定义，销售净利率的计算公式为：

$$销售净利率=\frac{净利润}{营业收入}\times 100\% \qquad (5-4)$$

2. 指标意义

销售净利率反映了企业经营活动的最终获利能力，即企业通过经营活动为投资者创造最终收益的能力。一般而言，销售净利率越高，说明企业营业收入能带来的净利润越多，企业的盈利能力越强。根据《企业会计制度》①，企业当期实现的净利润，加上年初未分配利润（或减去年初未弥补亏损）和其他转入后的余额，为可供分配的利润。未分配利润是以往年度实现的净利润（或净亏损）。因此，净利润是可供分配的利润的唯一来源。可供分配的利润可用于分配股利和形成留存收益，这分别与投资者享受的分红水平和企业内源融资能力息息相关，因此，销售净利率指标受到投资者和企业管理者的高度关注。

3. 指标分析要点

（1）关注毛利率、费用率与净利率的关系。毛利率减去费用率和所得税税率等于净利率。其中，毛利率体现的是产品或服务的核心竞争力和初始获利能力；费用率则反映企业的经营效率、营销效率和融资成本等，是企业综合竞争力的重要体现；所得税税率通常固定不变。因此，在分析净利率时不能只关注净利率本身，还要关注毛利率、费用率与净利率的关系，以便更好地洞察企业或行业未来净利率的增长逻辑。

---

① 财政部《关于印发＜企业会计制度＞的通知》（财会〔2000〕25 号）第七章第一百一十条。

案例分析 5-3

近3年家电行业毛利率平均值稳定在10%～30%，提升空间有限。但是，行业销售费用率平均值超过9.61%，成为仅次于税费（含税金及附加和所得税费用）的第二大费用。图5-7列示了2022年部分家电企业毛利率、期间费用率及税率与净利率。数据显示，在销售费用率方面，海尔智家和海信家电均超过10%，格力电器和美的集团则分别为5.94%和8.31%。格力电器和美的集团凭借高效的营销策略和较高的初始获利能力保持了较高的净利率水平。

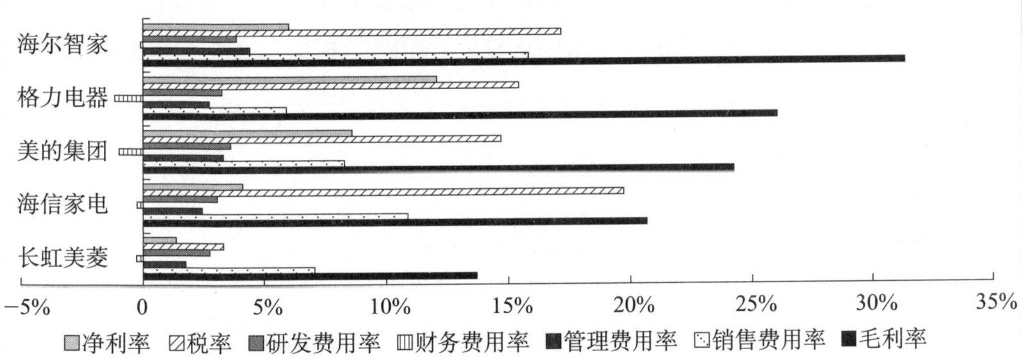

图5-7　2022年部分家电企业毛利率、期间费用率及税率与净利率

（2）关注营业外收支和所得税政策的影响。销售净利率的计算进一步考虑了营业外收支和所得税费用的影响。营业外收支是与生产经营过程没有直接联系，应当计入当期损益的利得或损失。若营业外收支规模较大，则要对其合理性和持续性进行详细分析。企业所得税税率通常采用基本税率25%，且固定不变。但是，高新技术企业减按15%的税率征收企业所得税。这一政策优惠通常有时间限制，失去政策优惠将对净利率产生不利影响。

简而言之，销售净利率指标的分析框架如图5-8所示：

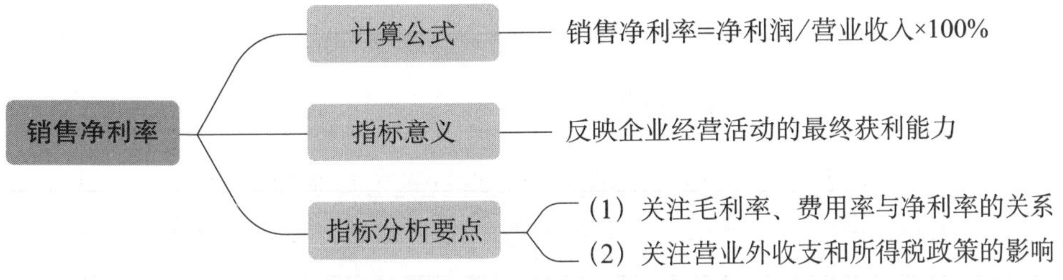

图5-8　销售净利率指标的分析框架

5.3 资产获利能力

资产获利能力是指企业用投资者投入企业的每一元资金创造收益的能力。在进行业务获利能力分析时，我们只关注利润表中的收益项目，未考虑投入与产出的对比关系。资产获利能力分析通过将企业收益（产出）与不同口径的资产（投入）进行比较，形成不同的资产获利能力指标。这里介绍最常用的两个指标：总资产报酬率和投入资本回报率。

5.3 即测即评

5.3.1 总资产报酬率

1. 指标定义与计算公式

总资产报酬率（return on assets，ROA）也称总资产收益率、总资产回报率，是指报酬占资产平均总额的百分比，表示对于投资者向企业投入的每一元资金，企业在一定时期内（通常为一年）能够创造的报酬。常用的报酬指标有净利润和息税前利润。

根据上述定义，总资产报酬率的第一个计算公式为：

$$\text{总资产报酬率}=\frac{\text{净利润}}{\text{资产平均总额}}\times 100\% \tag{5-5}$$

式中，由于资产总额是一个时点数，因此分母通常选用期初总资产和期末总资产的算术平均值，以代表企业在这一时期内拥有或控制的平均资产水平。

在实务中，为体现企业为债权人创造的收益，部分分析者把分子由净利润替换为息税前利润（息税前利润等于利润总额加上利息支出），由此得到总资产报酬率的第二个计算公式：

$$\text{总资产报酬率}=\frac{\text{息税前利润}}{\text{资产平均总额}}\times 100\% \tag{5-6}$$

2. 指标意义

总资产报酬率反映了企业运用全部资产为投资者创造报酬的能力。一般来说，总资产报酬率越高，说明企业利用单位资产创造的报酬越多，投资者的投入产出比越高，企业为股东或投资者创造的价值越大。通过分析总资产报酬率指标，投资者能够获取企业资产配置效率和资金使用效率的有效信息，发现经营管理中存在的问题。

3. 指标分析要点

（1）关注总资产报酬率的两大驱动因素。通过引入营业收入指标，总资产报酬率可以分解为销售净利率和总资产周转率的乘积，是对企业销售成果和资产运营的综合反映。这种分解有助于投资者分析企业的财务策略。若企业向客户提供宽松的信用条件，则总资产周转率可能会降低（因为应收账款比营业收入增长更快），此时，企业需要提高销售净利率以避免总资产报酬率下降。

中国实践 5－2

中国企业的总资产报酬率

图 5－9 所示的是 2022 年不同行业销售净利率和总资产周转率的中位数。数据显示，金融业“高盈利、低周转”的特征明显，而批发和零售业“低盈利、高周转”的特征突出。该散点图显示，销售净利率和总资产周转率的拟合曲线为凸向原点的曲线，印证了二者的负相关关系。金融业短借长贷赚取利差的商业模式决定了它的低周转，相应地要求高盈利来支撑资产获利水平，即厚利少销；批发和零售业作为“渠道商”赚取经销买卖差价的商业模式决定了它的低盈利，相应地要求高周转来支撑资产获利水平，即薄利多销。

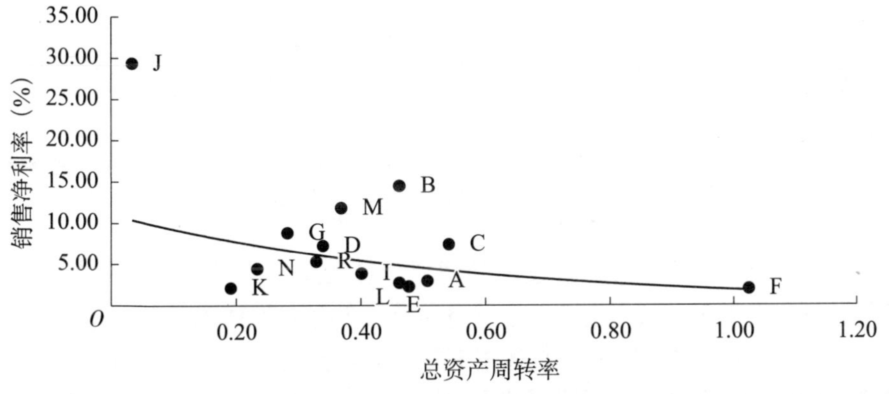

图 5－9　2022 年不同行业销售净利率和总资产周转率的中位数

注：根据中国证监会 2012 年划分的一级行业（门类），仅保留样本量超过 30 的行业。其中，A 为农、林、牧、渔业，B 为采矿业，C 为制造业，D 为电力、热力、燃气及水生产和供应业，E 为建筑业，F 为批发和零售业，G 为交通运输、仓储和邮政业，I 为信息传输、软件和信息技术服务业，J 为金融业，K 为房地产业，L 为租赁和商务服务业，M 为科学研究和技术服务业，N 为水利、环境和公共设施管理业，R 为文化、体育和娱乐业。

（2）关注不同性质资产创造的报酬水平。根据经营性质，企业的总资产可分为经营性资产和投资性资产。经营性资产是与企业日常经营活动有关的资产，如存货、固定资产、往来款项等；投资性资产是企业出于对外投资获取投资收益的目的而持有的资产，如金融资产、权益法核算的长期股权投资等。资产经营性质的不同导致经营性资产和投资性资产创造报酬的能力和质量存在差异。对不同性质资产创造的报酬水平进行分析，有助于公司管理者找出企业资产中盈利能力相对较强的部分，判断企业未来的发展方向，及时调整资产结构和经营战略。

简而言之，总资产报酬率指标的分析框架如图 5-10 所示。

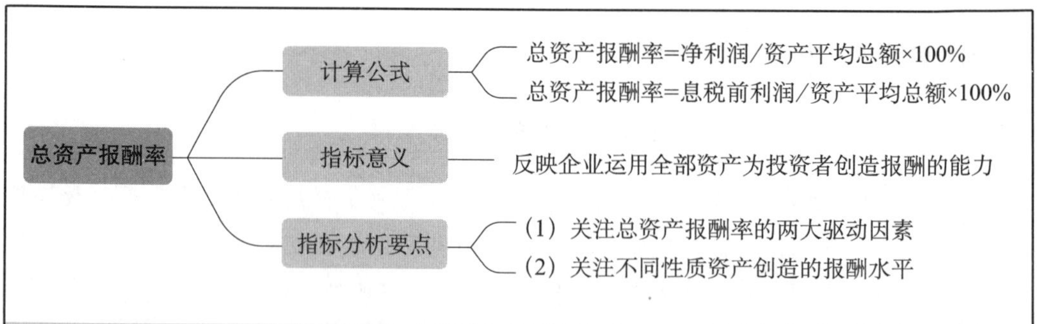

图 5-10　总资产报酬率指标的分析框架

5.3.2　投入资本回报率

1. 指标定义与计算公式

投入资本回报率（return on invested capital，ROIC）是指扣除所得税后的息税前收益（EBIT）占股东和债权人总投入资本的百分比，表示对于股东或债权人向企业投入的每一元资金，企业在一定时期内（通常为一年）能够创造的税后回报。

根据上述定义，投入资本回报率的计算公式为：

$$\text{投入资本回报率}=\frac{\text{息税前收益}\times(1-\text{所得税税率})}{\text{股东权益}+\text{有息负债}}\times 100\% \tag{5-7}$$

式中，分子中的息税前收益可以通过净利润加利息费用和所得税费用得出。分母中的有息负债包括短期借款、长期借款、应付债券和一年内到期的非流动负债。由于分母中的股东权益是一个时点数，因此通常选用期初股东权益和期末股东权益的算术平均值，以代表企业在这一时期内拥有或控制的平均股东资金水平。当上市公司发生股票增发、回购或者分配现金股利等事项时，需要按照企业实际使用不同数额股东资金的期限（按月）进行加权平均处理，得到加权平均股东权益。具体计算公式为：

$$\begin{aligned}\begin{matrix}\text{加权平均}\\\text{股东权益}\end{matrix}=&\begin{matrix}\text{期初}\\\text{股东权益}\end{matrix}+\frac{\text{净利润}}{2}\\&+\begin{matrix}\text{股票增发或债转股等}\\\text{新增的股东权益}\end{matrix}\times\frac{12-\text{发行月份或新增股份月份}}{12}\\&-\begin{matrix}\text{回购股份或分配现金股利}\\\text{减少的股东权益}\end{matrix}\times\frac{12-\text{回购或分配现金股利月份}}{12}\end{aligned}$$

$$\pm \text{其他事项引起的股东权益变化} \times \frac{12-\text{其他事项发生的月份}}{12} \tag{5-8}$$

值得说明的是，严格来说，投入资本（IC）＝股东权益＋有息负债－超额现金－非经营性资产。这相当于式（5－7）中的分母还要剔除非经营性资产（金融性资产）和超额现金，因为这两个项目并不构成经营活动的一部分。然而，对于金融性资产和超额现金的准确估算存在一定的挑战性。与此同时，分子的收益部分也需要相应减去超额现金和金融性资产产生的税后利润。

2. 指标意义

投入资本回报率反映了企业运用包括权益和债务在内的全部投入资本为股东和债权人创造投资回报的能力。一般来说，ROIC 越高，说明企业对投入资本的使用效率越高，股东的投资回报率也越高。在 ROIC 的计算中，分子选取的是息前税后的利润指标，即考虑了企业给股东和债权人的税后收益。此外，这一指标考虑了所有决策和事件的影响，反映了企业过去的盈利能力。然而，净利润中包含的非经常性损益可能会影响对未来盈利的预测，因此，需要将净利润调整为扣除非经常性损益后的净利润。当企业有子公司时，意味着存在少数股东权益，此时最好用归属于母公司所有者的净利润进行计算，以更准确地反映 ROIC。

从企业管理者的角度出发，管理者可以通过提高 ROIC 来实现股东财富最大化和保障债权人收益的经营目标，体现自身的管理能力。然而，必须认识到，过分追求 ROIC 的提高可能会导致管理层只关注企业的短期财务表现，忽视了企业长期价值的创造和可持续发展。此外，ROIC 没有考虑无息债务对公司经营的影响。虽然企业通过应付账款、预收账款形式占用的资金可以免除利息的额外成本，但是这些资金并非没有风险。一旦企业经营情况发生重大变化，无息债务资金也有可能撤出，影响企业的经营。

3. 指标分析要点

（1）关注 ROIC 与加权平均资本成本（WACC）的关系。ROIC 衡量了企业投入资本的使用效率，WACC 则衡量了企业投入资本的成本，二者结合分析可以揭示企业的价值创造能力。如果 ROIC 大于 WACC，则说明企业使用投入资本获取的收益大于投入资本的成本，企业的价值创造能力较强；如果 ROIC 小于 WACC，则说明企业使用投入资本获取的收益无法覆盖投入资本的成本，企业的价值创造能力较弱。

中国实践 5－3

中国企业的投入资本回报率

图 5－11 所示的是 2022 年不同行业投入资本回报率的中位数。数据显示，大多数行业的投入资本回报率中位数集中于 2%～6%，其中采矿业的投入成本回报率显著高于其他行业。

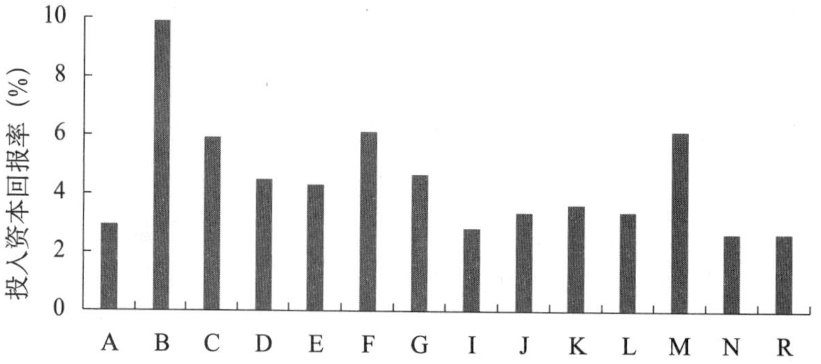

图 5-11　2022 年不同行业投入资本回报率的中位数

注：根据中国证监会 2012 年划分的一级行业（门类），仅保留样本量超过 30 的行业。其中，A 为农、林、牧、渔业，B 为采矿业，C 为制造业，D 为电力、热力、燃气及水生产和供应业，E 为建筑业，F 为批发和零售业，G 为交通运输、仓储和邮政业，I 为信息传输、软件和信息技术服务业，J 为金融业，K 为房地产业，L 为租赁和商务服务业，M 为科学研究和技术服务业，N 为水利、环境和公共设施管理业，R 为文化、体育和娱乐业。

案例分析 5-4

表 5-1 列示了美的集团、格力电器和海尔智家 2020—2022 年的 ROIC。数据显示，2020 年，格力电器的 ROIC 最高，海尔智家的 ROIC 最低。在三年中，美的集团的 ROIC 先上升后下降，格力电器的 ROIC 持续降低，海尔智家的 ROIC 总体保持上升趋势。

表 5-1　美的集团、格力电器和海尔智家 2020—2022 年的 ROIC（%）

年份	美的集团	格力电器	海尔智家
2020	17.98	19.70	14.61
2021	18.57	19.59	15.79
2022	16.86	16.17	15.11

（2）警惕高 ROIC 的价值陷阱。虽然 ROIC 综合反映了股东和债权人的投资回报率，但股东和债权人不能只凭 ROIC 指标来判断一家企业的价值高低，原因至少有以下两点：

第一，ROIC 计算公式中的分子是在净利润的基础上计算而得的，净利润又是基于权责发生制计算得出的，因此，ROIC 未必能反映企业真实的盈利能力。

第二，ROIC 的分母受公司财务政策的影响，如高比例分红、股票回购或有息债务的减少会导致 ROIC 上升，影响 ROIC 的横向和纵向可比性。

简而言之，投入资本回报率指标的分析框架如图 5-12 所示。

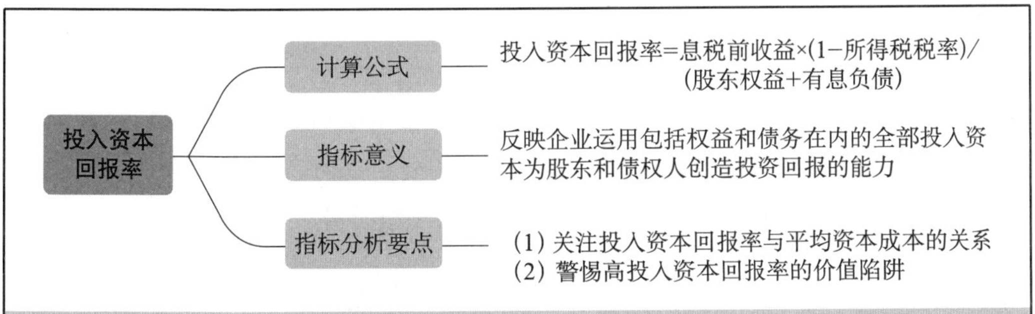

图 5-12　投入资本回报率指标的分析框架

5.4　市场获利能力

5.4　即测即评

市场获利能力是指企业投资者在资本市场上的每一元投资创造收益的能力。二级市场的普通投资者一般不能以每股净资产的价格买入股票，而是以市场价格买入。对于企业的一个至关重要的特征——市场价值，我们却无法从资产负债表和利润表中得到。市场价格，即普通股股票的每股市场价格，是由买卖双方在股票交易中确定的。公司普通股权益的市场价值等于普通股每股市场价格乘以发行在外的股数。有时我们用“公平市场价值”一词来指代市场价格。公平市场价值是指在有意愿的买者和卖者都掌握相关信息的情况下双方所达成的交易金额，因此，市场价格是对企业资产真实价值的估计值。在有效市场中，市场价格反映了企业的全部相关信息，这时，市场价格就揭示了企业资产的真实价值。盈利收益率和股息率是常用来评估市场获利能力的指标（也称每股指标），了解它们对于做出估值分析和投资决策大有裨益。

5.4.1　盈利收益率

1. 指标定义与计算公式

盈利收益率（earnings to price ratio，E/P）是指某一时刻每股收益与普通股每股市价的比率，或者等同于净利润除以总市值。

根据上述定义，盈利收益率的计算公式为：

$$盈利收益率=\frac{每股收益}{普通股每股市价}=\frac{净利润}{总市值} \tag{5-9}$$

根据净利润的统计口径不同，盈利收益率可分为三种：静态盈利收益率、滚动盈利收益率和动态盈利收益率。这三者计算公式中的分子分别用最新公布的年报中的净利润、最近四个季度（12个月）的净利润和根据当年已公布季报或半年报的净利润进行预估或研报预测的本年净利润。

当对未来进行预测时，分子净利润中包含的非经常性损益会影响判断，因此有必要对净利润做扣除非经常性损益的调整。当企业有子公司时，意味着存在少数股东权益，此时最好选取归属于母公司所有者的净利润进行计算，以更准确地反映盈利收益率。

2. 指标意义

盈利收益率反映了普通股股东购买股份支付的每一元获取的净利润，代表投资者对公司未来前景的预期。理论上，股票价格体现了股票未来收益的现值。在每股收益稳定的条件下，盈利收益率低意味着股价较高，表示投资者对公司未来前景看好，即公司在未来可获得较丰厚的投资报酬（未来股权现金流量）或具有较低的风险（必要收益率）。当然，在现实的股票市场中，盈利收益率较高可能表明股价被低估，具有投资价值，而盈利收益率过低可能意味着市场存在较大的“泡沫”。需要注意的是，当公司处于亏损状态时，盈利收益率指标便失去了参考意义。

3. 指标分析要点

（1）关注盈利收益率与盈利成长性的关系。直观来讲，盈利收益率代表一笔投资的回本期限，企业的盈利水平并不是一成不变的，盈利水平提升能够缩短回本期限。各个行业的盈利收益率在一定程度上反映了市场对其盈利成长性的预期。对同一行业的不同企业进行盈利收益率比较分析也有助于判断企业的盈利成长性，盈利成长性高的企业往往能得到更高的估值，盈利收益率也较低。

（2）关注不同口径计算的盈利收益率的特点。静态盈利收益率的计算使用了上一年的数据而具有一定滞后性，且随时间的推移，这种滞后性会愈发明显，难以反映出企业本年的财务变化。动态盈利收益率计算公式中的净利润则是基于未来表现的预测值，受许多不确定因素的影响，需要满足预测的一系列假设条件。滚动盈利收益率客观反映了过去12个月企业的真实盈利状况，解决了静态盈利收益率的滞后性问题和动态盈利收益率的预测值受季节性等影响导致的偏差问题。

案例分析 5-5

图5-13展示了美的集团、格力电器和海尔智家2018—2022年的盈利收益率。总体来看，海尔智家的盈利收益率水平最低，美的集团较高，格力电器最高。三家公司在2018—2020年的盈利收益率均显著降低，从2020年开始，三家公司的盈利收益率均出现了不同程度的上升。

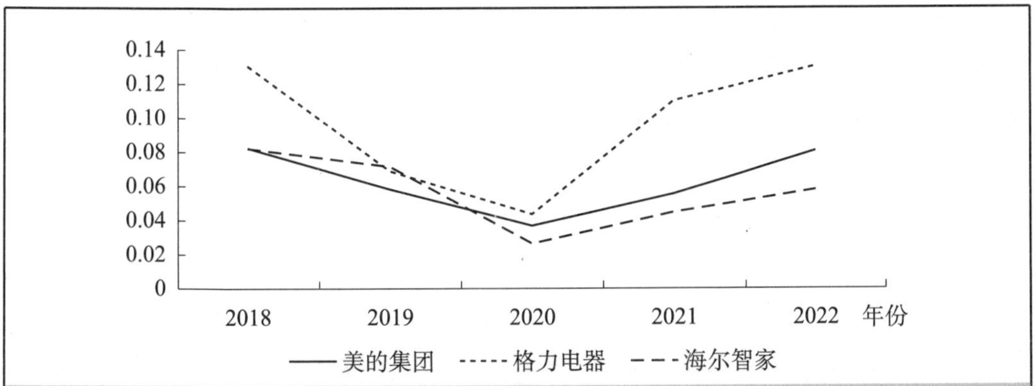

图 5-13　美的集团、格力电器和海尔智家 2018—2022 年的盈利收益率

简而言之，盈利收益率指标的分析框架如图 5-14 所示。

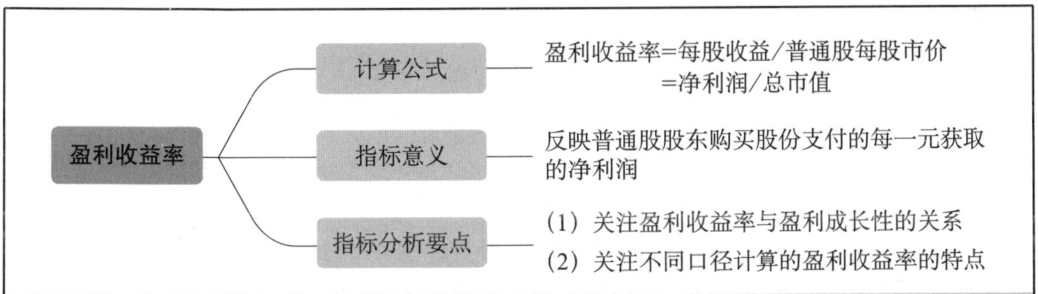

图 5-14　盈利收益率指标的分析框架

5.4.2　股息率

1. 指标定义与计算公式

股息率（dividend yield ratio）是指每股股利占股票价格的百分比，表示普通股股东每持有一元普通股股票，能够实际获得的现金股利。

根据上述定义，股息率的计算公式为：

$$股息率=\frac{每股股利}{股票价格}\times 100\% \tag{5-10}$$

式中，分母中的股票价格使用普通股股东买入股票时的股票价格；分子中的每股股利指每年向股东支付的股息总和（不包括股票回购）。在分析时，一般使用最新的股票价格进行衡量。

2. 指标意义

股息率反映了企业的股利分配政策和普通股股东的市场获利能力。了解股息率的意义包括：第一，有助于判断企业的发展阶段。例如，初创成长期企业的股息率较低，积累的利润多用于未来发展；成熟稳定期企业的发展资金需求较小，积累的利润多用于支付股利。第二，有助于分析企业的经营及财务状况，特别是盈利能力和质量（有现金流支撑的盈利才有能力发放股利）。

3. 指标分析要点

分析股息率需要一分为二地辩证思考。从股东的短期收益来看，股息率较高时，股东的现金回报也较高，股价可能上升。从企业的长期发展来看，较高的股息率可能表明企业缺乏成长性，或企业认为自身缺乏投资机会，因此把利润分给股东而不是留在企业。在我国股票市场上，上市公司普遍存在股息率低甚至不支付股利的问题。多数投资者认为持续稳定的股利支付通常标志着上市公司财务及经营状况健康稳定，因此他们更青睐高股息率的公司。但也有公司利用投资者的这种心理，通过实施高派息来达到炒作股价的目的。因此，我们需要综合考虑影响公司价值的诸多因素，辨识公司分配股利的动机。

中国实践 5-4

中国企业的股息率

图 5-15 所示的是 2021 年不同行业股息率的中位数。从图中可以看到，我国大多数行业的股息率中位数在 0.4%～1.6%的范围内。其中，金融业，电力、热力、燃气及水生产和供应业，交通运输、仓储和邮政业，采矿业的股息率水平较高；农、林、牧、渔业的股息率水平最低。

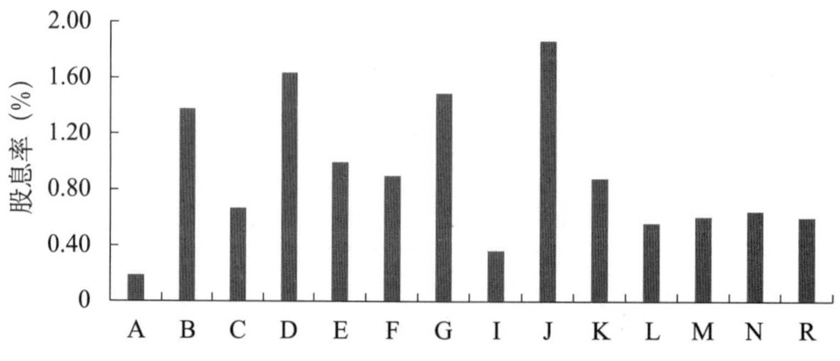

图 5-15　2021 年不同行业股息率的中位数

注：根据中国证监会 2012 年划分的一级行业（门类），仅保留样本量超过 30 的行业。其中，A 为农、林、牧、渔业，B 为采矿业，C 为制造业，D 为电力、热力、燃气及水生产和供应业，E 为建筑业，F 为批发和零售业，G 为交通运输、仓储和邮政业，I 为信息传输、软件和信息技术服务业，J 为金融业，K 为房地产业，L 为租赁和商务服务业，M 为科学研究和技术服务业，N 为水利、环境和公共设施管理业，R 为文化、体育和娱乐业。

简而言之，股息率指标的分析框架如图 5-16 所示。

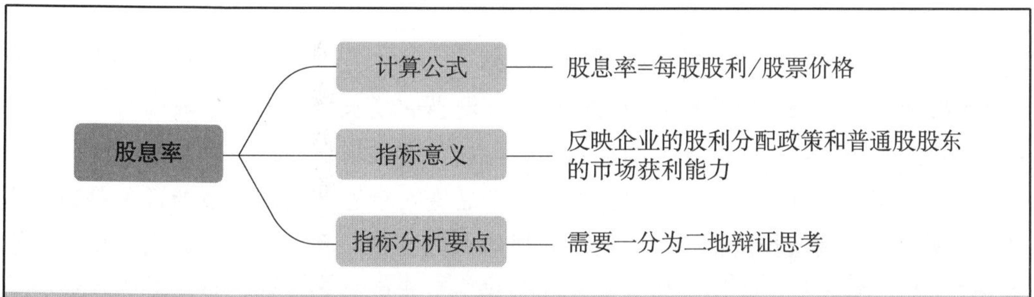

图 5-16　股息率指标的分析框架

5.5　成长能力

成长能力是指企业未来发展能力和企业经营扩张能力。企业成长能力反映了企业未来发展趋势和发展速度，对企业成长能力的分析能够洞察企业的长远经营能力和未来生产经营实力。企业在发展中，对内和对外的投资现金流量大幅增加，企业的长期资产通常也会增加。企业的发展和扩张通常带来营业收入规模和净利润规模的增大。这里介绍评估企业成长能力常用的两个指标：营收增长率和净利润增长率。

5.5　即测即评

5.5.1　营收增长率

1. 指标定义与计算公式

营收增长率（growth rate of business revenue）是指企业本年度营业收入增长额与上一年度营业收入总额的比率。根据定义，营收增长率的计算公式为：

$$\begin{aligned}\text{营收增长率}&=\frac{\text{本年度营业收入增长额}}{\text{上一年度营业收入总额}}\\&=\frac{\text{本年度营业收入总额}-\text{上一年度营业收入总额}}{\text{上一年度营业收入总额}}\end{aligned}\qquad(5-11)$$

2. 指标意义

营收增长率反映了与上一年度相比，本年度营业收入的增减变动情况。它是衡量企业经营状况和市场占有能力、预测企业经营业务发展趋势的重要指标。不断增加的营业收入是企业业务发展和扩张的条件。营收增长率越高，意味着企业业务发展越快，企业的产品通常拥有更好的市场前景；反之，如果营业增长率为负，说明企业业务进入了萎缩状态，企业的产品可能无法满足市场的需求。

3. 指标分析要点

营收增长率与企业产品的生命周期高度相关。当企业产品处于成长期，产品市场处于扩张阶段，产品面临的更新风险较低，此时营收增长率一般处于较高水平。当企业产品进入稳定期，产品市场逐渐进入稳定阶段，营收增长率将会降低但一般仍然为正，企业应当提前进行新产品开发。当企业产品进入衰退期，产品市场逐渐萎缩，营收增长率通常为负。若企业在稳定期没有提前做好准备，其盈利和成长能力在产品的衰退期将会受到影响。此外，如果企业拥有多项主要产品和业务，企业需要对每项产品和业务分别进行营收增长率的分析。

营收增长率还受企业的赊销政策影响。企业可以通过放宽赊销政策，给予客户更长的信用期限，以提升产品在市场中的竞争力，进而提升营收增长率。因此，营收增长率的提高并不必然意味着产品业务的健康扩张，对营收增长率的分析需要结合企业的应收账款增长率和应收账款周转率进行综合判断。

简而言之，营收增长率指标的分析框架如图 5－17 所示。

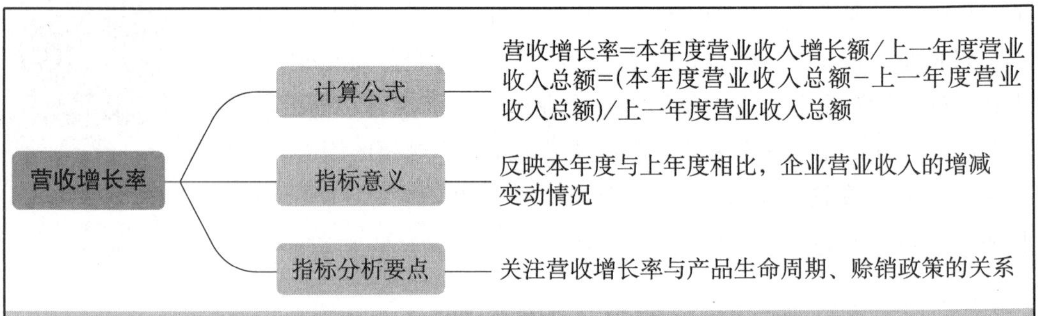

图 5－17　营收增长率指标的分析框架

5.5.2　净利润增长率

1. 指标定义与计算公式

净利润增长率（net profit growth rate，NPG）是指企业本年度净利润增长额与上一年度净利润总额的比率。根据定义，净利润增长率的计算公式如下：

$$\text{净利润增长率}=\frac{\text{本年度净利润增长额}}{\text{上一年度净利润总额}}=\frac{\text{本年度净利润总额}-\text{上一年度净利润总额}}{\text{上一年度净利润总额}} \tag{5-12}$$

2. 指标意义

净利润增长率反映了与上一年度相比，本年度企业净利润的增减变动情况。它是衡量企业成长能力和盈利能力的关键指标。净利润增长率高通常表明企业的成长能力和盈利能力强，且企业在市场中具有竞争优势。净利润增长主要源自企业规模的扩张和经营效率的提升，从而也间接反映了企业的发展能力和管理水平。

3. 指标分析要点

在分析净利润增长率时，必须结合营收增长率。虽然高营收增长率往往伴随着高净利润增长率，但这一关系仅在净利润占营收的比例稳定时成立。如果企业的净利润增长而营收不增长（即增利不增收），这表明企业可能在市场饱和的情况下通过降本增效增强了盈利能力。例如，企业可能通过提高生产效率以及严格管控费用来降低单位成本，即使营收增长稳定，也能实现较高的净利润增长。相反，如果企业的营收增长而净利润不增长（即增收不增利），这可能意味着企业的利润率下滑、竞争力减弱，原因可能是企业为提高市场份额而增加了营销开支或生产成本。虽然营收增加了，但净利润占比下降，反映了盈利质量的下降。综上所述，企业的营收增长率和净利润增长率若能同步增长且不低于行业平均值，则表明企业具有良好的成长能力和盈利能力。

案例分析 5-6

图 5-18 所示的是美的集团 2018—2022 年的营收增长率和净利润增长率。数据显示，受家电市场竞争加剧和新冠疫情影响，美的集团的营收增长率和净利润增长率在 5 年内总体呈下降趋势。2021 年因疫情形势的缓和，家电市场出现复苏，美的集团的营收出现了较大规模的增长。总体来看，美的集团的净利润增长率高于营收增长率且保持为正，说明虽然家电市场竞争加剧，利润空间不断被压缩，但是美的集团通过加强内部管理和成本控制等方式在行业内保持了较强的市场竞争力，具有较好的发展趋势。

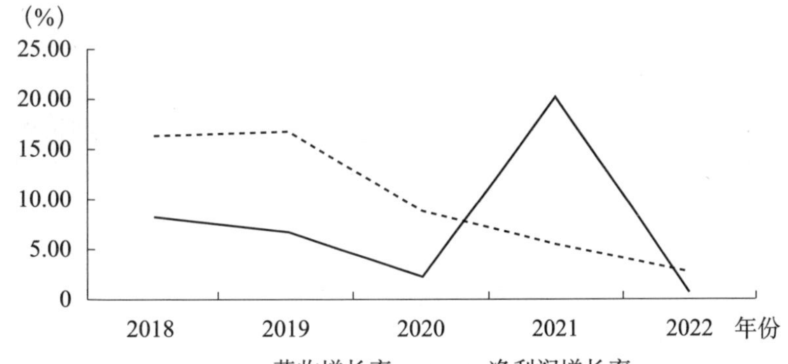

图 5-18　美的集团 2018—2022 年的营收增长率和净利润增长率

简而言之，净利润增长率指标的分析框架如图 5-19 所示。

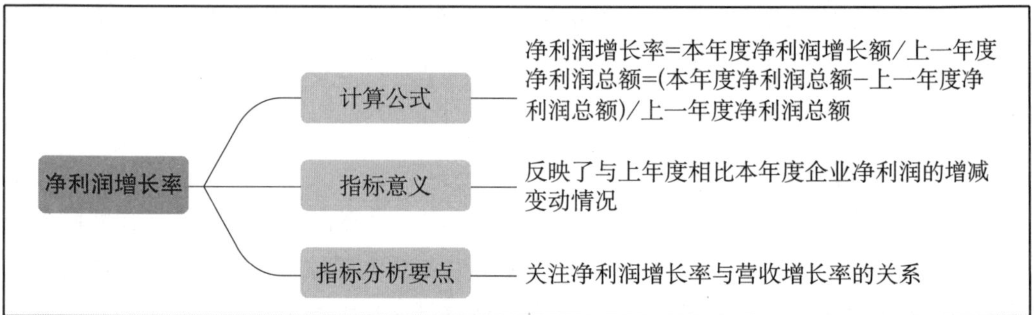

图 5-19 净利润增长率指标的分析框架

练习题

一、行动学习

请下载并阅读一家公司近三年的年报，浏览年报，并重点阅读该公司的利润表和现金流量表，结合资产负债表和当前股票市场价格，尝试计算出本章涉及的盈利指标，从本章所介绍的业务获利能力、资产获利能力和市场获利能力三大维度对盈利能力进行分析。

二、简答题

1. 简述销售毛利率的定义、计算公式、指标意义与分析要点。
2. 简述总资产报酬率的定义、计算公式、指标意义与分析要点。
3. 简述股息率与盈利收益率的区别以及两个指标各自的分析要点。
4. 简述营收增长率与净利润增长率之间的关系以及它们对企业的成长能力评估的影响。

三、思考题

如果你是一家上市公司的总经理，在本年实际盈利远不及预期的情况下，你会为了完成董事会的盈利目标并获取年终奖金而向财务部门下达违反会计准则以及操纵利润表的指令吗？

第6章

营运能力分析

学习目标

1. 了解营运能力分析对投资者和企业经营的意义。
2. 学会从总资产角度评价企业的营运能力。
3. 学会从流动资产角度评价企业的营运能力。
4. 学会从非流动资产角度评价企业的营运能力。

引导案例

小米的营运管理之道

小米于2010年4月在北京成立，2018年在香港证券交易所主板挂牌上市，是一家以智能手机、物联网（IoT）平台和互联网服务为核心业务的科技创新型企业。小米在创立之初，就自主研发了基于安卓的MIUI系统，以高性价比的特点打入智能手机市场，并快速占据近二分之一的国内手机市场。从2013年起，小米开始投入智能家居生态链建设，短短4年即实现了年销售额突破100亿美元的成绩，进入高速成长期，并逐渐发展为行业内的独角兽公司。小米通过深耕高端市场和国际化快速拓展的方式扩大规模。自2019年起，小米连续上榜《财富》世界500强，排名逐年上升。2021年小米重现高速增长势头，营收和利润均呈爆发式增长，各项业务年收入均创历史新高，远超市场预期。2021年全年营业收入高达3 283亿元，同比增长33.5%；经调整后的净利润为220亿元，同比大幅增长69.5%。同年，小米核心业务智能手机在中国市场销售量排名第三，市场占有率取得了从2020年的12.1%上升至15.2%的新突破。目前，小米智能手机全球销量，居于世界前三。

小米之所以能够实现高质量的快速发展，并在当前核心零部件全球供应短缺等影响下保持营收和利润的稳步上升，原因主要有两个：一是小米坚持以创新驱动技术革新、推进手机高端化的战略，在技术研发上持续保持行业领先地位，提升产品的市场竞争力，既增加了客户黏性，又不断以新产品开拓新市场；二是小米践行降低营运成本的理念，把效率提升产生的价值回馈给用户，不仅注重产品创收能力的改善，而且注重资产管理效率的提升。小米的营运管理能力一直处于行业领先水平，从营运效率指标来看，2019—2021年小米的总资产周转率分别为1.25、1.12和1.20，均超过同行业同类竞争对手，体现出小米在整体资产管理上的优势，即通过实施轻资产运营模式，提高资产周转效率。

思考：

（1）通过财务报表能否全面评估公司的营运管理水平？

（2）如何评估小米的营运能力和资产运营模式？

6.1 营运能力分析概述

6.1.1 营运能力概述

1. 营运能力的定义

营运能力（operation capability）在广义上是指企业运作管理各项经济资源的能力，这些资源包括人力资源、财务资源、设备资源、空间资源、技术资源等。目前学术界和实务界对于营运能力的研究主要集中在狭义层面，即企业在现有环境约束下管理运作资产获得更高收益的资源配置能力。营运能力强的企业往往能够更加有效与充分地利用资产，从而以更少的资产投入来赚取更高的销售收入。营运能力分析是借助流动资产周转率、总资产周转率等一系列能够反映企业运营状况与效益的财务指标来分析企业各类资产的周转情况，并据此对企业的营运能力做出评价。营运能力分析不仅是企业财务报表分析的重要组成部分，也是分析企业综合盈利能力（ROE）的基础。

6.1 即测即评

2. 营运能力的分类

一般情况下，企业营运能力分为总资产营运能力、流动资产营运能力、非流动资产营运能力，相应的营运能力分析也是围绕这三方面展开的。

（1）总资产营运能力。衡量总资产营运能力的指标是**总资产周转率**（total asset turnover），由企业销售收入除以总资产得到。企业的总资产周转率高说明企业管理运作总资产的效率较高，总资产周转率低的企业可以通过增加销售收入以及减少总资产这两个途径来改善企业整体的营运情况。具体来说，企业可以通过提高产品质量以及增强销售能力来增加销售收入，或者通过引入高质高效资产减少总资产。

然而，仅利用总资产周转率对企业营运能力进行分析有一定的片面性。由于企业可以采用放宽商业信用政策大量赊销等给企业长期发展埋下安全隐患的高风险手段来增加销售收入，以及企业在轻资产战略、重资产战略这些商业模式选择上存在差异，因此仅以总资产周转率来评判企业的营运能力有失偏颇，应当结合其他指标数据来进行交叉验证与分析，才能得出更可靠的结论。

（2）流动资产营运能力。**应收账款周转率**（receivable turnover ratio）、**存货周转率**（inventory turnover）与**流动资产周转率**（current assets turnover）是衡量流动资产营运能力的三大指标。其中，应收账款周转率是企业销售收入净额与应收账款平均余额的比率，本质上反映的是企业在坏账风险与销售业绩之间的权衡，指标值越高，说明企业收回货款的速度越快。存货周转率是企业销售成本与平均存货余额的比率，本质上反映的是企业在存货成本与缺货风险之间的权衡，该指标值越高，意味着企业存货流动越快，销货压力越小，企业的存货管理水平越高。流动资产周转率是企业销售收入与流动资产的比率，其反映的是企业对于货币资金、存货以及应收账款等流动资产的总体管理水平，该指标值越高在一定程度上表示流动资产的利用效率越高。

（3）非流动资产营运能力。**固定资产周转率**（fixed asset turnover）和**无形资产周转率**（intangible asset turnover）是衡量非流动资产营运能力的两大指标。衡量固定资产营运能力的指标是固定资产周转率，指的是销售收入与固定资产平均净额的比率。该指标值越高，说明企业对固定资产的利用率越高。企业可以通过改进生产模式与提高产能利用率来提高固定资产周转率。例如，在生产模式方面，租赁模式比自建模式的固定资产利用率更高，企业可以根据自身状况对现有的生产模式进行调整。在产能利用率方面，企业可以通过对未来宏微观形势的预判以及对自身实力的判断来提高产能利用率，从而提高固定资产周转率。衡量无形资产营运能力的指标是无形资产周转率，指的是销售收入与无形资产净额的比率，该指标值越高，表示企业运作无形资产的效率越高。由于不同企业拥有不同的无形资产并且不一定完全体现在财务报表上，因此对于无形资产营运能力的分析更需要结合企业所处行业情况以及企业自身的独特性。

3. 营运能力对投资者的意义

营运能力对投资者的意义有以下三点：第一，投资者可以通过分析企业的营运能力来评估企业的商业模式，以此判断企业是属于高周转行业还是低周转行业，从而进一步分析行业之间的差异。第二，基于对企业的营运状况的分析，投资者可以评估企业的产品实力。企业的资产周转速度越快，如应收账款和存货周转速度越快，说明企业的产品实力越强。第三，进行营运能力分析还可以帮助投资者了解企业的管理水平，有助于评估管理层的能力，从而进行科学的投资决策。

6.1.2 营运能力分析框架

1. 本书的营运能力分析指标框架

通过对以往企业营运能力评价指标以及学术成果的梳理，本书构建了从总体营运能力、流动资产管理以及非流动资产管理三方面来评价企业营运能力的指标框架。其中，评价总体营运能力选取总资产周转率指标；评价流动资产管理选取货币资金占比、存货周转天数、应收账款周转天数以及营业周期等指标；评价非流动资产管理则选取固定资产周转率以及无形资产周转率等指标。

在评价企业营运能力时，以上七个具体指标各有侧重。从优点来看，这七个指标分析评价企业不同类型资产的营运能力，能够交叉验证，可较为全面地揭示企业的运作管理情况。运用这些传统的指标进行分析，有助于将企业与同行业其他企业的营运能力进行横向比对，掌握企业的竞争优势或者不足。此外，企业也可纵向对比营运能力指标，以了解营运能力的变化趋势，及时总结经验或发现问题，以谋求进一步发展。从缺点来看，这七个指标作为传统营运能力分析指标的代表，没有考虑公司商业模式或业务性质的差异，分析出来的结果可能与实际情况有出入。此外，从时间上来说，计算这些指标所选用的数据都来自企业的财务报表，其反映的是某段时间的营运状况，具有滞后性。

2. 营运能力分析的方法和原则

目前国内外学者对于企业营运能力的分析提出了多种方法，其中运用较为普遍的有结构分析法、比率分析法和比较分析法。在营运能力分析的原则上，营运能力分析要遵循财务报表分析四大原则，即业财结合、客观中立、交叉验证、主次分明。对营运能力的分析需要结合不同行业以及不同企业的业务情况，做到业财结合。此外，对于营运能力的分析要保持客观中立的态度，对不同指标和数据来源进行交叉验证，并分清分析的主次。例如，如果仅将总资产周转次数作为企业营运能力的衡量指标，则企业在商业模式上的差异等因素会导致衡量结果有失偏颇，因此需要有重点地结合多项数据进行交叉验证与分析。

在选择评价企业营运能力的具体指标时，要遵循以下原则：（1）选择的指标能够表明资产营运能力提高的实质要求，即要以尽量少的资产投入赚取尽量多的销售收入；（2）指标能够体现不同资产的不同特点，以便有效评估不同资产的营运情况；（3）指标要便于考核，能够及时有效地进行评估和分析，以帮助企业进一步改善经营状况。

6.2 总体营运能力分析

6.2.1 营运能力管理的基本原理与基本路径

1. 营运能力管理的基本原理

企业是以营利为目的的营利组织，其通过对投入的各项生产要素加以利用和管理，形成能在市场上销售的产品和服务。由此可见，为了实现增加利润的目标，企业经营者一方面需要采用适合的营销手段拓展销售市场，增加收入；另一方面提高资产的利用效率和管理水平，减少资产投入。因此，企业营运能力管理的最高境界是能够以最小的投入创造最大的产出，即通过运作较小规模的资产来获得大规模的销售收入。以小米为例，其凭借轻资产模式打造的“互联网+制造业”运营模式，成功跻身我国互联网行业领军企业之列，正是得益于其强大的营运能力。

6.2 即测即评

2. 营运能力提升的基本路径

企业的营运能力会在企业经营绩效上直接体现，更高水平的营运能力将为企业创造更多的利润。提升营运能力为企业增值的路径主要包括：(1) 通过增强产品实力和销售实力，增加企业的销售收入；(2) 通过优化资产管理，加速资产周转，减少账面留存的总资产规模。

6.2.2 营运能力的衡量指标

1. 总资产周转率

总资产周转率（total asset turnover）是评价企业整体营运能力的重要财务指标，衡量的是企业资产的管理效率和管理质量，体现了企业在经营期间总资产创造销售收入的周转速度。其计算公式如下：

$$总资产周转率=\frac{销售收入}{总资产}$$

式中，根据财务报表中数据的可获得性，在计算该指标时，分子上的销售收入通常用营业收入代替；利润表中的营业收入反映的是会计期间的经营成果，而资产负债表中的总资产反映的是每个会计期末时间节点上的余额，为了保持分子与分母的统计时间口径一致，分母上的总资产规模通常用总资产平均余额代替，即

$$总资产平均余额=\frac{总资产期初余额+总资产期末余额}{2}$$

通过纵向对比同一企业不同时期的总资产周转率，能够了解企业在不同会计期间的总资产管理效果，进而评价总资产营运效率及其变动情况；或者通过对比同行业不同企业的该指标，揭示本企业与同类企业相比在资产利用上的优势与差距，有助于企业合理调整资产结构，挖掘自我优化的潜力，拓宽产品市场并提升资产利用效率。

2. 总资产周转率的评价

一般而言，企业的总资产周转率与企业的销售能力呈正相关关系，总资产周转率越高，意味着企业越能有效地运用资产创造收入，资产利用效率也越高。相反，若总资产周转率偏低，则说明企业资产周转受阻，利用整体资产运作经营的效率较低，如果不能及时消除阻碍因素、优化资产配置，将降低企业的盈利能力。

3. 总资产周转率的驱动因素

根据总资产周转率的公式，可以看出影响总资产周转率的两个主要驱动因素：销售收入与资产规模。

要通过提高该指标改善企业的营运能力，一方面，需要探索增加销售收入的途径：(1) 从行业特点考虑，不同行业的利润率存在固有差异，利润率的高低决定了销售单位产品获得的利润。低利润率的行业往往通过增加销售量创造较高的销售收入，如零售业、食品制造业等。(2) 从公司战略角度考虑，不同企业在主营产品类别、销售投入方面的决策不同，这些决策将影响企业的销售能力及产品与市场需求的适配性，最终体现在销售收入总额上。加强市场营销力度、提高产品竞争力将有助于提高销售收入水平。

另一方面，当销售收入相对稳定时，可以设法减少资产占用资金的规模：(1) 从资产运营模式方面考虑，轻资产模式相比重资产模式具有更高的资产利用效率。企业可以利用外包、租赁等方式实现轻资产化，或增加技术、品牌等表外无形资产，从而降低总资产周转率计算中的总资产平均余额，实现投入资本少、资本收益高的效果。(2) 从资产管理效率方面考虑，需要提高资产变现能力和资产周转效率。可采取的具体措施包括：减少闲置资金，提高资金配置效率；减少存货，提高存货周转率；减少应收账款，提高应收账款周转率；加强固定资产和产能管理，提高固定资产周转率。

总资产周转率是一个综合性的营运能力评价指标，其驱动因素——销售收入和总资产均为集合概念。销售收入主要受各个细分业务的影响，而总资产周转率则取决于各项资产的营运效率和占比。倘若一家制造企业的总资产周转率骤然下降，则值得警惕，说明可能存在产品滞销和资产利用率较低等风险。具体而言，企业资产周转率下降的主要原因包括：(1) 行业低迷或市场竞争导致产品销量或价格下降；(2) 资产利用效率较低，或产能过剩（表现为对厂房、机器设备等大规模固定资产的投入增加后，营收的增长未与之匹配）。为了应对总资产周转率下降的困境，企业可以细化分析如何提高各项业务的收入、各项资产的利用效率或公司的产能利用率。

案例分析6-1

营运能力指标的经济含义是资产的创收能力，营运能力在企业优化管理中具有重要价值。为了更好地解释如何运用总资产周转率分析企业的总体营运能力，表6-1列示了2016—2022年美的集团、格力电器和海尔智家三家公司的总体营运能力指标情况以进行对比分析。

表6-1 三家公司总体营运能力指标对比

项目	公司名称	2016年	2017年	2018年	2019年	2020年	2021年	2022年
固定资产占总资产比例（%）	美的集团	12.34	9.11	8.51	7.17	6.17	5.89	6.17
	格力电器	9.70	8.13	7.32	6.76	6.80	9.76	9.53
	海尔智家	11.84	10.58	10.39	11.30	10.27	10.26	11.52
总资产周转率（次）	美的集团	0.93	0.97	0.99	0.93	0.79	0.89	0.82
	格力电器	0.60	0.70	0.80	0.71	0.61	0.59	0.54
	海尔智家	0.91	1.05	1.10	1.07	1.03	1.05	1.03

根据资产营运模式分析，美的集团、格力电器和海尔智家都是轻资产盈利模式的典型成功案例，三者均在产品营销、盈利模式、营运管理及品牌文化等方面取得了可观成效。所谓轻资产盈利模式，是指在存货与固定资产方面投入最少的资金，同时凭借长期积累的供应链能力、客户资源、品牌文化、技术研发、人力资源等轻资产，推动整合企业内外部各种资源，尤其是非财务资源，形成企业自身独特的竞争优势与财务绩效。从表6-1可以看出，2016—2022年美的集团的固定资产占比均小于13%，格力电器的固定资产占比均不超过10%，海尔智家的固定资产占比均低于12%，这体现了固定资产占总资产的比例较低是轻资产企业的特点之一，减少对周转率低的固定资产持有比例将为总资产周转率的提升奠定有利的基础。

从横向对比来看，海尔智家的总资产周转率最高，美的集团居中，格力电器最低，初步说明海尔智家的总体营运能力高于美的集团和格力电器。从纵向对比来看，美的集团的总资产周转率呈下降趋势，原因是其总资产的增长速度快于营收的增长速度。进一步查看其资产负债表信息可知，主要是公司金融化程度提升导致金融性资产增多所致。同期，格力电器的总资产周转率略有下降，主要原因是公司的销售收入增长放缓，而货币资金和固定资产大幅上升导致资产大幅增加。海尔智家的总资产周转率基本保持平稳，主要原因是公司通过内生和外延发展，实现了收入的低速增长，并通过运营保持资产增长低于或不高于收入的增长速度。

6.2.3 营运能力指标的局限

虽然使用总资产周转率这一指标能够有效评价企业的整体营运能力，但需要注意的是，基于财务报表数据计算该指标并进行个体及比较分析存在一定的局限性。

第一，从指标计算公式的固有缺陷来看，存在分子与分母口径不一致的问题。分子上的销售收入是企业从事经营活动获得的收入，包括商品销售和其他销售的收入；分母是企业各项资产的价值总和，包括货币资金、存货等流动资产和长期股权投资、固定资产、无形资产等非流动资产。然而，长期股权投资产生的投资收益部分不属于销售收入范畴，可见销售收入无法代表总资产产生的全部收益情况。由于分子、分母的口径存在差异，故而在用总资产周转率对不同时期或不同企业之间的营运能力进行分析时，会因对外投资类资产占比的不同而失去合理的可比性。

第二，在企业资产以历史成本计价的模式下，受通货膨胀和市场波动的影响，新资产的入账价值往往高于旧资产，旧资产占比较大会导致企业的总资产周转率偏大，在对企业营运能力进行纵向对比分析时不易排除新旧资产价差的影响。

第三，销售收入质量的不同会影响总资产周转率的可靠性。由于销售收入包括赊销收入和现销收入，因此企业具有操纵销售收入的空间。如果采用激进策略放宽商业信用政策，通过迅速扩大赊销规模增加收入，则会营造出企业营运能力大幅提升的假象，而实际上大部分收入是由存在大量坏账风险的赊销换取的，可能会导致应收账款无法及时收回引起的资金短缺问题，为企业长期发展埋下隐患。因此，不能片面地以总资产周转率判定营运能力的强弱，还应结合收入质量作出判断。在比较两家商业信用政策、销售净利率差异较大的企业时，简单运用该指标分析是不准确的。

第四，运用不同的商业模式的企业的资产结构不同，这会引起总资产周转率的差异，使得不同企业之间无法进行比较。采用轻资产营运模式的企业（简称轻资产企业）相较于重资产企业而言，其固定资产在总资产中的占比较低，更加聚焦核心业务，并将非核心业务适当外包。因此，在销售收入相同的情况下，轻资产企业拥有更高的总资产周转率。

中国实践 6-1

中国企业的营运能力

表 6-2 所示的是中国上市公司 2017—2022 年不同行业的总资产周转率。数据显示，2022 年资产利用效率较高的行业包括批发和零售业、制造业及采矿业，总资产周转率的中位数分别为 1.03、0.57 和 0.52；资产利用效率较低的行业包括房地产业，水利、环境和公共设施管理业，交通运输、仓储和邮政业，总资产周转率的中位数分别为 0.18、0.24 和 0.29。值得指出的是，制造业涉及的细分行业较多，不同细分行业的

总资产周转率差异较大。

表6-2 中国上市公司2017—2022年不同行业的总资产周转率 单位：次

行业	2017年	2018年	2019年	2020年	2021年	2022年
农、林、牧、渔业（A）	0.40	0.48	0.59	0.50	0.52	0.52
采矿业（B）	0.46	0.45	0.48	0.42	0.51	0.52
制造业（C）	0.56	0.59	0.58	0.56	0.60	0.57
电力、热力、燃气及水生产和供应业（D）	0.32	0.32	0.31	0.29	0.32	0.36
建筑业（E）	0.58	0.57	0.57	0.54	0.53	0.50
批发和零售业（F）	1.15	1.12	1.10	0.99	1.08	1.03
交通运输、仓储和邮政业（G）	0.39	0.38	0.39	0.31	0.31	0.29
信息传输、软件和信息技术服务业（I）	0.44	0.47	0.48	0.45	0.46	0.42
房地产业（K）	0.20	0.21	0.20	0.19	0.19	0.18
租赁和商务服务业（L）	0.46	0.65	0.64	0.50	0.54	0.44
科学研究和技术服务业（M）	0.50	0.48	0.50	0.49	0.47	0.41
水利、环境和公共设施管理业（N）	0.36	0.32	0.33	0.28	0.30	0.24
文化、体育和娱乐业（R）	0.37	0.44	0.45	0.30	0.37	0.36
总计	0.55	0.57	0.56	0.53	0.57	0.54

注：①表中列示的是不同行业总资产周转率的中位数。总资产周转率（次）＝销售收入/总资产平均余额。
②据中国证监会2012年划分的一级行业（门类），仅保留样本量超过30的行业。

此外，虽然不同行业总资产周转率的差异较大，但各行业的总资产周转率在时间序列上较为稳定。例如，批发和零售业在不同年度的资产利用效率都最高，2017—2022年各年总资产周转率的中位数分别为1.15，1.12，1.10，0.99，1.08和1.03；房地产业在不同年度的资产利用效率都最低，2017—2022年各年总资产周转率的中位数分别为0.20，0.21，0.20，0.19，0.19和0.18。营运能力在不同行业有较大差异，而在不同年度变动比较稳定，这反映了不同行业业务性质和商业模式的差异。当然，在给定行业的情况下，提高资产周转率在一定程度上能体现企业管理水平和营运效率的高低。

中国实践6-2

盘活国有企业资产政策

在微观层面，提高企业的资产营运效率有助于提升企业的盈利能力和竞争力。在宏观层面，有效盘活存量资产、提高资产利用效率，对于提升基础设施营运管理水平、拓宽社会投资渠道、合理增加有效投资以及降低政府债务风险、企业负债水平等具有重要意义。

2022年5月，国务院办公厅发布《关于进一步盘活存量资产扩大有效投资的意见》，随后资产盘活相关政策密集出台，国有存量资产盘活、统筹存量和增量资产成为各级政府国资优化的重要诉求和重点任务。通过聚焦重点方向、优化盘活方式、加大政策支持力度、合理利用回收资金、严格风险防控等措施，有效盘活了企业和行政单位的存量资产，初步取得了成效。这些措施有效提振了市场主体的信心，增强了发展的内生动力、推动了经济的平稳健康发展。盘活存量资产的措施要点如表 6－3 所示。

表 6－3 盘活存量资产的措施要点

项目	要点	具体内容
重点资产类型	存量规模较大、当前收益较好或增长潜力较大的基础设施项目资产	重点盘活：交通、水利、清洁能源、保障性租赁住房、水电气热等市政设施、生态环保、产业园区、仓储物流、旅游、新型基础设施等
	存量和改扩建有机结合的项目资产	统筹盘活：综合交通枢纽改造、工业企业退城进园等
	长期闲置但具有较大开发利用价值的项目资产	有序盘活：老旧厂房、文化体育场馆和闲置土地等，以及国有企业开办的酒店、餐饮、疗养院等非主业资产
重点区域	建设任务重、投资需求强、存量规模大、资产质量好的地区	积极盘活：筹集建设资金，支持新项目建设，牢牢守住风险底线
	地方政府债务率较高、财政收支平衡压力较大的地区	加快盘活：稳妥化解地方政府债务风险，提升财政可持续能力，合理支持新项目建设
	京津冀协同发展、长江经济带发展、粤港澳大湾区建设、长三角一体化发展、黄河流域生态保护和高质量发展等区域重大战略以及推动海南自由贸易港建设	鼓励盘活：充分发挥示范带动作用
盘活方式	多种存量资产盘活方式	七大方式：不动产投资信托基金（REITs）、政府和社会资本合作模式（PPP）、产权交易所、国有资本投资运营、社会资本盘活改扩建、闲置低效资产盘活、兼并重组等
资金用途	引导做好回收资金利用	项目的职工安置及相关税费缴纳、债务偿还；主要用于项目建设、新增项目投资；适当用于“三保”支出及债务还本付息（债务率较高地区）
配套支持	政策支持	积极落实项目盘活条件；有效提高项目收益水平；完善规划和用地用海政策；落实财政金融支持
	资金支持	对回收资金投入的新项目、中央预算内投资、地方政府专项债券可按规定予以支持；鼓励社会资本参与；鼓励银行等金融机构按照市场化原则提供配套融资支持
监管要求	严格落实各类风险防控举措	依法依规稳妥有序推进；提升专业机构合规履职能力；保障基础设施稳健运营

以老旧居民楼和厂房盘活为例，各地改造用于人才公寓、保租房已成为热点趋势，如五矿集团与龙湖合作的旧厂房改造项目（北京龙湖冠寓亚运村关庄店），出租率稳定在 95%以上；天津城投集团将临街空置居民楼微更新，变身为服务市民的租赁公寓，实现了国有固定资产每年 6%的创效；天津泰达控股"十四五"期间计划将 7 宗土地房产新改建为一万套保障性租赁住房。

6.3　流动资产管理能力分析

6.3.1　流动资产管理的原理

流动资产管理是指对银行存款、应收账款、存货等能够在一年或超过一年的一个经营周期内变现的流动资产进行合理规划，从而提高企业的资产利用率、降低日常经营损耗的活动。流动资产的金额大小及构成情况，会在一定程度上影响企业的财务状况和战略实施。

6.3　即测即评

企业在进行流动资产管理时，需要充分考虑企业所处行业、宏观环境、自身战略等因素。对货币资金进行管理，本质上是在资金成本与流动性风险之间权衡；对存货进行管理，本质上是在存货成本与缺货风险之间权衡；对应收账款进行管理，本质上是在坏账风险与销售业绩之间权衡。由于流动资产管理的重要性，投资者需要使用相应的指标分析企业的流动资产管理水平。

6.3.2　流动资产管理的衡量指标

1. 总体流动资产营运能力分解

流动资产营运能力总体上可以用流动资产周转率来衡量，流动资产周转率是销售收入与流动资产平均余额的比率。流动资产包括货币资金、存货、应收账款等。具体公式如下所示：

$$流动资产周转率=\frac{销售收入}{流动资产平均余额}$$

2. 货币资金管理指标

货币资金（cash）是指企业中以货币形态表现的资金，是企业可以立即用于购买商品或劳务，或偿还债务等交换活动的资金。因为货币资金具有高流动性，所以其最能代表企业的现时购买力。为了维持正常的生产秩序，企业通常需要持有一定量的货币资金来购买材料、缴纳税费、支付工资等。为了权衡当前的资金成本与流动性风险，货币资金管理指标显得尤为重要，我们通常使用货币资金占比这一指标来评估：

$$货币资金占比=\frac{货币资金}{总资产}$$

货币资金占比表示货币资金在总资产中所占的比例。通常而言，货币资金占比在15%～25%比较合理。如果货币资金占比偏低，说明企业可能面临较高的流动性风险；如果货币资金占比偏高，则代表企业可能对资金的利用效率较低，较多的资金处于闲置状态。当企业的该指标值过高，或者出现存贷双高的情况时，则有虚构货币资金的嫌疑。例如，康得新（002450）的造假案。2019 年 1 月，正值暴雷前夕的康得新发布公告称，公司的一笔价值 10.41 亿元的融资券不能如期偿付，同月的一笔价值 5 亿元的债券也可能无法按期兑付，该公告在资本市场上引起轩然大波，因为康得新在 2018 年第 3 季度财务报表中披露公司的货币资金数额高达 150 亿元，但如此高额的货币资金竟然无法偿还区区十多亿元的有息债务。随后在 2018 年年报中，康得新终于揭露了 153 亿元的货币资金实际余额为 0，真相大白，这家曾被称为“中国的 3M”的白马股就此崩塌。

案例分析 6-2

表 6-4 所示的是美的集团、格力电器和海尔智家三家公司 2016—2022 年货币资金占总资产的比例。从表中可以看出，总体上，美的集团与海尔智家的货币资金占比水平大致相当，处于正常水平。格力电器的货币资金占比一直维持在高位水平，多年来一直保持在 30.00%以上，2022 年甚至高达 52.43%。格力电器的高货币资金占比，在资产市场中受到了一些投资者的质疑。投资者需要进一步分析公司货币资金的占比、公司有息负债的规模以及公司的利息收入和支出规模，以判断格力电器保留较多的货币资金是否合理。此外，格力电器也需要考虑公司是否存在货币资金利用效率较低的问题，并向投资者清晰地解释保留较多货币资金的原因，以消除投资者的疑惑。

表 6-4　三家公司 2016—2022 年货币资金占总资产的比例（%）

公司名称	2016 年	2017 年	2018 年	2019 年	2020 年	2021 年	2022 年
美的集团	10.08	19.46	10.58	23.49	22.53	18.53	13.08
格力电器	44.36	36.59	48.86	44.32	45.01	46.34	52.43
海尔智家	17.91	23.22	22.47	19.30	22.84	21.09	22.96

3. 存货管理指标

存货是企业为生产和销售而在日常经营活动中持有的原材料、在产品、产成品、低值易耗品等。对于制造企业来说，存货项目占流动资产的比例较大。存货管理对于很多企业而言也是生产经营过程中降本增效的一个重要议题。存货周转率和存货周转天数都是衡量企业存货管理水平的指标。其中，存货周转率的计算公式如下：

$$存货周转率=\frac{销售成本}{存货平均余额}$$

存货周转天数的计算公式如下：

$$存货周转天数=\frac{365}{存货周转率}$$

通常而言，存货周转率越高、存货周转天数越少，表明企业对存货的占用水平越低，存货管理能力越强、存货的流动性越强。相反，存货周转率越低、存货周转天数越多，表明存货的流动性欠佳，可能出现了库存积压或者产品滞销等情况，产生减值损失的可能性较大，企业存货管理水平有待提升。需要注意的是，存货周转率趋势或存货周转天数有很强的行业特性。不同行业的企业之间的存货周转率差异，更多反映的是行业特征或商业模式的差异。相对而言，同一行业的企业之间的存货周转率更为可比，更能反映企业的存货管理水平。

案例分析 6－3

表 6－5 所示的是美的集团、格力电器和海尔智家三家公司 2016—2022 年的存货周转天数。横向对比来看，美的集团的存货管理水平较高，格力电器和海尔智家的存货管理水平有待提升。纵向对比来看，美的集团、格力电器和海尔智家这三家公司的存货周转天数都有所增加，其中格力电器最为明显，由 2016 年的 45 天增加至 2022 年的 100 天，增长了一倍多。投资者需要进一步分析格力电器和海尔智家存货增加的原因，并跟踪其未来发展变化。

表 6－5 三家公司 2016—2022 年的存货周转天数 单位：天

公司名称	2016 年	2017 年	2018 年	2019 年	2020 年	2021 年	2022 年
美的集团	49.33	59.55	57.51	59.83	53.29	63.37	64.51
格力电器	45.20	60.74	52.84	61.26	81.91	109.73	100.04
海尔智家	67.72	71.42	62.75	73.14	72.88	92.98	90.68

4. 应收账款管理指标

应收账款的规模一方面代表了企业的销售情况，另一方面反映了企业的回款能力。一般来说，应收账款能在一年或者一个经营周期内变现，超过一年的分期销货款通常不认为是应收账款。对于应收账款管理指标的选取，我们使用与存货管理相类似的指标，即通过应收账款周转率以及应收账款周转天数来衡量应收账款管理能力。其中，应收账款周转率的计算公式如下：

$$应收账款周转率=\frac{销售收入}{应收账款平均余额}$$

应收账款周转天数的计算公式如下：

$$应收账款周转天数=\frac{365}{应收账款周转率}$$

与存货周转率和存货周转天数相同，应收账款周转率和应收账款周转天数也是反向变动关系。企业的应收账款周转率越高，也即应收账款周转天数越少，表明企业收账迅速，账龄较短，资产流动性强，可以减少坏账损失等。应收账款周转率较低则代表企业催收账款不利，可能使得资产形成呆坏账，造成流动资产不流动。如果企业的应收账款周转率过高，可能意味着企业实行了较为严格的信用政策，这将直接导致企业的销售难以增加，此时这种限制的代价大于赊销带来的成本，从而影响企业的盈利水平。

企业的应收账款周转率主要受行业特点和企业的竞争优势影响。首先，不同行业的应收账款周转率标准是不同的，如零售业和制造业的应收账款周转率就有所差别。零售业公司面向的客户主要为C端客户（个人或者消费者），而制造业中处于中上游产业链的公司，面向的客户主要为B端客户（商家或企业），零售业的销售周期相较于制造业更短，从而能在较短的时期内收回账款，应收账款周转率也就较高。其次，企业的竞争优势也会影响应收账款周转率，如果企业在产业链中的地位较为强势，其较强的议价能力就能使应收账款控制在较低水平。针对现实中的不同情况，企业应根据行业特点和自身经营情况制定合理的应收账款管理策略，提高应收账款周转率，加强资金管理，从而提高企业的经营效率和盈利能力。

与应收账款周转率指标相对的是应付账款周转率指标。应付账款周转率衡量的是企业对于产业链的把控能力，企业在产业链中越强势，说明相较于同行业其他企业能够占用供应商更多的货款，具有更重要的市场地位，应付账款周转率越低。若企业对上游的议价能力较弱、供应商的谈判实力较强，供应商可能对快速回款有较高的要求，导致企业的应付账款周转率较高。应付账款周转率的计算公式如下：

$$应付账款周转率=\frac{销售成本}{应付账款平均余额}$$

应付账款周转天数的计算公式如下：

$$应付账款周转天数=\frac{365}{应付账款周转率}$$

案例分析 6-4

表 6-6 所示的是美的集团、格力电器和海尔智家三家公司 2016—2022 年的应收账款周转天数。从表中可以看出，2016—2020 年格力电器的应收账款管理效率优于海尔智家和美的集团，表明格力电器的回款能力较强，对应收账款有较强的管理能力。

2021—2022年，三家公司的应收账款周转天数已较为接近。三家公司过去的应收账款周转天数虽然有一定差异，但与同行业其他公司相比，它们对应收账款的管理水平都相当高，这主要得益于其面向客户的商业模式，以及作为家电龙头企业较强的竞争优势。

表6-6 三家公司2016—2022年的应收账款周转天数 单位：天

公司名称	2016年	2017年	2018年	2019年	2020年	2021年	2022年
美的集团	26.97	23.17	25.59	24.62	26.37	25.12	27.67
格力电器	9.98	14.31	14.18	15.68	18.96	26.89	28.63
海尔智家	37.54	28.53	20.77	20.03	27.72	23.47	23.85

5. 营业周期以及净营业周期指标

企业生产经营活动的基本流程一般是采购—生产—销售。上述活动表现在资金上就形成了如下的资金运动过程：货币资金—存货资金—生产资金—产品资金—货币资金。**营业周期**（operating circle）是一个评价资金占用情况的指标，反映从购买存货开始到销售产品并收到现金为止的一段时期。营业周期的起点是企业确定生产计划并开始购买原材料，终点是其产品销售所产生的现金流完成回收。营业周期的计算公式如下：

营业周期＝存货周转天数＋应收账款周转天数

净营业周期（net operating circle）也是一个评价资金占用情况的指标，相较于营业周期，净营业周期结合了应付账款的相关指标。净营业周期的计算公式如下：

净营业周期＝存货周转天数＋应收账款周转天数－应付账款周转天数

理论上，营业周期和净营业周期越短，说明企业的运转越高效，资金的利用效率越高。但在实际情况中，不能简单地认为净营业周期越短越好，需要综合考虑企业的产业属性、市场需求、行业竞争等因素。

案例分析6-5

由于营业周期是一项综合性指标，即存货周转天数与应收账款周转天数之和，所以它能够综合反映公司的存货管理能力与应收账款管理能力。从表6-7中可以看出，格力电器、美的集团和海尔智家三家公司的营业周期均少于半年，说明它们的营运能力都比较强。美的集团的营业周期相比海尔智家和格力电器更短，显示出了更强的存货和应收账款管理能力。从时间序列上看，近年来，格力电器和美的集团的营业周期有明显变长的趋势，尤其是格力电器更为明显，这可能是因为公司对上下游的把控能力逐渐变弱。在净营业周期方面（见表6-8），三家公司的表现都非常优秀，尤其是美的集团，净营业周期小于10天，说明公司几乎不占用营运资金。从时间序列上看，格力电器的净营业周期明显变长，从2016年的−92.76天增加到2022年的42.88天，这可能是因为公司对上下游的把控能力有所下降。

表 6-7　三家公司营业周期对比　　单位：天

公司名称	2016 年	2017 年	2018 年	2019 年	2020 年	2021 年	2022 年
美的集团	67.57	68.13	82.12	81.09	82.83	82.32	96.96
格力电器	55.18	75.05	67.02	76.94	100.87	136.62	128.67
海尔智家	105.26	99.95	83.52	93.17	100.60	116.45	114.53

表 6-8　三家公司净营业周期对比　　单位：天

公司名称	2016 年	2017 年	2018 年	2019 年	2020 年	2021 年	2022 年
美的集团	0.93	7.78	13.20	8.84	1.25	0.72	7.00
格力电器	−92.76	−51.62	−35.92	−29.02	8.01	44.57	42.88
海尔智家	13.74	14.74	5.67	5.72	10.75	17.68	23.11

6.3.3　流动资产管理指标的局限

通过以上的流动资产管理指标，我们可以从基本面角度评估一家公司的流动资产营运能力，但是这些指标也存在一定的局限性。

第一，指标计算问题。例如，应收账款周转率计算公式中的分子选取的是销售收入，在实务中销售收入通常包含赊销收入以及现销收入，而现销收入与应收账款管理能力关联不大。然而，企业往往不会披露赊销收入与现销收入之间的比例，因此在计算应收账款周转率时默认销售收入全部为赊销收入，这样可能导致高估企业的应收账款周转率。

第二，需要考虑企业的具体业务情况。例如，季节性公司的生产经营活动随季度而波动，其存货和应收账款年平均余额可能无法准确地反映这类企业的资产周转率，需要根据企业生产的时间特性进行调整以符合企业的实际情况。又如，当公司中的产成品存货大幅增加而其他存货项目大幅下降时，虽然存货总量依然保持在相对稳定的水平，但产成品数量异常增加从侧面反映了公司的销售可能出现了问题，此时仅依据存货周转率并不能准确地判定企业存货的周转效率。

中国实践 6-3

中国企业的流动资产管理

表 6-9 所示的是中国上市公司 2022 年不同行业流动资产管理指标。数据显示：2022 年，A 股上市公司货币资金占比中位数为 15.53%，货币资金占比较高的行业有文化、体育和娱乐业，信息传输、软件和信息技术服务业，科学研究和技术服务业，中位数分别为 24.71%、21.82%和 20.82%；货币资金占比较低的行业有水利、环境

和公共设施管理业，房地产业，电力、热力、燃气及水生产和供应业，中位数分别为8.76%、9.20%和9.52%。A股上市公司存货周转率中位数为3.72次，存货周转率较高的行业有交通运输、仓储和邮政业，电力、热力、燃气及水生产和供应业，租赁和商务服务业，中位数分别为34.72次、20.27次和14.95次；存货周转率较低的行业有房地产业，农、林、牧、渔业，制造业，中位数分别为0.27次、2.94次和3.37次。A股上市公司应收账款周转率中位数为4.81次，应收账款周转率较高的行业有农、林、牧、渔业，采矿业及房地产业，中位数分别为23.02次、21.27次和20.86次；应收账款周转率较低的行业有水利、环境和公共设施管理业，建筑业，信息传输、软件和信息技术服务业，中位数分别为2.07次、2.70次和2.74次。A股上市公司营业周期中位数为195.76天，营业周期较短的行业有交通运输、仓储和邮政业，采矿业，电力、热力、燃气及水生产和供应业，中位数分别为53.53天、57.05天和79.62天；营业周期较长的行业有房地产业，信息传输、软件和信息技术服务业，水利、环境和公共设施管理业，中位数分别为1 347.43天、253.57天和225.49天。

表6-9 中国上市公司2022年不同行业流动资产管理指标

行业	货币资金占比（%）	存货周转率（次）	应收账款周转率（次）	营业周期（天）
农、林、牧、渔业（A）	10.78	2.94	23.02	134.24
采矿业（B）	14.01	12.48	21.27	57.05
制造业（C）	15.79	3.37	4.70	201.82
电力、热力、燃气及水生产和供应业（D）	9.52	20.27	6.72	79.62
建筑业（E）	12.94	9.93	2.70	203.41
批发和零售业（F）	14.47	5.94	16.65	112.86
交通运输、仓储和邮政业（G）	13.62	34.72	11.23	53.53
信息传输、软件和信息技术服务业（I）	21.82	3.77	2.74	253.57
房地产业（K）	9.20	0.27	20.86	1 347.43
租赁和商务服务业（L）	14.77	14.95	5.09	135.02
科学研究和技术服务业（M）	20.82	6.74	3.16	207.84
水利、环境和公共设施管理业（N）	8.76	11.75	2.07	225.49
文化、体育和娱乐业（R）	24.71	3.44	5.73	183.79
总计	15.53	3.72	4.81	195.76

注：①表中列示的是A股上市公司2022年不同行业流动资产管理指标数值的中位数。

②货币资金占比（%）=货币资金/总资产；存货周转率（次）=销售成本/存货平均余额；应收账款周转率（次）=销售收入/应收账款平均余额；营业周期=存货周转天数+应收账款周转天数。

③根据中国证监会2012年划分的一级行业（门类），仅保留样本量超过30的行业。

从数据分析的结果来看，中国上市公司的货币资金占比在8%～25%之间，部分行业的货币资金占比过低，有较高的流动性风险。不同行业的存货周转率与应收账款周转率差异较大，这反映出不同行业的商业模式和商业信用政策存在显著差异。

6.4 非流动资产管理能力分析

6.4.1 非流动资产管理的原理

非流动资产是指不能在一年或者超过一年的一个营业周期内变现或者耗用的资产。作为流动资产的相对概念，非流动资产是指企业最重要的能够带来投资回报的长期资产，具有占用资金多、周转速度慢等特征。因为非流动资产主要由固定资产和无形资产组成，所以本书认为非流动资产营运能力主要取决于企业的固定资产管理和无形资产管理。

6.4 即测即评

6.4.2 非流动资产管理的衡量指标

1. 总体非流动资产营运能力分解

非流动资产周转率通常被用来评估公司对非流动资产的控制水平，通过销售收入与非流动资产的比值来进行计算。其计算公式为：

$$非流动资产周转率=\frac{销售收入}{非流动资产}=\frac{销售收入}{固定资产+无形资产}$$

非流动资产周转天数的计算公式为：

$$非流动资产周转天数=\frac{365}{非流动资产周转率}$$

非流动资产周转率主要用于分析投资预算和项目管理，以确认投资与竞争战略的一致性、收购和剥离政策的合理性等。非流动资产周转率越高，则非流动资产周转天数越少，表明企业的非流动资产管理效率越高、盈利能力越强。

2. 固定资产管理指标

固定资产管理指标主要包括固定资产周转率、固定资产周转天数两个指标。其中，固定资产周转率的计算公式如下：

$$固定资产周转率=\frac{销售收入}{固定资产平均净额}$$

固定资产周转天数的计算公式如下：

$$固定资产周转天数=\frac{365}{固定资产周转率}$$

通常而言，固定资产周转率越高，表明固定资产周转速度越快，企业的内部治理和营运水平越高；反之，则说明企业对固定资产的利用率较低，提供生产经营结果的能力不足，可能存在生产设备闲置或产能利用率较低的情况，营运能力较弱。固定资产周转天数和固定资产周转率呈反向变动关系，即固定资产周转率越高，固定资产周转天数越少。

影响固定资产周转率的因素主要包括生产模式、产能利用率等。(1) 生产模式的影响。不同的固定资产取得方式会导致不同的固定资产营运效率。一般认为，租赁模式比自建模式的固定资产使用效率更高。(2) 产能利用率的影响。一般来说，固定资产周转率和产能利用率呈正相关关系。提升固定资产周转率在很大程度上依赖于企业的产能利用率，即企业固定资产的产能被利用的程度。当然企业的产能利用率取决于企业对未来宏微观形势的预判以及对自身实力的判断，这也是企业管理能力和管理视角的体现。例如，据统计，2021 年我国新能源汽车的生产厂商已达 479 家，但全国的产能利用率仅为 5.1%，这导致汽车生产线占用大量的投资资金，企业的固定资产周转率肯定较低。

案例分析 6-6

表 6-10 所示的是美的集团、格力电器和海尔智家三家公司 2016—2022 年的固定资产周转率。从表中可以看出，三家公司的固定资产周转率都较高，这主要归因于它们采用轻资产营运模式以及有较强的销售能力。格力电器的固定资产周转率相对较低，2022 年只有不到美的集团的一半，主要原因是格力电器的固定资产占比相对较高且收入规模相对较小。从时间趋势来看，2018 年之后格力电器的固定资产周转率逐渐下降，这是因为近几年格力电器对固定资产投资较多，而销售收入并没有相应增长；美的集团的固定资产周转率近年来有所上升。

表 6-10　三家公司 2016—2022 年的固定资产周转率　　单位：次

公司名称	2016 年	2017 年	2018 年	2019 年	2020 年	2021 年	2022 年
美的集团	7.99	11.03	11.53	12.62	12.95	15.14	14.06
格力电器	6.13	8.49	10.78	10.36	8.86	6.02	5.59
海尔智家	7.66	9.94	10.58	9.48	10.04	10.20	8.97

3. 无形资产管理指标

无形资产管理指标主要包括无形资产周转率和无形资产周转天数两个指标。其中，无形资产周转率的计算如下：

$$无形资产周转率=\frac{销售收入}{无形资产平均净额}$$

无形资产周转天数的计算如下：

$$无形资产周转天数=\frac{365}{无形资产周转率}$$

一般来说，无形资产周转率越高，则无形资产周转天数越少，表明企业的无形资产利用效率越高、营运能力越强。

值得说明的是，相比固定资产周转率，无形资产周转率较少受到关注。这是因为企业的一些重要的无形资产，如品牌价值和技术实力，往往不直接体现在财务报表上，属于表外无形资产，导致无形资产周转率提供的信息含量有限。但是，企业对无形资产的利用效率无疑是一个值得关注的问题。有些企业虽然拥有较多的品牌资产，却没有将品牌资产转化为收入和利润，这是无形资产利用效率较低的表现。

6.4.3 非流动资产管理指标的局限

通过以上介绍的非流动资产管理指标，我们能够对公司的非流动资产管理能力进行初步评估，但是这些指标也存在一定的局限性。

就固定资产周转率来说，使用这一指标需要考虑固定资产的会计政策等因素对固定资产账面价值的影响。具体包括：（1）企业在固定资产的初始入账、折旧以及减值等环节所选择的会计政策，会直接影响固定资产的账面价值，进而影响固定资产周转率。（2）固定资产折旧等因素会造成固定资产净额下降。随着固定资产逐步折旧，固定资产周转率可能会出现增长态势，但这并不代表公司营运能力的提高。

就无形资产周转率来说，需要考虑无形资产的购买和出售以及表外无形资产的情况。具体包括：（1）企业通过转让出售无形资产的方式提高无形资产周转率，并不能说明企业的营运能力一定就会有所提升。（2）由于表外无形资产的存在，无形资产周转率指标的计算存在重大局限。

中国实践 6-4

中国企业的非流动资产管理

表 6-11 所示的是中国上市公司 2022 年不同行业的非流动资产管理指标。数据显示：2022 年，A 股上市公司固定资产周转率中位数为 3.49 次，固定资产周转率较高的行业有建筑业、房地产业、租赁和商务服务业，中位数分别为 14.61 次、14.33 次和 12.11 次；固定资产周转率较低的行业有电力、热力、燃气及水生产和供应业，交通运输、仓储和邮政业，农、林、牧、渔业，中位数分别为 0.89 次、1.13 次和 2.16 次。A 股上市公司无形资产周转率中位数为 17.86 次，无形资产周转率较高的行业有房地产业，批发和零售业，租赁和商务服务业，中位数分别为 126.66 次、48.86 次和 38.22 次；无形资产周转率较低的行业有水利、环境和公共设施管理业，采矿业，交通运输、仓储和邮政业，中位数分别为 2.64 次、6.56 次和 11.09 次。

从数据分析的结果来看，中国上市公司的非流动资产管理呈现出显著的行业差异，这种差异主要体现在固定资产周转率与无形资产周转率上，这反映了不同行业间资产结构和商业模式的差异性。

表6-11 中国上市公司2022年不同行业非流动资产管理指标 单位：次

行业	固定资产周转率	无形资产周转率
农、林、牧、渔业（A）	2.16	15.97
采矿业（B）	2.18	6.56
制造业（C）	3.22	17.71
电力、热力、燃气及水生产和供应业（D）	0.89	12.60
建筑业（E）	14.61	31.19
批发和零售业（F）	11.70	48.86
交通运输、仓储和邮政业（G）	1.13	11.09
信息传输、软件和信息技术服务业（I）	7.94	23.79
房地产业（K）	14.33	126.66
租赁和商务服务业（L）	12.11	38.22
科学研究和技术服务业（M）	4.12	18.78
水利、环境和公共设施管理业（N）	3.38	2.64
文化、体育和娱乐业（R）	6.03	16.68
总计	3.49	17.86

注：①表中所示的是A股上市公司2022年不同行业非流动资产管理指标数值的中位数。
②固定资产周转率（次）=销售收入/固定资产平均净额；无形资产周转率（次）=销售收入/无形资产平均净额。
③根据中国证监会2012年划分的一级行业（门类），仅保留样本量超过30的行业。

练习题

一、行动学习

下载并快速浏览美的集团（000333）、贵州茅台（600519）及中芯国际（688981）三家公司的最新年报，仔细阅读公司的报表，结合本章所学对这三家公司的营运能力进行详细的分析。

二、简答题

1. 营运能力的含义是什么？为什么要关注企业的营运能力？
2. 如何从不同角度分析企业的营运能力？
3. 总资产周转率如何计算？如何分析企业的总资产周转率？
4. 如何从不同角度分析企业的流动资产营运能力？
5. 如何从不同角度分析企业的非流动资产营运能力？
6. 企业的固定资产周转率是否越高越好？

第7章

创新能力分析

学习目标

1. 了解企业创新能力分析框架。
2. 学会从投入和产出的角度分析企业的创新能力。
3. 学会从客户和财务的视角分析企业的创新能力。
4. 了解创新对企业和社会发展的意义。

引导案例

华为的科技创新之路

华为于1987年创立于深圳，最初只是一家生产用户交换机的香港公司的销售代理，现已成为全球领先的信息与通信（ICT）基础设施和智能终端提供商。目前华为约有20.7万名员工，业务遍及170多个国家和地区，为全球30多亿人口提供服务。

华为是中国最著名的科技公司之一。最近10年（截至2022年），公司累计研发投入近1万亿元，在中国企业中“一枝独秀”，对比国际科技巨头也毫不逊色。华为有一个硬性规定——研发强度不低于10%，即每年将10%以上的销售收入投入研发。这种对科研和创新的持续重视塑造了今天的华为。

华为的崛起令美国感到不安。自2018年开始，美国不断打压华为：从限制华为产品进入美国市场（2018年），到通过“实体清单制裁”重点打击华为的手机业务（2019年），再到全面限制华为购买采用美国软件和技术生产的芯片（2020年），美国对华为的打压不断升级，华为的财务业绩受到了一定程度的影响。2021年，华为收入同比下降28.6%，扣除非经常性损益后的净利润下降22%。然而，即使面临如此大的压力，华为仍然不忘初心，进一步加大在研发与创新领域的投资。2021年，公司研发费用达1 427亿元，约占全年收入的22.4%；研发人员约为10.7万名，占公司总人数的

54.8%。2022 年，公司销售收入保持平稳，净利润继续下滑，但研发投入相比 2021 年继续保持增长。

任正非说："除了胜利，我们已经无路可走！"面对美国的强势打压，华为人团结一心，为荣耀而战，华为需要的只是时间。正如华为轮值董事长郭平引用大仲马的话说："人类的全部智慧都包含在这两个词中：等待和希望。"

思考：

（1）根据什么样的指标可以筛选出最优秀的科创公司？

（2）投资者应该如何分析企业的创新能力？

7.1　创新能力分析概述

7.1.1　创新概述

1. 创新的定义

人们对创新的理解千差万别，给创新一个明确的定义并不容易。我们重点介绍约瑟夫·熊彼特（Joseph Schumpeter）和彼得·德鲁克（Peter Drucker）两位学者对创新的定义和理解。熊彼特在《经济发展理论》一书中指出，创新就是要建立一种新的生产函数，就是要把一种从来没有的关于生产要素和生产条件的新组合引进生产体系中，以实现对生产要素或生产条件的新组合。①

7.1　即测即评

德鲁克在《创新与企业家精神》一书中，从需求角度谈了自己对创新的理解。他认为，创新就是通过改变产品或服务，为客户提供价值和满意度。创新不等同于发明，它是一个经济学术语而非技术术语。检验创新的标准永远是：它为客户做了什么、满足了客户的哪些需求。企业家精神主要是创新，应该永远以市场为中心，以市场为导向。② 本书主要借鉴德鲁克的观点，认为**创新**（innovation）是为了改善或创造新的产品或服务，以满足或超出客户的期望。

2. 创新的分类

经济学家熊彼特开创性地指出了五种形式的创新，包括：（1）产品创新，即开发一种消费者还不熟悉的新产品或某种产品的新特性；（2）工艺创新，即采用一种新的尚未被相关制造部门知悉的生产方法；（3）市场创新，即开辟一个新的销售市场，一个相关国家的相关制造部门以前不曾进入的市场；（4）资源配置创新，即获得原材料

① 熊彼特·约瑟夫. 经济发展理论. 王永胜，译. 上海：立信会计出版社，2017.

② 彼得·德鲁克. 创新与企业家精神. 蔡文燕，译. 北京：机械工业出版社，2007.

或半制成品的一种新的供应来源；（5）组织创新，即实现一种新的组织方式，如“托拉斯化”的垄断型组织。作为熊彼特的追随者，菲利普·阿吉翁（Philippe Aghion）创建了熊彼特增长范式，并将创新分为：（1）过程创新，即提高生产要素（如劳动力、资本）的生产率；（2）产品创新，即研发新产品；（3）组织创新，即提高生产要素组合的效率。①

近年来，随着科创板的设立（2019 年），“硬科技”逐渐成为国内资本市场的热门名词，市场上经常用“硬科技”和“软科技”来区分科技企业。**“硬科技”**（hard & core technology）企业一般是指重视研发投入、持续积累形成了原创性技术，拥有较高技术门槛和技术壁垒的企业。“软科技”企业主要是指在除原创性技术创新以外其他方面有所创新的企业，如媒体报道中经常提及的商业模式创新。我们认为，“硬科技”和“软科技”的重要区别在于是否有原创性技术方面的创新，以发明专利为主要标志。实践中，区分“硬科技”和“软科技”并不容易，有些互联网企业（如腾讯、阿里巴巴）软硬科技兼有。我们重点关注“硬科技”企业中的产品和服务创新，讨论如何分析此类企业的创新能力。

3. 创新的微观和宏观意义

从微观角度来看，持续创新是企业保持竞争力的关键。德鲁克认为，创新和企业家精神应该成为社会、经济和组织维持生命活力的关键因素。创新和企业家精神能让任何社会、经济、产业、公共服务机构和商业机构保持高度的灵活性和自我更新能力。他指出，每个组织的核心优势都不一样，但每个组织（不只是商业组织）都必须有一个核心优势，那就是创新。所有机构的管理者都应该把创新与企业家精神作为组织和自己工作中的一种正常的、不间断的日常行为和实践。

从宏观角度来看，创新是经济社会发展的动力。熊彼特早在 1912 年出版的《经济发展理论》中就提出了“创造性破坏”的概念，并明确指出创新是经济发展的根本动力。自那时起，创新就成为经济学、管理学中最热门的词汇。阿吉翁与其合作者基于熊彼特创造性破坏的概念，创建了熊彼特增长范式。阿吉翁的理论有两个要点：第一，长期增长依赖于创新。创新源于投资，比如对研发的投资、企业在技能方面的投资、开拓新市场的投资等。激发创新者投资的动力是创新成功之后的垄断利润。第二，创造性破坏。新的创新往往会淘汰旧的创新、旧的技术、旧的技能。因此，增长会引起新旧创新者之间的冲突：旧的创新者会抵制新的创新者，因为新的创新者会让旧的创新者的创新活动过时，并丧失垄断利润。

当前中国经济正处在转型升级的关键阶段。中国经济增长的动力正在由要素驱动向创新驱动转变，投资拉动也逐渐演变为消费和投资的双重驱动。创新和创造性破坏

---

① 菲利普·阿吉翁，赛利娜·安托南，西蒙·比内尔．创造性破坏的力量．余江，赵建航，译．北京：中信出版集团，2021.

对于中国经济的未来发展具有极其重要的意义。创新需要投资，并依赖于资本市场提供的资金支持。资本市场面临的重大挑战之一是如何筛选出真正具备创新能力的企业。因此，对企业创新能力进行深入分析至关重要。

中国实践 7-1

资本市场的制度创新与创新经济发展

2018年11月5日，国家主席习近平在首届中国国际进口博览会开幕式上宣布，将在上海证券交易所设立科创板并试点注册制。2019年6月13日，科创板正式开板，此举显著增强了资本市场对科技创新企业的支持力度。科创板的设立，体现了资本市场的制度创新，将进一步推动资本市场更好地为实体经济服务。

科创板聚焦"硬科技"，强调企业的科创属性。根据《关于修改〈科创属性评价指引（试行）〉的决定》，科创板支持和鼓励科创板定位规定的相关行业领域中，同时符合下列4项指标的企业申报科创板上市：(1) 最近三年研发投入占营业收入比例5%以上，或最近三年研发投入金额累计在6 000万元以上；(2) 研发人员占当年员工总数的比例不低于10%；(3) 形成主营业务收入的发明专利5项以上；(4) 最近三年营业收入复合增长率达到20%，或最近一年营业收入金额达到3亿元。

2019年7月22日，科创板正式开市，首批25只科创板新股开始上市交易。截至2022年12月底，科创板上市公司共计501家，其中，集成电路领域上市公司总数达85家，占据A股同类上市公司的半壁江山；生物医药领域上市公司总数达107家；在新能源领域，发电端已有12家光伏企业，新能源汽车动力电池产业链上市公司已达14家。2022年12月31日，科创板501家公司A股市值合计达5.81万亿元，平均市值为116.07亿元，中位数为61.46亿元。其中，有157家公司的市值超过百亿元，13家公司的市值超过500亿元，5家公司的市值超过1 000亿元。由于上市条件的多元化与包容性，科创板中包括一批特殊类型上市企业，如46家上市时未盈利企业、8家特殊股权架构企业、6家红筹企业以及19家第五套标准上市企业，还有1家转板上市企业。

资料来源："数"说科创板. 微信公众号：上交所科创板之家，2023-01-06.

7.1.2　创新能力分析框架

1. 现有的创新能力评价体系

近年来，创新逐渐受到社会各界的重视，学术界和实务界都高度关注国家或企业创新能力的度量。在宏观层面，最著名的创新评价指标为**全球创新指数**（global innovation index，GII）。GII排名是世界知识产权组织、康奈尔大学、欧洲工商管理学院于2007年共同创立的年度排名，衡量全球120多个经济体的创新能力表现。GII包括创新投入和创新产出两类子指数，创新投入子指数包括机构、人力资源与研究、基础设施、市场成熟度、业务成熟度五个方面的指标，创新产出子指数包括知识和技术产出以及创意输出两个方面的指标。**中国创新指数**（China innovation index，CII）包括创新环境指数、创新投入指数、创新产出指数和创新成效指数四个分指数。

在微观层面，实务界在进行企业创新能力排名时，也主要使用创新投入和创新产出类指标，有时可能会辅以高管问卷等方式。此外，学术界在评价企业的创新能力时，同样多使用创新投入（以研发投入为代表）和创新产出（以专利为代表）两类指标，并少量研究使用创新成效方面的指标，如研发投入创造收入的能力。

2. 本书创新能力分析指标框架

参考以往创新评价体系和学术界的研究成果，本书从创新投入、创新产出和创新成效三个方面评价企业的创新能力。创新投入是指企业投入科研活动的资源，包括人力、设备和材料等，主要是研发投入。创新产出是指研发投入的直接产出，主要是专利。创新成效是指科研成果商业化的效果，主要是研发投入转化为客户和利润的能力。

在评价企业的创新能力方面，这三类指标各有侧重。从确定性和及时性两个维度来看，创新投入的不确定性最高，而及时性最好；创新产出的不确定性和及时性都居中；创新成效的不确定性最低，但及时性最差。详细说明如下：(1) 不确定性。以往的研究表明，研发投入相较于其他固定资产投入，其未来产生盈利的不确定性更大。①首先，研发投入能否产生有价值的专利和知识具有较大的不确定性；其次，专利能否成功商业化，最终形成优质产品、吸引客户、赚取利润，也具有很大的不确定性。(2) 及时性。从研发投入到最终商业化成功往往需要较长的时间，企业的创新产出和创新成效会明显滞后于创新投入。这一特征在创新药企业中最为明显。一般来说，创新药从研发到上市常常需要 10 年以上的时间，其中从临床试验到上市通常也需要 5～7 年甚至更久的时间。

3. 创新能力分析的方法和原则

本章分析的指标虽不局限于财务指标，但第 1 章中提到的分析方法和原则大多仍然适用。首先，财务报表分析的三大主要方法包括比率分析法、比较分析法和结构分析法，前两种方法依旧适用于分析企业的创新能力。例如，投资者经常利用创新相关数据构建相关比率（如研发强度），进而横向或者纵向比较企业的创新能力。其次，财务报表分析的四大原则，即业财结合、客观中立、交叉验证、主次分明，也同样适用于分析企业的创新能力。(1) 创新能力分析需要业财结合。例如，研发强度的比较适用于科技企业，未必适用于消费行业的企业。此外，不同行业对研发的重视程度不同，

---

① Kothari S P, Laguerre T E, Leone A J. Capitalization versus expensing: evidence on the uncertainty of future earnings from capital expenditures versus R&D outlays. Review of Accounting Studies, 2002, 7 (4): 355 - 382.

如“硬科技”行业研发强度往往超过 10%，而互联网行业研发强度通常仅为 5%左右。(2) 创新能力分析需要客观中立。我们在分析企业的创新能力时，应更侧重于创新投入和创新产出等客观中立的指标，而不是公司对其创新能力和文化的定性描述。(3) 创新能力分析需要交叉验证，由于评价企业创新能力的指标各有优劣，综合使用多种指标进行分析并进行交叉验证效果更佳。(4) 创新能力分析也需要主次分明，评价企业创新能力的指标繁多，投资者需要主次分明，重点关注较为关键的指标。

7.2　创新投入与创新产出分析

7.2.1　创新投入

1. 创新投入与研发投入

7.2　即测即评

在实务中，通常以研发投入衡量创新投入，并且两个概念交替使用，但事实上两者存在明显的区别。**创新投入**（innovation investment）是指企业为实现创新目标而进行的广泛投入，包括技术创新（研发投入）和非技术创新（组织创新和商业模式创新）等多个方面；**研发投入**（R&D investment）是指专门用于科学研究和技术开发等活动的投入。创新投入和研发投入是不同的概念，创新投入是管理学上的概念，相对比较模糊，而研发投入是会计上的概念，有严格的定义。例如，华为除了大量研发投入，还非常重视研发管理水平的提升。据报道，华为在 1999—2004 年花费了 20 亿元聘请 IBM 做咨询顾问，引进集成产品开发（IPD）等先进的产品开发模式、理念与方法。这些理念和方法的引进虽然不属于会计上的研发投入，但属于广义的创新投入范畴。

会计上，研发投入是指某一科研项目在研究阶段和开发阶段的经费投入。研发投入的范围包括：(1) 直接从事研发活动人员的工资薪金和五险一金费用，以及外聘研发人员的费用支出；(2) 研发活动直接消耗的材料、燃料和动力费用；(3) 用于研发活动的器具、设备的折旧费；(4) 用于研发活动的软件、专利权、非专利技术的摊销费用；(5) 其他相关费用等。

2. 研发强度与研发投入规模

研发强度（R&D intensity）是评估研发投入最常用的指标，是指研发投入占销售收入的比例。其计算公式如下：

$$研发强度=\frac{研发投入}{营业收入}\times 100\%$$

研发强度是评价企业科技含量的重要指标。对于行业或企业而言，研发强度反映了其在技术创新方面的投入程度。较高的研发强度表明企业愿意投入更多的资源在研发活动上，以推动产品创新、技术改进和市场竞争力的提升。有些投资者认为，研发强度高于10%的企业才能称为高科技企业。例如，华为一直以重视研发闻名，从20世纪90年代早期开始就坚持每年将10%以上的销售收入投向研发。但是，研发强度高于10%的标准可能更适合“硬科技”企业，对于“软科技”企业或者兼具两种性质的企业，这种标准未必合适。

此外，由于规模效应的存在，规模较大的公司的研发强度与未来盈利能力以及盈利能力的波动之间的相关性可能更强。因此，对于不同收入规模的公司，研发强度不完全具有可比性。例如，A公司研发强度为10%，而B公司研发强度为20%，是否意味着B公司科技含量更高、技术水平更高呢？答案是未必如此。如果A公司收入规模是B公司的10倍，那么A公司的研发投入水平和累计的研发投入实际上远超B公司。

综上所述，从研发强度看企业科技含量时，还需考虑企业的业务性质和营收规模。投资者应结合企业的业务性质、研发强度和累计研发投入规模来综合分析企业的技术能力。对于业务性质完全相同或相似的公司，研发强度越高、累计研发投入规模越大，则说明公司越重视研发、科技含量越高。对于同一家公司，如果提高研发强度或增加研发投入规模，则说明公司越来越重视研发。

3. 研发投入阶段：研发投入资本化率

按照现行企业会计准则，内部研发项目支出根据其性质以及研发活动最终形成无形资产是否具有较大不确定性，被分为研究阶段支出和开发阶段支出。为研究生产工艺或产品而进行的有计划的调查、评价和选择的支出为研究阶段的支出，是费用化的研发投入，于发生时计入利润表中的研发费用；在大规模生产之前，针对生产工艺或产品最终应用的相关设计、测试阶段的支出为开发阶段的支出，同时满足一定条件的，予以资本化，是资本化的研发投入，在资产负债表上列示为开发支出，并在项目达到预定用途时转为无形资产。**研发投入资本化率**（R&D capitalization rate）的具体计算公式如下：

$$\text{研发投入资本化率}=1-\frac{\text{研发费用}}{\text{研发投入}}\times 100\%$$

企业招股说明书或年报中通常会披露研发投入资本化率的信息，投资者该如何解读该信息呢？根据研究阶段支出和开发阶段支出的定义，理论上，相比费用化的研发投入，资本化的研发投入未来产生经济效益的确定性更高。但在实践中，研发投入资本化也可能成为部分企业粉饰利润的手段。因此，会计政策较为稳健的企业通常会选择将所有或大部分研发投入费用化。因为外部投资者很难通过公开信息判断公司研发支出适用的会计政策是否合适，因此他们通常倾向于将研发投入资本化的公司视为其会计政策不稳健，并将变更会计估计视为不好的信号。综上，研发投入资本化理论上意味着研发投入更接近于商业化阶段，但在实践中研发投入资本化也可能代表更不稳健的会计政策，投资者需要具体问题具体分析。

案例分析7-1

2021年11月20日，国内医药龙头恒瑞医药（600276）发布会计估计变更公告，公告称，将此前的研发费用在发生时计入当期损益变更为根据研发项目所处的不同阶段区别对待，其中，研发阶段的支出依旧在发生时计入当期损益，而开发阶段的支出则计入开发支出，并在开发项目达到预定用途时，结转为无形资产。虽然变更会计政策会使公司当期的利润数据更为乐观，但投资者并不买账。这可能意味着公司未来的业绩压力比较大，因而公司选择放弃稳健的会计估计。

4. 研发人力资本投入的强度和质量

研发投入包括人力投入和物力投入。当前，上市公司需要披露研发人员的数量、年龄构成、学历构成和平均薪酬等信息。投资者可以根据这些信息构建研发人力资本的相关指标，从人力资本投入的角度分析企业的创新能力。

研发人员占比（R&D personnel ratio）是研发人力资本最常用的衡量指标，指研发人员总数占企业员工总数的比例。其计算公式如下：

$$\text{研发人员占比}=\frac{\text{研发人员总数}}{\text{企业员工总数}}$$

研发人员占比可反映研发活动在整体组织中的重要性和规模，是评价企业科技含量的重要指标。科创板规定，研发人员占比不低于10%，华为2021年的研发人员占比为54.8%。企业研发人员占比越高，代表企业的研发活动对企业越重要、企业的科技含量越高。

除了研发人员的数量，还需要考虑研发人员的质量。研发人员的数量相对较为客观，而质量相对较难测量。研发人员的质量可参考研发人员的平均薪酬、高学历研发人员占比、年轻研发人员占比等信息，具体计算公式如下：

$$\text{研发人员的平均薪酬}=\frac{\text{研发人员的总薪酬}}{\text{研发人员总数}}$$

$$\text{高学历研发人员占比}=\frac{\text{研发人员中硕士及以上学历人数}}{\text{研发人员总数}}$$

$$\text{年轻研发人员占比}=\frac{\text{30岁以下研发人员数}}{\text{研发人员总数}}$$

除了总体的研发人员，企业核心技术人员的人力资本信息也值得重点关注。科创板要求企业详细披露核心技术人员的简历信息，投资者可以通过简历获取核心技术人员的教育背景、工作履历、年龄等重要信息。根据这些公开信息，投资者可以分析企业核心技术人员的人力资本质量以及核心技术人员的流失和吸引情况。

需要注意的是，研发强度以及研发人员占比等指标是表面指标，不能单独说明研发活动的质量和成果。其他因素，如研发人员的专业能力、研发项目的管理效率、创新文化和资源配置等也会影响研发的效果。因此，在评估一个组织的创新能力时，需要综合考虑多个指标和因素，而不能仅依靠几个简单的指标。

案例分析 7-2

中芯国际是世界领先的集成电路晶圆代工企业之一，也是中国集成电路制造业的领导者，拥有领先的工艺制造能力、产能优势和服务配套。集成电路产业是资金密集、技术密集、人才密集的高科技产业，集成电路制造是集成电路产业的核心环节。

表 7-1 所示的是中芯国际和可比公司的研发投入数据对比。据全球知名半导体分析机构 IC Insights 发布的统计数据，2018 年台积电、中芯国际和联华电子在芯片制造市场份额分别位列行业的第 1、第 3 和第 4 名。因此，我们将台积电和联华电子作为中芯国际的可比公司。表 7-1 中的数据显示：(1) 中芯国际的研发强度曾大于台积电和联华电子，但是近两年中芯国际的研发强度下降较为明显，这主要是由收入上升而研发投入增长相对缓慢所致。(2) 行业龙头台积电研发投入的规模远超中芯国际，并且保持逐年增长趋势，其研发投入规模的优势越来越明显；中芯国际的研发投入规模和强度略高于联华电子，但领先优势不明显。总而言之，从研发投入的数据来看，中芯国际虽然是中国大陆集成电路制造业的领导者，但其创新能力和技术水平与行业龙头台积电仍有较大差距，且这种差距目前仍未有缩小的趋势。如果公司未来在技术研发方面的投入不足，无法支撑技术升级的需要，可能导致公司的技术被赶超或替代，进而对公司的持续竞争力产生不利影响。

表 7-1 中芯国际和可比公司的研发投入数据对比

指标名称	公司名称	2017 年	2018 年	2019 年	2020 年	2021 年	2022 年
研发投入（亿元）	台积电	177.53	191.89	212.64	254.12	287.14	371.09
	中芯国际	35.76	44.71	47.44	46.72	41.21	49.53
	联华电子	30.06	29.10	27.59	29.93	29.78	29.44
研发强度（%）	台积电	8.26	8.33	8.54	8.18	7.86	7.21
	中芯国际	16.72	19.42	21.55	17.01	11.57	10.00
	联华电子	9.16	8.61	8.00	7.12	6.07	4.50

此外，公开资料显示，2018—2020 年中芯国际的整体员工流失率分别为 22.0%、17.5%和 17.0%，而台积电同期员工离职率分别为 4.5%、4.9%和 5.3%，差距较为

明显。如果优秀的技术研发人才离职，而公司无法在短期内招聘到经验丰富的技术人才，可能会影响公司的工艺研发和技术突破。好消息是，公司董事会在年报中表示，2022 年公司的人才流失率已大幅下降。

中国实践 7－2

中国上市公司的研发投入

以 2021 年为例，我们统计分析了 A 股上市公司不同大类行业以及制造业细分行业的研发投入情况，如表 7－2 所示。数据显示，在中国证监会大类行业中，科技含量较高的有信息传输、软件和信息技术服务业，科学研究和技术服务业以及制造业。这三者研发强度的中位数分别为 11.04%、5.45%和 4.32%，研发人数的中位数分别为 422 人、284 人和 223 人，研发人员占比的中位数分别为 36.04%、16.44%和 13.48%。在制造业细分行业中，仪器仪表制造业，计算机、通信和其他电子设备制造业，专用设备制造业，医药制造业，铁路、船舶、航空航天和其他运输设备制造业的研发强度中位数均大于 5.00%，研发人员占比中位数均超过 10.00%；科技含量较低的有食品制造业以及有色金属冶炼和压延加工业等行业，研发强度中位数均低于 3.00%，研发人员占比中位数分别为 6.36%和 11.78%，均处于较低水平。

表 7－2　A 股上市公司不同大类行业以及制造业细分行业的研发投入情况

行业	研发人数	研发人员占比（%）	研发强度（%）
Panel A：不同大类行业研发投入情况			
农、林、牧、渔业	54.5	2.78	0.90
采矿业	326	7.53	1.34
制造业	223	13.48	4.32
电力、热力、燃气及水生产和供应业	45	2.99	0.37
建筑业	272.5	15.80	3.15
批发和零售业	23	0.80	0.05
交通运输、仓储和邮政业	34	1.25	0.24
信息传输、软件和信息技术服务业	422	36.04	11.04
房地产业	0	0	0
租赁和商务服务业	40	3.14	0.58
科学研究和技术服务业	284.5	16.44	5.45

续表

行业	研发人数	研发人员占比（%）	研发强度（%）
水利、环境和公共设施管理业	105	10.57	3.14
文化、体育和娱乐业	55.5	3.83	0.56
平均	197	12.79	3.85
Panel B：制造业细分行业研发投入情况			
食品制造业	123	6.36	2.08
化学原料和化学制品制造业	168	13.37	3.51
医药制造业	237	14.61	5.79
橡胶和塑料制品业	173.5	12.82	3.82
非金属矿物制品业	185	10.80	3.60
有色金属冶炼和压延加工业	259	11.78	2.62
金属制品业	181	12.50	3.66
通用设备制造业	213	12.91	4.30
专用设备制造业	222	17.77	6.08
汽车制造业	356	12.41	4.43
铁路、船舶、航空航天和其他运输设备制造业	234	15.98	5.13
电气机械和器材制造业	278	14.03	4.20
计算机、通信和其他电子设备制造业	318	18.08	6.38
仪器仪表制造业	206	22.91	7.86
平均	236	14.24	4.61

注：表中列示的是A股上市公司不同大类行业及制造业细分行业研发投入指标数值的中位数；在大类行业中，只统计了样本量超过30的行业；在制造业细分行业中，只统计了样本量超过60的行业。

从数据分析的结果来看，研发人员占比和研发强度两者的相关性较强，研发人员占比较高的行业，往往研发强度也比较高。不同行业的研发投入差异较大，这反映出不同行业科技属性的差异较大。此外，据统计，研发投入大于0的公司中，只有23.5%的公司选择将部分研发投入资本化，90%的公司研发投入资本化率低于20%，说明研发投入资本化并不是上市公司的常规选择。

7.2.2 创新产出

本节主要从专利角度讨论创新产出，这里的创新产出主要指创新的直接产出，不包括创新的商业化成效。

1. 专利的概念及价值

专利（patent）是指专有的权利和利益。在现代，专利一般是由政府机关或者代表若干国家的区域性组织根据申请而颁发的一种文件，该文件详细记载了发明创造的内容，并且在一定时期内产生这样一种法律状态，即获得专利的发明创造在未经专利权人许可的情况下，他人不得实施。只有经专利权人许可才能予以实施。

根据《中华人民共和国专利法》，我们可以对专利有基本的了解，具体说明如下：(1) 发明创造包括发明、实用新型和外观设计三种。发明，是指对产品、方法或者其改进所提出的新的技术方案。实用新型，是指对产品的形状、构造或者其结合所提出的适于实用的新的技术方案。外观设计，是指对产品的整体或者局部的形状、图案或者其结合以及色彩与形状、图案的结合所作出的富有美感并适于工业应用的新设计。(2) 申请发明或者实用新型专利的，应当提交请求书、说明书及其摘要和权利要求书等文件。国务院专利行政部门负责管理全国的专利工作；统一受理和审查专利申请，依法授予专利权。专利申请权和专利权可以转让。(3) 授予专利权的发明和实用新型，应当具备新颖性、创造性和实用性。发明专利权的期限为二十年，实用新型专利权的期限为十年，外观设计专利权的期限为十五年，均自申请日起计算。

专利的价值体现在多个方面，包括但不限于：(1) 专利是保护企业技术、获取竞争优势和防御竞争对手的重要工具。(2) 企业可以通过转让、许可和质押等方式，从专利中获取直接收益。(3) 企业可以凭借专利等获得高新技术企业资格，享受补贴、奖励以及相关税收减免等福利。虽然专利的价值很高，但其价值难以量化，并且与企业经营的其他方面不可分割。

2. 会计上的“专利权及专有技术”

虽然专利价值很高，但财务报表上记录的专利权的账面价值通常很少。会计上的“专利权及专有技术”需要在无形资产的财务报表附注中查看，记录的项目包括：(1) 外购的专利权及专有技术；(2) 非同一控制下企业合并形成的专利权及专有技术；(3) 开发支出转入的专利权及专有技术（开发支出是指资本化的那部分研发投入）。由于大部分企业选择将研发支出费用化，直接计入研发费用，并且外购及企业合并形成的专利较少，因此报表里无形资产项目中的“专利权及专有技术”账面价值往往较少，远远低于公司所拥有专利权的实际价值。其结果是，财务报表附注中无形资产的子项目“专利权及专有技术”提供的信息含量有限，且该项目在不同公司之间并不具备可比性。鉴于财务报表中的“专利权及专有技术”无法反映公司专利的真实价值，投资者需要通过其他指标进行评估。

3. 专利视角的创新产出指标

根据学术界的研究，衡量专利价值的相关指标主要有专利的数量、专利的质量、国内外获得的奖项和专利的产出效率等。

第一，专利的数量是指本年申请或获批的专利数量以及累积获批的专利数量。公司当年的专利申请或获批专利数量通常代表公司当前的创新能力，而累积获批的专利数量则代表公司累积的技术实力。例如，华为在其 2021 年年报中披露，截至 2021 年年底，华为在全球共拥有有效授权专利 4.5 万余族（超过 11 万项），其中 90%以上为发明专利，这体现了华为累积的技术实力。此外，华为在中国国家知识产权局和欧洲专利局 2021 年度专利授权量均排名第一，在美国专利商标局 2021 年度专利授权量位居第五，这也彰显了华为在该时间点的创新能力。

第二，专利的质量是指单项专利的价值。单项专利的价值很难量化，根据学术界和实务界的相关研究和政策，以下几个因素会影响一项专利的价值：（1）专利的级别，即是否为发明专利或国际专利。通常发明专利的价值大于实用新型和外观设计专利，国际专利的价值大于国内专利。例如，华为在年报中特别指出公司 90%以上的专利为发明专利，并特别说明公司申请欧洲和美国专利的排名情况。（2）专利的诉讼情况。如果企业对专利侵权行为提起诉讼，则说明公司认为其专利价值较大，这在一定程度上能够反映公司专利的质量。（3）专利的引用情况。专利被引用的次数越多，说明专利的社会价值越大，也在一定程度上表明公司专利的质量高。（4）专利的创新性。一些研究通过专利形成所涉及的知识分布来度量专利的创新性，进而度量专利的价值。上述部分指标需要投资者通过年报以外的渠道获取，如国家知识产权局网站。

第三，国内外获得的奖项是指企业在技术方面获得的国内外奖项或荣誉。投资者可以重点关注"含金量"较高的国家科学技术奖，包括国家最高科学技术奖、国家自然科学奖、国家技术发明奖、国家科学技术进步奖和中华人民共和国国际科学技术合作奖。这些信息通常可以从公司年报或其他公开渠道中获取。

第四，专利的产出效率是指专利的投入与产出比，具体计算方法如下：

$$专利产出效率=\frac{专利数量(或专利引用)}{研发投入}$$

专利产出效率在一定程度上能够衡量企业的研发和创新效率。以往研究表明，相比研发投入，创新效率可能会被市场上的投资者忽视，进而产生套利的机会。

案例分析 7-3

台积电与中芯国际在技术布局上重合度较高，双方均在半导体、介电层、集成电路、栅极结构、晶体管、存储器等专业技术领域上重点布局。根据中芯国际年报数据，截至 2022 年年底，中芯国际累积申请专利 18 893 项（包含发明专利 17 001 项），获得专利 12 963 项。其中，2021 年申请和获得的发明专利分别为 662 项和 672 项，2022 年申请和获得的发明专利分别为 792 项和 379 项。根据台积电年报数据，截至 2022 年年底，公司全球专利申请总数累计超过 8.5 万项，全球专利获准总数累计超过 5.6 万项。其中，2021 年申请和获得的专利分别为 8 800 项和 5 100 项，2022 年申请逾 8 500 项，获批逾 5 500 项专利。从上述数据看，台积电在专利数量上拥有明显的优势，且与中芯国际的差距在逐渐扩大。

4. 除专利以外的技术实力

除了专利，公司还可能披露其他方面的技术实力对比，这些信息可能有助于判断公司的技术实力。

案例分析 7-4

中芯国际在招股说明书中披露了本公司与可比公司的技术实力对比，具体信息如表7　3所示。在集成电路晶圆代工领域，关键技术节点的量产能力是衡量企业技术实力的重要标准之一。从表中可以看出，中芯国际的技术实力与行业龙头企业虽有一定差距，但在中国大陆处于领先地位。

表 7-3　中芯国际与可比公司的技术实力对比

主要晶圆代工企业	2011 年	2012 年	2013 年	2014 年	2015 年	2016 年	2017 年	2018 年	2019 年
台积电	28nm			20nm	16nm	10nm		7nm	
格罗方德	32nm	28nm			14nm			12nm	
联华电子			28nm				14nm		
中芯国际	40nm				28nm				14nm
力晶科技		90nm		55nm		25nm			
华虹集团						65nm	55nm	28nm	
高塔半导体				65nm、45nm					

上述案例具有一定的特殊性，因为晶圆代工行业内公司的技术实力相对较为透明和可比。然而在其他行业，评价公司的技术实力往往有一定的难度，这增加了对高科技公司的投资难度。

案例分析 7-5

表 7-4 列示了美的集团、格力电器及海尔智家三家公司 2017—2022 年的创新投入情况。结果显示：(1) 从研发投入规模来看，美的集团投入最大，海尔智家次之，格力电器投入最小。(2) 从研发强度来看，海尔智家最强，格力电器和美的集团旗鼓相

当。从趋势来看，海尔电器的研发支出增长最快，美的集团紧随其后，格力电器近年来研发支出增加缓慢。

表 7-4　三家公司 2017—2022 年的创新投入　　单位：亿元

公司名称	指标名称	2017 年	2018 年	2019 年	2020 年	2021 年	2022 年
美的集团	营业收入	2 419.19	2 618.20	2 793.81	2 857.10	3 433.61	3 457.09
	研发支出	85.00	98.11	96.38	101.19	120.15	126.19
	研发强度	3.51%	3.75%	3.45%	3.54%	3.50%	3.65%
格力电器	营业收入	1 500.20	2 000.24	2 005.08	1 704.97	1 896.54	1 901.51
	研发支出	57.67	72.68	60.11	62.14	65.29	64.30
	研发强度	3.84%	3.63%	3.00%	3.64%	3.44%	3.38%
海尔智家	营业收入	1 592.55	1 833.17	2 007.62	2 097.26	2 275.56	2 435.14
	研发支出	45.89	53.98	67.11	72.20	89.67	102.40
	研发强度	2.88%	2.94%	3.34%	3.44%	3.94%	4.21%

创新产出包括：(1) 在获奖方面，截至 2022 年年底，海尔智家累计获得 16 项国家科技进步奖，美的集团累计获得 3 项国家科技奖。(2) 在专利申请方面，根据 2023 年 1 月 6 日领先的全球知识产权产业科技媒体 IPRdaily 中文网发布的《2022 年全球智慧家庭发明专利排行榜（TOP100）》，海尔智家以 5 691 项公开的专利申请位居第一，代表中国企业连续 8 次夺得全球第一，美的集团和格力电器的专利申请数量分别为 2 773 项和 2 118 项。

综合来看，三家公司都非常重视创新活动，创新能力都较强，但相比较而言，美的集团的创新投入更大，海尔智家的创新效率更高。

中国实践 7-3

中国上市公司专利申请和获得情况

我们以 2020 年为例，统计并分析了 A 股上市公司不同大类行业及制造业细分行业的专利申请与获得情况，如表 7-5 所示。数据显示，2020 年，上市公司获得专利总数的中位数为 18 项，其中发明专利的中位数是 2 项；申请专利和申请发明专利的中位数是 39 项和 8 项（通常情况下，专利的申请量是获得量的 2 倍左右）。申请和获得发明专利总数较多的行业有采矿业、制造业、建筑业以及科学研究和技术服务业等。此外，在制造业细分行业中，汽车制造业，铁路、船舶、航空航天和其他运输设备制造业以及电气机械和器材制造业相对而言申请和获得的专利总数较多。但是，各细分行业的发明专利申请和获得数量总体都较少，且差距不大。

表 7－5 A 股上市公司不同大类行业及制造业细分行业的专利申请与获得情况 单位：项

行业	专利获得	发明专利获得	专利申请	发明专利申请
Panel A：不同大类行业专利情况				
农、林、牧、渔业	6.5	0	7	2
采矿业	23.5	2.5	49.5	6
制造业	24	3	49	11
电力、热力、燃气及水生产和供应业	12	1	28.5	5
建筑业	45	3	96.5	15.5
批发和零售业	0	0	1	0
交通运输、仓储和邮政业	4	0	15	2
信息传输、软件和信息技术服务业	8	3	22	11
房地产业	1	0	3	0
租赁和商务服务业	1	0	0	0
科学研究和技术服务业	18.5	2	35	9.5
水利、环境和公共设施管理业	14	1	45	7
文化、体育和娱乐业	1.5	0	7.5	0
平均	18	2	39	8
Panel B：制造业细分行业专利情况				
食品制造业	11	1	20	5
化学原料和化学制品制造业	13	3	34.5	10.5
医药制造业	10	3	19	7
橡胶和塑料制品业	21	2	42	9
非金属矿物制品业	19	2	49	9
有色金属冶炼和压延加工业	21	3	53	14
金属制品业	21	2	46	10
通用设备制造业	29	2	60.5	12.5
专用设备制造业	35	2	73	14
汽车制造业	38	3	74	12
铁路、船舶、航空航天和其他运输设备制造业	44.5	3	89.5	20
电气机械和器材制造业	42	4	82.5	20
计算机、通信和其他电子设备制造业	34	6	71	22
仪器仪表制造业	30	3	52	11
平均	25	3	52	12

注：表中列示的是 A 股上市公司不同大类行业及制造业细分行业专利申请与获得数量的中位数；在制造业细分行业中，只统计了样本量超过 60 的行业。

7.3 创新商业化成效分析

7.3.1 客户维度

7.3 即测即评

创新和技术研发的最终目的是为客户创造价值，从而更好地赢得客户。研发投入和专利数虽重要，但并不能代表商业化成功。企业创新商业化成功的唯一标准是赢得客户，这一标准不仅适用于“硬科技”企业，而且适用于商业模式创新的企业。实现技术创新有两个重要步骤：第一，通过研发投入将资金转换为专利和知识；第二，通过商业化将专利和知识转换为领先的产品，并通过成功的产品赢得客户。对于企业而言，只有完成以上两个步骤，创新才是可持续的。

客户维度的指标有助于评估企业创新商业化的成效。根据平衡计分卡，客户维度的常用指标有市场占有率、用户增长率、单用户价值、客户满意度等。本节重点介绍市场占有率和客户（用户）相关指标。

1. 市场占用率

市场占有率（market share）也称为市场份额，是企业战略管理和营销学中的一个重要概念。其定义为在某一时间，某一家公司的产品（或某一种产品）在同类产品市场销售中所占的比例或百分比，其计算公式如下：

$$\text{市场占有率}=\frac{\text{产品销量(或销售额)}}{\text{行业产品总销量(或总销售额)}}\times 100\%$$

无论是对于高科技企业还是非高科技企业而言，市场占有率都是反映企业商业化成功与否以及市场竞争力的重要指标。

案例分析 7-6

中芯国际招股说明书中的数据显示，在2018年纯晶圆代工行业全球市场销售额排名中，中芯国际位居全球第四位，占全球纯晶圆代工市场份额的6%，前三名分别是台积电、格罗方德和联华电子，市场占有率分别为59%、11%和9%。同年，中芯国际占中国纯晶圆代工市场份额的18%，排名第二，仅次于台积电，在中国大陆企业中排名第一。以上信息说明，虽然中芯国际与行业龙头企业在竞争力和技术上仍有较大差距，但在中国大陆已积累了广泛的客户优势，处于领先地位，显示出公司技术的商业化取得了重大成功。

作为一个综合性业绩指标，市场份额相比其他业绩指标有一个独特优势，它更不易受宏观经济环境和行业发展阶段的影响。例如，当公司所处的行业高速发展时，虽然公司的收入和利润均实现了增长，但不一定意味着公司发展良好。这是因为如果公司的收入增速低于行业的增速，市场份额减少，则说明公司竞争力下降。市场份额指标也存在一些局限：一方面，市场占有率并不是年报中强制披露的内容，公司可以选择不披露或选择性披露相关数据。当然，投资者可以自行收集相关数据。例如，全球知名半导体分析机构 IC Insights 会定期报告半导体行业市场份额相关数据。另一方面，市场占有率数据存在不同公司统计口径不一致的问题，公司往往会选择有利于自身的统计口径，因此，投资者需要收集不同来源的数据进行交叉验证。

2. 客户（用户）相关指标

除市场份额以外，互联网等行业的企业往往比较重视与客户（用户）相关的指标。指标如下：

第一，用户数量及用户增长率。用户数量是指企业当前累积的总用户数量，常见指标如日活跃用户量（DAU）、月活跃用户量（MAU）。用户增长率是用来描述企业本期间总用户或付费用户增长情况的指标。例如，对于抖音和快手等互联网企业，其 MAU 及其增长率是投资者最为关注的指标之一，它们在一定程度上反映了企业的创新力和竞争力。

第二，**每用户平均收入**（average revenue per user，ARPU）。用户数量和 ARPU 共同决定了互联网企业的整体收入规模。对于不同类型的互联网企业，除了用户数量的差异，ARPU 也是影响收入的重要因素。当互联网行业用户增量减少，用户数量趋于稳定时，ARPU 的提升依然可能带来收入增长。ARPU 也在一定程度上反映了互联网企业的创新力和为客户提供的价值。

7.3.2　财务维度

1. 研发投入与未来利润的不确定性

根据熊彼特等人的理论，公司创新的主要激励是获得垄断利润。因此，公司创新投入商业化成功的最终标志是财务上的成功。研发投入能否转化为企业未来的业绩具有较大的不确定性：一方面，企业即使拥有一流的专利和技术，但如果无法将其转化为一流的产品或者找不到合适的应用场景，也依然无法转化为企业的收入和利润；另一方面，"内卷式"创新未必能够提升企业的收入和利润水平。例如，同一行业的两家公司同时投入重金进行研发，且研发的技术类似，最终两家公司的技术水平均有提升，但由于竞争的存在，两家公司均无法获得较高的利润率。

案例分析 7－7

以 AI 行业为例，近年来，AI 行业的巨头纷纷加大研发投入，2019—2021 年行业龙头企业商汤科技的研发投入占总营收的比例分别为 63.30%、71.21%和 65.11%。

但是，AI企业大多面临巨额亏损的困境。原因在于：一方面，AI行业还处于商业化的早期阶段，营收规模较小；另一方面，“内卷式”创新导致行业利润率较低。

2. 商业化成功的标志1：收入增长、毛利率与利润增长

虽然研发投入能否商业化成功难以预测，但是投资者仍然可以从企业的发展历史中获取企业研发投入商业化能力的一些重要信息。如果企业的商业化能力具有可持续性，那么企业过往的创新商业化能力可以作为未来商业化能力的重要参考。具体而言，创新投入商业化成功与否可以参考以下几个指标：

（1）研发投入对未来收入增长的影响。公司的技术水平较高，并且商业化能力较强，将有助于公司赢得客户，在财务上体现为收入的增长。公司以往研发投入转化为当期收入增长的能力，是公司创新商业化能力（或称创新能力）的体现。以往研究使用该方法估计企业研发投入商业化的能力，发现投资者可能低估了这一信息的有用性。①

（2）研发投入对未来毛利率的影响。如果企业通过技术创新建立了一定的技术门槛，则可以获得较高的毛利率。通常而言，真正的高科技企业有较高的毛利率（未扣除期间费用之前的利润率）。

（3）研发投入对利润增长的影响。如果企业的研发投入能够带来较高的收入增长，并有稳定且较高的利润率，则企业的利润规模以及利润增长率自然会提升。

从研发投入到商业化成功一般有一定的滞后期，投资者可以观察企业过去1～5年的研发投入对当前收入增长、毛利率和利润增长的影响。

3. 商业化成功的标志2：应收账款周转率和应付账款周转率

企业在上下游的议价能力是企业竞争优势的一部分。在极端的情况下，议价能力甚至会决定公司的存亡。例如，2018年，中兴通讯的关键原材料——芯片被供应商“卡脖子”，直接导致公司业务停摆，公司几乎要破产清算。理解公司在上下游的议价能力的关键在于“实力”两字。对于高科技企业而言，技术实力是最重要的实力之一。因此，通过考察公司在上下游的议价能力，也可以间接判断公司的研发投入是否取得了成功、公司是否掌握了核心科技。

如果公司掌握了核心技术，则对下游客户的议价能力较强，这在财务上表现为利润率较高，还表现为应收账款周转天数较少（账期较短）。相反，如果上游供应商掌握了核心技术或资源，则公司对上游供应商的议价能力减弱，这在财务上表现为利润率较低和应付账款周转天数较少（账期较短）。对于高科技企业而言，除了收入和利润等

① Cohen L, Diether K, Malloy C. Misvaluing innovation. The Review of Financial Studies, 2013, 26 (3): 635-666.

财务指标，应收账款周转天数和应付账款周转天数也能在一定程度上反映公司的技术实力及其在产业链中的地位。

案例分析 7-8

表 7-6 所示的是中芯国际及其竞争对手 2017—2022 年的部分财务指标。数据显示：(1) 三家公司的收入和利润都保持良好的增长趋势，这主要得益于行业的景气，也说明了三家公司创新投入的商业化都取得了较大的成功。(2) 近年来，中芯国际的财务数据表现良好，营业收入稳定增长，利润由亏转盈。具体来说，公司在 2018 年和 2019 年扣除非经常性损益后的利润分别为—6.17 亿元和—5.22 亿元，2021 年和 2022 年则分别跃升至 53.25 亿元和 97.64 亿元。收入和利润的变化主要得益于公司新产品线的投产以及规模效应的显现。(3) 中芯国际的营业收入只有台积电的1/10，略低于联华电子；中芯国际的毛利率和净利率均远低于台积电，略低于联华电子。2022 年，中芯国际的利润规模仍然不到台积电的 1/20，约为联华电子的 1/2。(4) 2021—2022 年，中芯国际的应收账款周转天数在 40 天以下，处于行业平均水平，与台积电基本相当。这既体现了公司良好的应收账款管理能力和优质的客户质量，又彰显了公司对下游强大的控制能力。中芯国际的应付账款周转天数在 45 天左右，远低于台积电，这说明公司对上游供应商的控制能力相对台积电较弱。

表 7-6 中芯国际及其竞争对手 2017—2022 年的部分财务指标

指标	公司名称	2017 年	2018 年	2019 年	2020 年	2021 年	2022 年
营业收入（亿元）	台积电	2 149.41	2 304.31	2 488.79	3 108.41	3 654.23	5 145.82
	中芯国际	213.90	230.17	220.18	274.71	356.31	495.16
	联华电子	328.28	337.90	344.72	420.36	490.35	653.59
利润（亿元）	台积电	758.65	811.06	823.28	1 185.44	1 363.61	2 256.91
	中芯国际	2.73	—6.17	—5.22	16.97	53.25	97.64
	联华电子	13.43	19.02	19.75	66.92	128.41	198.20
毛利率（%）	台积电	50.62	48.28	46.05	53.10	51.63	59.56
	中芯国际	24.76	23.02	20.83	23.78	29.31	38.30
	联华电子	18.12	15.10	14.38	22.05	33.82	45.12
净利率（%）	台积电	35.30	35.20	33.09	38.16	37.35	43.88
	中芯国际	1.28	—2.68	—2.37	6.18	14.95	19.70
	联华电子	4.44	1.75	4.14	15.83	26.50	30.61
应收账款周转天数	台积电	45.94	43.58	45.00	38.22	38.90	33.98
	中芯国际	44.02	43.66	51.10	40.53	36.87	35.85
	联华电子	54.02	53.37	60.25	53.96	53.03	46.61

续表

指标	公司名称	2017 年	2018 年	2019 年	2020 年	2021 年	2022 年
应付账款周转天数	台积电	64.66	54.07	79.73	107.86	91.38	90.72
	中芯国际	46.65	43.38	45.03	44.59	45.36	45.52
	联华电子	19.72	18.70	22.24	21.86	20.72	20.42

综合来看，中芯国际近年来的商业化取得了不错的成效。得益于成熟制程的商业化成功，中芯国际近几年财务状况表现良好。但是，从利润率数据来看，中芯国际的整体技术实力与台积电还有较大差距。此外，相较于研发投入，营业收入和利润等数据具有一定的滞后性。由于受到美国的技术封锁和打压，中芯国际近年来不得不将重心转向商业化成熟制程（如 28nm 制程），导致研发投入增速放缓，先进制程的研发进程受阻。因此，中芯国际未来能否实现收入和利润的持续增长具有较大的不确定性。

练习题

一、行动学习

下载并快速浏览美的集团（000333）、腾讯控股（00700）及中芯国际（688981）三家公司的最新年报，仔细阅读公司的各项财务数据，结合本章所学对这三家公司的创新能力进行详细的分析。

二、简答题

1. 简述可以从哪些方面分析企业的创新能力。
2. 简述衡量企业创新投入的指标。
3. 简述衡量企业创新（直接）产出的指标。
4. 简述如何分析企业创新的商业化成效。
5. 简述创新的定义及分类。
6. 简述创新对企业和社会发展的意义。

第8章

综合财务分析

学习目标

1. 了解股东权益报酬率的构成及杜邦分解流程。
2. 了解杜邦分析的实际运用。
3. 理解杜邦分析在业财融合方面的运用。
4. 探究如何利用杜邦分析谋求企业的高质量发展。

引导案例

选择哪个公司投资

投资者最关注的问题自然是如何去发现一家好公司。在开始本章的学习前，先让我们一起做个小调查：假设你是一名投资者，根据下面给出的数据，你会选择三家公司中的哪家公司进行投资呢？

首先，我们来看三家公司的一些财务指标。根据三家公司的总资产对比情况（见图8-1）和总收入对比情况（见图8-2），可以看出A公司的总资产和总收入最高，其次是C公司，B公司最低。同时，三家公司的资产和收入规模均呈逐年上升的趋势。如果我们仅通过这两个指标来作出投资决策，投资者必然会选择投资A公司，因为无论是总资产还是总收入，它都是三者中表现最好的。但这样的决策存在一个弊端，即没有考虑不同公司的规模，我们更应该关注消除规模因素之后的相对值。

接下来，我们看消除规模因素后的指标。将净利润消除规模因素后形成了ROA指标（见图8-3），ROA代表公司每单位总资产所能创造的利润。图8-3与前两张图相比发生了较大变化，可以看出A公司与C公司的ROA接近，B公司的ROA是最高的。从ROA来看，投资者应该投资B公司，因为B公司的单位总资产创造的利润最多。

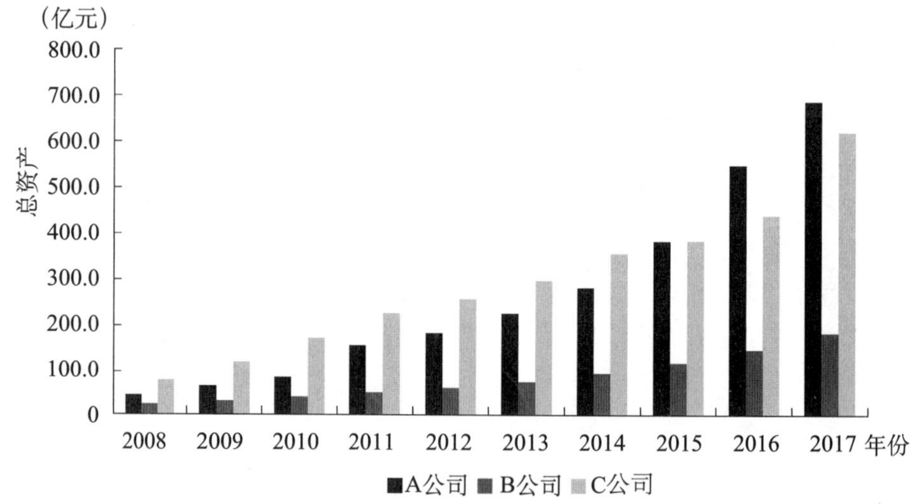

图 8-1　三家公司总资产对比

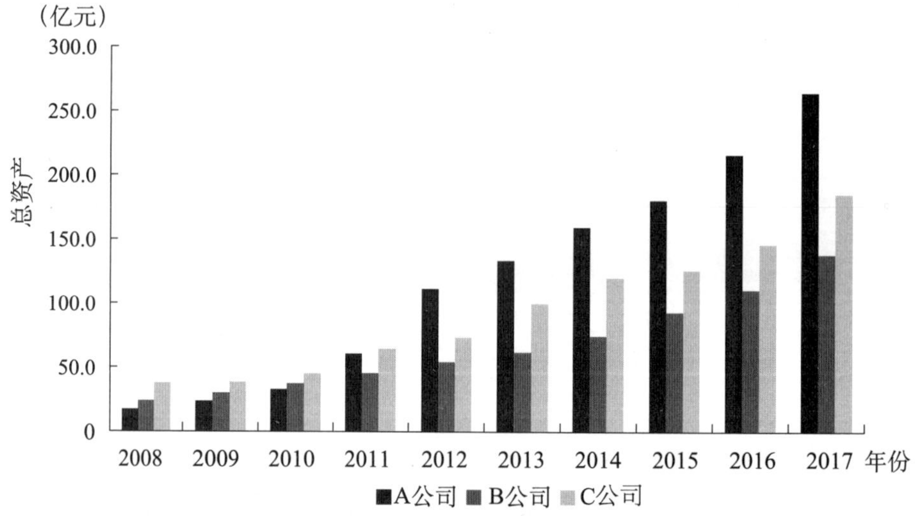

图 8-2　三家公司总收入对比

现在再提供一个背景，这三家公司都属于医药行业，而商誉大小对于医药企业而言十分重要。在此背景下，我们再来考察“商誉除以总资产”这一指标（见图 8-4）。从图中我们会惊讶地发现，B 公司的该指标值几乎为 0，而 C 公司的该指标值是最高的。因此，C 公司是最差的投资选择。

参考不同的财务指标会作出不同的投资选择，这让投资者陷入了困境，也引出了一个问题：究竟应基于什么样的指标才能让投资者作出最合适和准确的投资决策？

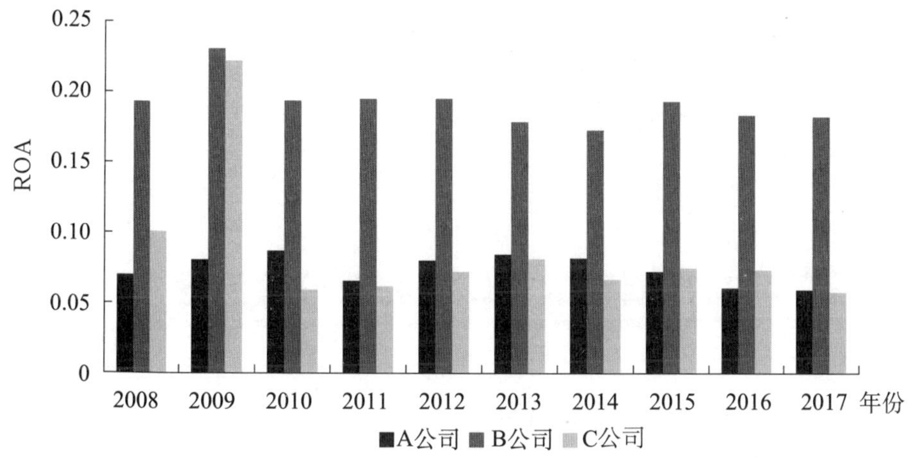

图 8-3　三家公司 ROA 对比

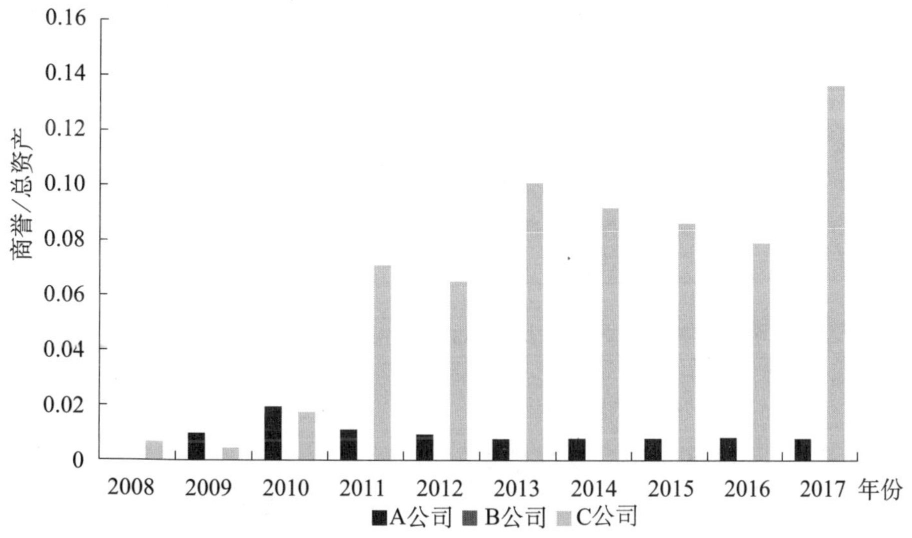

图 8-4　三家公司商誉/总资产对比

事实上，A，B，C 三家公司均为现实中存在的公司：A 公司是康美药业，B 公司是恒瑞医药，C 公司是复星医药。相信大家都听说过康美药业通过虚增收入进行财务造假的案例，这说明如果我们单纯从报表项目来看，比如营业收入，可能无法识别一家公司的真实情况。更合理的做法是利用财务指标进行分析，包括前面章节所介绍的盈利能力指标、营运能力指标、创新能力指标等，但单一财务指标具有静态性、含义的双重性和孤立性等缺陷。因此，我们需要从综合的视角切入分析，从而获得对某一公司更为准确的认识。

思考：

（1）综合的分析视角是怎样的？

（2）杜邦分析如何体现公司的综合表现能力？

（3）投资者应如何运用杜邦分析？

8.1 股东权益报酬率的构成与杜邦分解流程

8.1.1 杜邦分析原理与核心指标

8.1 即测即评

企业是一个复杂的系统，若仅基于某一特定财务指标展开分析，则难以全面、准确地衡量与评价一家企业的价值，这是由于单一财务指标具有一定的局限性。第一是静态性，单一指标反映的是某个时点或某个期间的财务经营情况，但企业作为持续经营的主体，披露的指标所反映的信息相比企业当前的情况具有滞后性，造成时效性的损失。第二是含义的双重性，即单一指标的高低具有相对性。以流动比率为例，从财务安全性的角度来看，流动比率越高代表偿债能力越强，安全性越高，但从获利能力的角度来看，资产的流动性与资产的收益性成反比，流动比率越高意味着获利能力越差。由此可以看出，含义双重性使得投资者难以根据单一指标作出决策。第三是孤立性，由于财务指标之间存在因果关系、依存关系或相关关系，如果投资者仅关注单一指标，则有可能被财务造假企业欺骗。

鉴于单一财务指标分析存在局限性，我们需要将企业视为一个有机的整体，把体现公司政策和战略的多个财务指标整合成一个具有经济联系和影响的综合财务分析框架体系，杜邦分析体系是具有代表性的财务分析框架之一。

杜邦分析法（DuPont Analysis）是由美国杜邦公司首创的分析企业整体绩效及其成因的综合财务分析框架。杜邦分析以**股东权益报酬率**（return on equity，ROE）为核心，通过分析主要财务比率之间的内在关系，对企业整体财务状况进行综合评价。股东权益报酬率又称权益净利率、净资产收益率，其定义为净利润与股东权益之比①，代表对于股东向企业投入的每一元资金，企业能够创造的净利润。杜邦分析的核心目标是提高股东权益报酬率，这可以从两方面入手：第一，钱从哪里来；第二，如何钱生钱。

---

① 在计算财务指标时，分母有时用期末值，有时用加权平均值。分母如果是总资产或营业收入，一般用期末值。本书若无特殊说明，一般用的是期末值。

股东权益报酬率的计算公式如下：

$$股东权益报酬率=\frac{净利润}{股东权益}\times 100\%$$

1. 钱从哪里来：权益乘数

一家公司的总资产来源于债权人的债务性投入或股东的权益性投入，我们可以通过总资产除以股东权益，即计算权益乘数（EM）来衡量股东投入资本的多少。该指标表示股东每投入一元资金所能撬动的公司总资产。权益乘数越大，说明股东投入的资本在公司总资产中占比越低，企业使用的债务资金占比越高。

权益乘数的计算公式如下：

$$权益乘数=\frac{总资产}{股东权益}$$

2. 如何钱生钱：总资产周转率和销售净利率

关于如何钱生钱的问题，我们可以将其进一步细分为两个步骤：第一步是资产转化为收入的速度。企业从购置固定资产、购买原材料开始，通过生产加工形成在产品和产成品存货，最终销售并获得收入，完成资金的一次循环。因此，可以用销售收入除以总资产即计算总资产周转率（AT）来度量资金从资产转化为收入的速度。第二步是收入转化为利润的程度，资产转化为收入自然越快越好，但收入必须最终转化为利润，股东才能真正获利。我们可以通过销售净利率（NPM）来衡量公司收入转化为利润的程度。

总资产周转率和销售净利率的计算公式如下：

$$总资产周转率=\frac{销售收入}{总资产}$$

$$销售净利率=\frac{净利润}{销售收入}\times 100\%$$

8.1.2　杜邦分解流程

1. 杜邦分解流程

经过上述分析，我们得到了杜邦分析的四个核心指标，分别是股东权益报酬率、权益乘数、总资产周转率和销售净利率，其中股东权益报酬率是杜邦分析法的关键。从四个核心指标的公式中可以发现，股东权益报酬率等于权益乘数、总资产周转率与销售净利率三个指标的乘积，因此，将股东权益报酬率分解为这三个指标的过程就称为杜邦分析的分解流程（简称杜邦分解流程）。具体来看，销售净利率衡量的是企业的盈利能力，总资产周转率衡量的是企业的营运能力，权益乘数衡量的是企业的杠杆水平，也即企业的偿债能力，这三个指标又分别对应企业的产品研发与销售活动、资产管理活动和融资活动。具体分解公式如下：

$$\begin{aligned}\text{股东权益报酬率}&=\text{销售净利率}\times\text{总资产周转率}\times\text{权益乘数}\\&=\frac{\text{净利润}}{\text{销售收入}}\times\frac{\text{销售收入}}{\text{总资产}}\times\frac{\text{总资产}}{\text{股东权益}}\\&=\frac{\text{净利润}}{\text{股东权益}}\times100\%\end{aligned}$$

杜邦分解流程的优点在于其可以通过逐步分解股东权益报酬率，识别出提高股东权益报酬率的驱动因子。在第一层拆分后，我们可以进一步分解净利润、总资产等指标：净利润可以分解为总收入减去总成本；总资产可分解为流动资产加上非流动资产。在此基础上，还可以继续拆分，如总收入可以拆分为营业收入、投资收益、营业外收入，总成本可以拆分为营业成本、营业外支出、所得税费用，流动资产可以拆分为货币资金、应收账款、存货等。通过杜邦分解，我们能清晰地识别出驱动股东获利能力提升的因子，究竟是在公司的产品研发与销售环节（包括研发、生产和销售等环节），还是在资产管理环节，抑或是在融资环节。

杜邦分解流程如图 8-5 所示。

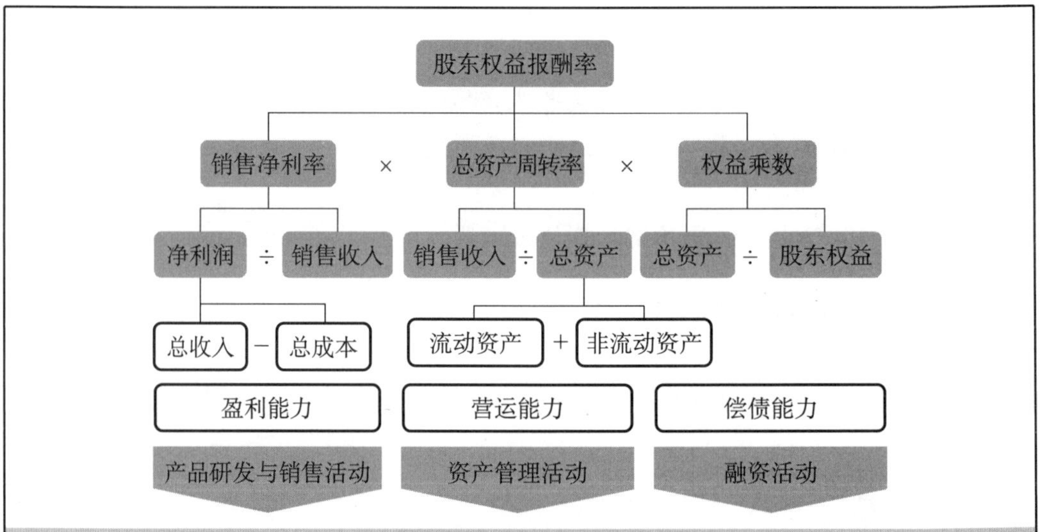

图 8-5 杜邦分解流程

2. 三驾马车/三种商业模式

基于杜邦分解的三大核心指标——销售净利率、总资产周转率、权益乘数对股东权益报酬率的贡献，并分别对应产品研发与销售活动、资产管理活动和融资活动，我们称它们为驱动股东提升获利能力的三驾马车（见图 8-6）。如果企业希望提升股东权益报酬率，可以选择在产品研发与销售环节超越竞争对手，或者在资产管理环节优于同行业其他企业，抑或在融资环节形成自身独特的竞争力。不同类型的公司会选择不一样的“马车”，从而形成了不同的商业模式。

图8-6 杜邦分解的三驾马车

第一，若公司选择通过提高销售净利率来提升股东权益报酬率，可以考虑增加销售环节的利润，比如通过提高总收入或降低总成本来增加利润。这类商业模式的代表性企业是贵州茅台和恒瑞医药，它们作为行业龙头企业，凭借对定价权的掌控保证自身具有高水平的销售净利率，从而获得了极高的股东权益报酬率。第二，通过提高总资产周转率来提升股东权益报酬率，代表性企业是沃尔玛。沃尔玛通过要求供应商定点供货以及采用先进的数字化销量预测系统，实现了极快的商品周转速度，进而达到了高股东权益报酬率。第三，公司还可以从权益乘数角度出发，通过增加负债来提升股东权益报酬率。蚂蚁金服是这种模式的典型代表，它通过各类借贷，充分利用权益乘数的放大效应。但我们需要牢记，权益乘数是一把“双刃剑”，它在提升企业股东权益报酬率的同时也增大了财务风险。

8.1.3 杜邦分析体系评价

通过对杜邦分析核心指标和具体分解流程的介绍，我们已经掌握了杜邦分析的基础原理。作为一个经典的企业综合财务分析模型，杜邦分析具有独特的优点与不足之处。

其优点在于：(1) 杜邦分析采用层层分解的方式，将核心指标 ROE 细化分解为多个财务指标，并可追溯至企业基本的活动因子。(2) 对企业管理者而言，杜邦分析为其指明了提高 ROE 的具体途径，展现了各指标之间清晰明了的逻辑关系，有助于管理者选择适合公司的商业模式，采取对策增强公司竞争力。(3) 对投资者而言，杜邦分析的结果有利于其了解企业获利能力的情况以及具体成因，帮助投资者选择优秀公司。

然而，随着时代的发展，传统的杜邦分析也显露出自身存在的问题：(1) ROE 指标计算公式中的分子为净利润而非现金流量，未将企业的自由现金流量考虑在内。(2) 作为一个较综合的指标，投资者仅从 ROE 较难看出企业的高 ROE 是因为高杠杆还是其他原因，存在一定的误导性。(3) 由于提出杜邦分析的年代金融业务较为单一且稀少，传统的杜邦分析未对企业的金融活动进行区分，并且没有区分有息负债和无息负债对 ROE 的影响。(4) 在信息时代，表外无形资产也会对企业经营状况产生一定的影响，传统的杜邦分析未全面覆盖这些驱动因素。

中国实践 8-1

中国企业的股东权益报酬率

表 8-1 所示的是中国上市公司 2017—2022 年各行业的股东权益报酬率（ROE）。表中的数据显示，2017—2022 年，上市公司的 ROE 大致在 5%～7%。以 2022 年为例，ROE 较高的行业包括采矿业，科学研究和技术服务业，制造业，中位数分别为 9.77%、6.84%和 6.11%；ROE 较低的行业包括房地产业，信息传输、软件和信息技术服务业以及水利、环境和公共设施管理业，中位数分别为 1.86%、2.10%和 2.16%。从时间趋势来看，制造业等行业的 ROE 一直保持较为稳定的状态，而房地产等行业的 ROE 近年来一路下滑。

表 8-1　中国上市公司 2017—2022 年各行业的股东权益报酬率（%）

行业	2017 年	2018 年	2019 年	2020 年	2021 年	2022 年
农、林、牧、渔业（A）	3.84	3.80	2.76	2.85	1.53	2.82
采矿业（B）	5.94	4.12	4.99	3.59	7.49	9.77
制造业（C）	7.40	6.38	6.61	7.39	7.63	6.11
电力、热力、燃气及水生产和供应业（D）	4.83	5.16	5.11	5.73	4.83	5.36
建筑业（E）	8.17	7.08	6.83	5.47	4.06	3.61
批发和零售业（F）	6.68	6.68	6.80	5.19	6.00	4.95
交通运输、仓储和邮政业（G）	7.68	6.38	7.05	4.76	5.99	4.80
信息传输、软件和信息技术服务业（I）	6.77	6.26	5.95	5.91	4.82	2.10
房地产业（K）	7.70	7.29	6.61	4.86	2.99	1.86
租赁和商务服务业（L）	6.95	4.07	4.70	3.67	3.85	2.82
科学研究和技术服务业（M）	8.66	9.00	9.47	8.52	7.96	6.84
水利、环境和公共设施管理业（N）	8.02	7.81	7.32	7.04	5.79	2.16
文化、体育和娱乐业（R）	8.97	6.98	5.42	2.96	4.59	3.04
总计	7.20	6.38	6.49	6.69	6.90	5.40

注：①表中列示的是 A 股上市公司各行业股东权益报酬率（ROE）的中位数；
②根据中国证监会 2012 年划分的一级行业（门类），仅保留样本量超过 30 的行业，不包括金融业。

8.2 杜邦分析的运用

本节将以恒瑞医药为例，详细阐述杜邦分析的实际应用。

8.2 即测即评

8.2.1 恒瑞医药介绍

恒瑞医药是 A 股市场中市值领先的医药公司，已跻身全球制药行业的 Top 50。作为一家从事医药创新和高品质药品研发、生产及推广的医药健康企业，恒瑞医药在国内创新药领域占据龙头地位。公司集中于研发和销售治疗癌症的药品和药物，实现了在核心技术被欧美限制的情况下从“仿制”到“创新”的转型。恒瑞医药的医院终端销售收入在国内排名第一，并顺利实现了国产注射剂在欧美日市场的规模化销售。其产品覆盖抗肿瘤、心血管疾病、糖尿病疼痛、免疫系统、肝病肾病等多个治疗领域，其中抗肿瘤药物板块是其核心业务。

我们首先对恒瑞医药三大业务的市场占有率情况（见表 8－2）进行分析。从表中可以看出，在抗肿瘤业务领域中恒瑞医药市场占有率位列第二，占比 8.4%；在手术麻醉和造影剂两个业务领域中市场占有率均排在第一。整体来看，其三大业务在国内医疗市场中均处于领先地位。

表 8－2 恒瑞医药三大业务的市场占有率情况

市场占有率排名	抗肿瘤	手术麻醉	造影剂
第一名	罗氏（15.7%）	恒瑞医药（24.1%）	恒瑞医药（21.2%）
第二名	恒瑞医药（8.4%）	阿斯利康（20.2%）	GE 医疗（15.7%）
第三名	齐鲁制药（6.3%）	费森尤斯卡比（13.8%）	上海博莱科（10.2%）

可以看出，恒瑞医药是一家非常优秀的医药企业，在本节我们将借助杜邦分析法来探究其成功的原因以及好企业的评判标准。

8.2.2 杜邦分析在恒瑞医药的运用

我们利用杜邦分析法，从横向和纵向两个角度对恒瑞医药开展综合财务分析。（1）纵向趋势分析：对恒瑞医药过去与现在的情况开展趋势分析。由于企业处在持续发展中，因此不能单独对某年的财务数据进行分析，而应比较公司过去与现在的情况，并对其未来的发展趋势进行预测，开展纵向趋势分析。（2）横向对比分析：将恒瑞医药与同行业进行横向对比，其中需要细分为与行业平均水平对比和与行业先进企业对比两部分。具体分析如图 8－7 所示。

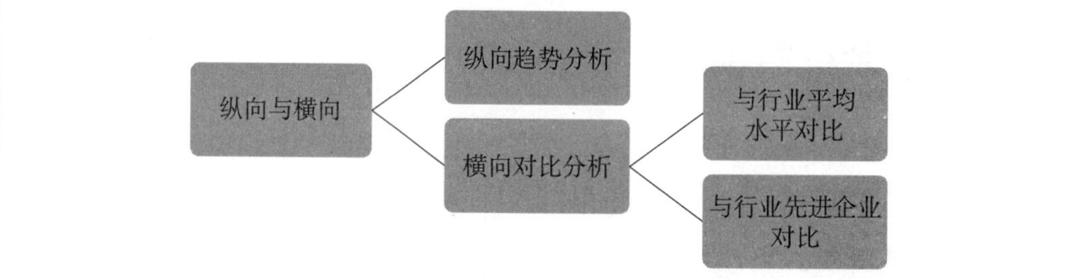

图 8－7　企业的纵向与横向分析

1. 权益乘数（融资能力）

首先来看驱动恒瑞医药 ROE 的三驾马车中的第一驾马车——权益乘数。图 8－8 所示的是 2011—2022 年恒瑞医药与行业平均的权益乘数。可以发现，在这 12 年间，恒瑞医药的权益乘数一直保持在较低水平，平均值在 1.10 左右。这意味着恒瑞医药的股东每投入 1 元资金，只能撬动约 1.10 元的总资产，与此同时，行业的权益乘数平均值在 1.40 左右。将权益乘数转化为我们更熟悉的资产负债率指标后（见图 8－9），可以看出，恒瑞医药的资产负债率平均值在 10.00%左右，而医药行业资产负债率的平均值约为 30.00%。一般来说，A 股上市公司的平均资产负债率在 40.00%～45.00%，因此恒瑞医药无论是与行业平均水平相比还是与 A 股上市公司平均水平相比，其资产负债率都是极低的。由此说明，恒瑞医药的负债较少，负债带来的杠杆效应较低，对股东权益报酬率的驱动作用也较小。在很多公司利用债权人的资金为股东服务的情况下，恒瑞医药并没有选择这种做法，因而在融资活动中，相比于行业水平恒瑞医药处于

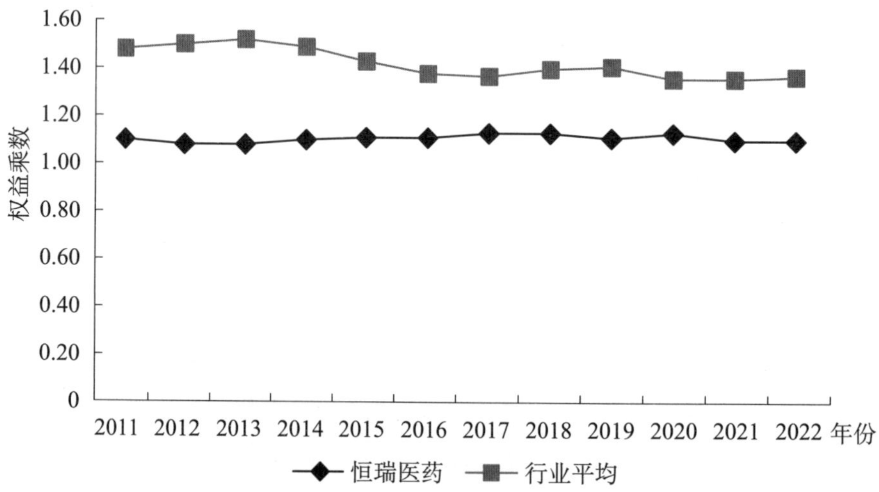

图 8－8　2011—2022 年恒瑞医药与行业平均的权益乘数

下风。用资产负债率表示的权益乘数的计算公式如下：

$$\text{权益乘数(EM)}=\frac{\text{总资产}}{\text{股东权益}}=\frac{1}{1-\text{资产负债率}}$$

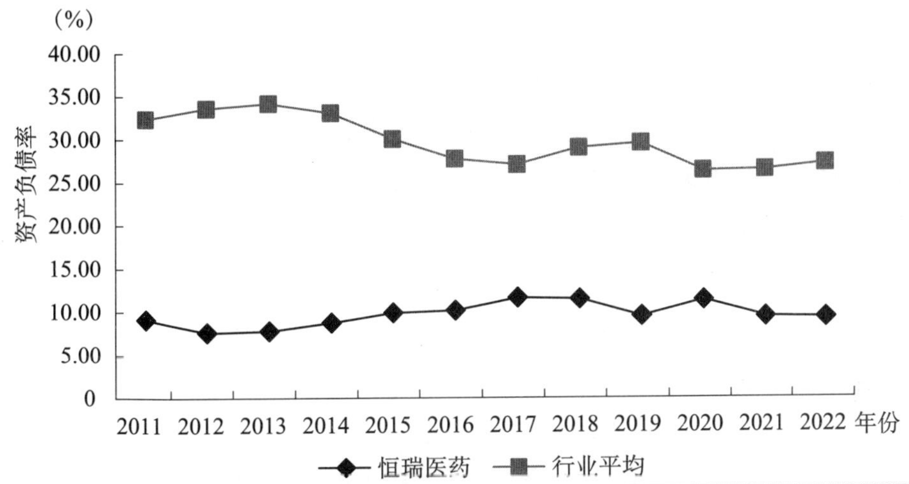

图 8-9　2011—2022 年恒瑞医药与行业平均的资产负债率

2. 总资产周转率（营运能力）

其次，分析第二驾马车——总资产周转率。图 8-10 所示的是 2011—2022 年恒瑞医药与行业平均的总资产周转率。从纵向趋势来看，医药行业在这 12 年间总资产周转率呈缓慢下降的趋势，恒瑞医药的总资产周转率整体也呈下降趋势。从横向对比来看，恒瑞医药的总资产周转率始终高于行业平均值，这说明恒瑞医药具有较高的资产管理效率和较强的营运能力。

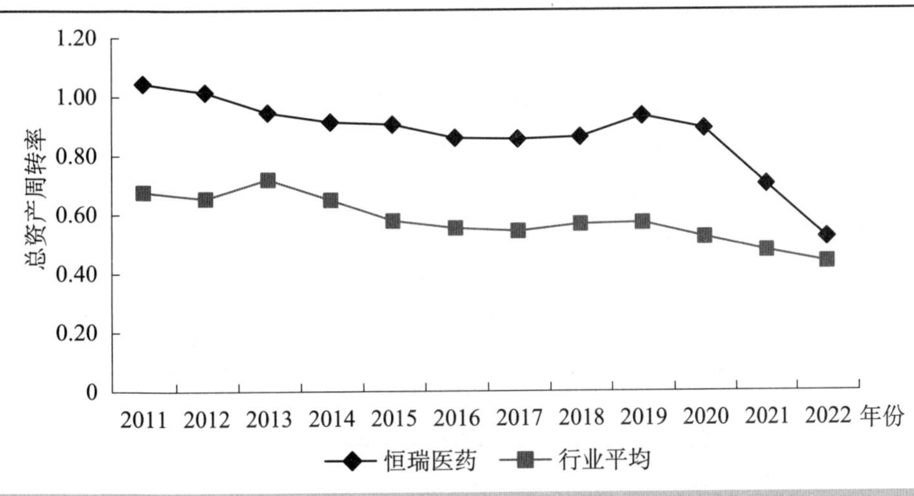

图 8-10　2011—2022 年恒瑞医药与行业平均的总资产周转率

3. 销售净利率（盈利能力）

接下来分析第三驾马车，即销售活动中的销售净利率。图 8－11 所示的是 2011—2022 年恒瑞医药与行业平均的销售净利率。从纵向趋势来看，在这 12 年间，特别是最近几年，医药行业的销售净利率呈下降趋势；恒瑞医药在整体行业不景气的背景下，表现出较为稳定的特点，且销售净利率始终保持在 17.00%～25.00%。从横向对比来看，作为反映收入转化为利润程度的销售净利率指标在整个 A 股上市公司平均水平仅为 5.00%的背景下，恒瑞医药的销售净利率远高于行业和 A 股上市公司平均水平，说明恒瑞医药有强大的盈利能力，但也有隐忧，在医药集采的大背景下，近两年恒瑞医药的销售净利率下降较多。

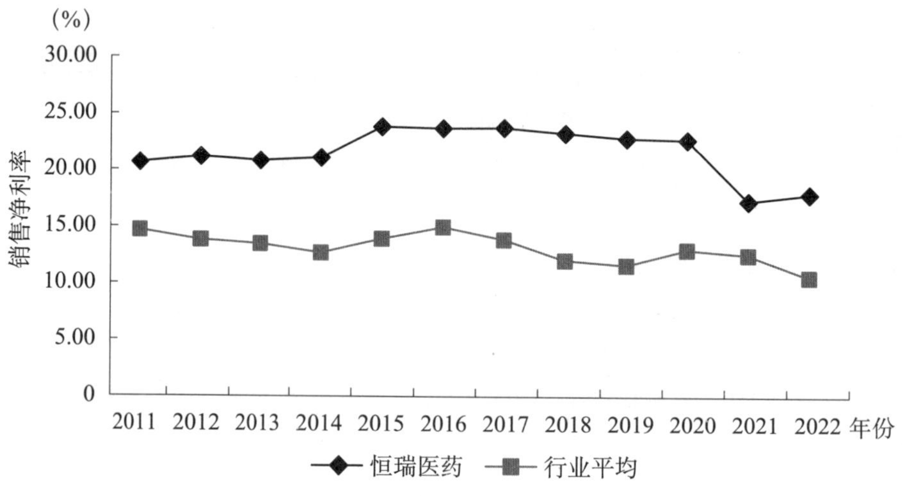

图 8－11 2011—2022 年恒瑞医药与行业平均的销售净利率

4. 股东权益报酬率（股东获利能力）

最后，来看杜邦分析的核心指标——股东权益报酬率。结合上述三个指标，我们得到了恒瑞医药与行业平均的股东权益报酬率，如图 8－12 所示。从图中可以看出，医药行业平均的股东权益报酬率在 12 年间呈下降趋势，恒瑞医药的股东权益报酬率始终高于行业平均水平。结合前面对三个指标的分析，可以说明即使在融资活动方面恒瑞医药在行业中处于劣势，但是凭借远高于行业平均水平的资产管理效率和销售净利率，最终使代表股东获利能力的股东权益报酬率维持在较高水平，并且领先于行业。但是，近两年由于恒瑞医药的收入下滑以及销售净利率下降，股东权益报酬率下降明显，投资者需要进一步跟踪观察。

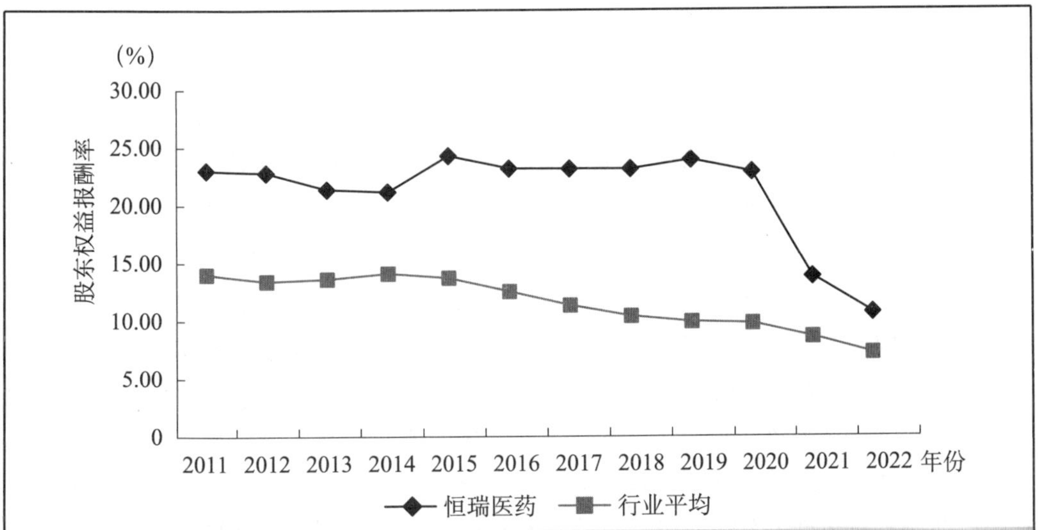

图 8-12　2011—2022 年恒瑞医药与行业平均的股东权益报酬率

5. 横向对比：与行业先进企业

如前所述，行业的横向分析不仅包括与行业平均情况进行对比，而且包括与行业先进企业进行对比。因此，我们选取了医药行业另一家龙头企业——复星医药，通过对比两家公司的综合财务指标（见图 8-13），来分析两家公司商业模式的差异。

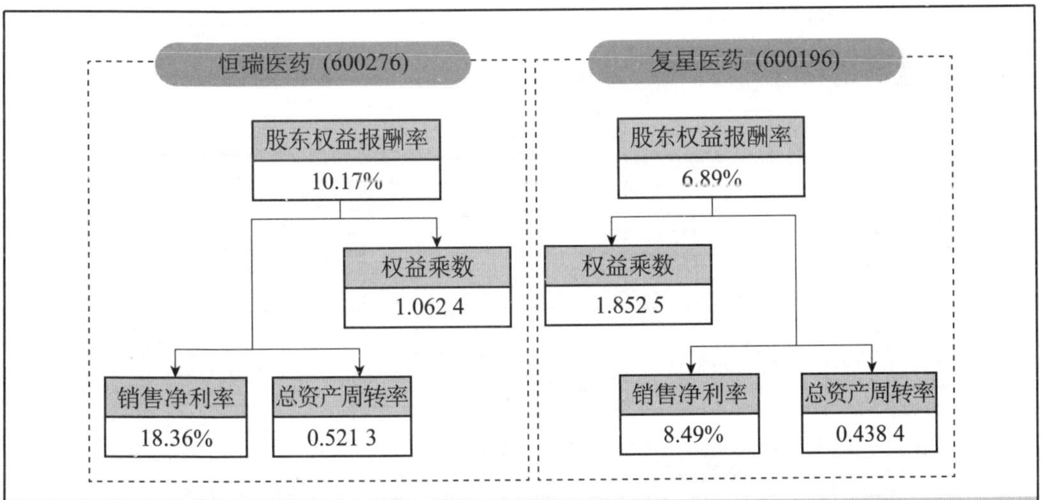

图 8-13　恒瑞医药和复星医药 2022 年财务指标对比

类比上面与行业平均水平对比的流程，我们对杜邦分析的核心指标进行分析：首先是权益乘数。恒瑞医药 2022 年的资产负债率只有约 9.00%，这意味着价值 100 元的总资产中，股东投入了 90 多元，而债权人只投入了近 10 元，处于非常低的水平；相比之下，复星医药的资产负债率达到了近 50.00%，说明价值 100 元的总资产中债权人投入了近50元，因为复星医药是通过举债来进行并购的，所以权益乘数这一指标值非常大。但在总资产周转率方面，恒瑞医药高于复星医药；更关键的是，复星医药的销售净利率仅仅是恒瑞医药的1/2，说明恒瑞医药的盈利能力和营运能力非常强。把这三个指标相乘，可以发现恒瑞医药2022年的股东权益报酬率是10.17%，而复兴医药仅为6.89%，这表明恒瑞医药即使与行业先进企业相比仍然表现优异。以上是对恒瑞医药进行的杜邦分析。通过横向和纵向对比，我们证实了恒瑞医药确实是一家高质量的企业。

此外，对于本书中的主要案例公司美的集团，我们同样选取了行业中的先进企业格力电器和海尔智家开展横向对比，分析美的集团与其他两家公司相比存在的优势与不足。图8-14展现了美的集团、格力电器和海尔智家2022年财务指标对比。从图中可以看出，在权益乘数（资产负债率）方面，格力电器最高，美的集团次之，海尔智家最低。在总资产周转率方面，海尔智家的总资产周转速度最快，美的集团次之，说明海尔智家的营运能力较强，格力电器在营运方面存在一定不足（剔除金融性资产的影响后，实际上美的集团的总资产周转率最高）。在销售净利率方面，格力电器最高，且是海尔智家2倍，美的集团排第二，主要原因是格力电器有较强的品牌效应以及对销售费用有良好的控制。综合来看股东权益报酬率，2022年美的集团为19.45%，格力电器和海尔智家分别为24.06%和15.53%，说明美的集团在同行业中表现较为优异，是一家高质量公司。美的集团在营运能力方面表现较突出，但在盈利能力和杠杆水平上仍存在一定的提升空间。

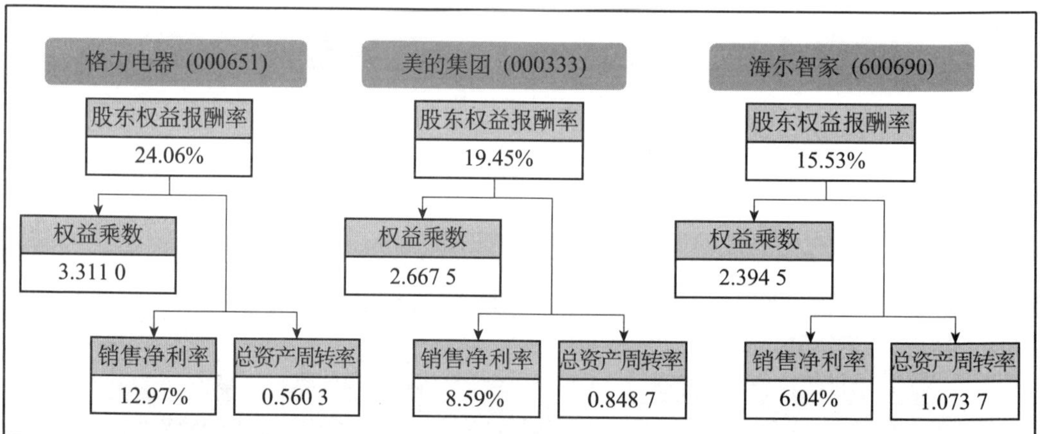

图8-14 美的集团、格力电器和海尔智家2022年财务指标对比

8.3 业财融合的杜邦分析运用

前面两节更多是在介绍财务指标本身，并没有对企业进行深入细致的分析。事实上，无论是对单一财务指标进行分析还是采用杜邦综合财务分析，都只是对公司基本财务的剖析，我们最终想要实现的是能够通过分析去指导企业的实际经营。因此，如何实现财务与业务的融合是更值得思考的一个问题。接下来以恒瑞医药为例，先对公司所处的行业进行分析，再根据 ROE 的三驾马车来进行业财融合的杜邦分析。

8.3　即测即评

8.3.1　行业分析

无论是分析一只股票还是一家公司，都不能脱离它所处的行业，因此必须要在对公司进行财务分析之前，了解其所处行业的状况，明晰赛道优势。恒瑞医药所处的医药赛道是怎样的呢？

首先看需求方面，根据 2001—2022 年我国公共卫生费用支出和 65 岁及以上人口数的趋势图（见图 8－15），过去 20 多年，我国在公共卫生方面的费用支出持续上涨，同时老龄人口在 2021 年突破了 2 亿人，且数量仍在增加，这是一个十分惊人的数字。这里是把 65 岁及以上的人口定义为老龄人口，如果把这个标准放宽到 60 岁及以上，那么老龄人口将超过 2.7 亿人，说明我国人口老龄化问题十分显著，也表明医药行业是朝阳行业。再看供给方面，图 8－16 展现了 2020 年全球主要用药领域市场规模，排名第一的是抗肿瘤药物，这是恒瑞医药最核心的业务。虽然中国的医药市场规模排在全世界第二位，但是 76%的全球生物制药公司集中在欧美地区，国内的制药公司非常少，且我国创新药的数目只占全球的 6%，这意味着我国的医药行业还有待进一步改革发展。

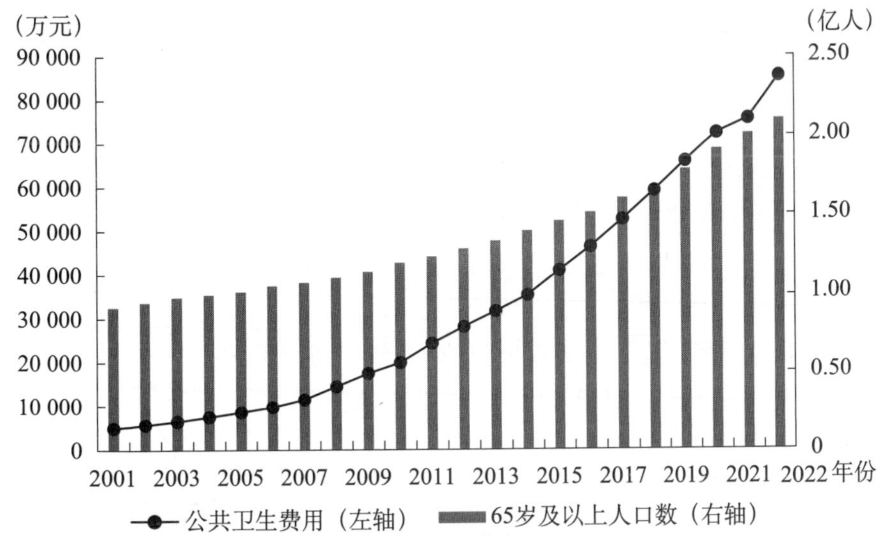

图 8－15　2001—2022 年我国公共卫生费用支出和 65 岁及以上人口数的趋势图

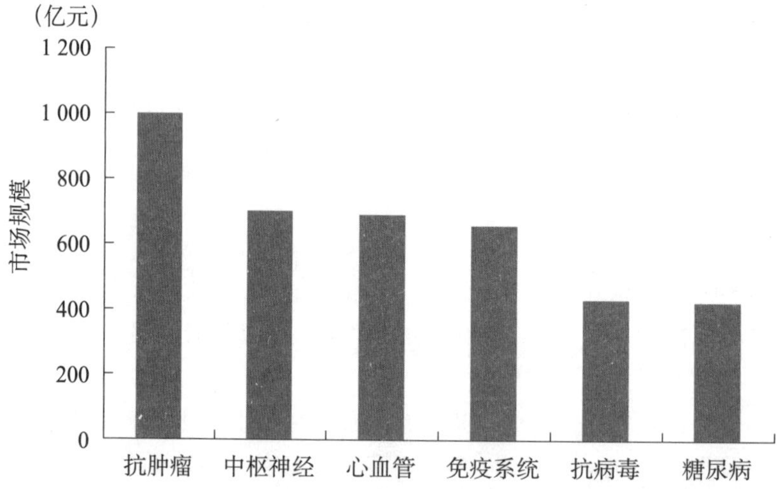

图 8-16 2020 年全球主要用药领域市场规模

8.3.2 ROE 的三驾马车

前面已经明确在杜邦分析法下 ROE 指标可分解成权益乘数、总资产周转率以及销售净利率这三个指标，它们分别对应企业经营管理的三大活动，即融资活动、资产管理活动以及产品研发及销售活动。接下来，我们将具体分析恒瑞医药这三驾马车的表现。

1. 融资活动

融资即筹资，是企业为保证正常生产经营的需要而进行资金筹集的行为与过程，资金主要的来源为公司的投资者和债权人的投入。先看恒瑞医药的第一驾马车，从恒瑞医药的杜邦分解图中可以看到它的融资活动并不活跃，那么具体的表现是怎样的呢？

图 8-17 所示的是 2016—2022 年恒瑞医药资产负债率及负债质量。从图中不难发现，恒瑞医药的资产负债率维持在 10.00%左右，负债中的大部分为应付款项，这主要是与供应商和客户正常的商业往来形成的商业信用，因此不需要支付利息，可见恒瑞医药的总资产质量很高。进一步分析公司的年报后发现，恒瑞医药在 2016—2021 年 6 年间的有息负债均为零，在 2022 年才开始有部分有息负债。

那么问题来了，恒瑞医药的资金去哪里了？恒瑞医药 80.00%左右的资产都是流动资产（见图 8-18），这充分说明公司的财务状况极其稳健。其流动资产中大部分是货币资金，近年来货币资金占总资产的比例平均约为 35.00%（见图 8-19），这说明恒瑞医药无须举债，自身便可产生充足的现金。除了货币资金，恒瑞医药还有应收款项和存货（见图 8-19），这些都与公司的资产管理活动密切相关。

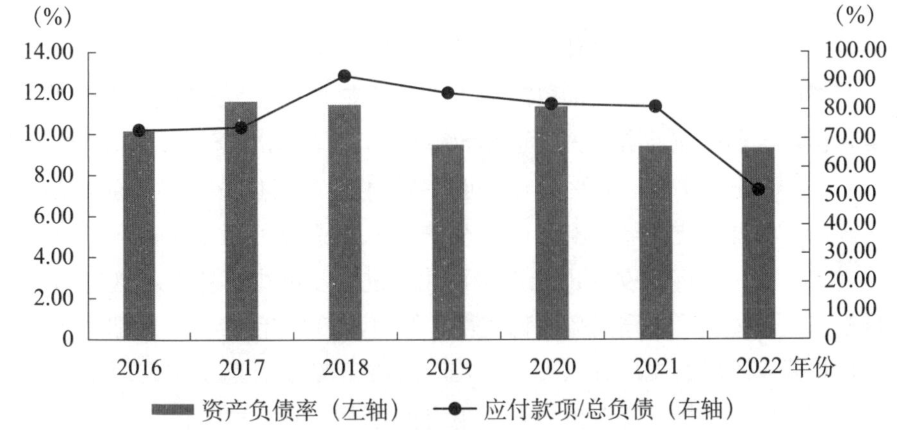

图 8 - 17 2016—2022 年恒瑞医药资产负债率及负债质量

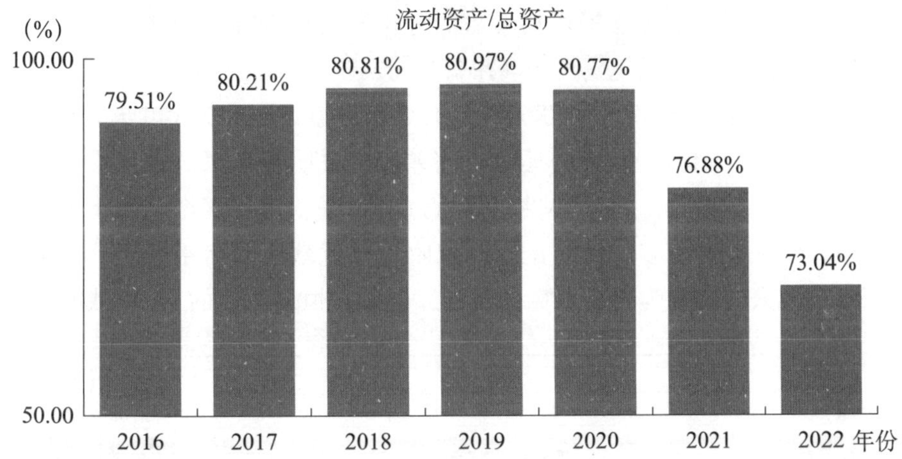

图 8 - 18 2016—2022 年恒瑞医药流动资产占比

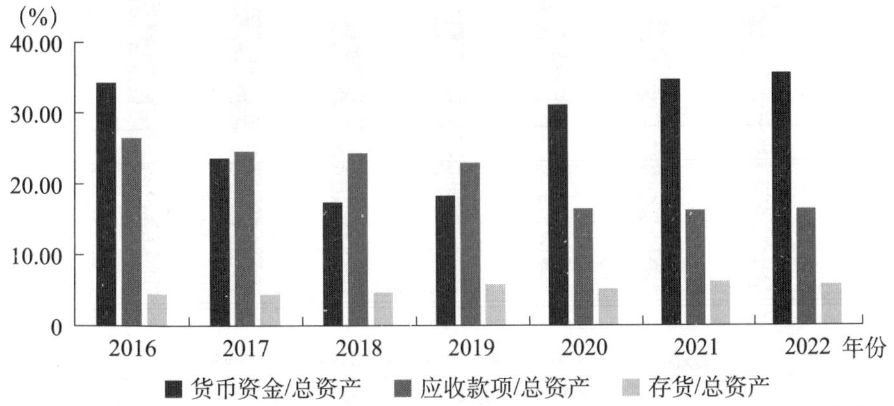

图 8 - 19 2016—2022 年恒瑞医药资产构成中货币资金、应收款项及存货情况

2. 资产管理活动

恒瑞医药的资产管理战略是什么？可以概括为“轻资产＋OPM战略”。

轻资产指的是资产组合以流动资产为主，开发支出不计入（非流动性支出），长期支出较少。恒瑞医药的流动资产占比达到80.00%，开发支出全部费用化，长期支出只占20.00%。在财务会计中，开发支出既可以费用化，又可以资本化。通常情况下，大多数公司倾向于将开发支出资本化，形成资产，从而避免冲抵当年利润。恒瑞医药反其道而行之，过去一直将开发支出全部费用化，进一步减少了资产，这更加说明了其资产质量较高，也体现了公司财务的稳健性。但是，2021年11月，恒瑞医药发布会计估计变更，将开发阶段的支出计入开发支出，并在开发项目达到预定用途时结转为无形资产。此变更引发了投资者对公司未来业绩和会计稳健性的担忧。

OPM战略是指善于利用上游供应商和下游客户的资金为自己服务的战略，会产生没有利息的负债。OPM战略使用得越成功，说明公司利用了更多来自他人的免费资金为自己的业绩服务。对总资产周转率的分析需要结合存货周转率、应收账款周转率、流动资产周转率及固定资产周转率等进行。

从图8-20中可以看到，恒瑞医药的应付账款还款期限约为140天，应收账款收款期限约为60天，因此有80天的还款时间差，这说明恒瑞医药在供应链的上游和下游都有一定的谈判地位。对上游供应商通过应付账款占用资金，而下游客户拖欠的金额（应收账款）又不多，借助良好的应收、应付款项的信用管理，恒瑞医药成功实现了利用他人的资金为自己服务的目标。但是，恒瑞医药的OPM战略也带来了

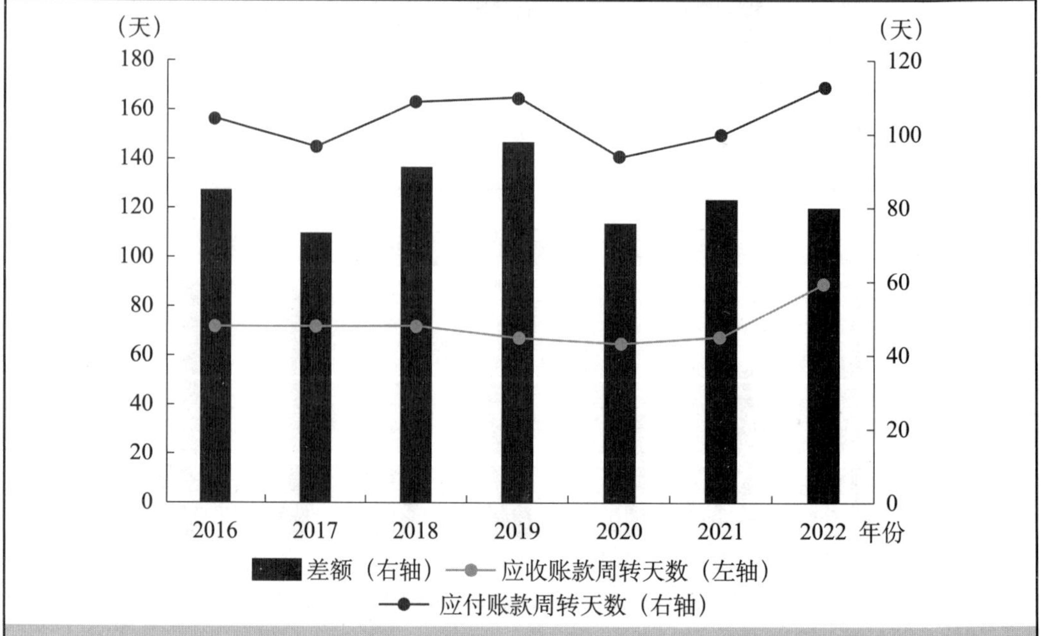

图8-20 2016—2022年恒瑞医药应收账款、应付账款周转天数

一定的风险。例如，其应收账款周转率（见图 8-21）近年来约等于或略低于行业平均水平，并且呈下降趋势。

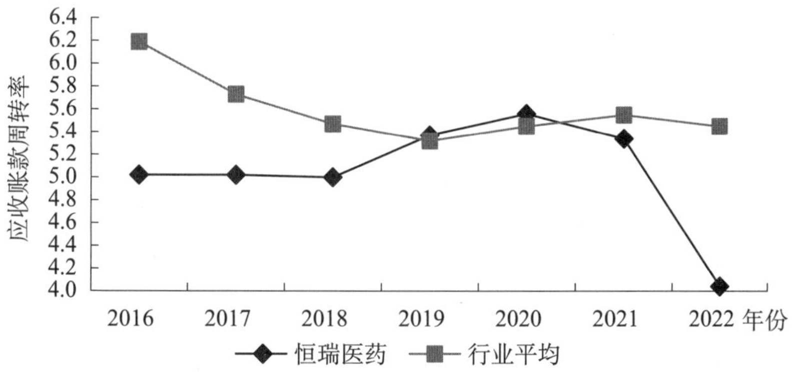

图 8-21 2016—2022 年恒瑞医药及行业平均应收账款周转率

3. 产品研发与销售活动

现在再来看第三驾马车——销售净利率，即恒瑞医药销售活动的表现。表 8-3 显示了 2022 年恒瑞医药分产品的毛利率。可以发现，抗肿瘤产品的毛利率高达 90.18%，麻醉产品的毛利率为 83.54%。市面上另外一家拥有如此高毛利率的公司是贵州茅台。高毛利率并不意味着企业可以随意定价，而是代表企业拥有定价权，定价权的存在又说明企业拥有一条“护城河”。

表 8-3 2022 年恒瑞医药分产品的毛利率

产品类型	营业收入（万元）	营业成本（万元）	毛利率（%）
抗肿瘤	1 131 301.34	111 054.45	90.18
麻醉	333 566.27	54 896.21	83.54
造影剂	272 873.13	94 082.85	65.52

所谓“护城河”，是指企业能在较长的时间内维持较高资本回报率的核心竞争能力。如何在销售活动中构建公司的“护城河”呢？主要有以下四种方法：第一，自然垄断，如获得难以获得的经营牌照或政府许可，以及经营“进入壁垒”极高的业务；第二，议价能力，即产品或服务让客户难以割舍，形成客户转换成本，让企业拥有定价权；第三，无形资产，如技术壁垒、研发能力、品牌效应、专利授权等能让企业现在或将来销售或创造竞争对手无法效仿的产品或服务；第四，成本优势，利用流程渠道、地理位置、经营规模或特有资产形成成本优势，能够以低于竞争对手的价格出售产品或服务。

恒瑞医药的“护城河”是通过什么构建的呢？答案就是创新。恒瑞医药在2016—2022年这7年间对于创新的投入显著（见图8－22），通常采用研发支出除以营业收入来衡量创新的投入。我们可以看到行业的平均创新投入基本在4.00％左右，这是因为4.00％是界定高科技企业的标准之一，即高科技企业必须将至少4.00％的营业收入投入研发。恒瑞医药过去7年在研发方面的投入从不到11.0％上涨到2022年的近23.00％，这意味着每销售价值100元的药物，就有大约23元投入研发，这是非常高的研发投入水平。

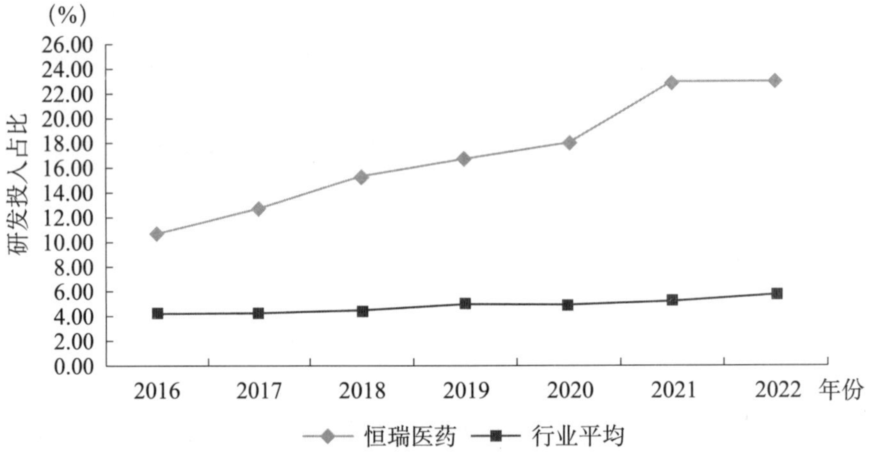

图8－22　2016—2022年恒瑞医药及行业平均研发投入占比

除了从研发投入上可以看到恒瑞医药对创新的重视，其他方面也体现得淋漓尽致。第一，广设研发中心。恒瑞医药除了在国内的多个省市都设有研发中心，还在美国、日本等国家和地区设立了研发中心。第二，主攻发明专利。没有实际作用的实用新型和外观专利被定义为策略性创新，有核心价值的发明专利被定义为实质性创新。在恒瑞医药的专利中，98％是发明专利，实用新型和外观专利不到2％。可见，恒瑞医药的专利含金量相当高。第三，大胆走向国际。恒瑞医药持续聚焦创新，把业务和创新模式都推向了国际化。图8－23所示的是恒瑞医药2013—2022年营业收入构成及金额。可以看出，从2015年开始，恒瑞医药的海外营业收入占比逐年提升，说明其国际化的发展势头向好。第四，创新药将收获。虽然恒瑞医药的很多医药正在国外进行研发创新，但临床进展方面优势明显，创新药的研发体系日趋完善成熟，变现指日可待。恒瑞医药在创新的道路上稳扎稳打，为公司构筑起宽阔深厚的“护城河”。

当然，恒瑞医药的研发和销售活动也面临挑战，近两年，公司销售收入和利润下滑，表明研发投入转化为收入和利润的能力下降，创新投入的商业化成效还需要进一步观察。

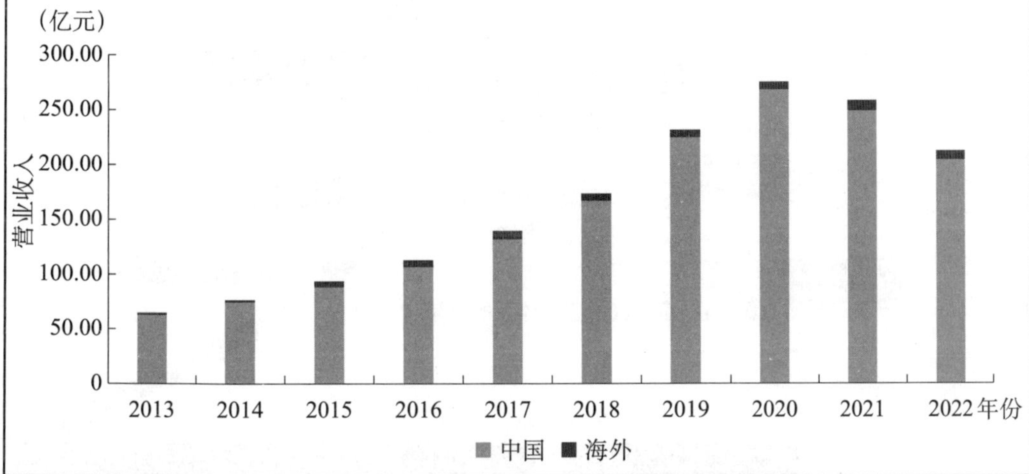

图 8-23 恒瑞医药 2013—2022 年营业收入构成及金额

中国实践 8-2

杜邦分析与高质量发展

进行财务分析最重要的是找到推动公司业务提升的关键因素，即找到推动企业高质量发展的钥匙。那么何谓高质量发展？2017 年，党的十九大首次提出“高质量发展”这一表述，表明中国经济由高速增长阶段转向高质量发展阶段。高质量发展的根本在于经济的活力、创新力和竞争力。党的二十大报告中提出，“高质量发展是全面建设社会主义现代化国家的首要任务”。

中国特色社会主义进入了新时代，我国经济发展也进入了新时代。推动高质量发展，既是保持经济持续健康发展的必然要求，也是适应我国社会主要矛盾变化、全面建成小康社会、全面建设社会主义现代化国家的必然要求，更是遵循经济规律发展的必然要求。高质量发展是适应经济发展新常态的主动选择，是贯彻新发展理念的根本体现，是适应我国社会主要矛盾变化的必然要求，是建设现代化经济体系的必由之路。

要实现高质量发展，一个关键的驱动因素就是创新，即创新驱动发展。以恒瑞医药为例，我国创新药的国家战略是：从仿制为主走向创新为主，从制药大国走向医药强国。我国创新药的三步走发展战略如图 8-24 所示，目前我国正处在崛起阶段，将在 2030 年走向跨越阶段，这也正契合我国 2035 年基本实现社会主义现代化的目标。

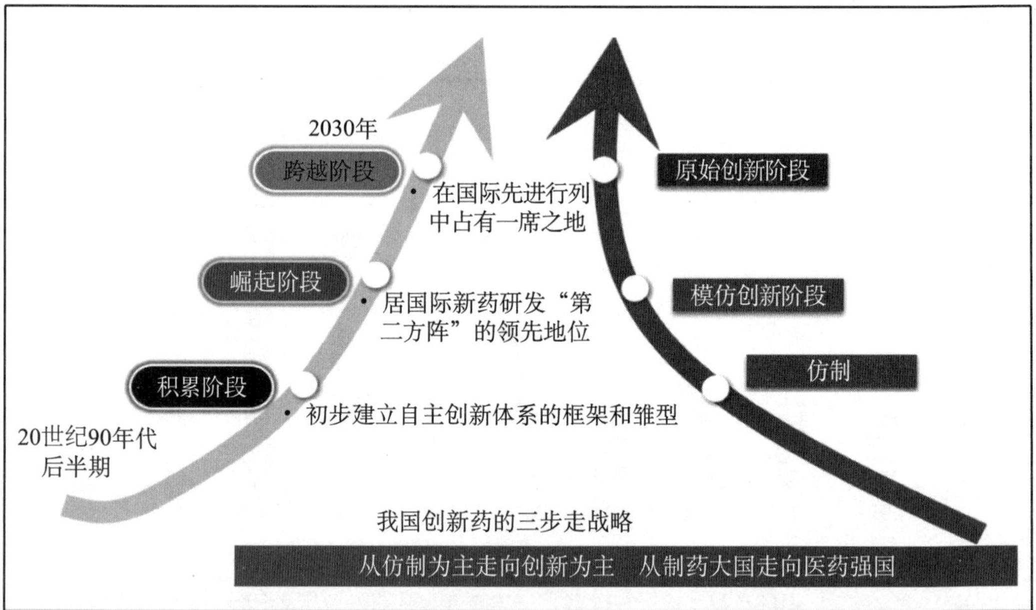

图 8-24 我国创新药的三步走发展战略

资料来源：华西证券研究所.

恒瑞医药的董事长孙飘扬在央视致敬中国改革开放 40 周年的节目采访中说：“我们国家医药行业在创新药方面存在不足，恒瑞医药坚持创新医药的研发，就是为了提升我们国家的底气，让老百姓用上质量好、价格又公道的放心药。”从小药片见大民生，这完全符合国家关于创新药的战略。

恒瑞医药通过不断进行实质性创新来构建自己的“护城河”，我们将其定义为“创新式”护城河。恒瑞医药作为目前企业创新的一个代表，成功的关键在于专注、聚焦和创新，这也是企业迈向高质量发展的关键节点、可以努力的方向以及需要作出的改变。当前我国企业面临的一个重要问题是很多企业主要进行策略性创新，或者通过提高权益乘数等具有风险的手段来提高股东权益报酬率。恒瑞医药这种“创新式”护城河就显得尤为珍贵，对我国现阶段的产业升级发展具有十分重要的意义。

通过综合财务分析的三个指标，我们能够得到如下启示：企业的高质量发展就是将驱动股东获利能力提升的“三驾马车”落实到企业的具体活动中。像恒瑞医药一样，我们可以通过加大自主研发力度来提升销售净利率；通过审慎控制财务风险，避免过度依赖债务融资来提高权益乘数进而提升企业的 ROE，因为负债是一把双刃剑，其在提高 ROE 的同时也增大了公司的财务风险；同时，通过提高企业的资产管理水平来提高总资产周转率。

练习题

一、行动学习

1. 运用本章所学知识，分析美的集团、恒瑞医药当前的综合财务状况是否存在问题以及如何改进。

2. 如果你是一家上市公司的财务总监，相比上年，公司本年的 ROE 显著下降，你将如何运用杜邦分析法探究其中的原因？请简单介绍思路。

二、简答题

1. 请简要介绍杜邦分析的主要内容以及相关指标。

2. 请介绍如何进行业财融合的杜邦分析。

第3篇
风险篇

第9章

竞争风险分析

学习目标

1. 了解风险评估的重要性以及主要的风险类型。
2. 了解企业竞争风险分析框架。
3. 学会运用财务指标分析竞争风险。
4. 思考企业如何提升核心竞争力。

引导案例

新能源赛道的机会与风险

“赛道”一词在投资圈大行其道。很多著名投资者都表示，投资成功的前提是选择好“赛道”。新能源领域无疑是近几年最热门的投资领域之一。2021年，全球新能源汽车销量达到675万辆，同比增长108%，渗透率提升至8.3%，较上年增加4.1个百分点。行业分析机构IDC预计，2021—2025年，新能源车的年复合增长率约为38%，到2025年新能源汽车市场规模有望达到约1 299万辆。IDC认为，中国新能源汽车市场增长的驱动因素主要有四个：油价的上涨、充电设施的完善、消费者偏好的转变、汽车厂商的技术发展。

价值投资者经常提醒，除了关注企业所处的“赛道”，还需要关注行业的竞争格局。从竞争格局的角度来看，新能源汽车行业未必是好行业。首先，新能源汽车领域参与者众多，现有企业之间的竞争非常激烈。据相关统计，2022年1—5月，中国新能源汽车销售居前的厂商中，既有传统的汽车制造商和新能源巨头，如比亚迪、上海通用、特斯拉、奇瑞、广汽、吉利、长安等，又有新造车势力，如小鹏、理想、蔚来、哪吒、零跑等。其次，除了现有的参与者，还有不少企业正在积极进军该领域，包括苹果汽车、恒驰汽车、小米汽车等。新能源汽车行业的未来竞争格局尚不明朗，还处于“数星星”的阶段，远未到“数月亮”的阶段。最后，除了现有企业的竞争以及潜在进入者，新能源汽车厂商还受到下游供应商较强议价能力的制约。与新能源汽车厂家之间的激烈竞争形成鲜明对比的是，中游的电池行业市场集中度较高，宁德时代和比亚迪两家公司在中国市场的占有率超过60%。此外，中游的电池生产商也受制于上游锂资源掌控者议价能力的制约。2021年，锂资源紧缺与锂价飙升的情况令下游客户焦虑万分。更令人担忧的是，我国锂资源高度依赖进口。

思考：

（1）新能源汽车的投资机会如何，未来竞争格局将如何演化？

（2）如何评估新能源汽车厂家的竞争风险？

9.1 竞争风险概述与分析框架

9.1.1 企业风险概述

1. 风险评估的重要性

9.1 即测即评

“投资有风险，入市需谨慎”，这句话在资本市场中广为流传，经验丰富的投资者对此都有切身体会。收益和风险是金融产品的两个基本维度。对于专业投资者而言，评估投资风险永远是最重要的工作内容之一。预期的公司风险将影响投资者要求的回报率，而未预期到的风险爆发将导致股价大幅下跌，投资者损失惨重。因此，无论是招股说明书还是公司年报，风险披露都是信息披露工作的重中之重。相对而言，美股上市公司的风险披露更为详细和全面。例如，A股美的集团年报一共有270页，风险披露的内容只有短短数段，篇幅不到1页，而美股苹果公司（APPL）短短82页的年报中关于**风险因素**（risk factors）的篇幅就占到12页。由于我国上市公司风险信息（非财务信息）披露不够规范和完善，我国投资者评估公司各类风险的难度更大，这对投资者的风险信息收集和分析能力提出了更高的要求，也更加彰显了从财务角度分析公司风险的重要性。

2. 企业面临的主要风险

在实践中，每家公司都会在年报中披露多种类别的风险，但是每家公司对风险的分类又大不相同。企业披露的主要风险类别包括宏观风险、政策和合规风险、行业风险、经营风险、财务风险等。投资者首先要需要区分**系统性风险**（systematic risk）和**非系统性风险**（unsystematic risk）。系统性风险是指影响整个市场或经济体系的风险，通常由宏观经济、政治、社会和环境因素引起，如金融危机、战争、自然灾害等。这种风险往往难以通过分散投资等手段降低，因为它们会对整个市场或经济体系产生重大影响。

非系统性风险是指影响特定行业或公司的风险，通常由行业和公司的特定问题引起，如行业竞争加剧、公司管理失误等。这种风险可以通过分散投资、选择具有潜力的公司和行业等手段来降低，因为其只会影响特定的行业或公司，而不会对整个市场或经济体系产生影响。

对于相信**有效市场假说**（efficient market hypothesis，EMH）的投资者而言，系统性风险最为重要，因为它是影响投资者要求回报率（资本成本）的最主要因素。而对于价值投资者而言（往往不认可有效市场假说），非系统性风险也很重要，因为它可能会导致股价大幅下跌。

价值投资者认为，股价的短期波动不是风险，公司市值的永久性下跌才是风险。因此，价值投资者不仅关注系统性风险，而且关注非系统性风险。投资者应该重点关注哪些非系统性风险呢？显然是对公司长期价值影响最大、可能会导致公司股价大幅下跌的风险类别。基于这一指导原则，我们重点关注三个重要的非系统性风险：竞争风险、清偿风险、财务舞弊风险。这三种风险相互关联，并且可能影响公司的系统性风险水平。在中国资本市场，新闻中不时出现的“爆雷”一词让很多投资者心惊胆战，“爆雷”往往意味着公司股价将出现大幅下跌。公司“爆雷”通常是指公司出现了业绩变化、债务违约和财务造假等事项，这些分别对应公司的竞争风险、清偿风险和财务舞弊风险。

案例分析 9-1

2022年，美的集团在年报的“管理层讨论与分析”部分披露了公司面临的风险，包括：(1) 宏观经济波动风险；(2) 生产要素价格波动风险；(3) 全球资产配置与海外市场拓展风险；(4) 汇率波动造成的汇兑损失风险；(5) 贸易摩擦和关税壁垒带来的市场风险。可见，美的集团主要披露的是系统性风险。苹果公司在年报的“风险因素”部分披露的风险因素包括：(1) 宏观经济和行业风险；(2) 商业风险；(3) 法律和监管合规风险；(4) 财务风险；(5) 一般风险。其中，商业风险类似于竞争风险，是公司风险披露的重点，占风险披露近一半的篇幅。

9.1.2 竞争风险分析框架

1. 竞争风险概述

竞争风险（competition risk）是指企业因竞争环境变化或自身竞争能力下降，企业经营业绩恶化或经营失败的风险。企业的竞争风险主要取决于两个因素：企业所在行业的竞争环境和企业的核心竞争力。一方面，企业的发展受到所在行业的**竞争环境**（competitive environment）的制约。在竞争比较激烈的行业中，企业的经营业绩更可能受到竞争对手的影响。另一方面，企业抵御竞争的能力取决于其拥有的**核心竞争力**

(core competency)。拥有核心竞争力的企业，可以在一定程度上构建竞争壁垒，减少外部竞争的冲击。企业家往往无法左右所在行业的竞争环境。对于投资者而言，分析企业所处竞争环境及其核心竞争力尤为重要。本章主要借鉴管理学中的波特五力模型这一重要工具以及核心竞争力理论，分析企业面临的竞争风险。

2. 波特五力模型与竞争环境

五力模型由迈克尔·波特（Michael E. Porter）于20世纪80年代初提出。[①] 波特认为，行业内企业竞争的激烈程度是由行业固有的经济特性和结构性因素所决定的。行业中存在着决定竞争规模和竞争程度的五种力量，分别为同行业内**现有竞争者之间的竞争程度**（intensity of competitive rivalry）、**潜在进入者的威胁**（threat of new entrants）、**替代品的威胁**（threat of substitutes）、**买方的议价能力**（buyer bargaining power）和**供应商的议价能力**（supplier bargaining power），如图9-1所示。波特五力模型强调，行业内的竞争不仅存在于现有企业之间，买方、供应商、替代品和潜在进入者都是行业内企业的"竞争对手"。波特认为，并非所有行业都拥有同样的盈利能力，行业内的竞争状态取决于五大竞争力，其合力决定了行业最终的盈利能力或长期回报率。因此，行业内的竞争状态理应成为投资者的关注重点。

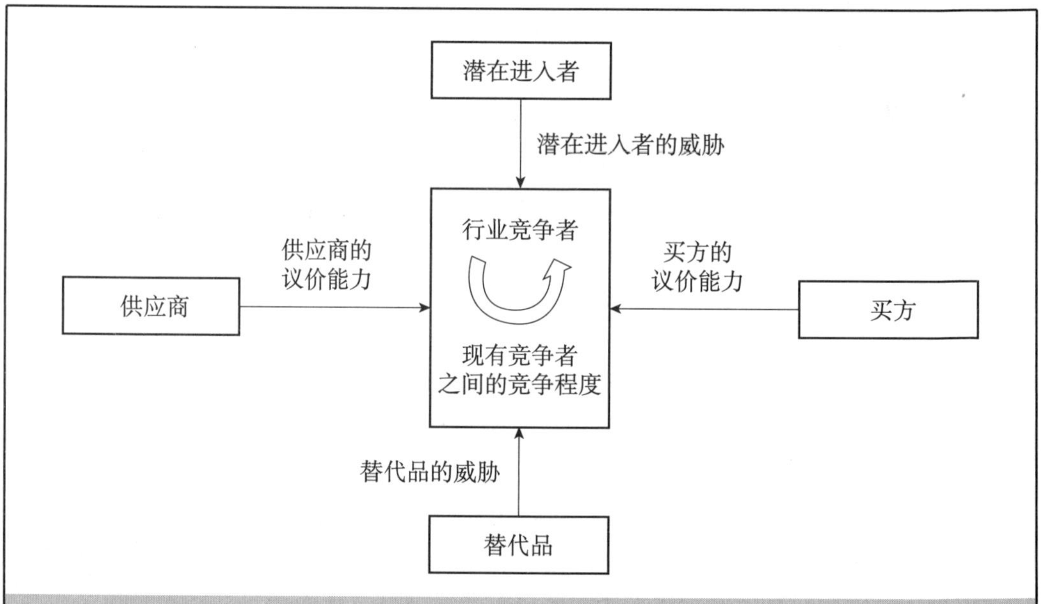

图9-1 波特五力模型

3. 核心竞争力理论与竞争壁垒

企业资源理论认为，不同企业之间的差异巨大，这些差异主要由两个因素造成：

① Porter M E. Competitive strategy: techniques for analyzing Industries and competitors. New York: The Free Press, 1980.

资源的异质性和不可流动性。首先，每家企业拥有的资源并不相同，这造成了企业之间的差异。其次，这些资源并不能轻易地从一家企业流动到另一家企业，这形成了企业的壁垒。受企业资源理论的启发，管理学家普拉哈拉德（C. K. Prahalad）和美国学者哈默尔（G. Hamel）于1990年在《哈佛商业评论》上提出了核心竞争力理论。① 该理论认为，如果把企业比作一棵树，企业的财务业绩就是树上的果实，产品就是树干，而核心竞争力是滋养一切的根系统。核心竞争力是企业产生竞争优势和超额利润的根源。企业的核心竞争力主要是指企业拥有的竞争对手难以复制和模仿的核心能力和资源。这些难以复制和模仿的核心竞争力，主要是指企业的表外无形资产，包括技术、品牌、人力资本和企业文化等。拥有核心竞争力的企业往往具备某种竞争优势，形成较高的竞争壁垒。

关于行业竞争环境和企业的核心竞争力，有两点值得注意：第一，政府在很大程度上能够影响企业所处的竞争环境，尤其是在政府力量比较强大的国家。例如，政府能够通过反垄断政策和设置进入壁垒直接影响行业的竞争环境，还能通过补贴和税收优惠等政策影响行业的发展速度。第二，行业的竞争环境以及企业的核心竞争力都不是静态的。行业的竞争环境可能向好或恶化，企业的核心竞争力可能提升或下降，企业面临的竞争风险也会随着行业竞争环境和企业核心竞争力的变化而变化。

案例分析9-2

"'一粒种子、一棵大树'，是我们在美的集团50周年之际对过往的回首与对未来的期许，今天美的这棵大树，更需要坚定生长，躯干粗壮，枝繁叶茂，而树根深扎大地。躯干是我们的核心业务，茂密的树枝是我们要创新的增量，公司治理的优越性、价值理念的先进性、管理层的心智成长就是这棵大树的树根，唯有坚定生长，才可生生不息。"

以上内容节选自美的集团2022年年报中的"致股东"部分。这段表述展示了美的集团对自身业务和核心竞争力的看法。

中国实践9-1

"卡脖子"与核心竞争力

中共中央政治局在2023年1月31日就加快构建新发展格局进行第二次集体学习。习近平总书记在主持学习时强调，要加快科技自立自强步伐，解决外国"卡脖子"问题。健全新型举国体制，强化国家战略科技力量，优化配置创新资源，使我国在重要科技领域成为全球领跑者，在前沿交叉领域成为开拓者，力争尽早成为世界主要科学

---

① Prahalad C K，Hamel G. The core competence of the corporation. Harvard Business Review，1990，68(3)：79-91.

中心和创新高地。实现科教兴国战略、人才强国战略、创新驱动发展战略有效联动，坚持教育发展、科技创新、人才培养一体推进，形成良性循环；坚持原始创新、集成创新、开放创新一体设计，实现有效贯通；坚持创新链、产业链、人才链一体部署，推动深度融合。

“卡脖子”问题的原因是，中国仍依赖发达国家的多项关键核心技术和设备，如光刻机、操作系统等。要解决“卡脖子”问题，中国需要自立自强、自主创新，掌握关键领域的核心技术，提升企业在关键领域的核心竞争力。

9.2 现有竞争者之间的竞争程度分析

行业内现有企业之间的竞争无处不在、无时不在，竞争形式变化多端，包括价格竞争、广告战、人才争夺、产品创新等。但是，不同行业的企业之间竞争的激烈程度可能大相径庭。某些行业内企业之间的竞争可能硝烟弥漫、苦不堪言，而在另一些行业内企业之间的竞争可能相对温和。投资者应该如何描述和分析行业内现有企业之间的竞争状态呢？

9.2 即测即评

1. 现有竞争者之间的竞争程度：理论

根据经济学理论，市场越接近**完全竞争市场**（perfectly competitive market），则现有企业之间的竞争程度越高。完全竞争市场主要有以下几个特征：（1）市场上有很多生产者与消费者，这些生产者和消费者对市场价格没有任何控制力，只是市场价格的被动接受者；（2）企业生产同质的、无差别的产品；（3）资源可以自由流动、企业可以自由进入或退出市场；（4）买卖双方对市场信息都有充分的了解。借鉴经济学的思路，下面主要从现有竞争者的数量、产品的差异化程度和行业的退出壁垒三个方面分析现有企业之间的竞争程度。

首先，行业中现有竞争者的数量无疑是行业竞争程度最重要的参考指标。即便在企业数量较少的行业中，若各企业在规模和实力上势均力敌，产品的差异较少，也可能造成激烈的竞争。行业中现有竞争者的数量与行业的规模和门槛有关。行业规模越大，则企业数量越多；门槛越高，则企业数量越少。例如，餐饮行业的市场很大，同时门槛较低，因此竞争者数量较多。智能手机行业的市场虽然较大，但门槛较高，因而竞争者数量较少。

其次，除了现有竞争者的数量，产品的差异化程度也是影响现有企业竞争激烈程度的重要因素。在极端的情况下，如果公司的产品是完全同质的，不存在任何差别，且消费者对产品质量和价格等信息足够了解，竞争将变得异常激烈，企业很难获得超额利润。从对竞争激烈程度的影响来看，产品的差异化程度可能比竞争者的数量更为重要。例如，啤酒行业的厂家数量虽然不如白酒行业，但由于产品差异较小，行业竞争激烈程度远高于白酒行业。

最后，行业的退出壁垒也会影响现有竞争者之间的竞争程度。行业的退出壁垒是指由于退出成本较高，行业内企业即便在利润很少甚至亏损的情况下，依然会选择在此行业经营。退出壁垒主要与企业的退出成本相关。例如，如果企业的固定成本较高，资产的流动性较差，在利润微薄或亏损的情况下，维持经营状态往往比退出经营更加划算。此外，高昂的固定成本还会激励企业保持较高的产能利用率，从而加剧企业的竞争激烈程度。原因是固定成本较高的企业，只有提升产能利用率，才能降低单位产品的成本，提升企业的利润率。例如，钢铁、煤炭和化工等重资产行业经常会面临产能过剩或者价格战的情况，需要政府通过供给侧改革去产能才能解决问题。

2. 现有竞争者之间的竞争程度：财务指标

企业之间的竞争激烈程度不难感受到，难点在于如何进行量化分析。企业所处行业的竞争程度一定会在企业的财务数据上有所反映。这里主要介绍三个财务指标：销售净利率、销售毛利率和固定资产占比，以帮助投资者分析企业所处行业的竞争程度。

根据经济学理论，完全竞争的结果是企业只能取得平均的利润水平，无法获得超额利润。因此，企业赚取的利润率可以反映企业面临的竞争状况。直接反映企业利润率的指标有销售毛利率和销售净利率。销售毛利率是指没有扣除期间费用的利润率，或称没有“拔毛”的利润，而销售净利率是指扣除所有费用后的利润率。两个指标的具体计算公式如下：

$$\text{销售毛利率}=\frac{\text{营业收入}-\text{营业成本}}{\text{营业收入}}\times 100\%$$

$$\text{销售净利率}=\frac{\text{净利润}}{\text{营业收入}}\times 100\%$$

现有竞争者之间的竞争程度应该参考销售毛利率还是销售净利率呢？答案是销售净利率，因为不同行业企业的成本结构不同，销售净利率更能反映企业最终的盈利能力。例如，有些行业的成本主要是期间费用（销售、研发和管理费用），虽然毛利率较高，但销售净利率并不高。我们注意到，不同行业的销售净利率差异很大，这大致可以反映不同行业面临的竞争环境。

同一行业内的竞争者，销售毛利率具有重要的参考价值。如果行业内企业生产的产品基本同质，则各企业财务报表中披露的销售毛利率应该不相上下。反之，如果行业内不同企业的销售毛利率差异较大，这在一定程度上能够说明行业内各企业的产品差异较大。此外，如果公司的销售毛利率远高于行业内其他公司，说明公司的产品定位更高端。例如，白酒行业不同企业之间的销售毛利率差异较大，说明行业内不同企业产品的差异化程度较大；贵州茅台的销售毛利率远高于行业内其他白酒企业，说明贵州茅台的产品在消费者心目中较为高端。

企业的固定资产往往用于生产特定产品，有较大程度的专用性，在很多情况下不易出售。因此，企业固定资产占比在一定程度上能够度量行业的退出壁垒。该指标的具体计算公式如下：

$$固定资产占比=\frac{固定资产}{总资产}\times 100\%$$

据统计，2022 年，固定资产占比较高的行业包括电力、热力、燃气及水生产和供应业，交通运输、仓储和邮政业以及农、林、牧、渔业，其固定资产占比的中位数分别为 46.5%、34.6%和 30.8%。固定资产占比对竞争的影响要视情况而定。如果行业中竞争者数量较多，企业的固定资产占比较高形成的退出壁垒可能会加剧行业的竞争程度。但是，固定资产占比较高也可能形成进入壁垒，限制行业内现有竞争者的数量。

案例分析 9-3

前述讨论表明，现有竞争者之间的竞争程度主要从三个维度分析：现有竞争者的数量、产品的差异化程度以及行业的退出壁垒。企业数量较少、产品差异化程度较高以及退出壁垒较低的行业，其竞争激烈程度较低；反之则相对较高。以互联网、白酒和航空业为例加以说明。在互联网行业，由于平台公司（如百度、阿里巴巴和腾讯）的网络效应，竞争者数量相对较少，行业巨头们往往有较强的盈利能力。在白酒行业，虽然行业内竞争者数量并不少，但由于产品差异化程度较高，竞争并不十分激烈，行业内的龙头企业均实现了较高的利润率。在航空业，由于竞争对手数量较多，同时服务的差异化程度低，行业内公司的利润率普遍较低。以中国航空公司龙头企业南方航空为例，2019 年以前，南方航空的销售毛利率和销售净利率均不高，且呈下降趋势，到 2019 年，公司的销售毛利率只有 12%左右，销售净利率只有约 3%。2020 年，受新冠疫情影响，公司亏损严重，销售净利率降为−12.8%。巴菲特早年曾在航空股上栽过跟头，航空公司之间的竞争非常激烈。

案例分析 9-4

以家电行业为例，说明如何从财务指标看行业的竞争风险。表 9-1 所示的是家电行业 8 家龙头公司 2020—2022 年的销售毛利率和销售净利率。在家电三巨头中，美的集团、格力电器和海尔智家的销售毛利率均超过 20.00%，美的集团和格力电器的销售净利率接近或超过 10.00%。从近几年的趋势来看，三家公司的利润率虽然有所波动，但整体保持平稳，说明竞争格局较为稳定。此外，在家电行业中，石头科技（主营清洁机器人）虽然 2020—2022 年销售毛利率保持稳定，但销售净利率一路下滑，这可能与近两年面临的行业竞争环境变化有关。为了应对激烈的竞争，公司一方面增加研发投入，以提升技术水平；另一方面增加了销售支出，以发展客户。

表 9-1 家电行业 8 家龙头公司 2020—2022 年的销售毛利率和销售净利率

公司名称	销售毛利率（%）			销售净利率（%）		
	2022 年	2021 年	2020 年	2022 年	2021 年	2020 年
美的集团	23.90	22.11	24.71	8.66	8.49	9.68
海尔智家	30.62	30.53	29.01	6.05	5.80	5.40
格力电器	25.40	23.84	25.72	12.21	12.11	13.14
飞科电器	53.19	46.54	40.73	17.94	16.08	18.01
老板电器	49.60	51.97	55.83	15.29	13.40	20.92
科沃斯	51.33	51.14	42.43	11.16	15.47	8.97
石头科技	49.01	47.88	51.00	17.94	24.13	30.43
苏泊尔	25.30	22.66	26.01	10.31	9.03	9.96

注：数据来自 Wind 数据库。

上述案例说明，行业的竞争环境对行业内企业的利润率有重要影响，但竞争环境并非一成不变。行业增长速度是影响竞争环境的重要因素，在行业高速发展时期，企业只要紧跟行业发展，就能够保持不错的增长。随着行业日趋成熟、增速放缓，企业增长的难度越来越大，行业竞争加剧，利润率水平相应下降。

案例分析 9-5

以食品饮料行业为例，说明如何从财务指标看行业的竞争风险。表 9-2 所示的是 10 家食品饮料行业龙头公司 2020—2022 年的销售毛利率和销售净利率。虽然表中的公司都属于食品饮料行业，且均为消费者所熟知的企业，但是投资者可以轻易看出，它们其实并不全在同一细分行业内直接竞争。这 10 家公司中，贵州茅台等属于白酒行业，海天味业属于调味品行业，伊利股份属于乳制品行业，青岛啤酒属于啤酒行业，金龙鱼属于粮油行业。数据显示，这些细分行业的销售毛利率和销售净利率的排名大致是：白酒行业＞调味品行业＞啤酒行业＞乳制品行业＞粮油行业。此排名大致反映了不同行业的产品的差异化程度，说明了差异化程度对企业利润率的影响。

表 9-2 10 家食品饮料行业龙头公司 2020—2022 年的销售毛利率和销售净利率

公司名称	销售毛利率（%）			销售净利率（%）		
	2022 年	2021 年	2020 年	2022 年	2021 年	2020 年
贵州茅台	90.44	90.12	89.94	59.95	59.18	58.88
泸州老窖	84.40	83.39	80.43	48.20	44.65	41.29

续表

公司名称	销售毛利率（%）			销售净利率（%）		
	2022 年	2021 年	2020 年	2022 年	2021 年	2020 年
五粮液	71.25	71.08	69.91	44.24	43.44	42.48
洋河股份	70.27	70.50	66.91	36.51	35.43	42.32
山西汾酒	70.11	69.15	66.09	37.74	33.19	27.13
海天味业	35.16	38.12	41.63	24.42	26.92	28.38
伊利股份	31.85	30.20	35.60	7.61	7.94	7.37
金龙鱼	5.44	7.96	12.12	1.22	1.99	3.38
牧原股份	17.37	16.65	60.64	11.98	9.69	54.02
青岛啤酒	36.85	36.71	40.42	11.83	10.79	8.38

注：数据来自 Wind 数据库。

9.3 潜在进入者和替代品的影响分析

除了行业内现有竞争者之间的竞争，企业还要面对潜在进入者以及替代品的威胁。《腾讯传》一书中提到，2011 年，腾讯创始人马化腾曾问《失控》的作者凯文·凯利：“腾讯最大的敌人是谁?”凯文·凯利开玩笑说，这个问题价值 10 亿美元。他接着说：“即将消灭你的那个人，迄今还没有出现在你的敌人名单上。”这个答案很好地诠释了企业竞争风险分析的盲点。企业往往只关注现有的竞争者，而忽视了潜在进入者和替代品的威胁。

9.3 即测即评

9.3.1 潜在进入者对竞争的影响

潜在进入者或称新进入者，为行业带来新活力的同时也带来了潜在的竞争风险。这些企业往往实力雄厚，企图在新领域拓展业务，以攫取现有企业的市场份额，从而导致行业内的竞争加剧。根据新古典经济学理论，在均衡状态下，企业无法获得超额利润，因为只要有超额利润，就会有新的厂商进入。如果无法阻止新进入者，行业就无法长期保持较高的利润率。从维持行业利润率的角度来看，理想的情况是进入壁垒高而退出壁垒低，高进入壁垒可以阻止后来者进入，而低退出壁垒有利于淘汰现有竞争者。进入威胁可以从两方面分析：一是潜在进入者的进入动力；二是现有企业抵挡新进入者的能力。

1. 潜在进入者的进入动力

潜在进入者的进入动力可以参考两个财务指标：一是行业的利润率（如销售净利率）；二是行业的市场规模。显然，没有利润就难以吸引企业进入。相对而言，行业的市场规模可能更容易被忽视。在诸多情况下，即使行业利润率较高，但由于市场规模太小，大公司并没有进入的动机。一个有趣的现象是，当行业处于发展初期，公司规模较小时，竞争相对缓和，公司可以赚取较高的利润率。然而，随着行业规模的扩大，吸引的竞争对手也逐渐增多且实力增强，竞争变得愈发激烈。原因在于市场规模会影响实力强大的潜在进入者的进入动力。

2. 进入壁垒的影响因素

根据管理学中的资源基础理论，企业能够获取超额利润，是因为企业有独特的资源。资源如果满足异质性和不可流动性两个条件，就能够构建竞争壁垒，同时也能用来阻挡新的进入者。具体而言，品牌认同、技术创新、营销渠道、规模、政策等无形资产都能够用于构建进入壁垒，投资者有时称这些壁垒为企业的“护城河”。部分壁垒具体说明如下：

（1）品牌认同。深入人心的品牌可用于构建竞争壁垒，阻止竞争对手的进入，并帮助企业获取超额利润。行业内现有企业往往拥有一定的品牌认同和客户忠诚度，这主要源于广告、客户服务、产品差异或者抢先进入市场。在产品差异较大的行业中，品牌认同度和客户忠诚度通常更高。品牌认同使新进入者不得不大量投资，以突破行业内现有企业品牌认同构建的竞争壁垒，增加了新进入者的成本和风险。

（2）技术优势。经过长时间的研发投入，行业内现有企业可能积累了大量的专利和非专利技术，这些技术积累是公司产品质量的保障。新进入者要达到现有企业的技术水平，需要投入大量的研发资金，而这些研发投入具有较大的不确定性。值得注意的是，虽然技术积累可以形成壁垒，但是在高科技行业，大企业仍然需要警惕颠覆性创新对公司的影响，如智能手机行业对传统手机行业的颠覆。

（3）营销渠道。现有企业已经建立了完善的营销渠道。新进入者要获得产品的分销渠道，需要为此承担的成本就构成了进入壁垒。然而，具有资源优势的行业龙头企业可以利用其现有业务渠道或互联网渠道，打破现有企业的渠道优势。例如，小米集团推出新产品时，可以利用现有的线上和线下渠道，销售渠道并不能成为阻止小米集团进入的壁垒。

案例分析 9-6

我们分别通过互联网行业和家电行业的两家公司来阐述新进入者如何影响行业的竞争状况。首先来看互联网行业的案例。网宿科技是创业板一家知名的“白马股”，主要业务是网络加速服务（CDN），该公司在2012—2016年连续5年保持50%以上增长速度，股价表现优异，吸引了大量的投资者。随着公司所处行业市场规模的扩大，百度、阿里巴巴、腾讯（简称BAT）等互联网巨头在2016前后纷纷进入该领域。这些公司原来都是网宿科技的重要客户，现在却成了竞争对手，导致行业竞争急速加剧。竞争加剧的最终结果是，2016年以后网宿科技销售收入的增速有所下滑，利润率大幅下滑。截至2019年，虽然公司的业务收入还能勉强维持，但净利润已在亏损边缘。表9-3展示了腾讯控股与网宿科技的财务实力数据。从财务数据来看，无论是公司的资产和营收规模，还是研发投入的规模，网宿科技与腾讯控股都存在显著差距。面对实力强劲的新进入者，网宿科技至今似乎还没有找到很好的应对办法。

表9-3 腾讯控股与网宿科技的财务实力数据

项目	2015年	2016年	2017年	2018年	2019年	2020年	2021年
	网宿科技						
营收规模（亿元）	29.3	44.5	53.7	63.4	60.1	56.9	45.8
营收增长（%）	53.4	51.7	20.8	18.0	−5.2	−5.3	−19.6
销售毛利率（%）	44.8	42.0	35.4	33.2	25.2	25.3	25.3
销售净利率（%）	28.3	28.1	15.2	12.6	0.6	3.9	3.6
归母净利润（亿元）	8.3	12.5	8.3	8.0	0.3	2.2	1.7
净利润增长（%）	71.9	50.4	−33.6	−3.2	−95.7	538.0	−24.9
公司规模（亿元）	35.1	86.6	102.6	119.4	103.3	101.6	105.7
研发投入（亿元）	2.8	4.4	5.5	6.7	6.7	5.0	4.6
研发强度（%）	9.6	9.9	10.2	10.6	11.2	8.8	10.1
	腾讯控股						
公司规模（亿元）	3 068.2	3 959.0	5 546.7	7 235.2	9 539.9	13 334.3	16 123.6
营收规模（亿元）	1 028.6	1 523.4	2 380.1	3 126.9	3 772.9	4 820.6	5 613.5
研发投入（亿元）	90.4	118.5	174.6	229.4	303.9	389.7	518.8
研发强度（%）	8.8	7.8	7.3	7.3	8.1	8.1	9.2

再来看家电行业的案例。2013年年底小米集团的CEO雷军与格力电器的CEO董明珠打赌，称5年内小米集团的营业收入将超过格力电器，赌约金额是20亿元。结果是小米集团并未在5年内实现这一目标，但随后的第6年，小米集团的营收确实超过了格力电器，展现了小米集团营收的快速增长势头。2018年小米集团正式进军空调市场，发布了第一款空调产品。像小米集团这种有互联网基因的企业进军家电行业，是否会对家电行业的企业造成巨大冲击？表9-4展现了格力电器与小米集团的财务实力数据。数据显示，无论是在公司的资产和营收规模，还是研发投入的规模上，格力电器和小米集团都算是同一级别的公司。因此，小米集团进军空调以及大家电领域，会对原有的家电巨头格力电器、美的集团和海尔智家形成怎样的冲击，难以预测。近年来，格力电器的营收和利润增速有所下滑，但这在一定程度上是行业增速放缓的反映，

较难归因于小米集团的进入。长期来看，小米集团进军大家电领域，应该会对家电行业造成一定的冲击，但不会是碾压式的冲击，而是旗鼓相当的较量，结果也将变得扑朔迷离。

表 9-4 格力电器与小米集团的财务实力数据

项目	2015年	2016年	2017年	2018年	2019年	2020年	2021年
	格力电器						
营收规模（亿元）	1 005.6	1 101.1	1 500.2	2 000.2	2 005.1	1 705.0	1 896.5
营收增长（%）	−28.2	9.5	36.2	33.3	0.2	−15.0	11.2
销售毛利率（%）	32.5	32.7	32.9	30.2	27.6	26.1	24.3
销售净利率（%）	12.9	14.3	15.2	13.3	12.5	13.3	12.2
归母净利润（亿元）	125.3	154.2	224.0	262.0	247.0	221.8	230.6
净利润增长（%）	−11.5	23.1	44.9	17.0	−5.8	−10.2	4.0
公司规模（亿元）	1 617.0	1 823.7	2 149.7	2 512.3	2 829.7	2 792.2	3 196.0
研发投入（亿元）	—	—	57.7	72.7	60.1	62.1	65.3
研发强度（%）	—	—	3.8	3.6	3.0	3.6	3.4
	小米集团						
公司规模（亿元）	391.4	507.7	898.7	1 452.3	1 836.3	2 536.8	2 928.9
营收规模（亿元）	668.3	684.4	1 146.3	1 749.9	2 059.2	2 460.1	3 286.2
研发投入（亿元）	15.1	21.0	31.5	57.8	74.9	92.6	131.7
研发强度（%）	2.3	3.1	2.7	3.3	3.6	3.8	4.0

9.3.2 替代品对竞争的影响

除了潜在进入者的威胁，替代品也会加剧行业的竞争，压缩行业的利润空间。替代品是指能够提供相似功能的其他产品。虽然理论上很清晰，但在实际中界定替代品并不容易。请读者思考，啤酒是否为白酒的替代品，线上购物是否替代了线下购物，氢能源能否取代锂电？大部分资源或消费品，或多或少都存在替代品，甚至在特殊的情况下，由于时代的变迁或颠覆性创新的出现，替代品的性价比超过行业所有现有产品，对现有行业构成重大冲击。因此，管理层和投资者在分析企业的竞争环境时，要重视替代品的影响分析。替代品的竞争强度主要取决于三方面的因素：替代品的价格、替代品的质量和性能、购买者的转移购买成本。由于替代品的影响较难通过财务指标进行分析，下面将通过两个案例，简要说明替代品对公司竞争环境可能产生的影响。

案例分析 9-7

关于替代品的影响，商业史上有一个经典的案例。发明世界上第一台数码相机

（1975年）的柯达公司自2011年起就多次传出破产消息，2011年公司股价跌幅超过80%，2012年年初公司正式申请破产。数码相机的发明者为何会因数码时代的到来而破产呢？究其原因，柯达公司的主要业务是胶卷业务，在数字化浪潮下，胶卷业务面临被数字照片替代的风险。现在大部分普通用户喜欢用手机拍照，享受随时拍照、删除和分享的乐趣，几乎不再使用胶卷。虽然柯达公司自1998年开始就深感传统胶卷业务萎缩的压力，但柯达公司的决策者由于担心胶卷销量受到影响，一直未大力发展数字业务。或许，自我革命总是最艰难的。柯达公司的故事并非孤例，传统零售业、手机制造业和汽车行业等也曾经历或正在经历类似的挑战。

案例分析9-8

最新的一个案例来自移动互联网。近十年，移动互联网高速发展，人均上网时间大幅增加。与此同时，很多企业和个人抓住了这一波移动互联网红利，通过吸引大量流量并变现，赚得盆满钵满。移动互联网的前景看似一片光明，但实际上有一个很重要的天花板——国民总时间（GDT）。GDT是网民总数和网民最高日均上网时间的乘积。由于GDT是固定的，各类手机应用（App）之间具有高度的可替代性。用户手机上能安装的App数量有限，一天能够使用App的时间更是有限，所以很多App之间本质上具有完全的替代性。结果是，不但新的App吸引流量变得困难，而且现有的App要时刻警惕新的App来抢占用户的时间。当然，不同行业的App可替代性有差异。BAT之所以出类拔萃，是因为它们分别占据了搜索、购物和社交这些刚需“赛道”，可替代性不强。门户网站之所以衰退，是因为可观看新闻、游戏娱乐的替代品较多。

9.4 上下游议价能力分析

1. 上下游议价能力：概述

通常企业的竞争对手被当作敌人，而上游的供应商或者下游的客户被称作合作伙伴，但事实上上下游的关系不仅是合作伙伴那么简单，企业在上下游的议价能力是企业竞争优势的一部分，同时也影响着企业的竞争风险。在极端的情况下，议价能力的强弱甚至会决定企业的存亡。例如，2018年，中兴通讯的关键原材料（芯片）被供应商“卡脖子”，直接导致公司业务停摆，公司几乎破产清算。

9.4 即测即评

如何分析企业对上下游的议价能力？正所谓“店大欺客”“客大欺店”，理解对上下游议价能力的关键在于“实力”二字。更具体地说，这取决于客户与供应商的相对实力。“店大欺客”是指，如果卖方实力较强，就可以“欺负”客户。“客大欺店”是指，如果买方实力较强，就可以“欺负”供应商。例如，2020 年，某家居公司董事长曾公开发文抨击上游供应商垄断式涨价。虽然垄断式涨价行为似乎有些“不道德”，但该家居公司最终还是只能“哑巴吃黄连”。为什么呢？答案就在于双方的“实力”使然。

2. 上游（供应商）议价能力：财务指标

以下三个指标可以用来更客观地评价企业对上游的议价能力。

第一，前五大供应商集中度。具体计算公式如下：

$$前五大供应商集中度=\frac{前五大供应商采购金额}{年度总采购金额}$$

该指标的含义是：供应商集中度越低，表明企业对某一家供应商的依赖程度越低，企业的议价能力越强；相反，如果供应商所在的行业由少数几家公司控制，则企业的议价能力就较弱。

第二，供应商的利润率。该指标的含义是：如果供应商群体生产的产品具备差异化特征或者产生了转换成本，供应商的议价能力较强，则可能表现为较高的利润率。

第三，应付账款周转率。具体计算公式如下：

$$应付账款周转率=\frac{营业成本}{应付账款平均余额}$$

该指标的含义是：如果企业的议价能力较强，就可以先拿货后付钱，并且享受较长时间的账期，表现为应付账款周转率较低或应付账款周转天数较多。当买方的采购量占卖方销售总额的比例较大（卖方的客户比较集中）、卖方产品的差异化程度较低时，买方的议价能力可能较强，能够享受较低的价格和较长时间的账期。

第四，预付账款占比，具体计算公式如下：

$$预付账款占比=\frac{预付账款}{营业收入}$$

该指标的含义是：如果卖方的产品是买方业务的重要投入要素，并且这些要素被少数几家公司控制，买方为了确保关键材料的稳定供应，需要预先支付购货款项，此时企业的议价能力较弱。

3. 下游（客户）议价能力：财务指标

以下三个指标可以用来更客观地评价企业对下游的议价能力：

第一，前五大客户集中度。具体计算公式如下：

$$前五大客户集中度=\frac{前五大客户营业收入}{年度总营业收入}$$

该指标的含义是：客户集中度越低，表明企业对单个客户的依赖程度越低，企业的议价能力越强。通常而言，面向消费者行业相比面向企业行业，对下游的议价能力更强，原因是面向消费者行业的客户较为分散，而面向企业行业的客户较为集中。

第二，应收账款周转率。具体计算公式如下：

$$应收账款周转率=\frac{营业收入}{应收账款平均余额}$$

该指标的含义是：如果公司议价能力较强，可以要求现款现货，表现为应收账款周转率较高或应收账款周转天数较少。当客户较为分散、公司产品差异化程度较高时，卖方的议价能力往往较强。

第三，合同负债占比（2020 年之前为预收账款），具体计算公式如下：

$$合同负债占比=\frac{合同负债}{营业收入}$$

该指标的含义是：如果卖方的产品比较畅销，企业可以要求先款后货，表现为合同负债或预收账款金额较高，企业对下游的议价能力较强。

4. 上下游整体控制能力与营业周期、净营业周期

营业周期和净营业周期可以用来分析企业对上下游整体的控制能力。营业周期是指从外购承担付款义务到收回因销售商品或提供劳务而产生的应收账款的这段时间。其计算公式为：

$$营业周期=存货周转天数+应收账款周转天数$$

净营业周期的计算公式为：

$$净营业周期=存货周转天数+应收账款周转天数-应付账款周转天数$$

营业周期取决于企业对上下游的控制能力以及对流动资产的管理能力。企业的应收账款周转天数较少，表明企业对下游的控制能力较强；应付账款周转天数较多，表示企业对上游的控制能力较强；存货较少，表明企业对上下游的控制能力都较强。控制存货一方面需要上游供应商准时发货，另一方面需要企业的产品畅销无阻。因此，营业周期尤其是净营业周期，能够在一定程度上说明公司对上下游整体的议价或把控能力。

案例分析 9-9

我们以美的集团和其上游供应商宏昌科技为例，阐述如何分析企业对上下游的议价能力。美的集团是我国家电三巨头之一，主要业务是设计、生产和销售暖通空调、消费电器等产品，其上游供应商主要供应空调和电器的一些配件，主要原材料为各种等级的铜材、钢材、塑料和铝材等，而下游客户主要是家庭消费者。表 9-5 显示了美的集团与宏昌科技对上下游议价能力的财务数据。数据显示：(1) 美的集团应收账款周转天数较少，平均只有 25.87 天，说明美的集团对下游客户的议价能力较强；(2) 应付账款周转天数平均高达 78.87 天，说明公司对上游供应商议价能力也较强；(3) 公司的营业周期较短，平均只有 85.06 天，而净营业周期最高不超过 13.20 天，说明公司对上下游整体的控制能力很强。除此之外，进一步查阅公司 2022 年的年报可知，公司前五名客户合计销售金额占年度销售总额的比例为 11.36%，前五名供应商合计采购金额占年度采购总额的比例为 6.36%。上述数据进一步说明美的集团不存在对供应商和客户的重大依赖，对上下游的议价能力较强。当然，虽然美的集团对上游供应商的控制能力较强，但若原材料价格出现大幅增长，或宏观经济环境变化使得劳动力、水、电、土地等基本生产要素成本出现较大波动，公司的经营业绩也或多或少会受到影响。

表 9-5 上下游议价能力：美的集团与宏昌科技

项目	2018 年	2019 年	2020 年	2021 年	2022 年
	美的集团				
营业周期（天）	82.12	81.09	82.83	82.32	96.96
存货周转天数（天）	56.53	56.47	56.46	57.20	69.29
应收账款周转天数（天）	25.59	24.62	26.37	25.12	27.67
应付账款周转天数（天）	68.92	72.25	81.58	81.60	89.96
净营业周期（天）	13.20	8.84	1.25	0.72	7.00
	宏昌科技				
营业周期（天）	187.48	176.76	188.65	178.27	206.09
存货周转天数（天）	68.01	63.17	62.73	57.45	66.11
应收账款周转天数（天）	119.47	113.59	125.92	120.82	139.98
应付账款周转天数（天）	91.55	88.87	101.71	91.71	98.83
净营业周期（天）	95.92	87.89	86.94	86.56	107.26

宏昌科技的主要产品包括流体电磁阀、模块化组件及水位传感器，这些产品是生产各类家用电器的重要构件。其主要客户是美的集团、海尔智家等家电行业巨头，主要原材料包括漆包线、PP/PA 等塑料原料、铁板等金属件、软管等橡胶件。表 9-5 中的数据显示：(1) 宏昌科技应收账款周转天数较多，平均为 123.96 天，说明公司对下游客户的议价能力较弱；(2) 公司应付账款周转天数平均为 94.53 天，说明公司对上游供应商具有一定的议价能力；(3) 公司的营业周期较长，平均为 187.45 天，净营业周期平均为 92.91 天，说明公司对上下游整体的控制能力一般。除此之外，查阅公司 2021 年的年报数据可知，公司前五名客户合计销售金额占年度销售总额的比例为 76.48%，其中第一大客户占比为 50.14%；前五名供应商合计采购金额占年度采购总额的比例为 29.52%，其中第一大供应商占比为 12.48%。上述数据进一步印证了公司

对上下游的议价能力较为一般。尤其是报告期内公司客户集中程度较高，说明公司业务对大客户存在一定依赖性。可以预测，如果未来主要客户经营战略发生重大变化，或公司与其合作关系出现重大变化，将对公司的经营业绩和持续经营能力产生不利影响。

练习题

一、行动学习

下载并快速浏览美的集团（000333）、贵州茅台（600519）及中芯国际（688981）三家公司的最新年报，仔细阅读公司的各项财务数据，结合本章所学对这三家公司的竞争风险进行详细的分析。

二、简答题

1. 简述企业面临的主要风险。
2. 简述如何利用波特五力模型分析企业的竞争环境。
3. 简述企业的竞争壁垒有哪些。
4. 简述如何分析现有竞争者之间的竞争程度。
5. 简述如何分析潜在进入者对竞争的影响。
6. 简述如何分析替代品对竞争的影响。
7. 简述如何分析企业对上下游的议价能力。
8. 思考如何提升企业的核心竞争力。
9. 思考如何解决美国对中国的“卡脖子”问题。

第10章

清偿风险分析

学习目标

1. 了解系统性风险的含义、衡量及其对证券价格的影响。
2. 了解财务杠杆、经营杠杆与系统性风险之间的关系。
3. 了解影响清偿能力的因素及清偿能力对证券价格的影响。

引导案例

中国恒大的财务危机

中国恒大在2020年以7 038.0亿元的销售额排名房地产行业第二。中国恒大2020年年末总资产为2.30万亿元，与同期广州的GDP基本相当，但其负债高达1.95万亿元，资产负债率为84.77%，财务杠杆系数为6.567倍，即股东每1元的投资，驱动了6.567元的资产。中国恒大的高负债或高杠杆意味着什么？在经济形势周期性波动中，它们对公司有何影响？

自2020年年初以来，新冠疫情冲击之下楼市降温明显。在这一背景下，2020年1—8月，中国恒大新增土地储备5 710.2亿元，排名行业第一。

自2020年6月以来，坊间不断传出中国恒大债务支付陷入困境的消息。比如：

(1) 2020年6月初，部分恒大商票持有人称其商票未能如期兑付。

(2) 2020年9月30日，中国银行、中国农业银行、中国建设银行和中国工商银行将审查对恒大的风险敞口以衡量其影响。

(3) 2020年10月14日，上海金融法院和上海市第一中级人民法院强制执行恒大部分资产。

(4) 2021年6月24日，恒大因贷款纠纷被营口沿海银行诉至营口市中级人民法院。

(5) 2021 年 7 月 26 日，国际评级机构标普宣布下调恒大及其附属公司评级，中国恒大、恒大地产和天基控股的评级从 B+下调至 B−，前景为负面。

(6) 2021 年 9 月 14 日，恒大发布公告称旗下两家子公司未能按期履行为第三方发行理财产品提供的担保义务，相关金额约 9.34 亿元。

(7) 2021 年 9 月 16 日，标普在一份报告中称，因流动性耗尽，中国恒大、恒大地产和天基控股的评级下调至 CC，前景为负面。

(8) 2022 年 6 月 27 日，第一财经等多家媒体报道，一家位于太平洋萨摩亚岛的公司向香港高等法院提出恒大变卖资产清偿债务的清盘呈请。

…………

如果用一个词来概括上述事实，那就是“支付危机”。

思考：

(1) 高杠杆的资本结构、新冠疫情对房地产行业的不利影响是什么？

(2) 积极拿地和支付危机之间是否存在必然联系？

(3) 如何提前预警公司的信用风险？

高杠杆是一把“双刃剑”，它在为企业带来潜在高收益的同时，也显著增加了企业面临的风险。在本章中，我们将深入探讨杠杆对企业系统性风险的影响，具体涵盖经营杠杆和财务杠杆两种类型。首先，我们将详细分析杠杆如何通过增加企业的财务负担和提高经营波动性，进而影响整体的系统性风险；然后，重点研究如何评估和分析高杠杆可能引发的清偿风险，即企业在面临财务压力时偿还债务的能力。

10.1 杠杆与系统性风险分析

10.1.1 杠杆与系统性风险：基本原理

1. 为什么要分析风险

分析财务报表，旨在为决策提供信息支持，如股东的股票投资决策、银行的贷款决策、企业的收购决策等。因此，决策需要什么，财务报表就分析什么。

10.1 即测即评

购买股票、收购企业的股权，目的在于分享被投资企业的未来盈利。发放贷款、购买债券，则是为了赚取利息收入，而利息收入源自被投资企业未来的营业利润或营业现金流。因此，一切投资，无论是投资于股票、其他企业，还是投资于贷款，本质上都是用当前的现金流购买未来的现金流。

假设某公司预期未来每年的税后现金流均为 100 万元，投资者亦即收购方的预期回报率为10%，那么投资者愿意为被收购企业股权资本支付的价格为1 000万元（100/10%）。这一简单实例表明，既然一切投资都是购买未来的现金流，那么股票、债券、贷款和企业的股权等投资对象或金融工具的价格取决于：(1) 该金融工具的预期未来现金流，并与预期未来现金流正相关；(2) 金融工具投资者的预期回报率，并与预期回报率负相关。

投资者的预期回报率又取决于什么？显然，投资者厌恶风险。对于风险更大的投资机会或未来现金流，投资者将要求更高的预期回报率。沿用上例，该公司预期未来每年的税后现金流仍为100万元，但风险水平上升，投资者的预期回报率也上升至20%，那么投资者只愿意为该企业支付500万元（100/20%）的价格。风险水平上升时，投资者的预期回报率上升，股权资本的价格趋于下降。

当企业风险水平上升时，企业创设并发行的金融工具的未来现金流的风险水平亦随之上升，股票、债券或贷款以及企业本身在资本市场上的价格将趋于下降。因此，为股票投资、债券投资、发放贷款、收购其他企业等决策提供信息支持的财务报表分析，既要分析和预测未来的盈利，又要分析企业的风险。

2. 系统性风险的内涵

根据**现代投资组合理论**（modern portfolio theory），风险有两个含义：

其一，风险是资产或金融工具的回报率的波动性。这一风险是**总风险**（gross risk），既包含可分散的非系统性风险，又包含不可分散的系统性风险。我们可以用企业的总资产回报率或净资产回报率的标准差来衡量这一风险水平。

其二，由于投资组合可以在不降低预期回报率的情况下，大幅降低投资的风险水平，因此规避风险的理性投资者，将竭尽所能借助投资组合分散风险，直至其持有的投资组合可分散的风险被充分分散为止，此时，投资者只承担不可分散的系统性风险。均衡的资本市场也只给不可分散的系统性风险定价。

如何衡量系统性风险？目前，资本资产定价模型（CAPM）仍然是理论上和实务界广为接受的资产定价理论，β系数也是广为接受的系统性风险的度量指标。

令r和r_M分别为特定资产和市场组合的回报率，将β系数定义为$\mathrm{cov}(r, r_M)/\mathrm{var}(r_M)$，即特定资产与市场组合回报率的协方差与市场组合回报率的方差之比，β系数的直观含义是，特定资产相对于市场组合的风险暴露或风险敞口。如何将β系数这一系统性风险的度量指标与财务报表数据联系起来？我们不妨沿着这一思路展开讨论：

第一，协方差的本质是同向波动性。协方差越大，两个随机变量的同向波动性越大。

第二，给定资产的价格，两项资产的未来现金流的同向波动性越大，这两项资产的回报率的同向波动性也越大。

第三，市场组合是一个经济体全部风险资产的组合。一个经济体全部企业的组合，可以视为市场组合。全部企业生产出的全部最终产品，即国民收入或 GDP，构成市场组合的现金流。

第四，特定资产的现金流相对于国民收入的波动而波动的敏感程度越大，则该资产的回报率与市场组合的回报率的同向波动性越大，β 系数越大，系统性风险越高。

简言之，如果一家企业的盈利或现金流随着经济周期性的波动而更加剧烈波动，那么该企业的系统性风险就较高。

3. 两类杠杆与系统性风险

下面通过一个直观的例子，讨论风险的主要影响因素以及如何用财务报表数据来衡量影响系统性风险的这些因素。假设：

（1）某企业的总资产为 4 000 万元，总负债为 2 500 万元，利率为 4%，股东权益为1 500 万元，所得税税率为 25%。

（2）该企业产品的单位售价即边际收入为 10 万元，单位变动成本即边际成本为 8 万元，单位边际利润为 2 万元。

（3）未来经济形势繁荣或萧条的概率均为 50%。

表 10－1 所示的是风险的主要诱因及分析方法。在基础情形下，固定经营成本为 300 万元，繁荣或萧条时的销售量分别为 600 件和 300 件。

表 10－1　风险的主要诱因及分析方法　　金额单位：万元

	繁荣	萧条	波动幅度
Ⅰ. 单位边际利润	2	2	0
A. 基础情形			
Ⅱ. 销售量	600	300	100%
Ⅲ. 总边际利润＝Ⅰ×Ⅱ	1 200	600	100%
Ⅳ. 固定经营成本	300	300	0
Ⅴ. 营业利润* 或息税前利润＝Ⅲ－Ⅳ	900	300	200%
Ⅵ. 营业利润/总资产＝Ⅴ/4 000	22.5%	7.5%	200%
Ⅶ. 利息支出＝2 500×4%	100	100	0
Ⅷ. 税前利润＝Ⅴ－Ⅶ	800	200	300%
Ⅸ. 所得税费用＝Ⅷ×25%	200	50	300%
Ⅹ. 净利润＝Ⅷ－Ⅸ	600	150	300%
Ⅺ. 净利润/股东权益＝Ⅹ/1 500	40%	10%	300%
B. 变化情形 1			
Ⅱ. 销售量	800	400	100%
Ⅲ. 总边际利润＝Ⅰ×Ⅱ	1 600	800	100%
Ⅳ. 固定经营成本	300	300	0

续表

	繁荣	萧条	波动
Ⅴ. 营业利润或息税前利润＝Ⅲ－Ⅳ	1 300	500	160%
Ⅵ. 营业利润/总资产＝Ⅴ/4 000	32.5%	12.5%	160%
Ⅶ. 利息支出＝2 500×4%	100	100	0
Ⅷ. 税前利润＝Ⅴ－Ⅶ	1 200	400	200%
Ⅸ. 所得税费用＝Ⅷ×25%	300	100	200%
Ⅹ. 净利润＝Ⅷ－Ⅸ	900	300	200%
Ⅺ. 净利润/股东权益＝Ⅹ/1 500	60%	20%	200%
C. 变化情形 2			
Ⅱ. 销售量	600	300	100%
Ⅲ. 总边际利润＝Ⅰ×Ⅱ	1 200	600	100%
Ⅳ. 固定经营成本	400	400	0
Ⅴ. 营业利润或息税前利润＝Ⅲ－Ⅳ	800	200	300%
Ⅵ. 营业利润/总资产＝Ⅴ/4 000	20%	5%	300%
Ⅶ. 利息支出＝2 500×4%	100	100	0
Ⅷ. 税前利润＝Ⅴ－Ⅶ	700	100	600%
Ⅸ. 所得税费用＝Ⅷ×25%	175	25	600%
Ⅹ. 净利润＝Ⅷ－Ⅸ	525	75	600%
Ⅺ. 净利润/股东权益＝Ⅹ/1 500	35%	5%	600%

* 本章的营业利润与现行财务报表中的营业利润定义不同，一般指息税前利润。

注：总资产回报率＝营业利润/总资产；净资产收益率＝净利润/股东权益。

繁荣时，销售量（600 单位）乘以单位边际利润（2 万元）即为总边际利润（1 200 万元）；从中扣除固定经营成本（300 万元），得到营业利润或息税前利润（900 万元）。营业利润（900 万元）除以总资产（4 000 万元）得到总资产回报率（22.5%）。从营业利润中扣除 100 万元（2 500×4%）的利息费用之后，得到税前利润（800 万元）。税前利润（800 万元）乘以所得税税率（25%）即为所得税费用。从税前利润（800 万元）中扣除所得税费用（200 万元）得到净利润（600 万元）。净利润（600 万元）除以股东权益（1 500 万元）即为净资产收益率（40%）。

遵循同样的计算过程，萧条时该企业的营业利润为 300 万元，总资产回报率为 7.5%，净利润为 150 万元，净资产收益率为 10%。

企业无疑是股东的资产，净资产收益率的波动性即资产的风险，并且是资产的总风险，如本例中净资产收益率由 10%向 40%的波动。这一风险既反映经济或市场层面因素的影响，如经济繁荣或萧条的周期性波动，又反映行业、企业层面因素的影响，如行业竞争结构的变化、企业的技术进步。经济层面的影响即系统性风险，行业、企业层面的影响即非系统性风险。

设第 t 年的净资产收益率为 $ROE_t(t=1, 2, \cdots, T)$，其均值为：

$$\overline{ROE}=\frac{1}{T}\sum_{t=1}^{T}ROE_t$$

其标准差为：

$$\sigma_{ROE}=\sqrt{\frac{1}{T}\sum_{t=1}^{T}(ROE_t-\overline{ROE})^2} \tag{10-1}$$

我们可以用企业过去数年的净资产收益率的标准差 σ_{ROE} 来衡量企业的总风险。

如前所述，系统性风险是指资产的现金流或回报率对经济周期性波动的敏感性。企业作为股东的资产，其净利润对经济周期性波动的敏感性反映了企业的系统性风险①。在本例中，随着经济由萧条至繁荣的周期性转换，净利润从 150 万元上升至 600 万元，体现了该企业的系统性风险水平。表 10－1 中的基础情形表明，这一系统性风险可细分为以下三个层次的风险：

第一，销售收入可视为企业这一资产的第一个现金流。经济从萧条走向繁荣时，销售量从 300 件波动至 600 件，波幅为 100%。在售价不变的情况下，销售收入也将波动 100%，这是系统性风险的第一个层次。

第二，营业利润或息税前利润是企业这一资产的第二个现金流。经济从萧条走向繁荣时，营业利润从 300 万元波动至 900 万元，波幅为 200%，这是系统性风险的第二个层次。

第三，净利润是企业这一资产的第三个现金流。经济从萧条走向繁荣时，净利润从 150 万元波动至 600 万元，波幅为 300%，这是系统性风险的第三个层次。

第一个层次的系统性风险，即销售量或销售收入随经济周期性波动而波动的风险，主要取决于产品的特性。诸如药品、大米、面粉等生活必需品缺乏需求收入弹性，必需品生产企业的需求、销售、盈利和现金流对经济周期不太敏感，因而系统性风险水平较低，我们称这些行业为非周期性行业。反之，诸如钻石、茅台酒等奢侈品，机床、卡车等生产装备，住房、电脑、手机等耐用消费品，需求收入弹性大，其需求随经济周期性波动而出现较为剧烈的波动。生产这些产品的企业的需求、销售、盈利和现金流对经济周期较为敏感，系统性风险水平较高。我们一般称这些行业为周期性行业。

我们可以用过去数年营业收入增长率的波动性来分析这类风险。设 S_t 为第 t 年的

---

① 在本例中，由于价格、变动成本、固定经营成本等因素保持不变，净利润波动的唯一原因是经济周期性的波动，因而净利润的波动对经济周期性波动的敏感性全部体现为系统性风险。反之，即使经济形势稳定，价格、变动成本、固定经营成本等的波动也会导致净利润的波动，这些风险为非系统性风险。如果经济周期性波动的同时，价格、变动成本、固定经营成本也随之波动，则净利润的波动既包含系统性风险，又包含非系统性风险。

营业收入，第 t 年营业收入相对于第 $t-1$ 年的增长率为：

$$g_t = \frac{S_t - S_{t-1}}{S_{t-1}}$$

过去 T 年营业收入的平均增长率为：

$$\overline{g} = \frac{1}{T}\sum_{t=1}^{T} g_t$$

定义营业收入增长率的波动性即标准差为：

$$\sigma_g = \sqrt{\frac{1}{T-1}\sum_{t=1}^{T}(g_t - \overline{g})} \tag{10-2}$$

通常可以用式（10－2）的财务指标来分析企业第一个层次的系统性风险。比如穆迪公司对债券发行人进行资信评级时，就用营业收入增长率的标准差来衡量债券发行人的风险水平。

第二个层次的系统性风险，即营业利润随经济周期性波动而波动的风险，一般称为**经营风险**（business risk）。在表 10－1 的基础情形中，营业利润随经济周期性波动而波动的幅度（200%）是销售量波动幅度（100%）的 2 倍。这意味着营业利润的系统性风险水平高于销售量的系统性风险水平。究其原因在于固定经营成本，比如生产设备的折旧或厂房的租金，这些成本并不随经济周期性波动而波动。在经济繁荣时，销售量增加，销售收入、变动成本、总边际利润随之等比例增加，但固定经营成本不增加，这将导致营业利润更快地增长。反之，在经济萧条时，销售量下降，销售收入、总变动成本和总边际利润随之等比例下降，而固定经营成本不下降，因而营业利润将更快地下降。

更一般地，总边际利润－固定经营成本＝营业利润，固定经营成本相对于营业利润是优先、固定的支付义务，而营业利润相对于固定经营成本而言，是劣后或剩余的，也就是说，总边际利润首先要补偿固定经营成本，剩余的才是营业利润。固定经营成本放大了营业利润对经济周期的敏感性或放大了营业利润的系统性风险，这就意味着一切优先、固定的支付义务将放大劣后或剩余现金流的系统性风险。

定义**经营杠杆系数**（degree of operating leverage，DOL）为：

$$DOL = \frac{\text{营业利润变化率}}{\text{销售量变化率}} = \frac{(\text{本期营业利润} - \text{上期营业利润})/\text{上期营业利润}}{(\text{本期销售量} - \text{上期销售量})/\text{上期销售量}} \tag{10-3}$$

经营杠杆系数越大，营业利润随经济周期性波动而波动的幅度越大，营业利润或第二个层次的系统性风险水平越高。由于从财务报表中难以获得销售量数据，而销售价格不变时，销售量和销售收入的变化率是相同的，此时经营杠杆系数也可定义为：

$$DOL=\frac{\text{营业利润变化率}}{\text{销售收入变化率}}=\frac{(\text{本期营业利润}-\text{上期营业利润})/\text{上期营业利润}}{(\text{本期销售收入}-\text{上期销售收入})/\text{上期销售收入}} \tag{10-4}$$

需要指出的是，当销售价格发生变化时，用式（10－4）衡量第二个层次的系统性风险将存在度量误差。因此，当销售量数据可获得时，应该用式（10－3）来衡量经营风险；当销售量数据不可获得时，可用式（10－4）近似地分析第二个层次的系统性风险。

经营杠杆系数取决于哪些因素？我们可以结合表10－1进行两个对比分析。

第一，对比变化情形1与基础情形，不难注意到：

（1）在基础情形下，预期的销售量＝繁荣的概率（50%）×繁荣时的销售量（600件）＋萧条的概率（50%）×萧条时的销售量（300件）＝450（件）；在变化情形1下，预期的销售量＝50%×800＋50%×400＝600（件）。变化情形1相对于基础情形，预期的销售量增加。

（2）在基础情形下，经营杠杆系数＝营业利润的变动百分比（200%）/销售量的变动百分比（100%）＝2；在变化情形1下，经营杠杆系数＝营业利润的变动百分比（160%）/销售量的变动百分比（100%）＝1.6。

因此，当其他情况不变时，预期的销售量增加会导致固定经营成本相对减少，营业利润对经济周期性波动的敏感性下降，第二个层次的系统性风险即营业利润的系统性风险下降。反之，当其他情况不变时，预期的销售量下降会导致固定经营成本相对增加，营业利润对经济周期性波动的敏感性上升，第二个层次的系统性风险即营业利润的系统性风险上升。

第二，对比变化情形2和基础情形，可以注意到：

（1）在基础情形下，固定经营成本为300万元；在变化情形2下，固定经营成本上升至400万元。

（2）在基础情形下，经营杠杆系数＝200%/100%＝2；在变化情形2下，经营杠杆系数＝300%/100%＝3。

因此，当其他情况不变时，固定经营成本越高，经营杠杆系数越大，营业利润对经济周期性波动越敏感，第二个层次的系统性风险或营业利润的系统性风险越高。反之，当其他情况不变时，固定经营成本越低，经营杠杆系数越小，营业利润对经济周期性波动越不敏感，第二个层次的系统性风险或营业利润的系统性风险越低。固定经营成本主要取决于企业采用的技术。资本密集型企业，如高铁、航空、大型火力发电或水力发电企业，其固定资产折旧等固定经营成本高，营业利润的系统性风险水平相对较高。劳动密集型企业，如餐饮企业等，主要的成本是人工成本，固定经营成本低，其营业利润的系统性风险水平相对较低。

概言之，当其他情况不变时，销售量越大或固定经营成本越低，营业利润对经济周期性波动越不敏感，第二个层次的系统性风险或营业利润的系统性风险越低。因此，我们也可以定义经营杠杆系数为：

$$DOL=\frac{\text{销售收入}-\text{总变动成本}}{\text{销售收入}-\text{总变动成本}-\text{固定经营成本}}=\frac{\text{销售收入}-\text{总变动成本}}{\text{营业利润}} \tag{10-5}$$

分析上述公式，不难发现，销售收入越高、固定经营成本越低，经营杠杆系数越小，营业利润的系统性风险或第二个层次的系统性风险越低。这与前面的分析是一致的。因此，可以认为式（10-5）所示的经营杠杆系数与式（10-3）所示的经营杠杆系数是等价的。

第三个层次的系统性风险，即净利润随着经济周期性波动而波动的风险，一般称为财务风险。从表10-1的基础情形中不难发现，税前利润、所得税费用、净利润、净资产收益率随着经济周期性波动而波动的幅度均为300%，是营业利润随经济周期性波动而波动的幅度（200%）的1.5倍。这意味着这些财务指标具有相同的系统性风险，并且这一系统性风险高于营业利润的系统性风险。导致这一现象的原因在于：第一，正如之前的分析，一切优先、固定的支付义务，都会放大劣后或剩余现金流的系统性风险。由于营业利润－利息支出或财务费用＝税前利润，显然利息支出是优先、固定的支付义务，而税前利润是劣后于利息支出的剩余现金流，其系统性风险因利息支付义务的存在而被放大。第二，当所得税税率为25%时，以基础情形下繁荣时期为例，税前利润800万元按25%和75%（1－25%）的比例拆分为优先级相同的所得税、净利润这两个现金流，或者说税前利润、所得税、净利润这三个财务指标完全正相关，因而具有完全相同的系统性风险。

定义**财务杠杆系数**（degree of financial leverage，DFL）为：

$$DFL=\frac{\text{净利润变动百分比}}{\text{营业利润变动百分比}}=\frac{(\text{本期净利润}-\text{上期净利润})/\text{上期净利润}}{(\text{本期营业利润}-\text{上期营业利润})/\text{上期营业利润}} \tag{10-6}$$

显然，财务杠杆系数越高，净利润随着经济周期性波动而波动的幅度越大，第三个层次的系统性风险或净利润的系统性风险越高。营业利润越低、固定的利息支付越高，财务杠杆系数越高。因此，我们也可以将财务杠杆系数定义为：

$$DFL=\frac{\text{营业利润或息税前利润}}{\text{营业利润或息税前利润}-\text{利息费用或财务费用}} \tag{10-7}$$

系统性风险高的企业，销售量、营业利润和净利润将随经济周期性波动而更加剧烈地波动。这意味着高风险的企业在繁荣时期将赚得更多，萧条时期将赚得更少甚至可能赔得更多。因此，销售量随经济周期性波动更加剧烈波动的企业、固定经营成本水平较高的企业、负债水平高导致固定融资成本高的企业，其“体质”更为虚弱，抵御商业环境不利变动的能力更差，在商业环境出现未预期萧条时，更有可能出现严重的亏损甚至陷入财务危机。

中国实践 10-1

房地产企业融资管理的“三条红线”

2020 年 8 月，住房城乡建设部、中国人民银行会同银保监会（现为国家金融监管总局）、中国证监会、外汇局等相关部门，共同制定了重点房地产企业资金监测和融资管理规则，该规则自 2021 年 1 月 1 日起开始实施。规则明确要求：

第一，房地产企业剔除预收销售款之后的资产负债率不得大于 70%，即（总负债一预收账款)/总资产≤70%。

第二，房地产企业的净负债率不得大于 100%，即（有息负债一货币资金)/所有者权益≤100%。

第三，房地产企业的现金短债比不得小于 1，即货币资金/短期有息负债≥1。

这三条规则即俗称的“三条红线”。其中，第三条红线主要监控房地产企业的现金流状况，第一、二条红线则主要监控房地产企业的负债水平或财务杠杆，旨在引导房地产企业降低杠杆，增强“体质”，避免商业环境的不利变化可能导致的破产风险，进而控制整个宏观经济的系统性风险水平。需要指出的是，第一、二条红线的主要目标是引导房地产企业控制长、短期借款和应付债券等有息负债。然而，诸如应付账款、应付票据、预收账款等无息负债也有杠杆效应，也会放大企业的盈利和现金流随经济周期性波动而波动的幅度。从本章引导案例关于中国恒大的讨论中不难发现，导致中国恒大产生财务危机的原因不仅包括借款等有息债务，而且包括应付工程款等无息负债。

表 10-2 所示的是 2018—2022 年房地产企业的负债指标。结果显示，房地产企业的资产负债率普遍较高，总体来看，2018—2022 年，中位数为 69.68%，剔除预收账款后的中位数为 65.11%，净负债率的中位数为 24.95%，现金短债比的中位数为 1.31，利息保障倍数的中位数为 5.54，财务杠杆系数的中位数为 1.14。从时间趋势来看，2020 年以前，房地产企业的资产负债率有上升趋势，而在发布“三条红线”后，下降趋势并不明显。利息保障倍数近年来呈下降趋势，而财务杠杆系数呈上升趋势。从 2022 年的情况来看（见表 10-3），资产负债率（减预收后）的 75 分位数为 74.13%，净负债率的 90 分位数为 120.23%，现金短债比的 25 分位数为 0.45，说明在 2022 年还有很多公司不满足“三条红线”的要求，情况不容乐观。

表 10-2 2018—2022 年房地产企业的负债指标（中位数）

年度	资产负债率（%）	资产负债率（减预收后）（%）	净负债率（%）	现金短债比	利息保障倍数	财务杠杆系数
2018	67.54	62.31	27.31	1.22	7.74	1.12
2019	69.08	62.46	24.53	1.24	7.76	1.12
2020	70.64	65.41	15.28	1.41	5.64	1.14
2021	69.73	65.70	21.37	1.44	4.57	1.15
2022	71.58	65.98	28.03	1.26	3.80	1.19
总计	69.68	65.11	24.95	1.31	5.54	1.14

注：①表中列示的数据是中位数。资产负债率＝总负债/总资产；资产负债率（减预收后）＝(总负债－合同负债－预收账款)/(总资产－合同负债－预收账款)；净负债率＝(有息负债－货币资金)/所有者权益；现金短债比＝货币资金/(短期借款＋一年内到期的非流动负债)；利息保障倍数＝(营业利润＋财务费用)/财务费用；财务杠杆系数＝(营业利润＋财务费用)/营业利润。

②根据中国证监会 2012 年划分的一级行业（门类），仅保留房地产行业。2018—2022 年，样本数分别为 119，119，119，118，114（当年退市 4 家公司）。

表 10-3 2022 年房地产企业负债指标（分位数）

分位数	资产负债率（%）	资产负债率（减预收后）（%）	净负债率（%）	现金短债比	利息保障倍数	财务杠杆系数
P10	32.89	30.82	−52.90	0.16	0.56	0.06
P25	52.90	47.87	−3.88	0.45	1.57	1.02
P50	71.58	65.98	28.03	1.26	3.80	1.19
P75	80.20	74.13	67.30	2.78	8.30	1.50
P90	91.62	86.34	120.23	17.47	20.08	2.29

注：①P10、P25、P50、P75、P90 分别代表 10 分位数、25 分位数、50 分位数、75 分位数和 90 分位数。各指标的定义同上表。

②根据中国证监会 2012 年划分的一级行业（门类），仅保留房地产行业，共 119 家公司。

10.1.2 杠杆与系统性风险：经验证据

我们以 2004—2008 年的 A 股上市公司为样本，按照式（10-5）和式（10-7）分别计算每家公司的经营杠杆系数、财务杠杆系数，并计算出每家公司的 β 系数和市净率。其中，市净率定义为年末股票价格与年末每股净资产的比率，它在本质上是单位股权资本的市场价格。然后将所有公司按经营杠杆系数或财务杠杆系数从低到高排序，等分为 20 组，再分别计算每一组平均的经营杠杆系数、财务杠杆系数、市净率和 β 系数，结果如图 10-1 至图 10-4 所示①。

① 鲁桂华．看懂会计报表：从价值与信用入手．2 版．北京：机械工业出版社，2013.

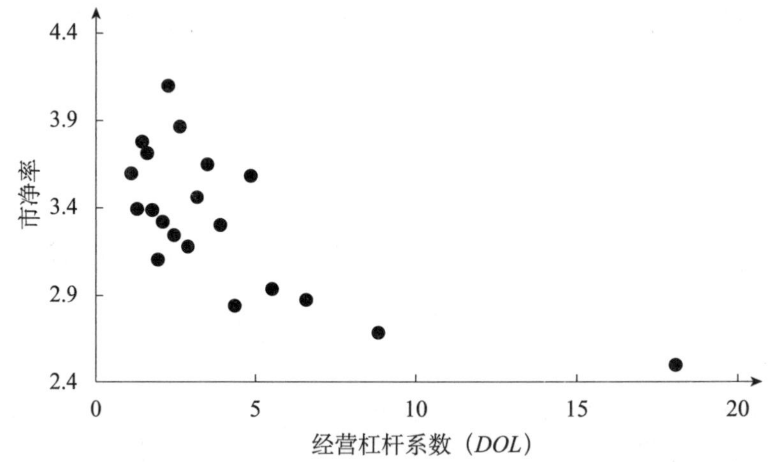

图 10-1　经营杠杆系数与市净率

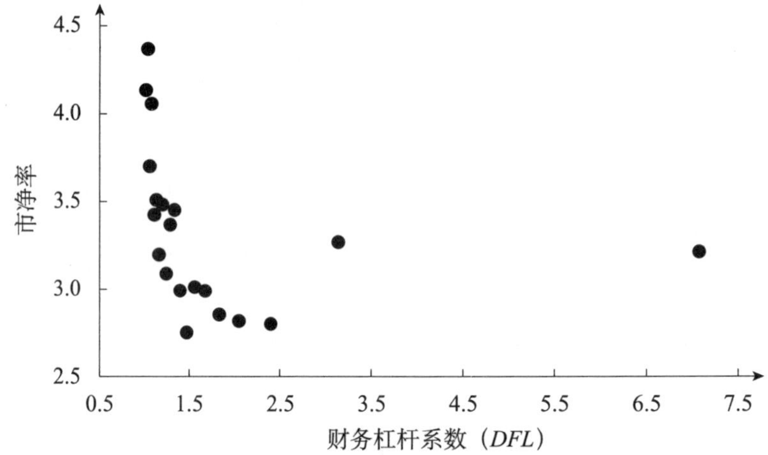

图 10-2　财务杠杆系数与市净率

从图 10-1 和图 10-2 来看，经营杠杆系数、财务杠杆系数和市净率呈明显的负相关关系，这与我们此前的预期一致，即在其他情况不变时，第二个层次和第三个层次的系统性风险越高，单位资本的市场价格越低。或者说，企业的风险越高，企业的价值越低。

从图 10-3 和图 10-4 来看，经营杠杆系数、财务杠杆系数和 β 系数呈正相关关系，这一结果符合理论的预期，同时也意味着，经营杠杆系数、财务杠杆系数这些基于财务报表数据的风险指标，与 β 系数这一基于资本市场数据的风险指标，都能很好地反映企业的系统性风险水平。

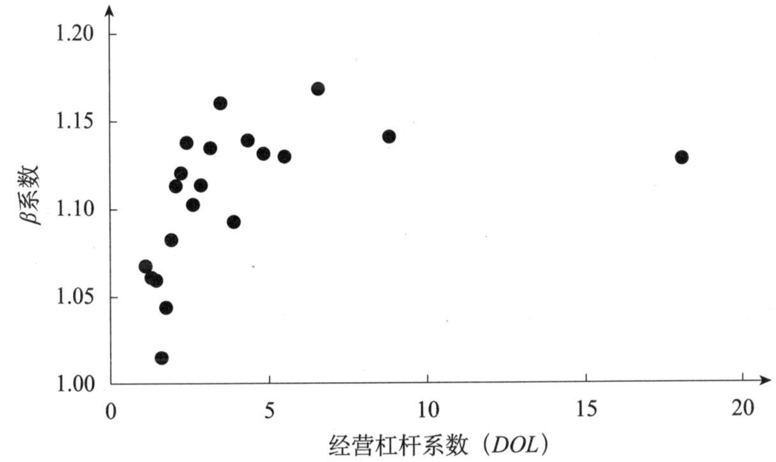

图 10-3 经营杠杆系数与 β 系数

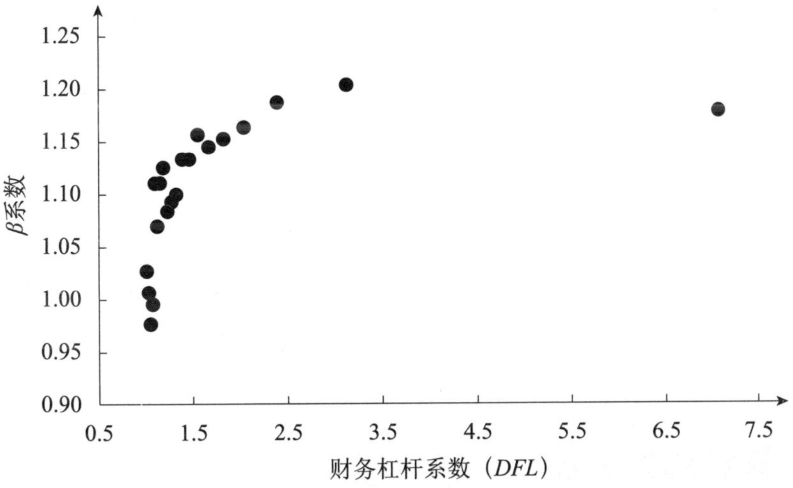

图 10-4 财务杠杆系数与 β 系数

案例分析 10-1

周期性与非周期性行业销售波动性的比较

诸如药品、食品等必需品，其需求相对于经济周期性波动不敏感。因此，必需品生产企业销售收入增长率的标准差将相对较小，我们称这些行业为非周期性行业。反之，诸如钻石、茅台酒等奢侈品，机床、卡车等装备，住房、汽车等耐用消费品，其需求对经济周期性波动比较敏感，生产这些产品的企业的销售增长率的标准差相对较大，我们称这些行业为周期性行业。

表 10-4 所示的是 2003—2022 年 7 家公司销售收入的波动性。可以看到，三一重工是工程机械制造企业，保利发展是房地产开发企业，福田汽车是汽车制造企业，正源股份是建筑材料制造企业，均属于周期性行业，2003—2022 年这 4 家公司年销售收入增长率的标准差分别为 40.10%、38.80%、22.33%和 43.50%。顺鑫农业是农产品和白酒生产企业，同仁堂是制药企业，燕京啤酒是啤酒生产企业，均属于非周期性行业；2003—2022 年这 3 家公司年销售收入增长率的标准差分别为 16.78%、14.37%和 11.33%。比较来看，周期性行业的企业的销售收入随经济周期性波动而波动的幅度更大，第一个层次的系统性风险水平更高。这与前面的理论分析结果一致。

表 10-4 2003—2022 年 7 家公司销售收入的波动性

公司名称	所属行业	销售收入增长率：均值	销售收入增长率：标准差
Ⅰ. 周期性行业			
正源股份	建筑材料制造	19.54%	43.50%
保利发展	房地产开发	44.84%	38.80%
福田汽车	汽车制造	10.09%	22.33%
三一重工	工程机械制造	30.14%	40.10%
Ⅱ. 非周期性行业			
顺鑫农业	白酒制造、农业	15.40%	16.78%
同仁堂	制药	11.95%	14.37%
燕京啤酒	啤酒生产	7.73%	11.33%

10.2 清偿能力分析

10.2.1 影响企业清偿能力的主要因素：理论

1. 清偿能力的第一来源及其分析

清偿能力（solvency）是指偿还债务的能力。清偿能力的第一来源是什么？哪些财务指标可以刻画企业的清偿能力？如何分析清偿能力？我们首先从直观上研究这些问题。企业的财务资源来源于股东和债权人的投入。股东、银行等债权人，投资企业的目的是什么？当然是盈利。因此，企业盈利能力越强，其股票和债务的价值也越高。直

10.2 即测即评

观来看，进行股票价值分析、债务清偿能力分析，首先要分析企业的盈利能力。因此，盈利被视为清偿能力的第一来源。

这里以一个简化的案例来说明如何通过分析企业的盈利能力来分析清偿能力。

某企业从银行借入利率为 6%、1 年期的 1 000 万元款项，然后将这 1 000 万元进行投资，投资周期也为 1 年。该投资项目的预期营业收入为 290 万元，并且全部为现金收入。预期的营业支出或营业费用为 210 万元，全部用现金支付。期末收回投资 1 000万元。

在本例中：

（1）营业利润或息税前利润＝营业收入 290 万元－营业费用 210 万元＝80 万元。

（2）经营活动现金净流量＝经营活动收到的现金 290 万元－经营活动支付的现金 210 万元＝80 万元。

这里需要指出，营业利润或息税前利润、经营活动现金净流量，是企业的业绩，是企业赚取的回报，只不过前者是以权责发生制为基础的业绩观，后者是以收付实现制或现金制为基础的业绩观。

（3）总资产收益率（盈利基础）＝息税前利润或营业利润 80 万元/总资产 1 000 万元×100%＝8%＞债务资本成本 6%。

（4）总资产收益率（现金流量基础）＝经营活动现金净流量 80 万元/总资产 1 000 万元×100%＝8%＞债务资本成本 6%。

（5）利息保障倍数（盈利基础）＝息税前利润 80 万元/财务费用（假设为 60 万元）＞1。

（6）利息保障倍数（现金流量基础）＝经营活动现金净流量 80 万元/财务费用（假设为 60 万元）＞1。

（7）收回的投资即总资产 1 000 万元，正好可用于偿还本金。

该企业具有清偿债务本息的能力吗？从清偿能力的第一来源看，具有清偿能力的企业具有以下财务特征：

（1）息税前利润或营业利润/总资产，即盈利基础的总资产收益率大于债务资本成本，具有清偿能力。总资产收益率越高，清偿能力越强，资信等级越高，违约风险越低。

（2）息税前利润或营业利润/财务费用＞1，具有清偿能力。盈利基础的利息保障倍数越高，清偿能力越强，资信等级越高，违约风险越低。

（3）经营活动现金净流量/总资产，即现金流量基础的总资产收益率大于债务资本成本，具有清偿能力，并且比值越高，清偿能力越强，资信等级越高，违约风险越低。

（4）经营活动现金净流量/财务费用＞1，具有清偿能力，且现金流量基础的利息保障倍数越高，清偿能力越强，资信等级越高，违约风险越低。

简言之，盈利基础或现金流量基础的总资产收益率与盈利基础或现金流量基础的利息保障倍数，是分析企业的清偿能力第一来源的主要财务指标。

2. 清偿能力的第二来源及其分析

当企业的盈利不足以偿还债务本息时，企业可能被迫变卖资产以清偿到期债务，这是清偿能力的第二来源。一般而言，企业举借短期债务的目的是补充流动资产，而举借长期债务的目的，既有可能是购置长期资产，也有可能是补充流动资产。因此，在评价企业清偿能力的第二来源是否充裕时，可以：第一，比较流动资产和流动负债，评价短期清偿能力的第二来源是否充裕；第二，比较总资产和全部负债，评价中长期清偿能力的第二来源是否充裕。

评价企业短期可以变现的资产相对于短期需要清偿的债务是否充裕，这就是流动性分析。可以借助下面的财务比率分析企业的短期清偿能力：

$$流动比率=\frac{流动资产}{流动负债}$$

即企业在下一个经营周期能够变现的资产相对于下一个经营周期到期的债务是否充裕。

将流动比率计算公式分子中变现能力较弱的存货剔除之后，评价企业可以快速变现的资产相对于短期债务是否充裕，即为速动比率。相比流动比率，速动比率可以更为准确地评价企业的短期清偿能力。其计算公式如下：

$$速动比率=\frac{流动资产-存货}{流动负债}$$

应收账款等速动资产的变现能力也受到客户资信的影响，因此现金资产相对于短期负债的充裕程度，即现金比率，相比速动比率可更准确地评价企业的短期清偿能力。现金比率的计算公式如下：

$$现金比率=\frac{现金及现金等价物}{流动负债}$$

需要指出的是，应收账款、存货等流动资产，应付账款、应付职工薪酬等流动负债，会随着企业的销售、采购等经营活动与经营决策波动，因而这些财务比率一般只能用于预测下一个经营周期的流动性与清偿能力。

企业变现全部资产清偿债务的能力，可以用资产负债率，即总负债/总资产来衡量。偿债是优先于股利的未来现金给付义务。资产负债率越低，变现资产优先清偿债务的能力越强，企业的违约风险越低，资信等级越高。

在文献和实务中，经常出现的一个替代性的财务比率为主动性负债比率，其计算公式如下：

$$主动性负债比率=\frac{主动性负债}{主动性负债+股东权益}$$

即从资产负债率的分子和分母中均扣除自发性负债之后得到的财务比率。应付账款、应付职工薪酬等负债，是延期支付的商业惯例形成的债务，因而一般称为自发性负债。从总负债中扣除自发性负债之后的债务，如短期借款、长期借款、应付债券，是企业主动承担的债务，因此一般称为主动性负债。

资产负债率、主动性负债比率等财务指标对于企业清偿能力的影响还有另一重含义。资产负债率、主动性负债比率越高，财务杠杆越高，固定的融资成本越高，企业的财务风险越大。当经济形势出现不利变化时，企业盈利能力将大幅下降，从而危及企业的清偿能力，这就是前面讨论的企业第三个层次的系统性风险。不仅如此，如销售量对经济周期性波动的敏感性即第一个层次的系统性风险，固定经营成本放大企业的营业利润对经济周期性波动的敏感性即第二个层次的系统性风险，也将影响企业在不利商业环境下的清偿能力。

概言之，清偿能力分析应关注三个方面的财务指标，即企业现金流量基础和盈利基础的盈利能力、流动资产相对于流动负债的充裕程度或总资产相对于全部负债的充裕程度、企业的风险水平。

10.2.2 影响企业清偿能力的主要因素：经验证据

1. 比弗（Beaver，1966）的经验证据

比弗（Beaver，1966）① 构建了一个财务失败样本，同时还为每家财务失败的样本公司，按照行业相同、资产规模相近的原则，选取一家配对公司，构成正常样本。然后，比弗分别计算了两个样本在财务失败前 5 年的 30 个财务比率的等权重均值。结果显示，对财务危机预测能力最强的 5 个财务比率依次为：（1）经营活动现金净流量/总负债；（2）净利润/总资产；（3）总负债/总资产，即资产负债率；（4）净营运资本/总资产，其中，净营运资本＝流动资产－流动负债；（5）流动资产/流动负债，即流动比率。

概言之，衡量清偿能力的第一来源的现金流量基础的盈利能力指标、盈利基础的盈利指标，衡量清偿能力的第二来源的资产负债率、流动比率等指标，均具有一定程度的预测财务失败的能力，其中，流动比率仅具有短期预测能力。这一结果与此前的理论预期是一致的。

---

① Beaver W H. Financial ratios as predictors of failure. The Journal of Accounting Research，1996，4（3）：71－111.

2. 阿尔特曼（Altman，1968）的经验证据

美国学者阿尔特曼（Altman，1968）① 借助一个破产样本研究了哪些财务指标可以预测财务失败。阿尔特曼按照行业相同、规模相近的原则，为每家破产企业选择了一家未破产企业作为配对样本。然后，阿尔特曼运用多元判断分析方法，选出了5个在企业破产方面具有最强预测能力的财务指标，并构造了预测企业破产的多元判断函数，即

$$Z_i=1.2X_{1i}+1.4X_{2i}+3.3X_{3i}+0.6X_{4i}+1.0X_{5i}$$

式中，Z_i 为一个计分变量，即 Z-Score（财务健康得分）；X_{1i}表示（流动资产－流动负债）/总资产，即净营运资本占总资产的比率；X_{2i}表示留存利润/总资产；X_{3i}表示息税前利润/总资产；X_{4i}表示普通股和优先股市值/负债账面价值；X_{5i}表示销售收入/总资产。

根据阿尔特曼的估计，破产样本的平均 Z-Score 为－0.258，非破产样本的平均 Z-Scroe 为 4.885，如果上述模型预测的 Z-Score 小于 1.80，就可以预测该企业未来很有可能破产。

流动资产，如应收账款、存货等，是下一个经营周期陆续以现金形式流入的资产。流动负债，如应付采购款等，将在下一个经营周期导致现金流出。净营运资本，即流动资产与流动负债之差，反映了下一个经营周期流回来的现金相对于流出去的现金的充裕程度。净营运资本水平越高、占总资产的比率越高，下一个经营周期企业的清偿能力越强、流动性越高。

留存利润是历年盈利留存在企业的部分。留存利润占总资产的比率越高，企业总资产源自历年留存利润的比率越高，企业的自我积累能力、可持续发展能力越强。

息税前利润/总资产，即总资产收益率，是衡量企业创造价值能力和第一清偿能力的重要指标。

由于债务型金融工具的价格波动相对较小，负债的账面价值与市场价值比较接近，所以在财务金融类的文献中，常用负债的账面价值近似衡量其市场价值。普通股、优先股的市场价值与负债的账面价值之比，大致衡量了企业的股权资本、债务资本的市场价值之比。这一比率越高，负债越低，财务杠杆越低，企业的第二清偿能力越强、企业的财务风险或第二个层次的系统性风险越低，企业的盈利对经济周期性波动的敏感性越低，企业的“体质”越强。

概言之，阿尔特曼（Altman，1968）的研究结果表明，通过综合评估包括第一清偿能力指标、第二清偿能力指标在内的财务指标，可以有效预测企业未来破产的概率，并评价企业的清偿能力。

---

① Altman E I. Financial ratios，discriminant analysis corporate bankruptcy. The Journal of Finance，1968，23（4）：589－609.

3. 穆迪债券评级与财务比率①

穆迪公司是全球知名的资信评级机构，为申请发行债券的企业提供资信评级服务。穆迪用 Aaa，Aa，A，Baa，Ba，B，Caa，Ca，C，D 等符号，从高到低标示债券发行人的资信等级。其中，Aaa 级债券具有最高的资信等级、最高的清偿能力和最低的违约风险，Aa 级债券具有第二高的资信等级、第二高的清偿能力和第二低的违约风险，可以此类推其他资信等级的含义。资信等级越高，清偿能力越强，违约风险越低。穆迪的资信等级无疑是债券发行人清偿能力的直接度量指标，因此，研究资信等级与财务指标之间的关系，为我们理解清偿能力分析提供了一个框架，也可以检验我们此前讨论的清偿能力分析原理。

表 10－5 所示的是 2007 年由穆迪公司提供评级服务的、不同资信等级债券发行人的部分财务指标的均值。比如全部被评为 Aaa 等级的债券发行人的总资产收益率平均为 15.30%。Aaa 等级债券发行人盈利基础的利息保障倍数平均为 17 倍。Aaa 等级债券发行人现金流量基础的利息保障倍数平均为 15.5 倍。从表 10－5 中不难得出如下结论：

从Ⅰ列来看，*EBIT/A*（息税前利润/总资产，或称总资产收益率）越高，说明资信等级越高，清偿能力越强，违约风险越低。

从Ⅱ列来看，*EBIT/S*（息税前利润/销售收入，或称利润率）越高，说明资信等级越高，清偿能力越强，违约风险越低。

从Ⅲ列来看，*EBIT/I*（息税前利润/利息费用，或称盈利基础的利息保障倍数）越高，说明资信等级越高，清偿能力越强，违约风险越低。

从Ⅳ列来看，*CFO/I*（经营活动现金净流量/利息费用，或称现金流量基础的利息保障倍数）越高，说明清偿能力越强，违约风险越低。

从Ⅴ列来看，$D/(D+E)$（总负债/总负债和股东权益之和，或称资产负债率或负债比率）越低，说明财务杠杆越低，资信等级越高，清偿能力越强，违约风险越低。

Ⅵ列报告了 *CFO/D*，即经营活动现金净流量/总负债。Aaa 等级的债券发行人的经营活动现金净流量为负债的 117.30%，即一年赚取的经营活动现金净流量可以清偿全部债务。这一比率越低，说明现金流量基础的盈利能力越弱，资信等级越低，清偿能力越弱，违约风险越高。

Ⅶ列报告了 *RCF/D*（留存现金/总负债），即经营活动现金净流量减去股利支付之后留存的部分与负债的比率。Aaa 等级的债券发行人的这一比率达到 96.30%，即本期赚取的经营活动现金净流量支付股利之后留存的部分基本可以清偿全部债务。

---

① Tennant，Metz，Cantor. Moody's financial metrics：key ratios by rating and industry for global non-financial corporations：December 2007. 2007.

这一比率越低，说明企业的积累能力越弱，资信等级越低，清偿能力越弱，违约风险越高。

Ⅷ报告了 *Rev Vol*，即过去 5 年销售收入增长率的标准差，这一指标衡量企业第一个层次的系统性风险。这一比率越高，说明企业的销售量对经济周期性波动越敏感，即第一个层次的系统性风险越高。如果存在固定的经营成本和融资成本，企业的营业利润和净利润将对经济周期性波动更为敏感，进而影响债券发行人的资信等级和清偿能力，使违约风险升高。

表 10－5　穆迪财务指标：不同等级债券发行人的财务指标的均值

债券发行人资信等级	Ⅰ	Ⅱ	Ⅲ	Ⅳ	Ⅴ	Ⅵ	Ⅶ	Ⅷ
	EBIT/A	*EBIT/S*	*EBIT/I*	*CFO/I*	*D/(D+E)*	*CFO/D*	*RCF/D*	*Rev Vol*
Aaa	15.30%	14.80%	17.0	15.5	22.70%	117.30%	96.30%	5.6
Aa	15.60%	17.50%	13.7	15.5	32.50%	68.40%	38.40%	4.4
A	12.50%	15.20%	8.2	9.6	39.10%	43.80%	38.70%	5.5
Baa	10.10%	13.90%	5.1	6.6	44.80%	29.20%	27.70%	7.2
Ba	9.60%	13.40%	3.4	4.7	53.50%	21.80%	20.00%	10.7
B	7.30%	9.40%	1.5	2.6	70.20%	12.00%	11.70%	9.2
Caa-C	2.00%	2.40%	0.3	1.5	92.50%	4.30%	4.60%	11.1

注：*A* 代表总资产；*D* 代表总负债；*E* 代表股东权益；*EBIT* 代表息税前利润；*S* 代表销售收入；*I* 代表利息费用；*CFO* 代表经营活动现金净流量；*RCF* 代表留存现金，即经营活动现金净流量－股利支付；*Rev Vol* 代表过去 5 年销售收入增长率的标准差。

资料来源：Tennant，Metz，and Cantor. Moody's financial metrics：key ratios by rating and industry for global non-financial corporations：December 2007. 2007.

概言之，企业盈利基础或现金流量基础的盈利能力、财务杠杆、风险水平是影响企业清偿能力的主要因素，这与我们此前在理论上的分析一致。

4. 穆迪的债务预评级与财务比率

穆迪公司收到债券发行人的评级要求后，在正式为其提供资信评级之前，会根据发行人的财务资料，对其进行预评级。表 10－6 是穆迪公司对钢铁行业进行债券发行人预评级的一个标准。从表 10－6 来看，穆迪对债券发行人的预评级主要关注盈利类指标和财务杠杆类指标。盈利类指标即此前提及的第一清偿能力指标，在预评级所需要的各类资料中，占 45%的权重。杠杆类指标即此前提及的第二清偿能力指标，在预评级所需要的各类资料中，占 20%的权重。财务比率在穆迪的资信预评级中的应用大致是：

表 10－6　穆迪资信预评级对财务指标的运用：钢铁行业

财务指标	权重	Aaa	Aa	A	Baa	Ba	B	Caa	Ca
Ⅰ. 盈利与回报分析									
RCF/D	10%	≥100%	70%～100%	40%～70%	20%～40%	10%～20%	5%～10%	0%～5%	<0%
CFO/D	10%	≥70%	40%～70%	20%～40%	10%～20%	5%～10%	0%～5%	−5%～0%	<−5%
EBIT/I	10%	≥20	12～20	6～12	3.5～6	1.75～3.5	0.75～1.75	0～0.75	<0
EBIT/S	5%	≥16%	13%～16%	10%～13%	7%～10%	4%～7%	1%～4%	0%～4%	<0%
NPATBUI/S	5%	≥11%	8%～11%	5%～8%	3%～5%	1%～3%	−1%～1%	−3%～−1%	<−3%
EBIT/A	5%	≥15%	11%～15%	7%～11%	5%～7%	3%～5%	2%～3%	1%～2%	<1%
Ⅱ. 杠杆与流动性									
D/EBITDA	10%	<0.75	0.75～1.75	1.75～2.75	2.75～3.75	3.75～5	5～6.5	6.5～8	>8
D/(D+E)	5%	<15%	15%～35%	35%～50%	50%～60%	60%～70%	70%～80%	80%～90%	>90%
现金及现金等价物/*D*	5%	≥160%	120%～160%	90%～120%	70%～90%	50%～70%	40%～50%	30%～40%	<30%

注：*NPATBUI* 代表特别项目之前的税后营业利润；其他变量的含义同表 10－5。
资料来源：穆迪投资者服务公司网站.

第一，$EBIT/A$，即息税前利润/总资产，或称总资产收益率。如果总资产收益率大于等于15%，预评级时可评为Aaa级；如果在11%～15%之间，预评级时可评为Aa级。随着总资产收益率的下降，清偿能力下降，违约风险增加，预评级的资信等级相应下降。

第二，$EBIT/I$，即息税前利润/利息费用，或称盈利基础的利息保障倍数。如果该数值在20倍以上，预评级时可评为Aaa级；如果在12～20倍之间，预评级时可评为Aa级。随着盈利基础的利息保障倍数下降，清偿能力下降，违约风险上升，预评级的资信等级相应下降。

第三，RCF/D，即（经营活动现金净流量－支付的股利）/总负债，代表本期赚取的经营活动现金净流量留存于企业的部分相对于总负债的充裕程度。如果这一比率大于等于100%，即经营活动现金净流量在分配股利之后留存的部分足以清偿全部债务，预评级时可评为Aaa级。如果这一比率在70%～100%之间，预评级时可评为Aa级。随着这一比率的下降，清偿能力下降，违约风险上升，预评级的资信等级相应下降。

第四，$D/(D+E)$，即总负债除以总负债和股东权益之和，或称资产负债率。这一比率在15%以内，预评级时可评为Aaa级；在15%～35%之间，预评级时可评为Aa级。随着资产负债率的上升，清偿能力下降，违约风险增加，预评级的资信等级相应下降。

同理可分析其他财务指标在资信预评级中的应用，这里不再展开讨论。概言之，穆迪公司在资信预评级中对财务指标的使用与清偿能力分析框架是一致的。

案例分析 10-2

清偿能力分析：以东北特钢为例①

债券违约无疑会导致债券投资者遭受巨大损失，极大地损害了债券投资者的利益。违约也意味着债券发行企业通过发行债券募集的巨额资本并没有产生预期的效益，极大地降低了债券市场配置资源的效率。

我们试图通过深入分析东北特钢的案例，研究以下问题：(1) 能否通过财务指标大致判断东北特钢的清偿能力或资信等级；(2) 为东北特钢提供资信评级服务的中介机构是否恰当地评价了东北特钢的资信等级或清偿能力；(3) 资信评级不当可能引发哪些经济后果。

1. 东北特钢的背景资料

东北特钢，位于辽宁大连。公司的第一大股东为辽宁省国资委，持股46.13%，黑龙江国资委也拥有其14.52%的股权。东北特钢拥有27家子公司，其中包括1家上市

① 郭蓉．我国债券市场信用评级的质量及其财富效应研究：以东北特钢为例．北京：中央财经大学，2017.

公司，即抚顺特殊钢铁股份有限公司。

东北特钢是中国六大特殊钢精品基地之一。公司主导产品不锈钢长型材、工模具钢、轴承钢、特种合金的产量和国内市场占有率均位居前列。另外，公司主要产品不锈钢大盘条、高碳铬轴承钢盘条等，质量达到国际同类产品先进水平，市场竞争力较强。

东北特钢以特种钢为主，相对于普通钢铁企业而言，东北特钢的产品无疑更具有竞争能力和定价能力。但钢铁行业为周期性行业，其需求、销售、盈利等对经济周期高度敏感。联合资信评估股份有限公司（简称联合资信）发布的《东北特殊钢集团有限责任公司主体长期信用评级报告》中提道：

“2011 年下半年以来，受中国经济增速下滑及产能结构性过剩影响，特钢行业下游需求萎缩，特钢价格大幅回落。……以钢铁行业采购经理人指数为例，2011 年以来该指数整体徘徊在 50%的枯荣线上下，而 2014 年第 1 季度后，该指数更是在枯荣线下波动下行，截至 2015 年 1 月底，该指数仅为 43%。……从下游需求情况看，2012 年下游汽车、工程机械等行业增速放缓、需求减弱，并逐步向上游传导，特钢价格震荡下行。”

财务报表是对经济背景、行业背景和企业业务与经营的综合反映。表 10 - 7 显示了 2011—2014 年东北特钢的部分财务指标。截至 2014 年年底[①]，公司的资产总额为 518.17 亿元，所有者权益合计 81.26 亿元；2014 年实现销售收入 207.90 亿元，净利润为 1.28 亿元。净资产收益率为 1.58%，销售净利率为 0.62%，资产负债率为 84.32%。

表 10 - 7　2011—2014 年东北特钢的部分财务指标

	2014 年	2013 年	2012 年	2011 年
Ⅰ. 东北特钢的部分财务数据（单位：亿元）				
净利润	1.28	0.61	0.52	1.20
销售收入	207.90	143.69	192.08	141.54
总资产	518.18	518.98	506.58	471.96
股东权益	81.26	78.63	78.06	89.50
Ⅱ. 东北特钢的杜邦分解				
净资产收益率（净利润/股东权益）	1.58%	0.78%	0.67%	1.34%
销售净利率（净利润/销售收入）	0.62%	0.42%	0.27%	0.85%
总资产周转率（销售收入/总资产）	0.40	0.28	0.38	0.30
权益乘数（总资产/股东权益）	6.38	6.60	6.49	5.27

资料来源：东北特钢的年度报告.

① 东北特钢最后一次披露的年报是 2014 年的年报，2015 年和 2016 年未再披露。

从表10-7来看，东北特钢在2011—2014年的销售收入、净利润和销售净利率的波动幅度很大，这与钢铁行业的周期性特征是一致的，也与联合资信发布的报告的分析是一致的。

简言之，从东北特钢的财务数据来看，虽然特种钢相对于普通钢具有更强的竞争力，但经济周期性波动抵消了该产品的竞争力，主导着东北特钢财务绩效的波动。

2. 东北特钢的债券发行与违约情况

东北特钢的债券发行与违约情况如表10-8所示。截至2015年年底，东北特钢未到期的各类债券共有10只，合计金额71.7亿元。2016年3月28日，东北特钢公告不能偿付“15东特钢CP001”的债券本息，首次出现债务违约。① 截至2017年7月17日，东北特钢的10只债券先后违约，违约金额达71.7亿元，违约次数达10次。东北特钢创下了中国债券市场的两个“第一”：第一家国有企业债违约；违约次数位居第一。

表10-8 东北特钢的债券发行与违约情况

序号	债券名称	发行期限（年）	票面利率	发行日期	发行规模（亿元）	类别	违约时间
1	15东特钢CP001	1	6.50%	2015-03-25	8	短融	2016-03-28
2	15东特钢CP002	1	5.88%	2015-05-04	7	短融	2016-05-05
3	14东特钢PPN001	2	8.20%	2014-06-05	3	定向	2016-06-07
4	13东特钢PPN001	3	7.00%	2013-07-09	3	定向	2016-07-10
5	13东特钢PPN002	3	8.30%	2013-09-05	3	定向	2017-08-03
6	15东特钢CP003	1	6.30%	2015-09-22	7	短融	2016-09-27
7	15东特钢PPN002	2	7.40%	2015-07-16	8.7	定向	2017-07-17
8	13东特钢MTN1	5	6.10%	2013-01-14	14	中票	2017-01-16
9	13东特钢MTN2	5	5.63%	2013-04-10	8	中票	2016-04-12
10	15东特钢SCP001	0.25	6.00%	2015-12-31	10	短融	2016-04-03

资料来源：中国债券信息网.

2016年10月10日，大连市中级人民法院正式受理东北特钢的债权人破产重整申请，东北特钢正式进入破产重整程序。②

3. 东北特钢的资信等级有可能高估

联合资信曾将东北特钢的企业信用等级评为AA级，并将其发行的各类债券评级为AA级或A-1级。在东北特钢首次债券违约之后，联合资信才将东北特钢的企业信用等级由AA级下调至C级，其发行的“13东特钢MTN1”和“13东特钢MTN2”的

① 李玉敏．地方国企公募市场首例违约：东北特钢8亿短融未兑付．21世纪经济报道，2016-03-29.

② 彭斐．半年违约9次、欠债58亿，东北特钢进入破产重整程序．每日经济新闻，2016-10-12.

债券信用评级均由 AA 级下调为 C 级，将“15 东特钢 CP001”“15 东特钢 CP002”“15 东特钢 CP003”的债券信用评级由 A－1 级下调为 D 级。①

联合资信是否高估了东北特钢的资信等级？分析过程如下：

第一，东北特钢的财务状况是骤然变化的吗？根据表 10－7 中的数据，净资产收益率在 0.67%～1.58%之间，销售净利率在 0.27%～0.85%之间。基于这些数据，我们可以认为东北特钢 2011—2014 年的财务状况、盈利水平基本保持稳定。这也就意味着联合资信下调资信等级前后，东北特钢的基本面无显著变化。那么，这是否表明联合资信下调之后的资信等级更贴近东北特钢的真实情况？下调之前的资信等级确实存在高估的情况？

第二，根据表 10－7 的数据，东北特钢在 2011—2014 年的销售净利率最高仅为 0.85%，也就是说，销售 1 元的商品连 1 分钱都赚不到！销售净利率越“薄”，被“击穿”的可能性越大，企业抵御不利商业环境的能力越差。只要销售净利率下降超过 0.85%，东北特钢将陷入严重亏损，而东北特钢恰好又在高度周期性的行业中经营。就这一特点来看，联合资信有可能严重高估了东北特钢的资信等级。

第三，我们再分析东北特钢其他债务的履约情况。根据中国人民银行征信中心出具的《企业信用报告》，截至 2015 年 2 月 4 日，东北特钢未结清信贷信息中有 1 笔关注类贷款，已结清信贷信息中共有 200 笔关注类贷款、4 笔关注类票据贴现、178 笔关注类银行承兑汇票以及 1 笔关注类保函业务。同时，东北特钢已被法院多次认定为“老赖”，在全国法院失信被执行人名单中共有 7 个案件信息，欠北京华德液压工业集团有限责任公司等 7 家公司货款共计 943.62 万元，且未履行完成。此外，公司持有的抚顺特钢的 2 000 万股无限售流通股处于法院冻结状态。

鉴于这些事实，联合资信的报告指出：“总体看，公司过往履约记录一般。”我们也认为，联合资信的这一结论是有根据的。多家银行将东北特钢的贷款从正常类重新划分为关注类②，并且有 7 笔债务被法院认定为“失信”。这些均显示出其资信水平值得怀疑。

然而，联合资信仍将东北特钢的主体资信评定为 AA 级，根据《中国人民银行信用评级管理指导意见》，AA 级代表偿还债务的能力很强，受不利经济环境的影响不大，违约风险很低。显然，这与东北特钢的债务履约情况相矛盾。

4. 东北特钢资信等级的再评价

表 10－9 显示的是东北特钢的资信等级再评价情况。表 10－9 的第Ⅰ部分报告了 2011—2014 年东北特钢的部分财务指标及取值。以利息保障倍数即 $EBIT/I$ 为例，

---

① 郭楠．东北特钢短期债务负担较重，正在等待辽宁省政府的救助措施．财新网，2016－04－13.

② 根据中国人民银行 1996 年发布的《贷款通则》，关注类贷款是指清偿能力可能受到一些不利因素影响的贷款。

2014 年东北特钢的利息保障倍数仅为 1.06 倍，根据表 10-6，这一数值对应的资信等级为 B 级。再以资产负债率即 $D/(D+E)$ 为例，2014 年东北特钢的资产负债率高达 84.32%，根据表 10-6，这一数值对应的资信等级为 Caa 级。东北特钢 2011—2014 年各财务指标所对应的资信等级填列在表 10-9 的第Ⅱ部分。综合这些结果，我们估计 2011—2014 年东北特钢的资信等级为 Caa 级，这大致对应《中国人民银行信用评级管理指导意见》中的 CCC 级，其含义是偿还债务的能力极度依赖良好的经济环境，违约风险极高。因此，联合资信将东北特钢的主体资信评定为 AA 级，确实存在高估的情况。高估债券发行人的资信等级可能误导投资者，导致不必要的经济损失。

表 10-9　东北特钢的资信等级再评价情况

	2014 年	2013 年	2012 年	2011 年
Ⅰ. 财务指标及取值				
RCF/D	1.50%	3.97%	4.58%	8.10%
CFO/D	1.50%	3.97%	4.58%	8.10%
EBIT/I	1.06	1.08	1.06	1.16
EBIT/S	14.32%	9.78%	7.12%	9.42%
NPATBUI/S	0.62%	0.42%	0.27%	0.85%
EBIT/A	5.75%	2.71%	2.70%	2.82%
D/EBITDA	12.24	22.62	25.40	31.50
D/(D+E)	84.32%	84.85%	84.59%	81.04%
现金及现金等价物/*D*	12.08%	14.15%	15.61%	14.81%
Ⅱ. 根据财务指标估计的资信等级				
RCF/D	Caa	Caa	Caa	B
CFO/D	B	B	B	Ba
EBIT/I	B	B	B	B
EBIT/S	Aa	A	A	A
NPATBUI/S	B	B	B	B
EBIT/A	Baa	Ba	Ba	Ba
D/EBITDA	Ca	Ca	Ca	Ca
D/(D+E)	Caa	Caa	Caa	Caa
现金及现金等价物/*D*	Ca	Ca	Ca	Ca
综合	Caa	Caa	Caa	Caa

注：财务指标的定义同表 10-5 和表 10-6，数据源自东北特钢年报。

5. 资信等级对利率的影响

我们通过一个直观的例子来研究资信等级对债券定价的影响。假设某一年期债券，违约概率为 d，债券利率为 r，无风险利率或国债利率为 r_f。如果债权人是风险中性

的，那么有违约风险的债券的预期回报率应该等于无风险回报率，即

$$d\times 0+(1-d)(1+r)=1+r_f$$

或

$$r=\frac{1+r_f}{1-d}-1 \tag{10-8}$$

根据式（10－8），债券的资信等级越低，违约概率 d 越高，债权人要求的利率 r 也就越高。债权人要求的利率高出无风险利率或国债利率的部分，即违约风险溢价，也可称为债券的质量差价或**质量利差**（quality spread）。比如，假设一年期国债利率 $r_f=3\%$，违约概率 $d=2\%$，那么确保债权人至少赚取无风险利率的债券利率 $r=(1+3\%)/(1-2\%)-1=5.102\%$，相对于无风险利率溢价 2.102%，约等于违约概率。

表 10－10 报告了美国债券市场部分年度**一年期国债**（treasury bill，T/B）、不同资信等级的债券的利率。

表 10－10　债券资信等级与利率、质量差价的关系

债券资信等级	1970 年	1980 年	1990 年	1997 年	均值
Ⅰ．债券利率（%）					
T/B	7.50	14.00	9.50	6.50	
AAA	7.75	14.50	9.75	6.75	
AA	8.25	15.00	10.25	7.25	
A	8.75	15.25	10.75	7.75	
BBB	9.25	16.25	11.50	8.25	
BB	10.00	17.00	12.00	9.00	
B	10.75	17.75	13.00	9.75	
CCC	12.00	18.75	14.00	11.00	
CC	13.00	20.00	15.25	12.00	
C	14.25	21.75	16.75	13.25	
D	16.00	23.50	18.25	15.00	
Ⅱ．质量差价（%）					
T/B	0	0	0	0	0
AAA	0.25	0.50	0.25	0.25	0.31
AA	0.75	1.00	0.75	0.75	0.81
A	1.25	1.25	1.25	1.25	1.25
BBB	1.75	2.25	2.00	1.75	1.94

续表

债券资信等级	1970 年	1980 年	1990 年	1997 年	均值
BB	2.50	3.00	2.50	2.50	2.63
B	3.25	3.75	3.50	3.25	3.44
CCC	4.50	4.75	4.50	4.50	4.56
CC	5.50	6.00	5.75	5.50	5.69
C	6.75	7.75	7.25	6.75	7.13
D	8.50	9.50	8.75	8.50	8.81

资料来源：Joseph F，Sinkey Jr. Commercial bank financial management in the financial service industry. 5th ed. Upper Saddle River：Prentice Hall，1998.

根据表 10－10，我们不难得到如下结论：

第一，国债无疑具有最高的资信等级，因为政府拥有印钞机，所以理论上不存在违约风险。在所考察的四个年度，随着债券资信等级下降，债券利率呈单调上升的态势，这就意味着，式（10－8）所示的债券利率和资信水平之间的关系，既具有理论基础，又得到了经验证据的支持，因而是科学的。

第二，从表 10－10 来看，不同年度的国债利率不同，这是因为不同年度的通货膨胀率不同。

6. 东北特钢主要债券的再定价

如果东北特钢的资信等级被高估，这必然使东北特钢的债务资本成本或债券投资人预期回报率被低估，进而导致债券发行价格被高估；这既导致财富从债券投资人向债券发行人的转移，又将降低债券市场配置资源效率。接下来，我们基于两个假设，研究东北特钢资信等级被高估可能产生的财富效应，如表 10－11 所示。

表 10－11　东北特钢资信等级被高估可能产生的财富效应

债券名称	面值（亿元）	票面利率	发行期限（年）	市场利率	估值（亿元）	高估金额（亿元）	高估程度
Ⅰ. 按我们估计的 CCC 级重新估值							
13 东特钢 MTN1	14	6.10%	5	9.31%	12.26	1.74	14.15%
13 东特钢 MTN2	8	5.63%	5	9.31%	6.86	1.14	16.56%
Ⅱ. 按联合资信下调至 C 级重新估值							
13 东特钢 MTN1	14	6.10%	5	11.88%	11.08	2.92	26.39%
13 东特钢 MTN2	8	5.63%	5	11.88%	6.19	1.81	29.17%

首先，假设根据穆迪资信预评级的经验框架估计的东北特钢 CCC（或等价的 Caa）这一资信等级是可信赖的。

2013 年 1—4 月，中国工商银行 5 年期的存款利率为 4.75%，假设这一利率既考虑了通货膨胀因素，又考虑了债券的期限结构，我们将这一利率作为名义的无风险利率，即 $r_f=4.75\%$。

根据表 10－10，长期来看，美国债券市场 CCC 级的债券相对于无风险债券的平均溢价为 4.56%，我们以这一溢价为债券的质量差价，即 Q_S 为 4.56%。

这一估计具有一定的合理性。首先，债券的资信水平与债券到期受偿的概率呈正比关系；其次，债券的质量差价是补偿的违约损失。这两个结论，无论是在中国还是在美国的债券市场都应该成立。正是基于这一考虑，用美国市场同等级债券的质量差价估计中国债券市场同等级债券的质量差价，具有一定的合理性。

根据式（10－8）的结论，我们得到东北特钢 5 年期债券的市场利率的估计值为：

$$r=r_f+QS=4.75\%+4.56\%=9.31\% \tag{10-9}$$

如表 10－11 所示，“13 东特钢 MTN1”的面值 F 为 14 亿元，票面利率 i 为 6.10%，发行期限 N 为 5 年，因此用式（10－8）所示的市场利率 r 折现该债券的预期未来现金流，即得到重新评估东北特钢资信等级之后债券的价值 V，即

$$\begin{aligned}V&=\frac{Fi}{r}\left(1-\frac{1}{(1+r)^N}\right)+\frac{F}{(1+r)^N}\\&=\frac{14\times 6.10\%}{9.31\%}\left(1-\frac{1}{(1+9.31\%)^5}\right)+\frac{14}{(1+9.31\%)^5}\\&=12.26(\text{亿元})\end{aligned}$$

因此，“13 东特钢 MTN1”的价值被高估了 1.74 亿元（14－12.26），高估程度为 14.15%（1.74/12.26×100%）。

同理，我们估计重新评估资信等级之后“13 东特钢 MTN2”的价值为 6.86 亿元，按面值 8 亿元发行导致债券价格高估 1.14 亿元，高估程度为 16.56%。

其次，在东北特钢于 2016 年 3 月 28 日首次债券违约之后，联合资信当即将“13 东特钢 MTN1”和“13 东特钢 MTN2”的资信等级下调至 C 级。我们假设，在这两只债券发行时，其真实的资信等级就是 C 级，那么仍然用中国工商银行 5 年期的存款利率 4.75%来估计名义的无风险利率，根据表 10－10，C 级债券的质量差价为 7.13%。此时的市场利率为：

$$r=r_f+Q_S=4.75\%+7.13\%=11.88\%$$

如表 10－11 所示，按市场利率重新估计的“13 东特钢 MTN1”和“13 东特钢 MTN2”的价值分别为 11.08 亿元和 6.19 亿元，高估了 2.92 亿元和 1.81 亿元，高估程度分别为 26.39%和 29.17%。

7. 结论和讨论

我们运用资信评价的理论框架和经验框架，对东北特钢的资信水平进行了重新评

估，并用重新估计的资信水平，对东北特钢的部分中期票据进行了重新估值。研究发现：

（1）联合资信对东北特钢的资信评级存在高估的可能；

（2）这一高估导致东北特钢的债券定价偏高，损害了投资者的利益，降低了债券市场的资源配置效率。

本案例将有助于读者理解财务报表分析与违约风险预测、资信评级之间的关系，以及资信评级在债券定价中的运用。

练习题

一、行动学习

1. 选择一个周期性行业的上市公司样本，同时选择一个非周期性行业上市公司的配对样本，借助新浪财经（www. finance. sina. com）或巨潮资讯（www. cninfo. com）下载它们过去5～10年的财务数据，根据本章介绍的方法，计算并比较它们的销售收入的波动性。

2. 选择一家固定经营成本较高的上市公司，并确定一家与之规模相近但固定经营成本相对较低的上市公司作为对照，借助新浪财经（www. finance. sina. com）或巨潮资讯（www. cninfo. com）下载它们过去5～10年的财务数据，根据本章介绍的方法，计算它们的经营杠杆系数，并比较营业利润的波动性。

3. 分别选择一家资产负债率相对较高和一家资产负债率相对较低的样本公司，通过访问新浪财经（www. finance. sina. com）或巨潮资讯（www. cninfo. com）下载它们过去5～10年的财务数据，计算它们的财务杠杆系数，并比较它们的净利润的波动性。

二、简答题

1. 风险与股票价格、债券价格之间有什么关系？风险是指系统性风险还是公司特有风险？

2. 为什么一项资产赚取的未来现金流与国民收入之间的同向波动性越高，该资产的β系数越高？

3. 哪些企业的营业收入对经济周期性的波动更敏感？如何衡量企业的营业收入对经济周期性波动的敏感性？如何用财务指标衡量第一个层次的系统性风险？

4. 为什么固定经营成本会放大营业利润对经济周期性波动的敏感性？从理论上、财务分析的实践上，如何衡量这一层次的风险水平？

5. 利息费用或财务费用是融资支出还是经营支出？为什么在计算营业利润时不应该扣除财务费用？

6. 为什么固定融资成本会放大净利润对经济周期性波动的敏感性？如何分析这一层次的风险？

7. 结合问题 1 至问题 6，解释图 10－1 至图 10－4。

8. 解释表 10－4 中不同企业的销售收入增长率的标准差的差异。

9. 什么是清偿能力的第一来源？如何进行分析？为什么可以同时用现金流量基础的盈利指标、盈利基础的盈利指标来评价清偿能力的第一来源？

10. 什么是清偿能力的第二来源？如何进行分析？

11. 资产负债率对于评价企业的清偿能力有哪几层含义？

12. 简述比弗（Beaver，1966）、阿尔特曼（Altman，1968）的研究，并分析这些经验研究与清偿能力的第一来源分析、清偿能力的第二来源分析的理论之间的关系。

13. 简述穆迪公司的债券评级与财务指标之间的关系。

14. 简述穆迪公司的债券预评级中对财务指标的使用。

15. 结合美国债券市场的经验证据，简述债券的资信等级、违约风险和债券的利率之间的关系。

16. 试分析东北特钢资信等级被高估背后可能的原因，并根据你的分析给出解决这类问题的政策建议。

第11章

财务舞弊风险分析

学习目标

1. 了解财务舞弊的概念和潜在影响。
2. 掌握财务舞弊的成因与基本原理。
3. 学会分析和识别财务舞弊的风险。
4. 思考如何减小财务舞弊的发生概率。

引导案例

“两康”财务造假案

2019年，康得新和康美药业两家公司因财务造假先后被中国证监会立案调查，这在资本市场引起了轩然大波。因两家公司的名称中都含有“康”字，所以被媒体称为“两康”财务造假案。在2020年“5·15全国投资者保护宣传日”活动上，中国证监会主席易会满点名“两康”。易会满表示，中国证监会集中力量查办了康得新、康美药业等一批市场高度关注、影响恶劣的重大财务造假公司。这些案件具有一些共性特点：一是造假周期长、金额巨大，虚增利润动辄几十亿元乃至上百亿元；二是出现系统性、规模性造假现象，有的公司虚构业务，搞“两本账”；三是造假的同时往往还伴随违规占用、违规担保、内幕交易、操纵股价等违法犯罪行为。2021年年初，“两康”再次被点名，成为“荣登”“2020年证监稽查20起典型违法案例”的前两名。

财务造假不仅破坏市场生态，更重要的是影响投资者信心，往往使投资者损失惨重。在康得新的案例中，公司在被立案调查之前，股价最高达到每股26.67元（2017年11月），立案调查时公司股价为每股6.03元（2019年1月），退市前的股价为每股0.19元（2021年5月）。投资者在公司立案调查前买入公司股票，最高可损失99.29%，即使在立案调查时卖出，最高损失也可高达77.39%。在康美药业的案例中，公司在被立案调查之前，股价最高达到每股 26.11 元（2017 年 11 月），立案调查时公司股价为每股 8.54 元（2018 年 12 月），立案调查后股价最低跌至每股 1.56 元（2021 年 5 月）。投资者在公司立案调查前买入公司股票，最高可损失 94.03%，即使在立案调查时卖出，最高损失也可高达 67.29%。

"两康"财务造假案的一个共同特点是，在公司被正式立案调查之前，市场上已经有大量的质疑声。以康得新为例，虽然正式立案时间为 2019 年 1 月，但早在 2018 年 5 月，公司就已收到 2017 年年报问询函，被交易所问询大存大贷、公司经营活动现金流量大幅增长、公司股票质押比例高达 99%等财务问题。早在 2017 年 7 月，公司的股价就出现过闪崩（盘中突然下跌）和停牌。随后，投资者对公司财务造假的质疑声也沸沸扬扬。在更早的 2013 年 3 月，公司就曾被公开质疑收入和资产造假等问题。

根据"两康"财务造假案例，请思考：

（1）投资者能否提前识别财务造假？

（2）如何识别财务造假风险？

（3）上市公司财务造假屡禁不止的根源是什么？

11.1 财务舞弊概述

1. 什么是财务舞弊

财务舞弊（或称会计舞弊）是故意的财务欺诈行为。具体而言，**财务舞弊**（accounting fraud）是指财务报表的编制者为了欺骗报告使用者，而对财务报表中列示的数字进行有意识的错报或忽略的行为，该行为意在误导财务报表使用者的决策。相对于财务舞弊，投资者和媒体更倾向于使用**"财务造假"**（accounting manipulation）一词，两者的含义十分类似。

11.1 即测即评

公司可以通过夸大收入、低估费用以及虚列资产和负债等方式伪造其财务数据。例如，2015—2018 年康得新通过编造虚假合同、单据虚增收入，累计虚增利润 115 亿元。2016—2018 年康美药业通过虚开和篡改增值税发票、伪造银行单据，累计虚增货币资金 887 亿元，虚增收入 275 亿元，虚增利润 39 亿元。

2. 财务舞弊与盈余管理、会计差错、"洗大澡"的区别

投资者通常会比较关心盈余管理和财务舞弊的差别。两者的共同点是财务报表的编制者都试图通过调节财务报表中的数据来影响外部使用者的决策。差别是，盈余管理是在会计准则允许的范围内进行会计数字调节，而财务舞弊违反了公认的会计准则。具体而言，**盈余管理**（earnings management）是指企业内部人士在会计准则允许的范

围内，通过对会计政策和会计估计的选择调节会计数字，使经营者自身利益最大化的行为。财务舞弊涉及违法犯罪，而盈余管理只是不道德的行为甚至是中性的。在实务中，界定公司的盈余管理行为是否涉及财务舞弊，关键在于认定公司是否违背了会计准则。此外，财务舞弊往往涉及虚增收入和利润，而盈余管理未必是调增收入和利润，也有可能涉及调减收入和利润。

会计差错（accounting error）是指企业或个人在编制财务报表时，因计算错误、分类错误、遗漏、错报等导致财务报表的数据、信息出现错误的情况。会计差错和财务舞弊的共同之处是都会导致会计数字出错，主要差别在于是否有意为之。会计差错通常发生在会计核算中，由于计量、确认、记录等方面的错误而产生。公司可能用会计差错来掩盖财务舞弊的事实。例如，2019 年 4 月 29 日康美药业发布的会计差错更正公告显示，公司多计货币资金 299.44 亿元、营业收入 88.98 亿元和净利润 19.51 亿元等，这引起了广泛关注。

“洗大澡”（big bath）又称巨额冲销或财务“大洗澡”，主要指企业通过会计手段，将过去或将来发生的损失或费用转移到本年度确认，从而实现对财务报表的“清洗”。这种行为通常发生在公司遭遇经营困境或管理层更迭时，目的是把已经不佳的业绩做得更差，以便为未来业绩的改善或利润操纵留出空间。如果“洗大澡”行为被用来掩盖之前的财务造假等问题，或者导致财务报告不能真实反映公司的财务状况，它就构成了财务造假。

3. 财务舞弊对资本市场的影响

财务舞弊最直接的影响是损害中小投资者的利益。资本市场的投资者最担心企业“爆雷”的风险，而公司因财务造假被立案调查是资本市场最大的“雷”。在“两康”财务造假事件中，投资者如果不幸“踩雷”，最高亏损比例可达到 99%以上。一方面，出现财务舞弊说明公司之前披露的财务数据不真实，投资者需要根据真实的财务数据重新调整公司的估值；另一方面，财务舞弊会严重损害公司在产品市场的声誉，造成公司经营进一步恶化。在严重的情况下，财务舞弊还会引发退市风险。

除了导致“踩雷”投资者出现直接损失，财务舞弊还会破坏市场生态，影响价值投资者对资本市场的信心。价值投资者是资本市场的中坚力量，他们通过收集、整理和分析上市公司的公开信息进行选股和估值，进而作出明智的投资决策。财务报表数据是价值投资者所依赖的重要信息，其投资分析的正确性建立在财务数据真实性的基础之上。如果公司财务数据的真实性无法保障，则价值投资者分析财务报表数据的难度加大，或者依赖财务数据进行投资决策的风险加大。其结果是，一部分投资者对整个资本市场失去信心，退出股票市场；另一部分投资者对价值投资失去信心，从而转向短期投机。无论如何，财务舞弊都会极大地破坏市场生态，危害资本市场的长期健康发展。

中国实践 11-1

上市公司财务舞弊的现状

叶钦华等（2022）的研究基于 A 股上市公司 2020—2021 年的财务舞弊样本，分析了 A 股上市公司财务舞弊的若干特征。[①] 主要发现如下：

第一，近年来，因财务舞弊被处罚的公司越来越多，其中一些公司因财务舞弊规模大、持续时间长，引起了市场的广泛关注。处罚案例增多一方面说明了财务造假的公司数量增多，另一方面可能是因为监管层加大了查处力度。

第二，从财务舞弊处罚案例的分布来看，财务舞弊高发的行业主要包括：农林牧渔业（行业占比 9.58%），制造业二级行业中的医药制造业（行业占比 4.56%）以及化学原料和化学制品制造业（行业占比 4.25%），信息传输、软件和信息技术服务业（行业占比 4.05%）。

第三，在财务舞弊类型分布方面，财务舞弊主要集中在对利润表和资产负债表的粉饰和操纵上，排名前三的财务舞弊类型分别为收入舞弊、货币资金舞弊和费用舞弊，占比分别达 64.25%、25.70%和 17.88%。收入舞弊最常见的手法就是提前确认收入、与客户或者隐性关联方串通虚构业务和收入。

第四，在财务舞弊识别方面，从财务舞弊发生当年至监管处罚前一年，公司会出现财务异常特征和非财务异常特征，且非财务异常特征出现的次数明显更多。在财务异常特征中，涉及会计估计的资产减值（大额计提资产减值准备或应收账款计提不足）及研发支出类科目出现异常（研发支出资本化比例过高）的次数最多；与收入舞弊相关的收入、毛利率、货币资金、存货等科目和指标联动异常特征的出现次数次之。在非财务异常特征中，控股股东高股权质押等行为异常、前五大客户/供应商出现关联方/隐性关联方、前五大客户/供应商规模特征异常、公司频繁收到非处罚类监管问询等异常特征的出现次数最多。

第五，《中华人民共和国证券法》（2019 年修订）实施后的 2020 年和 2021 年，监管部门对财务舞弊的查处力度呈明显加大的趋势，两年累计处罚上市公司多达 66 家，而 2010—2019 年累计处罚上市公司只有 113 家。此外，处罚力度明显加大，查处也更加及时。例如，2020 年和 2021 年平均处罚金额分别约为 205 万元和 869 万元；在 3 年[②]以内被识别出财务舞弊的样本公司占比从 36.31%提高至 51.52%。

---

① 叶钦华，黄世忠，叶凡，徐珊．严监管下的财务舞弊分析：基于 2020～2021 年的舞弊样本．财会月刊，2022（13）：10-15.

② 公司从财务舞弊发生到被监管部门处罚一般存在 3 年以上的滞后期。

11.2 财务舞弊的成因与手段

11.2.1 财务舞弊的成因：舞弊理论

了解舞弊成因，不仅有助于投资者更好地识别企业的舞弊风险，而且有助于社会各界理解资本市场的舞弊现象。关于企业舞弊行为的成因，理论界提出了舞弊三角理论、GONE 理论和舞弊风险因子理论等许多著名的理论。舞弊风险因子理论在舞弊三角理论和 GONE 理论等基础上发展而来，是目前较为完善的舞弊成因理论。本章主要介绍舞弊风险因子理论。舞弊风险因子如图 11-1 所示。

11.2 即测即评

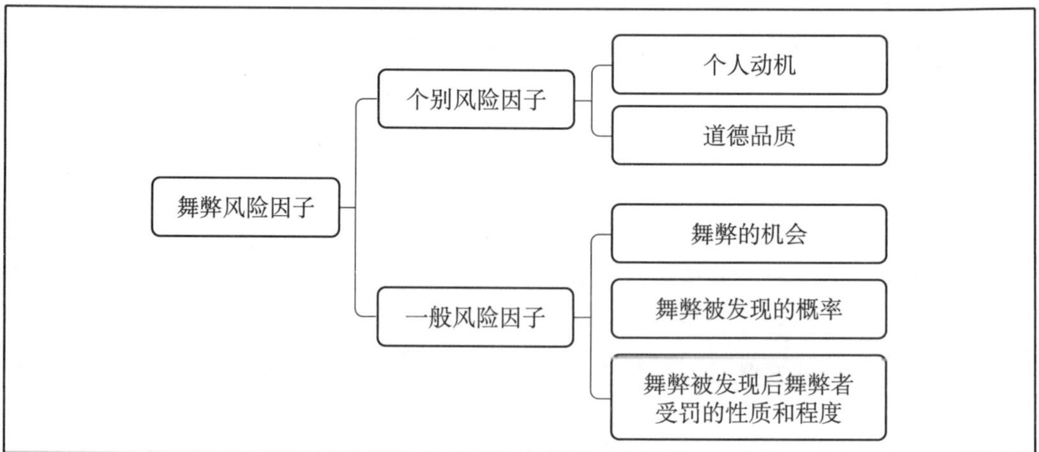

图 11-1 舞弊风险因子

根据**舞弊风险因子理论**（theory of fraud risk factors），舞弊风险因子包括**非系统性风险因子**（individual risk factors）和**一般风险因子**（general risk factors）。非系统性风险因子是指因人而异，且在组织控制范围之外的因素，包括**个人动机**（personal motives）和**道德品质**（moral qualities）。一般风险因子是指与组织相关的因素，包括**舞弊的机会**（opportunities for fraud）、**舞弊被发现的概率**（the likelihood of fraud being detected）以及**舞弊被发现后舞弊者受罚的性质和程度**（the nature and extent of punishment for fraudsters after detection）。一般风险因子影响整个市场舞弊发生的频率，而一般风险因子和非系统性风险因子共同决定一家企业是否会发生舞弊行为。以下对五个因子进行简要介绍。

1. 个人动机

凡事有因，财务造假必然有其动机。A 股上市公司财务造假的动机主要有两类：

一类是为了满足监管层的业绩要求。例如，公司上市需要满足一定的财务条件，为了顺利上市，部分公司会铤而走险，操纵公司业绩；公司的财务指标不达标还会触发退市风险，因此上市公司有很强的动机通过操纵财务指标来避免退市。另一类是为了维持或推高上市公司的股票价格。如果管理层持有大量公司股票，其报酬与公司股价挂钩，则管理层有较强的动机粉饰公司业绩，此为美国上市公司造假的主要动因，在中国也同样适用。大股东的利益与公司股价天然相联系，为了高价减持，他们可能粉饰公司的业绩（如尔康制药）。此外，大股东如果有融资需求，也会有动机操纵上市公司的业绩和股份，以提高其持有股权的融资能力。例如，最近几年，很多公司的财务造假都与大股东的股权质押有关（如康得新、康美药业）。大股东为了通过股权质押获取更多的资金或者避免质押的股权被平仓，不惜通过财务造假等手段维持或推高上市公司的股价。

2. 道德品质

德国著名哲学家康德有一句名言："世界上唯有两样东西能让我们的内心受到深深的震撼，一是我们头顶浩瀚灿烂的星空，一是我们心中崇高的道德法则。"虽然每个人都想成为有道德的人，但是每个人对道德准则的理解和遵守程度并不相同。受制度和文化等因素的影响，有些人认为不诚信是非常不道德的行为，而有些人可能认为不诚信并非大过。在某些管理层的眼中，财务报表粉饰只是数字游戏，财务造假并不是特别不道德的行为。此外，人类善于给不道德的行为找借口。有些管理者认为，财务造假只是权宜之计，如果后续能通过良好经营弥补，则无伤大雅。但往往事与愿违，随着经营的进一步恶化，公司往往在财务造假的泥淖中越陷越深。还有一些管理者认为，财务造假只是他们实现更伟大目标和理想的手段。例如，乐视网董事长贾跃亭喜欢谈梦想，并有"让我们为梦想窒息"的名言；康得新的董事长喜欢谈产业报国，并确实将重金投入了重要的战略产业。或许，梦想和产业报国成了他们进行财务造假的借口。

3. 舞弊的机会

实施财务造假且不被发现，至少要跨越两道组织屏障。首先，财务造假需要有人配合。虽然董事长或 CEO 可以组织、策划造假，但是具体实施一般需要财务总监的配合。如果公司的内部治理能够保持财务总监的独立性，则财务造假的难度大大增加。在乐视、康得新等案例中，财务总监往往长期跟随董事长，加之持有公司的股份，较难保持自身的独立性。其次，财务造假不能被审计师发现或揭露。审计师被称为资本市场的"看门人"，作为专业人士，他们最有能力发现和揭露财务造假。如果公司的外部治理能够保持审计师的独立性，则财务造假的机会将大大减少。但是，在很多财务造假案件中，审计师都辩称自己已勤勉尽责，事实果真如此吗？财务总监和审计师在造假案例中的表现不禁让人想起查理·芒格先生的那句话："谁给我面包，我就给谁唱歌。"

4. 舞弊被发现的概率

根据国外学者 Dyck 等人的研究①，美国上市公司财务造假的七大“吹哨人”及其所占比例依次为：公司员工（17.1%）、做空投资者（14.5%）、金融分析师（13.8%）、媒体工作者（13.2%）、行业监管机构（13.2%）、审计师（10.5%）和 SEC（6.6%）。由此可见，国外的“吹哨人”主要是内部员工和卖空者、分析师、审计师这样的专业人士。反观中国，“吹哨”的行为往往只能依靠“打假斗士”。例如，中央财经大学的刘姝威老师因最早揭露银广夏的财务问题而被称为打假“女斗士”。为什么中国打假只能依靠斗士呢？主要有两方面的原因：第一，在制度方面，中国的“吹哨人”最多奖励 60 万元，内部人缺乏“吹哨”动力，并且中国的卖空机制不健全，卖空机构也缺乏“吹哨”动力。第二，在文化方面，中国崇尚含蓄，不愿意直接对抗，因此内部人和外部专业人士都不愿意公开揭露上市公司的违法行为。

5. 舞弊被发现后舞弊者受罚的性质和程度

对财务舞弊的处罚类别主要包括刑罚、行政处罚和民事赔偿。财务舞弊被发现后的处罚力度能够对上市公司的财务舞弊行为产生强大的威慑力。在新《证券法》和《刑法》实施之前，对财务舞弊的处罚力度一直较小，广受诟病。例如，对于上市公司信息披露违规，罚款最高不超过 60 万元。很多投资者表示对该处罚规定难以理解，因为在很多财务舞弊案件中，大股东的获利金额达上亿元。因此，投资者无奈地戏称 60 万元的行政处罚相当于“罚酒三杯”。

2019 年修订的《中华人民共和国证券法》大幅提高了对欺诈发行和信息披露造假的处罚力度。具体表现为：（1）欺诈发行：将对单位的罚金由非法募集资金的 1%～5%提高至 10%～1 倍，对直接负责的主管人员的罚款由 3 万～30 万元提高到 100 万～1 000 万元。（2）信息披露造假：将财务造假等信息披露违法行为的最高罚款金额从 60 万元大幅提升至 1 000 万元。

2020 年修订的《中华人民共和国刑法》也大幅提高了对欺诈发行和信息披露造假的处罚力度：（1）欺诈发行：将欺诈发行的刑期由不超过 5 年有期徒刑提高至 5 年以上有期徒刑，同时对单位的罚金由非法募集资金的 1%～5%提高至 20%～1 倍。（2）信息披露造假：将相关责任人员的刑期由上限 3 年提高至 5 年以上 10 年以下（情节特别严重的）。

《证券法》和《刑法》的修订和实施，体现了监管机构对资本市场违法违规行为“零容忍”的态度。大幅提高违法成本可以更有效地震慑和打击违法行为，保护投资者的合法权益，维护资本市场的秩序。

---

① Dyck A, Morse A, Zingales L. Who blows the whistle on corporate fraud?. The Journal of Finance, 2010, 65 (6): 2213-2253.

中国实践 11－2

新《证券法》与投资者保护

新《证券法》历时五年四审，最终在 2019 年 12 月 28 日通过，并于 2020 年 3 月 1 日正式实施。此次修订是《证券法》自 1999 年实施以来的第二次重大修订，修订的条文数量超过 100 条，在扩大证券定义、证券发行注册制改革、健全多层次资本市场、打击违法行为、完善保护投资者等方面取得了重大突破。修订后的《证券法》加强了对违法行为的处罚力度，行政处罚金额最高从 60 万元提升至 2 000 万元，并完善了民事责任制度与民事诉讼制度，确保违法者将承担民事责任。

此外，自 2022 年以来，最高人民法院和中国证监会等机构也陆续发布了一系列法规，旨在健全证券市场民事赔偿制度，保护投资者合法权益。在实践方面，2020 年 11 月，康美药业被认定在 2016—2018 年连续三年财务造假。2021 年 11 月，广州中院对该案作出判决，相关主体赔偿 5.2 万名投资者共计 24.59 亿元，标志着我国特别代表人诉讼制度成功落地实施。康美药业财务造假案成为我国特别代表人诉讼制度的典型案例，投资者通过默示加入、明示退出的原则参与诉讼，通过公益机构代表、专业力量支持以及诉讼费用减免等制度，大幅降低了维权成本和诉讼风险。

11.2.2　财务舞弊的手段：基本原理

1. 财务舞弊的两重境界

从资本市场层出不穷的财务舞弊案例来看，现实中，企业财务舞弊的手段可谓五花八门，舞弊手法还可能“与时俱进”。面对错综复杂的财务舞弊行为，我们能否化繁为简，把握其基本原理呢？答案是肯定的。虽然财务舞弊的具体手段复杂多变，但万变不离其宗，其基本原理并不复杂。

财务舞弊的基本原理是：企业需要在保持报表的会计恒等式依然成立的前提下，操纵报表中的会计数字。上市公司财务舞弊的目的一般是虚增收入和利润（利润表项目），因为利润的增加会直接反映为所有者权益的增加。根据资产负债表中的会计恒等式：资产＝负债＋所有者权益，虚增利润的同时，企业的资产必须有虚增，或负债有虚减。调减负债比较困难，因此虚增资产几乎是财务舞弊公司的必选项。

因此，舞弊企业下一步需要琢磨的是把虚增的利润隐藏到什么资产类科目中最简单和最不易被察觉。最简单和最不易被察觉往往难以兼得。最简单的方法是把虚增的利润放在应收账款中，虽然不涉及经营活动现金流入，但会降低企业净利润的含金量，投资者容易通过现金流量相关的指标发现端倪，此为财务舞弊的第一重境界。为了掩盖真相，企业会考虑将虚增的利润隐藏在其他资产类科目中，并同时制造经营活动现金流入。这种方法显然更难被察觉，但舞弊难度也更大，此为财务舞弊的第二重境界。

2. 财务舞弊对利润表的影响

根据利润表中的恒等式：利润＝收入－费用，要增加企业的利润，无非有两条途径，要么增加收入，要么减少费用。投资者不仅关心企业的利润增长，而且关注企业的收入增长。因此，虚增收入是大多数财务舞弊公司的首选手段。据统计，超过60%的财务舞弊公司涉及收入舞弊。虚增收入的企业往往会同步虚增成本费用，以保持合理的利润率。

企业增加收入的途径主要有两个：一是“寅吃卯粮”，即提前确认收入，把未来的收入提前到现在确认。例如，公司与客户签署的合同属于在某一时段内履行的履约义务，相关收入应当在该履约义务履行的期间内确认。根据会计准则的规定，收入确认应该与产出或投入的履约进度相匹配，如果收入确认的进度远快于公司履约的进度，则属于提前确认收入的情况。二是“无中生有”，即虚构业务和收入。例如，公司通过与客户串通合谋或直接伪造的方式虚构销售收入，虽然客户是真实存在的，但销售收入金额存在造假；公司也可能通过隐秘关联方进行没有实际商业往来的自我交易，以虚增收入。

企业降低费用的主要方式是“乾坤大挪移”。现在的资产是未来的费用，企业可以选择将当期的成本费用计入资产，推迟确认成本费用，以增加当期的利润。例如，固定资产作为公司的长期资产，其价值未来将通过固定资产折旧和减值转化为费用。低估当期的折旧和减值可以减少当期的费用，但与此同时也造成了当期的资产虚增。例如，在獐子岛的财务舞弊案例中，公司通过少计成本、虚增存货的方式增加了当期的利润，将利润由亏损变为盈利，随后又通过存货减值的方式夸大亏损幅度，成功实现了利润的“乾坤大挪移”。

3. 财务舞弊对现金流量表和资产负债表的影响

根据现金流量表中的会计恒等式：净利润＝经营活动现金流＋应计利润，企业的利润可以分为两部分：有现金流支持的利润和没有现金流支持的应计利润。财务舞弊的第一重境界：在利润表中虚增收入和利润的同时，没有在现金流量表中虚增相应的经营活动现金流，而是虚增了资产负债表中的应收账款。这导致的结果是利润表和资产负债表都是虚假的，而现金流量表是真实的。例如，企业通过虚假的客户或关联方客户，虚增了1亿元的收入，但没有相应虚增成本，也没有收到资金，这笔舞弊只导致利润表中的收入和利润增加了1亿元，资本负债表中的应收账款增加了1亿元，而对现金流量表没有影响。虽然外部投资者无法像审计师一样验证该笔业务的真实性，但是，如果企业虚增收入的规模较大，应收账款以及现金量相关指标会显现异常。

财务舞弊的第二重境界：在虚增利润的同时，通过虚增资产负债表中的货币资金、存货或固定资产等项目，来制造经营活动现金流入。此时，公司的利润表、资产负债表和现金流量表都是虚假的，同时也无法在表面上看出这三张表明显的破绽。这种舞弊手段显然更为高明。例如，一家公司通过虚假的客户或关联方客户，虚增了1亿元的收入，同时增加了 1 亿元的银行存款，所以现金流也增加了 1 亿元。这时，舞弊企业需要制造 1 亿元的现金流入，可能的方法包括：(1) “无中生有”，直接伪造银行进账单、银行存款等，增加企业的经营活动现金流入。(2) “鱼目混珠”，改变现金流入的性质，把筹资或投资活动现金流入误报为经营活动现金流入，或者将经营活动现金流出误报为筹资或投资活动现金流出。(3) “蒙混过关”，通过体外资金循环虚构经营活动现金流入。例如，公司将自有资金以采购原材料、固定资产等名义转移至其关联方控制的账户，然后通过销售的名义把体外资金汇回本公司。如果购买的是原材料，那么虚增了存货；如果购买的是机器设备，那么虚增了固定资产。在此方法下，企业的经营活动现金流看起来一切正常，但是企业的资产含有“水分”。如果一家上市公司连续多年采用此方法虚增利润，那么资产负债表上的某些项目会显得较为“臃肿”，这会为投资者识别财务舞弊风险提供线索。

11.3　财务舞弊风险的识别：一个框架

1. 财务舞弊识别框架构建

由于财务舞弊的严重后果，企业的财务舞弊分析是投资者进行基本面分析的重要内容。通常外部投资者只能利用公开的信息评估企业财务舞弊的风险，而证实企业的财务舞弊行为，只能交给专业的审计师或权威的证券监管部门。根据财务造假的基本原理和舞弊成因理论，我们初步构建了财务舞弊风险评估框架，如表 11－1 所示。在该框架下，投资者可以根据财务和非财务信号，评估企业的财务舞弊风险。在财务指标信号方面，根据财务舞弊的基本原理，投资者可依次关注利润表、现金流量表和资产负债表相关指标的异常信号；在非财务指标信号方面，根据舞弊风险因子理论，投资者可以依次关注动机、道德、机会、发现可能性和处罚力度等的信号。关于非财务指标信号的识别，可以参考“财务舞弊的成因：舞弊理论”一节的内容，此处不再赘述。接下来，重点介绍如何从利润表、现金流量表和资产负债表的相关指标中发现财务舞弊风险的信号。

11.3　即测即评

表 11－1　财务舞弊风险评估框架

财务指标信号评估	
利润表	公司的业绩增长是否明显高于同行业可比公司，是否与公司的其他财务和非财务指标相匹配
	公司的利润率是否明显高于同行业可比公司，是否与公司的其他财务和非财务指标相匹配

续表

财务指标信号评估	
现金流量表	销售收入含金量是否低于参考值或同行业可比公司
	净利润含金量是否低于参考值或同行业可比公司
	经营活动现金流是否出现异常波动
资产负债表	货币资金占比是否明显高于同行业可比公司，是否与有息负债和财务费用相匹配
	应收账款周转率是否明显低于同行业可比公司，是否出现明显下降
	存货周转率是否明显低于或高于同行业可比公司，是否出现明显下降或上升，是否与公司的其他财务指标相匹配
	固定资产周转率是否明显低于同行业可比公司，是否出现明显下降；在建工程项目是否存在异常
非财务指标信号评估	
动机	公司是否有较强的动机操纵业绩
道德	公司负责人过去是否有不诚信的言论或行为
机会	公司的 CFO 或审计师等能否保持独立性
发现可能性	公司的内外部治理环境是否有助于及时发现财务舞弊行为
处罚力度	被查处后的处罚力度是否足以威慑财务舞弊行为

2. 利润表指标分析与舞弊风险识别

对于利润表，投资者可以重点关注以下两类指标：

（1）销售收入增长率和利润增长率。重点评估这两项指标是否明显高于同行业可比公司，是否与公司其他的财务和非财务指标相匹配。如果公司的收入和利润多年保持高速增长，其增长速度远高于行业增速，但其他投入指标（如研发投入、营销投入等）表现较差，且核心竞争力（如技术和品牌）并不突出，则公司的财务舞弊风险可能较高。其逻辑是，一家公司能够取得远超同行业可比公司的业绩成长，需要有历史累积的投入形成较强的核心竞争力作为支撑。此外，如果公司的业绩增长显著高于同行业可比公司，但其他财务指标（如应收账款周转率、存货周转率等）表现平平，则公司的业绩增长可能有水分，或者业绩增长的质量并不高。

（2）销售毛利率和销售净利率。与业绩增长指标类似，同样要重点评估这两项指标是否明显高于同行业可比公司，是否与公司其他的财务和非财务指标相匹配。如果公司的利润率显著高于同行业可比公司，但历史投入一般，其他财务指标表现平平，则其利润率的真实性存疑。

3. 现金流量表指标分析与舞弊风险识别

对于现金流量表，投资者可以重点关注以下三个指标：

（1）销售收入含金量。其计算公式为：销售收入含金量＝销售商品、提供劳务收到的现金/营业收入。该指标的参考值为 113%。值得注意的是，销售收入含金量还受营业收入增长的影响。企业的营业收入增长会影响企业营运资金（应收账款和存货等）

的需求，从而减少销售商品、提供劳务收到的现金，降低销售收入含金量。因此，在确定销售收入含金量时，除了参考标准值 113%，还需要考虑企业所处的行业以及企业的营业收入增长水平。

(2) 净利润含金量。其计算公式为：净利润含金量＝经营活动现金净流量/净利润。该指标的参考值是 100%。值得注意的是，净利润含金量与营业收入增长和固定资产占比显著相关，营业收入增长较快的企业以及固定资产占比较少的企业，其净利润含金量指标值相对较低。因此，在确定净利润含金量时，除了参考标准值 100%，还需要考虑企业所处的行业以及企业的营业收入增长水平和固定资产占比情况。

(3) 经营活动现金流的波动。一些企业为了掩盖财务舞弊的事实，可能会操纵企业的经营活动现金流。但由于操纵现金流的难度比操纵应计利润更大，操控的现金流与企业真实的现金流在金额和时间分布上可能存在差异，导致企业的经营活动现金流波动较大。因此，经营活动现金流的过度波动也可作为识别财务舞弊风险的参考信号。

4. 资产负债表指标分析与舞弊风险识别

对于资产负债表，投资者可以重点关注以下四个指标：

(1) 货币资金占比（货币资金/总资产）。企业的货币资金占总资产的比例过高可能存在虚假货币资金的风险。其逻辑是，持有货币资金是有成本的，持有过多的货币资金显然并不划算。近年来，“两康”财务造假事件引起了投资者对大存大贷现象以及货币资金造假的广泛关注。大存大贷是指企业账面存在大量的货币资金的同时，也存在大量的有息负债和高昂的利息成本。大存大贷显然不符合正常的商业逻辑，因为它会导致企业平白无故支付大量的利息费用。如果企业的货币资金占比较高，同时有息负债和财务费用较高，则货币资金的舞弊风险较高。在康美药业的案例中，公司将大量应计入存货的资产计入货币资金，导致货币资金高估，同时存货低估。

(2) 应收账款周转率。企业的财务造假大多会涉及收入造假。由于现金流造假相对较为困难，收入造假往往伴随着应收账款的增加，所以企业的应收账款周转率指标出现异常，即应收账款周转率逐年下降，且显著低于同行业可比公司。因此，应收账款周转率可以作为判断企业财务舞弊风险的重要参考指标。此外，应收账款与经营活动现金流之间联系紧密，因此可以将该指标与销售收入含金量和净利润含金量等指标结合起来进行分析。

(3) 存货周转率。一般来说，企业的存货周转率较低有两种原因：一是公司的产品滞销、竞争力不足；二是公司的存货存在虚增。存货周转率可以与其他财务指标结合起来分析。如果存货周转率较低并呈下降趋势，但公司的营业收入保持较高速度增长，同时产品的毛利率较高并呈上升趋势，则公司财务数据的真实性值得警惕。其逻辑是，企业的存货周转率下降，说明企业的产品滞销或营运能力下降，公司收入实现持续增长、毛利率保持较高的难度较大。真实的情况可能是，企业将本应计入营业成本的项目计入存货，导致当期存货高估、营业成本低估，进而调高当期的毛利率和利润水平。例如，在獐子岛的财务造假案例中，公司通过少计当期成本、多计当期存货的方式虚增当期利润，未来再将虚增的利润通过存货减值“消化”，形成完美闭环。此类造假一般存在于那些存货难以盘点、难以计价的农牧养殖业板块。

存货周转率过高的公司也有造假风险。原因在于财务造假往往伴随着收入造假，为了使毛利率看似合理，收入造假也会伴随着营业成本的造假。如果企业大幅虚增营业成本而没有相应虚增存货，则会导致企业的存货周转率过高。当然，企业的存货周转率较高也可能是企业营运能力较强的表现。但是，如果企业的存货周转率较高而应收账款周转率较低，那么需要警惕财务数据的真实性。综上，存货周转率过低或过高，都可能存在财务舞弊的风险。存货周转率的分析凸显了财务指标之间进行交叉验证的重要性。

（4）固定资产周转率。由于企业固定资产的金额一般较大，在财务造假中，固定资产项目最易“藏污纳垢”。例如，万福生科、抚顺特钢、尔康制药等公司均涉及固定资产或在建工程造假。企业可能通过建设厂房、购买机器设备的方式，将资金转出，然后通过关联公司购买自身产品，制造资金循环，以实现利润和现金流的虚增。企业也可能通过虚增存货的方式虚增利润，随后将虚增的存货转移到在建工程或固定资产中，以此掩盖利润造假的过程。

在建工程项目也可以实现与固定资产类似的功能。在建工程是指企业固定资产的新建、改建、扩建等尚未完工的工程。在建工程在转入固定资产之前不需要计提折旧，利用在建工程进行利润和现金流操纵可以节省折旧费用。利用固定资产或在建工程造假，在虚增利润的同时，能够让企业的经营活动现金流看起来正常，从而增大了财务造假的欺骗性。然而，如果一家企业的固定资产周转率明显高于同行业其他企业且持续上升，或者在建工程出现异常变动，这可能是财务舞弊的信号。

11.4 财务舞弊风险的识别：一个案例

11.4.1 案例介绍

1. 案例公司概况

康得新复合材料集团股份有限公司（简称康得新，股票代码为002450）成立于2001年8月，于2010年7月16日在深交所中小企业板上市，并于2022年5月31日被深交所摘牌。公司主要从事先进高分子材料的研发、生产和销售，主要产品包括新材料（预涂材料、光电材料）、智能显示（3D、SR、大屏触控）、碳材料（碳纤维及碳

11.4 即测即评

纤维复合材料)。

自 2010 年上市至 2017 年(爆雷之前),公司的财务数据增长十分优异。总资产从 11.45 亿元增长到 342.62 亿元,营业收入和利润连续 8 年保持 20%以上的增长速度。从股价表现来看(见图 11-2),康得新的股价从 2010 年 7 月首日开盘价 1.3 元(前复权)上涨到 26.67 元(2017 年 11 月),涨幅近 20 倍,大幅跑赢上证指数。然而,在立案调查时(2019 年 1 月),公司股价跌至 6.03 元,退市前(2021 年 5 月)股价更是跌至 0.19 元。投资者在公司立案调查前买入公司股票,最高可损失 99.29%,即使在立案调查时卖出,最高损失也可高达 77.39%。公司的财务造假行为一方面给部分投资者带来了显著的超额收益,另一方面造成大批投资者损失惨重。

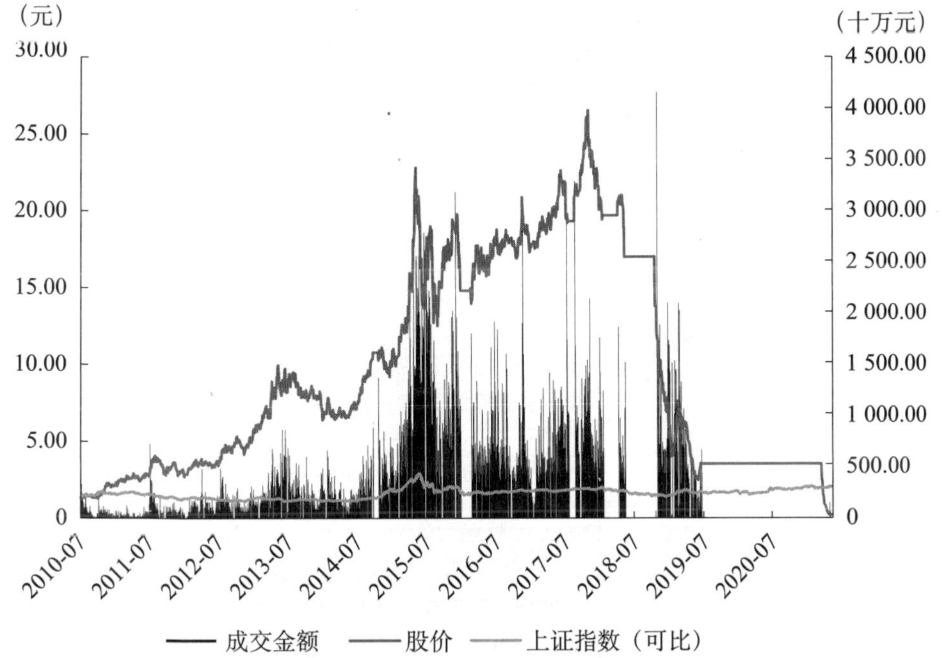

图 11-2 康得新上市以来的股价表现

注:上证指数经过了标准化处理。
资料来源:Wind 数据库.

2. 财务造假事件复盘

基于 Wind 的 F9(深度资料)中的公司公告和新闻公告,我们复盘了康得新财务造假关键事项,如表 11-2 所示。早在 2013 年 3 月,就有媒体报道康得新存在客户集中度较高的问题。报道中还提到,在更早的 2012 年 11 月,有媒体及投资人士爆料康得新客户收入造假。遗憾的是,那时的质疑声引起的市场关注较少。

表 11-2　康得新财务造假关键事项复盘

日期	标题	事件简述	资料来源
2013-03-27	前五大客户依赖症加剧 康得新“拒批”详细名单	第一大客户收入造假，前五大客户所占比例近4成	Wind数据库
2013-07-01	康得新涉嫌发行欺诈 涉嫌虚增资产	隐瞒与海外主要大客户的关联关系，公司在上市前后涉嫌虚增资产、产能与价格，夸大出口收入	《证券时报》
2017-07-28	闪崩股中的机构身影 安信、富国吞下苦水	7月25日，康得新股价在14点20分大幅跳水，短短6分钟内，股价直线下跌封住跌停	红刊财经
2017-08-25	2017年半年报问询函	被问询大存大贷、毛利率较高、经营活动现金流大幅增长等财务问题	公司公告
2018-05-11	2017年年报问询函	被问询大存大贷、公司经营活动现金流大幅增长、公司股票质押比例高达99%等财务问题	公司公告
2018-06-04	康得新为何一年不到三次闪崩 市值缩水400亿?	自2017年7月25日股价突然闪崩以来，该公司股价第三次盘中闪崩（第二次是2018年1月16日）	新浪财经
2018-10-29	实际控制人立案调查	因未披露股东间的一致行动关系，实际控制人钟玉涉嫌信息披露违法违规	公司公告
2019-01-15	债券违约公告	2018年度第一期超短期融资券未能按期足额偿付本息	公司公告
2019-01-16	问询函	被问询货币资金等财务报表项目的列报是否真实准确、是否存在财务造假情形等问题	公司公告
2019-01-23	收到中国证监会调查通知的公告	公司因涉嫌信息披露违法违规，被中国证监会立案调查	公司公告
2019-05-14	2018年年报问询函	涉及账务处理、审计意见、内部控制缺陷等问题	公司公告
2019-07-06	收到中国证监会下发的《行政处罚事先告知书》的公告	2014—2018年，虚增利润、信息披露违规（资金占用、关联担保）	公司公告
2019-12-17	关于公司实际控制人被逮捕的公告	实际控制人钟玉，因涉嫌犯罪被执行逮捕	公司公告

续表

日期	标题	事件简述	资料来源
2021-04-06	终止上市决定	公司股票于 2021 年 4 月 14 日进入退市整理期，退市整理期为 30 个交易日，预计最后交易日期为 2021 年 5 月 28 日	公司公告
2021-05-31	退市	公司正式被深交所摘牌	公司公告

资料来源：根据 Wind 的新闻库和公司公告库整理。

2013 年 7 月，康得新被大量媒体报道“涉嫌发行欺诈、涉嫌虚增资产”，引起了市场的广泛关注，公司针对媒体的质疑一一做了回应。自此以后，康得新的财务问题便成了投资者和中介机构密切关注的焦点。但是，随后几年公司业绩表现良好，股价表现十分优秀，市场似乎淡忘了媒体对康得新财务造假的质疑。

2017 年 7 月，公司股价闪崩（股价盘中突然大幅跳水），康得新的财务问题被旧事重提。康得新紧急召开电话会议。在会议中，董事长表示公司经营一切正常，并释放了一些利好消息。与此同时，股价闪崩也引起了监管机构的注意。2017 年 8 月，公司收到中国证监会对 2017 年半年报的问询函。在问询函中，监管机构首次对公司的财务数据提出了诸多质疑，包括大存大贷、毛利率较高、营收与运杂费增速差异较大、经营活动现金流大幅增长、应收账款周转天数增加等问题。2018 年 5 月，公司再次收到中国证监会对 2017 年年报的问询函。在问询函中，监管机构重点提及了公司大存大贷、经营活动现金流大幅增长、股票质押比例过高等财务问题。2018 年 6 月，公司股价又一次闪崩，引发了市场的广泛关注。

2019 年 1 月，康得新先后发布两个公告，称 2018 年度第一期和第二期超短期融资券本息兑付存在不确定性，应偿付本息金额分别为 10 亿元和 5 亿元左右。媒体质疑公司账上有货币资金 150 亿元，却无法偿付 15 亿元的债务。随后，中国证监会介入，再次问询并对康得新进行立案调查。

2019 年 7 月，公司披露了中国证监会行政处罚事先告知书。告知书揭露了公司的三大罪状：（1）在年度报告中虚增利润总额。“2015 年 1 月至 2018 年 12 月，康得新通过虚构销售业务方式虚增营业收入，并通过虚构采购、生产、研发费用、产品运输费用方式虚增营业成本、研发费用和销售费用。2015—2018 年，分别虚增利润 23.81 亿元、30.89 亿元、39.74 亿、24.77 亿元，均占年报利润 100%以上。”换言之，2015—2018 年，公司实际利润连续四年亏损。（2）未在年度报告中披露控股股东非经营性占用资金的关联交易情况。“2014—2018 年，公司的货币资金实际被集团挪用，但公司未披露这一事实。2018 年金额达 159.31 亿元，占最近一期经审计净资产的 88.36%。”（3）未及时在年度报告中披露为控股股东提供关联担保的情况。

2021 年 4 月，康得新收到深交所《关于康得新复合材料集团股份有限公司股票终止上市的公告》，公司进入退市整理期，并于 2021 年 5 月 21 日正式退市。

11.4.2 财务造假识别：财务指标异常评估

1. 财务指标异常评估

表 11－3 和表 11－4 分别报告了康得新和同行业竞争对手激智科技的财务数据。激智科技是康得新的“经官方认证”的竞争对手，需要指出的是，激智科技的上市时间（2016 年）晚于康得新，且公司规模也远小于康得新，因此两者并不完全可比。根据本书的财务造假识别框架，从康得新及其可比公司的财务数据中，至少可以看出以下几个方面的异常：

表 11－3　康得新财务数据（2010—2018 年）　　单位：亿元

	2010 年	2011 年	2012 年	2013 年	2014 年	2015 年	2016 年	2017 年	2018 年
利润表：									
营业收入	5.24	15.26	22.35	31.93	52.08	74.59	92.33	117.89	91.50
同比变化（%）	43.85	191.11	46.43	42.87	63.12	43.23	22.11	27.69	－22.38
营业成本	3.87	12.30	15.16	20.33	31.72	47.13	54.98	70.82	54.88
净利润	0.70	1.31	4.23	6.59	10.03	14.09	19.63	24.74	2.81
同比变化（%）	51.51	86.56	223.49	55.70	52.25	40.55	36.45	26.06	－88.66
销售毛利率（%）	26.19	19.40	32.17	36.33	39.10	37.34	40.45	39.92	40.02
销售净利率（%）	13.37	8.56	18.95	20.66	19.20	18.83	21.28	21.00	3.10
研发支出	0.06	0.07	0.24	0.63	2.55	4.05	5.37	6.74	6.14
研发强度（%）	1.15	0.46	1.07	1.97	4.90	5.43	5.82	5.72	6.71
财务费用	0.13	0.35	0.53	1.34	2.63	3.03	2.29	5.53	4.47
现金流量表：									
销售商品、提供劳务收到的现金	5.63	17.25	23.94	32.62	39.55	69.16	78.52	126.70	80.66
销售商品、提供劳务收到的现金/营业收入（%）	107.43	113.03	107.15	102.17	75.94	92.71	85.05	107.47	88.15
经营活动现金净流量	1.09	1.61	2.73	2.26	4.30	9.07	－0.48	36.62	13.10
经营活动现金净流量/净利润（%）	155.71	122.90	64.54	34.29	42.87	64.37	－2.45	148.02	466.19
资产负债表：									
资产总计	11.45	18.99	57.91	79.63	108.77	183.68	264.25	342.62	342.54
负债总计	2.55	8.47	27.21	41.65	60.50	91.53	108.23	162.33	160.98
货币资金	6.64	6.84	34.46	26.75	41.93	100.96	153.89	185.04	153.16
应收账款	0.54	1.53	3.50	4.84	18.06	28.90	49.96	48.40	49.70

续表

	2010 年	2011 年	2012 年	2013 年	2014 年	2015 年	2016 年	2017 年	2018 年
存货	0.38	1.55	2.51	4.64	4.95	5.31	6.01	5.83	6.29
应付账款	0.46	1.19	2.42	6.14	8.54	8.87	9.78	9.79	24.09
有息负债	1.80	6.58	24.25	33.74	42.35	50.58	57.05	110.04	105.01
固定资产	2.51	2.93	8.03	14.93	34.03	34.62	30.86	35.42	37.07
货币资金占比（%）	—	36.02	59.51	33.59	38.55	54.97	58.24	54.01	44.71
应收账款周转率	—	14.74	8.89	7.66	4.55	3.18	2.34	2.40	1.87
应付账款周转率	—	14.91	8.40	4.75	4.32	5.41	5.90	7.24	3.24
存货周转率	—	12.75	7.47	5.69	6.62	9.19	9.71	11.96	9.06

注：为了使应付账款周转率和应收账款周转率方便对照，此处的应付账款周转率在计算时考虑了应付票据，而常规做法是在计算应付账款周转率时，分母不包括应付票据，余同。以上数据为根据原始数据（四舍五入之前）计算而来，余同。

表 11－4　激智科技财务数据（2012—2018 年）　　单位：亿元

	2012 年	2013 年	2014 年	2015 年	2016 年	2017 年	2018 年
利润表：							
营业收入	2.23	2.84	3.91	4.72	6.11	7.38	9.08
同比变化（%）	181.00	27.09	37.55	20.95	29.41	20.76	23.05
营业成本	1.42	1.87	2.60	3.14	4.32	5.34	6.80
净利润	0.45	0.45	0.51	0.57	0.59	0.60	0.43
同比变化（%）	1 243.73	1.15	11.65	13.22	3.37	1.97	−29.44
销售毛利率（%）	36.23	34.23	33.55	33.58	29.32	27.63	25.09
销售净利率（%）	20.06	15.97	12.96	12.13	9.69	8.34	4.58
研发支出	0.07	0.13	0.20	0.28	0.42	0.55	0.71
研发强度（%）	3.14	4.58	5.12	5.93	6.87	7.45	7.82
财务费用	0.05	0.07	0.18	0.16	0.16	0.13	0.19
现金流量表：							
销售商品、提供劳务收到的现金	1.15	1.67	1.59	2.89	5.69	3.95	7.74
销售商品、提供劳务收到的现金/营业收入（%）	51.57	58.80	40.66	61.23	93.13	53.52	85.24
经营活动现金净流量	−0.26	0.27	−0.25	0.25	−0.33	0.45	−0.34
经营活动现金净流量/净利润（%）	−57.78	60.00	−49.02	43.86	−55.93	75.00	−79.07
资产负债表：							
资产总计	2.69	4.49	7.16	10.23	13.69	16.06	18.99

续表

	2012 年	2013 年	2014 年	2015 年	2016 年	2017 年	2018 年
负债总计	1.68	3.11	5.12	7.66	8.08	9.43	12.64
货币资金	0.23	0.34	0.45	0.79	2.05	1.29	1.45
应收账款	1.10	1.32	1.86	2.35	3.05	3.78	4.69
存货	0.35	0.60	0.75	0.85	1.15	1.70	2.40
应付账款	0.42	1.04	1.51	2.57	3.33	3.92	5.17
有息负债	0.92	1.71	2.57	3.52	3.32	2.89	5.61
固定资产	0.10	1.36	1.88	2.94	3.43	3.87	4.65
货币资金占比（%）	8.55	7.57	6.28	7.72	14.97	8.03	7.64
应收账款周转率	—	2.35	2.46	2.24	2.26	2.16	2.14
应付账款周转率	—	2.56	2.04	1.54	1.46	1.47	1.50
存货周转率	—	3.94	3.85	3.93	4.32	3.75	3.32

（1）业绩高速增长，但与公司的技术实力不匹配。2011—2017 年康得新的收入和利润均高速增长，历年的收入和利润增长率都保持在 20%以上，但是公司的研发强度并不高，最高也不到 6%，低于可比公司激智科技（最高值为 7.45%）。2014 年以前，公司累计的研发投入不足 1 亿元；从 2014 年开始，公司加大了研发投入，但直到 2017 年，公司累计的研发投入也不足 20 亿元。财务报表数据给投资者带来的困惑是：在如此少的研发投入下，公司是如何保持业绩高速增长以及行业龙头地位的？公司声称对标的 3M 公司（明尼苏达矿务及制造业公司）自 2012 年来每年的研发投入均超过 100 亿元。

（2）利润率较高，但与公司的技术实力和产业链地位不匹配。2014—2017 年总体来看，康得新的销售毛利率在 40%左右，销售净利率在 20%左右，而同行业可比公司激智科技的销售毛利率不高于 34%，净利率不到 13%。虽然公司的利润率较高，但研发强度并不高，尤其是历史累计的研发投入规模并不大。此外，公司的应收账款周转率较低，2017 年仅为 2.40 倍（应收账款周转天数为 152 天），与规模较小的激智科技大致相当（应收账款周转率为 2.16 倍），与 3M 公司不可相提并论（应收账款周转率为 7.57 倍）。这表明公司在产业链中的地位较低，与公司的业绩增长以及利润率显示出来的行业龙头实力不一致。

（3）销售收入含金量和净利润含金量较低，并且非常不稳定。例如，2014—2016 年康得新销售收入含金量连续三年远低于参考值 113%；2012—2016 年公司净利润含金量低于参考值 100%；2015—2017 年公司的经营活动现金净流量变化较大，2016 年经营活动现金净流量接近 0，而 2017 年大幅上升至 36.62 亿元，且远大于净利润

(24.74 亿元)。此外，2014—2017 年在营收和利润保持高速增长的情况下，应收账款周转率连续多年保持较低水平，且总体呈下滑的趋势。与此同时，激智科技的销售收入和净利润含金量也不高，但 3M 公司的现金流指标良好，这表明公司现金流不佳并非行业的普遍现象。

(4) 货币资金占比较高，且存在大存大贷现象。2017 年，康得新账面上的货币资金高达 185.04 亿元，占总资产的比例超过 50.00%，但有息负债超过 110 亿元，并且利息收入远低于利息支出，导致财务费用高达 5.53 个亿元。公司有大量有息负债，说明公司资金比较紧张，融资需求较大；公司的货币资金较多，又说明公司资金充裕，公司大存大贷的行为显然自相矛盾。相比而言，激智科技的货币资金占总资产的比例一般低于 10.00%，最高也未超过 15.00%。

(5) 应收账款周转率较低。2017 年康得新的应收账款周转率为 2.40 倍（应收账款周转大数为 152 天），与激智科技大致相当（2.16 倍），但远低于 3M 公司的应收账款周转率（7.57 倍）。2013—2017 年公司应收账款周转率一路下滑，从 7.66 倍下降到 2.40 倍，而应付账款周转率则呈相反的变化趋势，从 4.75 倍上升到 7.24 倍。这些数据存在矛盾之处。公司的应收账款周转率与竞争对手相当，但利润增长以及利润率远高于竞争对手，这在一定程度上显得不合逻辑；公司的应收账款周转率远低于应付账款周转率，也不太符合商业常识，这会造成公司资金紧张。此外，公司应付账款周转率较高（2017 年为 7.24 倍），甚至远高于规模更小的竞争对手激智科技（2017 年为 1.47 倍），这说明公司在与上游供应商的关系中处于相对弱势的地位，与公司的行业龙头地位不匹配。

(6) 存货周转率较高。2014—2017 年康得新的存货周转率持续上升，从 6.62 倍上升到 11.96 倍，并且远高于激智科技。例如，2017 年公司的存货周转率为 11.96 倍（存货周转天数为 31 天），而激智科技的存货周转率只有 3.75 倍。虽然存货周转率较高一般是好现象，但过高的存货周转率也隐藏着一定的风险。例如，公司的收入和成本虚增，而存货没有虚增，会导致存货周转率较高。公司的存货周转率较高，表示产品销售畅通，对下游的议价能力较强；然而，公司的应收账款周转率较低，又表明产品并不畅销，对下游的议价能力较弱。这两者在逻辑上互相矛盾。

2. 更正前后的财务数据对比

除了从造假的数据来看公司财务指标的异常，也可以通过对比分析公司真实数据与造假数据之间的差异来识别财务造假。2021 年公司进行了会计差错更正，对造假期间（2015—2018 年）的数据进行了调整，如表 11-5 所示。假定更正后的财务数据是真实的，对比真假财务数据，对投资者识别财务造假具有重要的参考价值。

表 11-5 更正后的康得新财务数据（2010—2018 年）

	2010 年	2011 年	2012 年	2013 年	2014 年	2015 年	2016 年	2017 年	2018 年
利润表：									
营业收入	5.24	15.26	22.35	31.93	52.08	23.78	28.69	25.60	27.25
同比变化（%）	43.85	191.11	46.43	42.87	63.12	−54.34	15.74	−10.79	6.47
营业成本	3.87	12.30	15.16	20.33	31.72	23.38	26.10	23.13	19.44
净利润	0.70	1.31	4.23	6.59	10.03	−14.81	−17.55	−24.60	−23.57
同比变化（%）	51.51	86.56	223.49	55.70	52.25	−247.67	−20.89	−40.15	4.15
销售毛利率（%）	26.19	19.40	32.17	36.33	39.10	1.66	9.05	9.63	28.67
销售净利率（%）	13.37	8.56	18.95	20.66	19.20	−62.47	−61.09	−96.03	−86.39
研发支出	0.06	0.07	0.24	0.63	2.55	4.05	5.37	6.74	6.14
研发强度（%）	1.15	0.46	1.07	1.97	4.90	17.03	18.72	26.33	22.53
财务费用	0.13	0.35	0.53	1.34	2.63	3.42	2.87	6.20	6.20
现金流量表：									
销售商品、提供劳务收到的现金	5.63	17.25	23.94	32.62	39.55	33.67	22.97	20.52	9.21
销售商品、提供劳务收到的现金/营业收入（%）	107.43	113.03	107.15	102.17	75.94	141.59	80.06	80.16	33.80
经营活动现金净流量	1.09	1.61	2.73	2.26	4.30	−14.08	−30.99	−4.63	−34.09
经营活动现金净流量/净利润（%）	155.71	122.90	64.54	34.29	42.87	—	—	—	—
资产负债表：									
资产总计	11.45	18.99	57.91	79.63	108.77	122.28	166.97	198.06	164.80
负债总计	2.55	8.47	27.21	41.65	60.50	88.58	106.57	162.73	154.59
货币资金	6.64	6.84	34.46	26.75	41.93	54.87	92.29	82.16	31.06
应收账款	0.54	1.53	3.50	4.84	18.06	10.40	15.41	8.73	20.91
存货	0.38	1.55	2.51	4.64	4.95	5.27	6.01	5.83	6.29
应付账款	0.46	1.19	2.42	6.14	8.54	8.87	9.78	9.79	24.09
有息负债	1.80	6.58	24.25	33.74	42.35	50.58	57.05	110.04	105.01
固定资产	2.51	2.93	8.03	14.93	34.03	34.62	30.86	35.42	37.07
货币资金占比（%）	—	36.02	59.51	33.59	38.55	44.87	55.27	41.48	18.85
应收账款周转率	—	14.74	8.89	7.66	4.55	1.67	2.22	2.12	1.84
应付账款周转率	—	14.91	8.40	4.75	4.32	2.69	2.80	2.36	1.15
存货周转率	—	12.75	7.47	5.69	6.62	4.58	4.63	3.91	3.21

对比表 11－3 和表 11－5 中的数据，可以发现：

(1) 公司的收入和利润增长并不理想，2015 年及以后公司的收入增长既有正增长，又有负增长。公司的销售毛利率较低，同时期间费用较多，这导致公司严重亏损。近年来，公司的经营状况一直恶化，亏损越来越严重，这可能也是公司在财务造假的泥淖中越陷越深，并最终无法掩盖财务问题的原因。

(2) 2016—2018 年公司销售商品、提供劳务收到的现金远少于营业收入，加之利润率较低，导致经营活动现金净流量显著为负。例如，2018 年公司经营活动现金净流量为－34.09 亿元。经营活动现金净流量惨淡是公司出现流动性危机的直接原因。

(3) 2014—2018 年公司的货币资金部分被挪用，因此，实际的货币资金量远少于此前披露的货币资金量。但是，总体上，2018 年以前公司真实的货币资金占总资产的比例仍然较高。公司保留如此多的货币资金，主要原因可能是为了方便大股东占用。公司实际的应收账款金额远小于此前披露的应收账款金额，主要是因为公司在虚增营业收入的同时，虚增了大量的应收账款。尽管如此，公司真实的应收账款周转率仍然处于较低的水平，表明公司对下游的议价能力较弱。另外，公司的存货金额与此前披露的存货金额基本一致，表明公司在虚增收入的同时，并没有同时虚增存货，导致公司披露的存货周转率远高于真实的存货周转率。具体来说，2015—2018 年公司真实的存货周转率在 3～5 倍之间，并呈下降的趋势。最后，公司真实的应付账款金额远小于此前披露的应付账款金额，主要是因为公司在虚增营业成本的同时，并未虚增应付账款。因此，公司真实的应付账款周转率略高于应收账款周转率，显得更为合理。

需要指出的是，上述讨论主要是从“事后诸葛亮”的角度分析公司财务指标的异常。因为公司已经被中国证监会认定为财务造假，这些指标的异常之处就显得格外明显。事前识别公司的财务舞弊风险并非易事。

11.4.3 财务造假识别：非财务指标信号评估

除了财务指标可以预警，公司的非财务指标信号也非常符合财务舞弊理论的预测。具体说明如下：

(1) 董事长信口开河，时常发表失信言论。2015 年年中，董事长在股东大会上放话：未来三年要将公司市值增加到 3 000 亿元。2015—2018 年，董事长在股东大会或电话会议交流中经常发表过于乐观的言论。例如，对于公司的裸眼 3D 业务，董事长多次称有几家头部手机品牌将使用公司的裸眼 3D 技术，但这些“吹过的牛”一直都没有实现。甚至，在公司披露的年报中，董事长也不忘记“忽悠”。2016 年的年报披露：“面向未来四年，公司的群体迸发时代已到来，所有板块将逐渐成熟并整体发力。通过过去数年公司夯实基础、蓄势待发，2017 年公司已站在全新的产业高度上，开始迈向新的高峰。2017—2020 年，公司仍将保持高速稳健发展。”听其言而观其行，通过观察公司管理人员的言行，或许能识别出一些重要的舞弊信号。

（2）大股东融资需求大，业绩操纵动机强。公司的实际控制人雄心勃勃，近年来在上市公司体外投资碳纤维产业，该产业由于具有工艺复杂、研发周期长的特征，对资金的需求量大。为满足大股东体外投资的融资需求，自 2011 年起，大股东开始频繁进行股权质押。2015—2018 年公司的股权质押率逐渐攀升，截至 2018 年年底，股权质押率已经高达 99.45%，质押借款金额达到 64 亿元。无论是为了通过质押获取更多的资金，还是为了使已质押的股份不被平仓，公司都有强烈的动机推升股价。

董事长在法院的申辩词进一步揭示了公司的造假动机。董事长在申辩中表示：大股东投资高性能碳纤维产业化项目导致康得新被股价及资本市场“绑架”，虚增业绩是不得已而为之。然而，中国证监会对此申辩意见不予采纳，并重申：“诚实守信、合法经营是任何一家公司发展的底线，任何想通过虚假业绩支撑股价的行为最终都将付出惨痛的代价。”

（3）财务总监独立性缺失，审计师独立性存疑。康得新时任董事、财务总监在虚增利润行为中，按照董事长提出的要求负责具体组织和执行，是康得新相关违法行为的重要组织者、参与者。2009 年 35 岁的王某到康得新担任财务负责人，其履历光鲜，毕业于美国名校并取得硕士学位，曾在投资银行任财务总监、高级副总裁等职务，王某的到来对于正在冲刺上市的康得新而言如虎添翼。然而，康得新财务造假事件被曝光后，王某的学历和履历均受到了媒体质疑。在康得新 2018 年年报中，王某的学历从硕士变成了会计本科，“毕业于美国名校”这一头衔也消失不见。2018 年王某的年薪达到 173.53 万元，期末持股参考市值更是高达 3 488.56 万元。鉴于如此高的待遇且自身利益与公司股价的深度捆绑，王某作为财务总监很难表现出独立性。

自 2013 年起，瑞华会计师事务所（简称瑞华）开始做康得新的审计公司，其审计报酬约为每年 210 万元。2015—2018 年瑞华对康得新 2015 年、2016 年和 2017 年的年报均出具了“标准的无保留意见”，只对 2018 年年报出具了“无法表示意见”，不过此时康得新已深陷财务造假危机。造假期间，在康得新的年度审计报告上签字的注册会计师一共有 5 位，他们的注册会计师审计服务的连续年限并不长（只有 1～2 年）。在康得新的财务造假案中，瑞华被市场和媒体质疑独立性不足。2019 年 9 月，针对网络上的质疑，瑞华发布了《瑞华会计师事务所关于康得新项目 2015 年—2018 年年报审计主要工作情况的说明》（简称《说明》）。《说明》中指出，在康得新审计项目中，公司勤勉尽责，对被审计单位重大风险项目执行了审计机构能够执行的应有审计程序。在该案例中，究竟是审计师执业能力太差，没能发现公司的财务造假，还是其独立性太差，即便发现也并未揭露公司的造假行为，难以定论。但是，审计公司在财务造假期间出具了“标准的无保留意见”是事实，其独立性存疑，毕竟每年 210 万元的审计费用也不是小数目。

(4) 媒体质疑曾掀波澜，监管机构问询预警。早在 2013 年 3 月，就有媒体报道康得新存在客户集中度较高的问题。在更早的 2012 年 11 月，还有媒体及投资人士爆料康得新客户收入造假。然而，那时的质疑声引起的市场关注较少。2013 年 7 月，康得新因被大量媒体报道“涉嫌发行欺诈、涉嫌虚增资产”而引发广注，公司也针对媒体的质疑一一做了回应。自此以后，康得新的财务问题便成了投资者和中介机构密切关注的焦点，但这并未导致监管机构的介入。

随后几年，公司业绩和股价均表现优秀，公司的负面报道也被市场淡忘。2017 年 7 月，公司股价“闪崩”(股价盘中突然大幅跳水)，康得新的财务问题被旧事重提。康得新紧急召开电话会议，董事长表示公司经营一切正常，并释放了一些利好消息，大部分投资者对此仍深信不疑。但是，公司股价的闪崩引起了监管机构的注意。2017 年 8 月，公司收到中国证监会对 2017 年半年报的问询函。在问询函中，监管机构首次对公司的财务数据提出了诸多质疑，包括大存大贷、毛利率较高、营收与运杂费增速差异较大、经营活动现金流大幅增长、应收账款周转天数增加等问题。与此同时，在投资者论坛（如雪球）上，公司的财务数据也受到了一些个人投资者或自媒体的质疑。虽然媒体质疑曾掀起波澜，监管机构问询也作出了预警，但是这些声音均未引起大部分投资者的足够重视。直到公司出现债务违约以及被立案调查，大多数投资者才真正意识到公司存在严重的财务问题。

(5) 财务造假处罚力度小，难以形成事前威慑。康得新财务造假案最终的处罚结果如下：因 2015—2018 年年报存在虚假记载等事项，中国证监会对*ST 康得(002450)责令改正，给予警告，并处以 60 万元罚款。对钟玉等相关责任人员给予警告，并处以 3 万元～90 万元不等的罚款。其中，时任康得新财务总监、董事王某被处以 30 万元罚款，并被采取终身证券市场禁入措施；时任康得新财务中心副总经理张某被处以 15 万元罚款，并被采取 10 年证券市场禁入措施。然而，绝大多数投资者认为，我国《证券法》对财务造假的处罚力度过小，难以形成有效的事前威慑。有些学者甚至指出，违法成本过低相当于变相鼓励财务造假。在新《证券法》实施之前，总体来看，中国上市公司实施财务舞弊的风险较高。因此，投资者在识别企业的财务舞弊风险时，最重要的是要保持怀疑精神。

练习题

一、行动学习

下载并快速浏览康美药业（600518）和美的集团（000333）历年的年报，仔细分析这两家公司历年的各项财务数据，结合本章所学对其财务舞弊风险进行详细分析。

二、简答题

1. 简述财务舞弊的概念及其与盈余管理的区别。
2. 简述财务舞弊风险因子理论的主要内容。
3. 简述如何评估上市公司的财务舞弊风险。
4. 简述从康得新的财务舞弊案中投资者可以得到什么启示。
5. 简述如何降低我国上市公司的财务舞弊风险。

第 4 篇
估值篇

第 12 章

公司前景分析

学习目标

1. 掌握前景分析的基本框架以及财务、行业、资源、战略维度的四维分析法。
2. 了解财务预测的方法以及敏感性分析。
3. 学会结合公司业务和财务指标，对公司进行前景分析。

引导案例

巴菲特的价值投资之道

查理·芒格曾说："除非我能驳倒那些最聪明且和我持有相反观点的人，否则我不太敢声称自己有了一个观点。"投资是对于未来的预测，然而从本质上说未来是难以预测，甚至是无法预测的，所以预测更像是针对未来的概率估算。早在 1969 年，伊利诺伊国民银行信托公司董事长吉恩·阿贝格教会巴菲特认识银行业务。巴菲特认为，如果管理层能够谨慎放贷、控制成本、知人善任，并且合理评估银行的关键价值——其净资产和未来持续经营的盈利能力，那么创办银行将是一个好生意。1990 年 10 月，巴菲特投资 2.89 亿美元购买了 500 万股富国银行的股票，占富国银行 10%的股份，每股均价为 57.88 美元。1990 年，富国银行净利润是 7.11 亿美元，较 1989 年上升 18%；1991 年，由于计提了坏账准备，净利润是 0.21 亿美元；1992 年净利润攀升至 2.83 亿美元，仍然比两年之前少。但如果将富国银行的坏账准备剔除，可以发现富国银行具有惊人的盈利能力。自 1983 年起，富国银行净利息收入年均增长 11.3%，非利息收入（投资顾问费、信托收入、存款收费）增长率达到 15.3%。同时，富国银行具有银行业内最佳的经理人：卡尔·赖卡特和保罗·黑曾，他们对于资产、负债、成本的管理有很高的造诣。巴菲特的赌注得到了回报，1993 年年底富国银行的股价升至每股 137 美元，巴菲特投资富国银行 3 年获得了近 2.5 倍的回报。

思考：

（1）与短期投资相比，价值投资有什么不同？

（2）价值投资者要如何预测企业的长期发展前景？

12.1 前景分析：四维分析框架

12.1 即测即评

中国资本市场属于新兴市场，市场中的投资者仍然以偏好短线交易的散户为主。由于股价短期波动的诱惑，即使是机构投资者也不排斥进行短线交易。相比短期的股价波动，价值投资者更关注公司的基本面。价值投资者需要深入了解投资对象的基本面，分析并预测企业的成长前景。长期来看，公司业绩增长是股价上涨最为重要的推动力。价值投资者强调对公司业绩前景的预测。本章将围绕企业的业务，从财务维度、行业维度、资源维度和战略维度进行综合分析，以帮助投资者更好地预测一家企业的未来。具体而言，首先，基于财务维度，根据历史数据外推企业未来的成长趋势；其次，从行业维度、资源维度和战略维度等预测企业未来的成长，其中，行业发展前景（行业增速）和企业资源禀赋（核心竞争力）共同决定收入和利润，而企业战略则决定企业的资源投向，进而影响企业的长期竞争力。

12.1.1 财务维度

首先根据企业历史的业绩增长来预测企业未来的业绩增长。其基本的逻辑是，历史表现优秀的公司，未来也有可能继续优秀，甚至更加优秀。但通过历史业绩来预测往往并不准确可靠，历史不会简单地重复，根据企业过去的增长率推断未来的增长率未必准确。投资者仍然需要从行业、资源等维度和市场发展前景等角度进行综合分析。

案例分析 12-1

图 12-1 显示了美的集团 2013—2022 年的营业收入及其增长率情况。可以发现，美的集团在这 10 年中营业收入持续增长、业务不断扩张；营业收入增长率波动较大，但整体仍然保持增长水平。

图 12-2 显示了美的集团 2013—2022 年的净利润及其增长率情况。10 年来，虽然美的集团的净利润持续增长，但净利润增长率持续降低，从 2013 年的 35%左右降低至 2022 年的不足 3%。综合美的集团的营业收入和净利润来看，公司未来业务有望实现进一步扩张，但是净利润因家电行业的激烈竞争可能陷入增长停滞的困境。

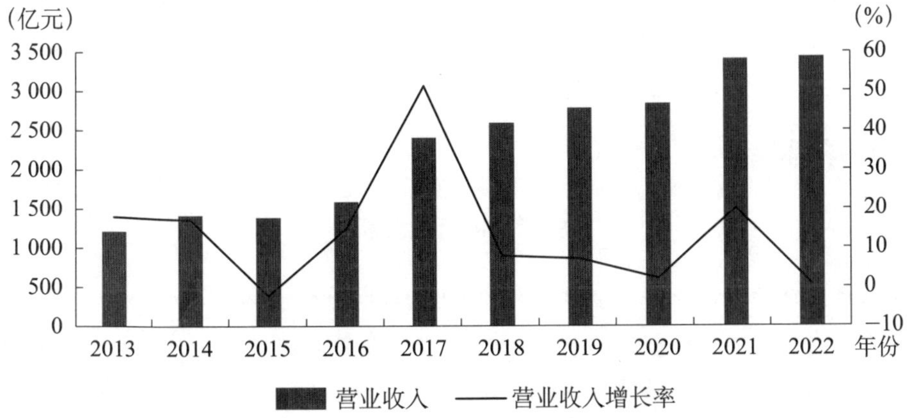

图 12-1 美的集团 2013—2022 年营业收入及其增长率

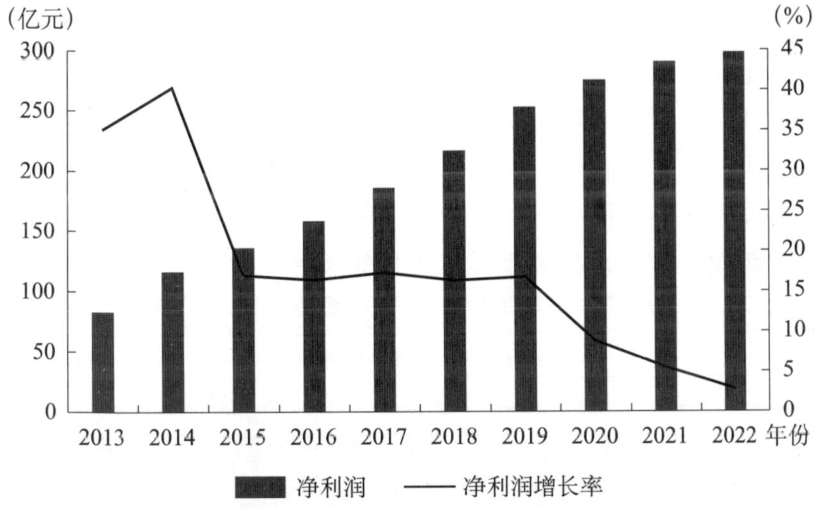

图 12-2 美的集团 2013—2022 年净利润及其增长率

12.1.2 行业维度

利用历史财务数据预测企业未来的前景并不总是可靠的，要判断企业未来的前景不仅需要了解企业当前的经营状况，而且要分析行业的发展前景和竞争格局，以及企业的核心竞争力和战略选择。预测企业未来的前景无疑是投资分析中最困难的工作，投资者需要跳出财务视角看公司，不仅要懂财务，还要懂业务。业财结合是预测企业前景的必要条件。企业的发展在很大程度上受其所处的行业影响，行业前景越好，那么企业在其中经营会越顺畅。进一步来说，行业发展前景和行业竞争格局是行业分析的两大维度，而行业发展前景又可以细分为行业增长速度和市场空间两个要素，行业竞争格局也可以细分为参与者数量和差异化程度两个要素。以上两个维度和四个要素共同决定了企业所处行业的前景，进而在很大程度上影响了“赛道”上企业的财务业绩。

中国实践 12-1

中国家电行业分析①

受新冠疫情影响，我国家电行业在2020年的市场规模有所下滑。从2021年开始，随着我国卓有成效的疫情防控措施的持续推进，在复杂波动的国内外环境下，我国经济保持平稳的同时，继续高质量增长。这一增长趋势也带动了家电行业的持续发展，家电行业进入存量换新的新阶段。随着家电产品结构升级，产品均价稳步提升。2022年，受疫情等多重因素的影响，我国经济增速放缓，家电消费受到居民收入下降和消费者信心下滑的冲击。2022年家电产品出口和内销规模均出现下滑，其中，出口规模为5 682亿元，同比下降10.9%；国内销售规模为7 307亿元，同比下降9.5%。虽然家电销售整体增长失速，但在2022年消费升级并未减速，市场竞争愈发激烈，拉动市场结构向上提升，高品质、高性能已经成为企业和消费者的共识。从中长期来看，产业结构升级、居民收入相对稳定、消费多元化、国家政策对绿色和智能产业发展的引导以及家电行业产品标准的持续升级将带来新的机会和增长。

从行业发展前景来看，随着我国经济持续发展和人民生活水平日益提高，原有的城市普通家电线下市场增长空间将进一步缩小。未来我国家电行业将呈现出以下三个特点。第一，家电线上市场占据主导地位。疫情期间消费者形成的线上消费习惯将会持续。图12-3所示的是2020—2022年中国家电市场销售额线下、线上分布情况。如图所示，2022年我国线上家电销售额占总零售额的58.20%。家电零售已经形成“线上主导、线下辅助”的新局面。第二，下沉市场发展迅速。在已有市场逐渐饱和和政府政策支持下，农村市场成为家电企业愈发重视的市场。2022年《政府工作报告》中指出，鼓励地方开展绿色智能家电下乡和以旧换新。随着农村电商和快递物流配送体系的不断完善，农村市场的发展空间将进一步扩大。除传统的线下与线上渠道平台之外，直播平台渠道迅速崛起并正在改变渠道结构格局，2022年“6·18”期间直播带货总额达到1 445亿元，全网交易额占比约为20%。第三，高端市场不断发展。随着信息技术的发展和消费者节能意识的增强，绿色智能家电成为市场宠儿，家电产品的高端、创新、集成、套系化成为未来的发展趋势。

从主要家电细分产品来看，在空调市场方面，2022年的空调市场零售额为1 411亿元，同比下降8.7%。在产品结构上，高端产品占比持续提升，一级能效产品的线上

---

① 资料来源：美的集团2022年年报.

市场零售量份额已突破 65%；在产品功能上，空调概念不断外延，从制冷和供暖拓展到新风、自清洁、除湿、净味、空气净化等功能，产品体验的舒适性受到持续关注。

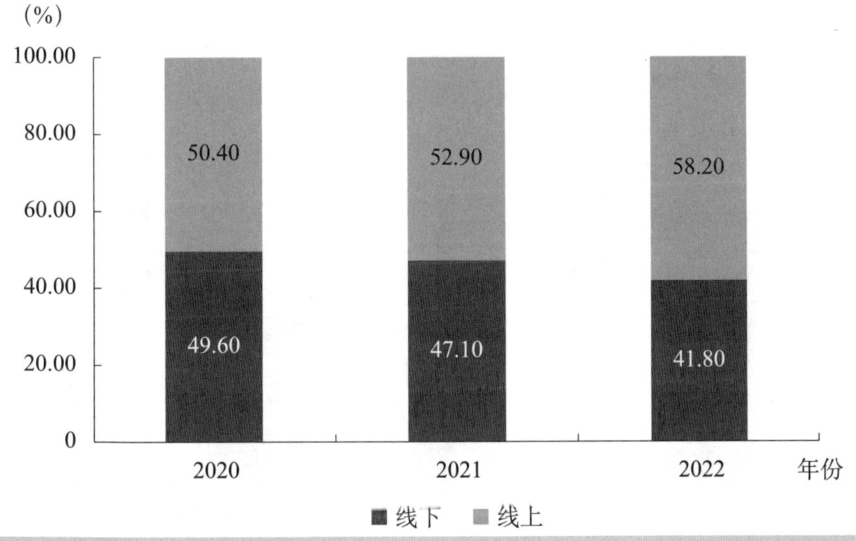

图 12-3　2020—2022 年中国家电市场销售额线下、线上分布

在洗衣机市场方面，2022 年洗衣机市场零售额达到 624 亿元，同比下降 12.6%；干衣机市场零售额达到 83 亿元，同比增加 12.3%。从产品类型看，滚筒产品份额持续稳步增长，热泵烘干成为干衣机绝对主导技术；从产品容量看，大容量对小容量的取代趋势依旧明显。市场整体具有明显的产品升级趋势。在冰箱市场方面，2022 年冰箱市场零售额达到 917 亿元，同比下降 8.2%。冰箱产品结构优化显著，从容量上看，大容积冰箱的线下市场零售量份额已接近 50%；从结构上看，多门冰箱在线下市场零售量份额合计已接近 70%。消费者追求品质生活的意愿促使冰箱向高端化、多维化发展，主要体现为除菌保鲜、超薄嵌入以及智能化等特点。

从竞争格局来看，我国家电市场品牌集中与新品牌提升现象并存，其中，大家电品牌集中度进一步提升，厨房电器和小家电领域的新品牌尚有机会且发展迅速。目前我国家电市场最大的三家 A 股上市公司为美的集团、格力电器和海尔智家。图 12-4 所示的是 2018—2022 年家电行业前五大上市公司营业收入。如图所示，2018—2022 年，美的集团、格力电器和海尔智家三家公司的主营业务收入远高于行业第四、第五大公司（海信家电和长虹美菱）。在这三家公司中，海尔智家的业绩增速最快，格力电器的销售净利率最高，而美的集团的总体稳定性最高。在业务差异度方面，美的集团在家电领域主营空调和消费电器；公司近年来坚持全球化战略，在国内外市场双管齐下，各地的销售保持稳定水平。格力电器的核心产品为空调，近年来也不断推出其他家电产品；公司专注于精耕国内市场，建立了完善的经销体系，具备明显的销售优势。

海尔智家主营以洗衣机和冰箱为代表的大型家电；公司积极进行国外销售渠道扩张，推进全球化布局，在 2021 年首次实现了国外销售业务占比超过国内销售业务。

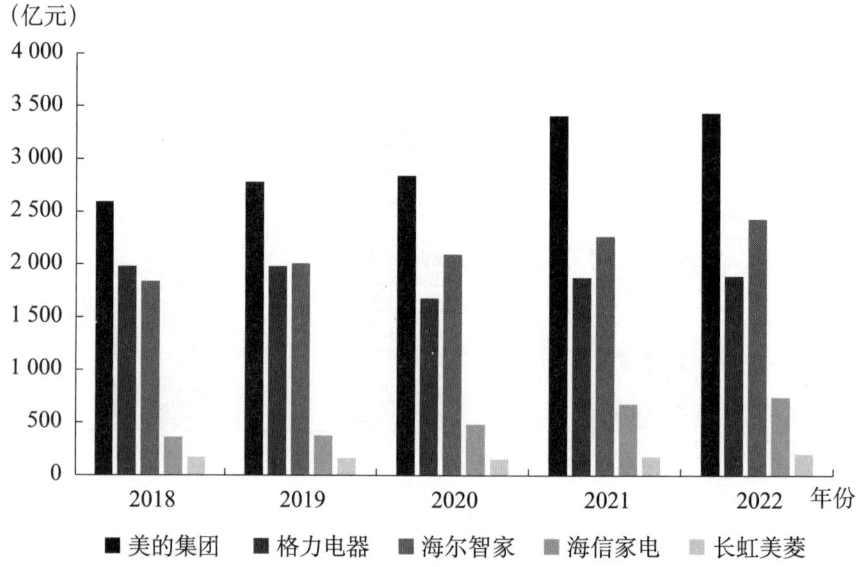

图 12-4　2018—2022 年家电行业前五大上市公司营业收入

12.1.3　资源维度

在同一个行业内，不同公司之间可能存在巨大的差异。一些处于前景广阔行业的公司，也可能存在经营不善的问题；一些处于传统行业的公司，也可能具有良好的经营业绩。因此，在预测公司未来的前景时，除了考虑公司所处的行业环境，也不能忽略公司的异质性问题，即需要考虑公司本身的资源特征。在这些特征中，最重要的就是公司的核心竞争力。核心竞争力理论主要源于公司资源基础理论。公司资源基础理论认为，不同公司之间具有显著的差异。公司之间的差异是两个因素导致的，即资源的异质性和不可流动性。首先，每家公司拥有的资源并不相同，造成了公司之间的差异。其次，这些资源还不能从一家公司流动到另一家公司。受公司资源基础理论的启发，哈默尔和普拉哈拉德提出了核心竞争力理论：如果把公司比作一棵树，公司的财务业绩就是树上的果实，产品就是树干，而核心竞争力是滋养一切的根系统。核心竞争力是公司产生竞争优势和超额利润的根源，就是公司核心的能力和资源，并且这些能力和资源是竞争对手难以复制和模仿的。这些难以复制和模仿的核心竞争力，主要表现为公司的无形资产，包括品牌、技术、人力资本和企业文化等。重要的无形资产是难以花钱买到的。公司的良好财务业绩也是公司长期以来技术、人才等资源积累的结果，资源也因此成为公司前景分析的重要维度。

案例分析 12-2

美的集团 2022 年年报中关于核心竞争力的部分披露，公司的核心竞争力主要包括全球家电行业龙头（品牌形象）、产品与技术创新能力（创新能力）、全球领先的制造水平、规模优势（生产能力）、稳固的渠道网络（销售渠道）、数智驱动（数字化水平）、完善的公司治理机制。这些资产是美的集团的表外无形资产，在资产负债表上大多没有体现。通过品牌价值排行榜、市场占用率、专利申请、公司治理等非财务信息，以及公司营业收入、利润和研发投入等财务数据，可以初步判断美的集团年报中核心竞争力部分所言非虚。

在品牌方面，作为主要产品皆居领导地位的全球家电龙头企业，美的集团可以为用户提供全领域覆盖的一站式高品质家庭生活服务方案。旗下拥有美的、KUKA、小天鹅、东芝家电等世界知名的商标及其使用权。根据“2022 胡润品牌榜”，美的集团位列中国企业第 41 名，品牌价值为 345 亿元；根据“2022 中国上市公司品牌价值榜”，美的集团位列第 10 名，品牌价值高达 2 748 亿元。据奥维云网数据显示，在家用空调、台式泛微波、台式烤箱、电暖器、电磁炉、电热水壶 6 个品类中，美的集团的产品在国内线上与线下的市场份额均位列行业第一。

在技术方面，公司在 2018—2022 年的研发投入累计超过 500 亿元，其中，2022 年研发投入超过 120 亿元。公司拥有超过 20 000 名研发人员，在全球 12 个国家设有 35 个研发中心，能够发挥全球技术区位优势，整合全球资源，形成优势互补的综合研发能力。图 12-5 展示了美的集团、格力电器和海尔智家 2018—2022 年研发费用率。2018—2022 年，美的集团的研发费用率总体呈上升趋势。与之相比，海尔智家的研发费用率增长最快，在 2021 年和 2022 年超过美的集团；格力电器的研发费用率总体停滞，2021—2022 年低于美的集团和海尔智家。总体上，美的集团的研发投入保持行业内的较高水平。在从事核心技术研究的同时，美的集团持续加大研发成果的转化。截至 2022 年年底，美的集团（含东芝家电）专利授权维持量超过 8 万件，2022 年在全球范围内获得发明专利授权超过 4 000 件。公司在 2022 年第二十三届中国专利奖评审中荣获 2 项中国专利银奖和 6 项中国专利优秀奖。此外，公司积极推动“创新专利化、专利标准化、标准国际化、美的标准走出去”的“3+1”标准化战略。2022 年，公司参与制定或修订技术标准 314 项，其中，国际标准 11 项，国家标准 65 项，行业标准 22 项，地方和团体标准 216 项。

在销售渠道方面，经过多年发展与布局，美的集团已形成业态布局完整、地域覆盖广阔的渠道网络，可快速满足线上与线下不同用户的家电购买需求。公司已完成由代理商向运营商的转型，零售营运能力显著提升。美的集团通过组织变革，在渠道拓展、终端场景化等方面的横向协同效率明显提高，实现“一个美的”面向市场，确保用户服务和体验的一致性。美的集团形成了综合家电卖场、自有专卖体系、传统零售商以及电商下沉加盟店的全业态网络布局：一是为强化门店零售能力、提升零售全链路体验，以新体系、新工具为牵引，助力门店数字化零售转型。二是积极布局下沉市场，从一线城市到乡镇的各级市场，用户都可便捷享受到美的集团的产品与服务，同时还能为企业客户提供专业场景化解决方案，商品覆盖率超 90%，实现在核心下沉渠道平台的整体份额位居行业第一。三是聚焦消费者零售体验，充分发挥美的集团全屋家电优势，开展以全屋家电换新、智能家电绿色补贴为核心的绿电行动。四是加强终端消费者一致性体验，整合公司的线上能力，补充线下专卖体系的电商分销能力。五是借力数智驱动实现用户直达，从用户需求和服务场景出发，深化面向终端零售的业务变革。2022 年美的集团拥有近 2 万家网点的专卖体系，已实现超过 9 000 家存量门店网点的全品化、前装化、零售化改造，打造了超过 6 000 家数字化零售标杆店，同时着力拓展建设 COLMO 和东芝的高端品牌门店。

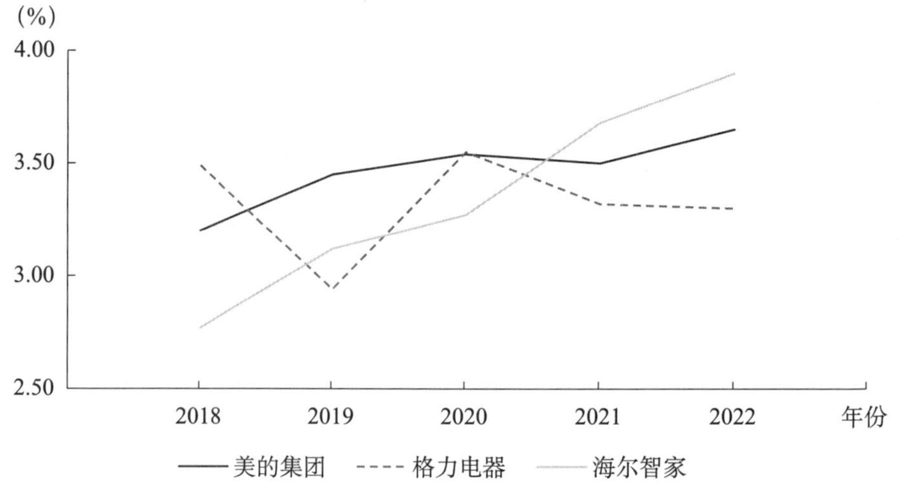

图 12－5　美的集团、格力电器和海尔智家 2018—2022 年研发费用率

12.1.4　战略维度

在从财务、行业和资源维度了解目标企业后，投资者还要进一步通过战略分析来评估公司的战略定位以及发展战略能否支撑未来的业绩增长。本部分介绍三大基本战略[①]——成本领先战略、差异化战略和目标聚焦战略，以及公司发展战略。

1. 成本领先战略

成本领先战略（overall cost leadership）要求企业能够以较低的成本提供与竞争对

① 这三种战略由美国管理学学者迈克尔·波特在 20 世纪 80 年代提出。

手相同的产品或服务。企业通过成本领先战略，可以形成由扩大生产规模而引起经济效益增加的规模经济；抑或是形成在同一核心专长下，通过多项活动共享一种核心专长，从而降低各项活动费用和提高经济效益的范围经济。在此战略下，企业通过高效生产、简化产品设计、减少研发和品牌推广、实施严格的成本控制系统等手段，培育执行战略所需的核心竞争力，从而以适当的方式构建公司价值链。这种战略下的企业销售毛利率较低，适用于市场竞争激烈的大型制造和零售企业。

2. 差异化战略

差异化战略（differentiation）要求企业提供个性化的产品或服务。企业可以通过提供多样化的领先产品、全面的客户服务，投资于品牌形象与研发，以及关注创新的控制系统等方式来打造差异化。差异化领域包括品牌形象、技术优势、独特性能、优质售后服务等。在差异化战略下，公司可能难以获取更大的市场份额，但是能凭借自身的产品差异性培养一批忠诚的客户群体，进而降低客户对产品价格的敏感度。

3. 目标聚焦战略

目标聚焦战略（focus）是聚焦于某个特殊的客户群、某产品线的一个细分区段或某一地区市场，要求企业在把握客户所关注的产品或服务的一个或多个特征的同时，以低于客户愿意为此差异化服务支付的价格，并结合独一无二的方式满足特定客户的需求。公司或者通过满足特殊对象的需要实现了差异化，或者在为这些对象提供服务时实现了低成本，或者二者兼得。通过目标聚焦战略，公司可以使其盈利潜力超过行业的平均水平，以抵御各种竞争力量的威胁。

4. 公司发展战略

公司发展战略是指企业为实现发展的战略理论。公司发展战略包括四个部分：愿景、战略目标、业务战略和职能战略。愿景为企业指明了发展方向，战略目标明确了企业的发展速度与发展质量，业务战略明确了企业的战略发展点，职能战略确定了企业的发展能力，这四个部分相互支撑，共同构成了能够解决企业发展问题的发展战略理论体系。公司发展战略指出，如果企业要实现发展，就需要思考以下四个问题：

（1）企业未来要发展成什么样子？（发展方向）

（2）企业未来以什么样的速度与质量来实现发展？（发展速度与质量）

（3）企业未来依托哪些发展点来保证这种发展速度与质量？（发展点）

（4）企业未来需要哪些发展能力或资源作为支撑？（发展能力）

案例分析 12 - 3

美的集团的基本战略是差异化策略。首先是市场差异化，图 12 - 6 展示了美的集团 2018—2022 年各项业务收入占比，可以看到，美的集团在这五年的各项业务收入占比总体保持稳定，其中暖通空调业务始终在主营业务收入占比中达到 40%以上，是公司的第一大业务。为了与空调细分行业的另一大巨头格力电器抗衡，美的集团通过深入了解空调市场新需求，进一步在空调业务的细分市场中深化布局。例如，美的集团通过研发兼具空间制冷和抽烟需求的空调以及配备睡眠监护系统的空调，打开了厨房空调和儿童专用空调的新市场。其次是产品差异化，美的集团创新研发了“ECO”节能运行模式，并推出了业内首款“新节能”系列空调，实现了“一晚一度电”的超级节能效果，打造了有别于其他公司的独特产品。再次是服务差异化，美的集团建立了全国最大的家电服务呼叫中心，全天候为客户提供一站式服务，通过提供优于同行业其他公司的售后服务提升客户体验。最后是形象差异化，美的集团通过加强产品质量管理、积极参与慈善公益活动树立了良好的社会形象。

美的集团年报披露的发展战略为：美的集团坚持“科技领先、用户直达、数智驱动、全球突破”的四大战略主轴，聚焦全面智能化和全面数字化，以四大战略主轴推进公司业务持续发展。美的集团坚持以科技领先为核心的四大战略主轴，实现 ToC 与 ToB 并重，启动第二引擎，通过 ToC 领域产品力与核心技术的提升，带动盈利能力提升，为 ToB 业务的转型提供战略支撑。

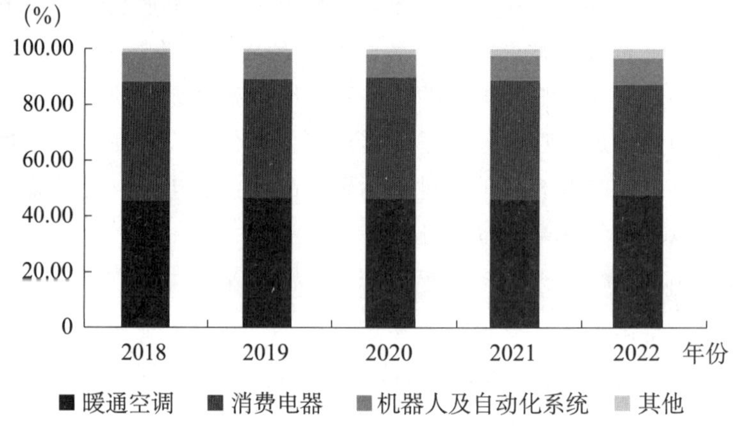

图 12-6　美的集团 2018—2022 年各项业务收入占比

12.2　前景分析：财务预测方法

近年来，受市场竞争加剧和宏观经济形势存在不确定性的影响，很多上市公司的经营状况未及预期，因此预判公司的未来业绩非常重要。上市公司的财务状况受到利益相关者越来越多的关注。投资者不仅想要了解公司现阶段的财务状况，而且希望能够预知公司未来的财务状况，从而为制定决策提供依据。虽然通过公司各种财务指标建立的数学模型进行财务预测的方法准确度较高，但这对非财务专业人员

12.2　即测即评

的要求也较高。上一节从理论上探讨了如何分析公司的发展前景，本节则探讨如何技术性地预测企业的财务数据（包括未来的利润表和资产负债表等）。预测企业未来的经营业绩极具挑战。主要方法有两类：一是依据公司历史财务数据，包括参考历史增长率或计算可持续增长率来预测；二是基于对公司未来业务的判断，如自上而下的方法，先预测行业规模和增速，再预测公司市场占有率和销售收入，然后再预测利润率等数据。本节介绍一种基础预测方法，即基于历史增长率和比率数据进行财务预测。

投资者在对目标企业进行财务预测时，首先要确定预测的基期和预测期。预测的基期通常是预测工作开始前的数个年度；预测期的长度取决于企业业绩增长不稳定时期的时间跨度，实务中一般为 5～7 年，很少超过 10 年。基期的各项数据称为基数，不仅包括各项财务数据，而且包括它们的增长率以及各项财务比率。如果通过历史财务报表分析认为上年财务数据具有可持续性，则以上年实际数据为基数。如果通过历史财务报表分析认为上年财务数据不具有可持续性，则以修正后的上年数据为基数。其次需要将通用财务报表转换成预测用财务报表，具体包括预测用资产负债表、预测用利润表以及预测用现金流量表。

预测逻辑如图 12－7 所示，可分四步进行，具体如下所示：

（1）确定预测目标：明确需要预测的财务指标，并识别出预测过程中将使用的主要财务假设指标。

（2）计算财务假设指标：利用预测基期的数据来计算这些财务假设指标，包括增长率和占比率。这些指标通常是基于预测基期的相应指标的均值来确定的。

（3）基于增长率的预测：对于基于增长率预测的财务指标，使用预测基期该指标的具体数值来进行预测。

（4）基于占比率的预测：对于基于占比率预测的财务指标，根据已经计算出的预测基期的占比率指标来进行预测。

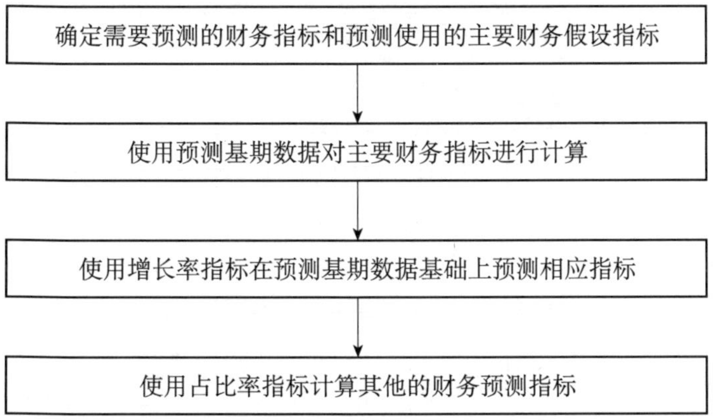

图 12－7　财务预测的逻辑图

案例分析 12－4

以美的集团 2020—2022 年作为预测基期，将 2022 年的财务报表调整为预测用财务报表，并以 2023 年预测用财务报表的数据为基数，对美的集团未来 5 年的财务情况进行预测。

首先，对利润表的主要指标进行预测，预测指标包括基于营业收入和其他业务收入计算的营业总收入、营业成本、销售费用、管理费用、研发费用、营业利润和净利润。预测使用的基础数据是 2020—2022 年的营业收入，预测使用的主要财务假设指标包括营业收入增长率、其他业务收入增长率、营业成本占营业收入比率、销售费用率、管理费用率、研发费用率、营业利润率和净利润率。营业收入增长率和其他业务收入增长率通过 2021 年和 2022 年的均值计算，其他财务假设指标值使用 2020—2022 年的平均数进行估计。首先我们可以预测 2023—2027 年的营业收入和其他业务收入，进而计算出营业总收入。使用营业收入和营业成本占营业收入比率，可以估计营业成本。使用其他各项占比率，可以在 2023—2027 年营业总收入的基础上进一步预测营业成本等各项指标。利润表预测主要财务假设指标和主要指标预测结果如表 12－1 所示。

表 12－1 利润表预测主要财务假设指标和主要指标预测结果

项目	2020 年	2021 年	2022 年	2023 年 E	2024 年 E	2025 年 E	2026 年 E	2027 年 E
营业收入（亿元）	2 842.21	3 412.33	3 439.18	3 797.54	4 193.24	4 630.18	5 112.64	5 645.38
营业收入增长率（%）		20.06	0.79	10.42	10.42	10.42	10.42	10.42
其他业务收入（亿元）	14.89	21.28	17.91	20.34	23.10	26.23	29.79	33.83
其他业务收入增长率（%）		42.94	−15.81	13.56	13.56	13.56	13.56	13.56
营业总收入（亿元）	2 857.10	3 433.61	3 457.09	3 817.88	4 216.34	4 656.41	5 142.43	5 679.21
营业成本（亿元）	2 167.98	2 645.26	2 605.39	2 905.88	3 208.67	3 543.01	3 912.19	4 319.84
营业成本/营业收入（%）	76.28	77.52	75.76	76.52	76.52	76.52	76.52	76.52
销售费用（亿元）	235.63	286.47	287.16	316.88	349.96	386.48	426.82	471.37
销售费用率（%）	8.24	8.34	8.31	8.30	8.30	8.30	8.30	8.30
管理费用（亿元）	92.64	102.66	115.83	121.79	134.50	148.54	164.04	181.17
管理费用率（%）	3.24	2.99	3.35	3.19	3.19	3.19	3.19	3.19
研发费用（亿元）	101.19	120.15	126.19	135.92	150.10	165.77	183.07	202.18
研发费用率（%）	3.54	3.50	3.65	3.56	3.56	3.56	3.56	3.56
营业利润（亿元）	314.93	332.81	347.63	381.52	421.80	466.34	515.60	570.08
营业利润率（%）	11.02	9.69	10.06	10.26	10.26	10.26	10.26	10.26
净利润（亿元）	275.07	290.15	298.10	331.01	365.94	404.58	447.32	494.58
净利润率（%）	9.63	8.45	8.62	8.90	8.90	8.90	8.90	8.90

之后，对资产负债表的主要指标进行预测，即对总资产、总负债、货币资金、应

收账款、应收票据、预付款项、存货、固定资产、无形资产、应付票据、应付账款指标进行预测。首先，我们根据 2020—2022 年的基期数据计算预测期的总资产周转率，并在此基础上预测预测期的总资产数据。此外，我们可以计算预测期的资产负债率，并在预测总资产的基础上预测总负债。对于其他的资产和负债指标，我们也先计算预测期的各项指标周转率或者各项指标在总资产中的占比，并以此预测各项指标的数值。资产负债表预测主要财务假设指标和主要指标预测结果如表 12 - 2 所示。

表 12 - 2　资产负债表预测主要财务假设指标和主要指标预测结果

项目	2020 年	2021 年	2022 年	2023 年 E	2024 年 E	2025 年 E	2026 年 E	2027 年 E
期末总资产（亿元）	3 603.83	3 879.46	4 225.55	4 588.80	5 067.72	5 596.64	6 180.80	6 825.97
期末总资产周转率（%）	0.79	0.89	0.82	0.83	0.83	0.83	0.83	0.83
期末总负债（亿元）	2 361.46	2 531.21	2 706.31	2 979.97	3 290.98	3 634.46	4 013.81	4 432.78
资产负债率（%）	65.53	65.25	64.05	64.94	64.94	64.94	64.94	64.94
期末货币资金（亿元）	812.10	718.76	552.70	828.28	914.72	1 010.19	1 115.64	1 232.09
货币资金/总资产（%）	22.53	18.53	13.08	18.05	18.05	18.05	18.05	18.05
期末应收票据（亿元）	53.05	47.85	47.58	57.78	63.80	70.45	77.79	85.89
期末应收票据周转率（%）	53.58	71.31	72.28	65.73	65.73	65.73	65.73	65.73
期末应收账款（亿元）	229.78	246.36	282.38	296.69	327.60	361.74	399.43	441.06
期末应收账款周转率（%）	12.37	13.85	12.18	12.80	12.80	12.80	12.80	12.80
期末预付款项（亿元）	27.64	43.53	43.67	44.51	49.16	54.29	59.95	66.21
预付款项/总资产（%）	0.01	0.01	0.01	0.01	0.01	0.01	0.01	0.01
期末存货（亿元）	310.77	459.24	460.45	473.92	523.30	577.83	638.04	704.52
期末存货周转率（%）	6.98	5.76	5.66	6.13	6.13	6.13	6.13	6.13
期末固定资产（亿元）	222.39	228.53	260.83	278.50	307.57	339.67	375.12	414.28
期末固定资产周转率（%）	12.85	15.02	13.25	13.71	13.71	13.71	13.71	13.71
期末无形资产（亿元）	154.22	171.73	169.09	194.56	214.87	237.30	262.07	289.42
无形资产/总资产（%）	4.28	4.43	4.00	4.24	4.24	4.24	4.24	4.24
期末应付票据（亿元）	821.80	987.36	898.06	336.08	371.10	409.77	452.46	499.61
期末应付票据周转率（%）	7.67	8.08	10.19	8.65	8.65	8.65	8.65	8.65
期末应付账款（亿元）	539.30	659.84	642.33	721.35	796.51	879.51	971.15	1 072.35
期末应付账款周转率（%）	4.02	4.01	4.06	4.03	4.03	4.03	4.03	4.03

由于现金流入和流出的时间不确定性较大，企业的现金流量表预测难度较大，此处略过。在投资实务中，投资者通常通过预测的利润表和资产负债表，以及净利润与经营活动现金流量之间的关系（参见利润表分析一章的介绍），预测企业的经营活动现金流量和资本开支，从而为估值提供参考。

投资者进行前景预测时所使用的各种基础数据，如销售收入、投资规模、工期、成本、产量、原材料价格等，大都来自预测和估计，所研究的问题也都属于“未来的”问题，总会有误差且不可能完全准确。当这些数据与未来实际情况相比时，可能有相当大的出入，那么用这些基础数据分析计算出来的经济效果指标也存在不确定性。**敏感性分析**（sensitivity analysis）是一种用于评估不确定性因素对预测结果影响的分析方法。出于风险管理的要求，投资者可通过敏感性分析，从一系列预测的主要假设开始，分析在特定情况下最不确定的那些假设的敏感性，并分析各个因素的变化对实现预期目标的影响程度，从而为确定投资项目提供重要的依据。因此，在确定应对哪些假设进行敏感性分析时，投资者应具体考察公司经营业绩的历史情况、行业环境的变化和公司竞争战略的变化。

案例分析 12－5

基于美的集团2022年的营业收入数据，我们分别使用了乐观、中性和悲观的营业收入增长率和净利润率进行预测，对2027年的预测结果如表12－3所示。2022年美的集团营业收入为3 439.18亿元，净利润为298.10亿元。在最悲观的情况下，营业收入和净利润的预测值分别为4 389.36亿元和219.47亿元；在最乐观的情况下，营业收入和净利润的预测值分别为6 917.42亿元和1 037.61亿元。在较长的预测期内，预测的财务指标敏感性会对预测结果产生巨大的影响。

表12－3　不同情况下美的集团2027年营业收入和净利润预测值　　单位：亿元

项目		营业收入增长率					
		悲观：5%		中性：10.42%		乐观：15%	
		营业收入	净利润	营业收入	净利润	营业收入	净利润
净利润率	悲观：5%	4 389.36	219.47	5 645.39	282.27	6 917.42	345.87
	中性：8.95%	4 389.36	392.85	5 645.39	505.26	6 917.42	619.11
	乐观：15%	4 389.36	658.40	5 645.39	846.81	6 917.42	1 037.61

通过对公司前景的分析，投资者可以掌握财务预测的基本逻辑和思路，理解财务变量的内在驱动力以及更好地预测未来的财务结果，从而为进一步合理评估企业的内在价值打好基础。

练习题

一、行动学习

华为是全球领先的高科技公司之一，在过去的几十年中，华为始终保持着高于行业平均水平的增长率。假设你是一名高科技行业的分析师，在预测华为未来的前景时，你认为哪些因素比较重要？请分析华为可以保持超常业绩增长的最重要因素是什么。

二、简答题

1. 企业的成长前景分析一般包括哪些维度？各自如何开展？

2. 从公司过去的财务业绩去推算公司未来的增长前景，可能会存在哪些问题？

3. 财务预测中财务假设的敏感性会对最终的预测结果产生怎样的影响？

4. 投资者通常会对公司的增长前景有较为乐观的预期，上市公司应该怎样追求增长，以满足投资者的预期？如果公司的增长低于投资者的预期，上市公司应该怎样做？

5. 如何基于历史财务数据，从技术上预测公司的利润表和现金流量表？

第13章

股票估值

学习目标

1. 了解股票估值的含义。
2. 了解两大估值方法的原理和公式。
3. 熟练掌握公司估值的具体应用。
4. 思考如何结合中国的制度背景对企业进行估值。

引导案例

贵州茅台的“天价”估值

在解释为什么称贵州茅台的估值为“天价”之前，请首先思考一个问题：贵州茅台和中国石油哪一家公司的内在价值更高?

我们知道，中国石油是中国最大的石油公司，石油作为工业的“血液”，是现代生活的必需品，而茅台酒对大部分人来说是奢侈品。因此，如果不看数据，仅依靠直觉判断，很多人可能会以为中国石油的市值会远远高于贵州茅台。事实上，从贵州茅台和中国石油公布的2020年年报数据来看，事实并非如此。2020年，中国石油实现营业收入1.93万亿元、净利润334.81亿元、扣非净利润－119.91亿元；贵州茅台实现营业收入949.15亿元、净利润495.23亿元、扣非净利润470.16亿元。截至2021年年底，贵州茅台的市值是2.5万亿元，中国石油的市值是8 000亿元，贵州茅台的市值是中国石油的3倍多。

面对贵州茅台“天价”的市值，不少投资者提出质疑，认为贵州茅台的市场价值有“泡沫”，并不等于公司真正的内在价值。但是，即使将贵州茅台的市场价值减半，其市值依然超过中国石油。

思考：

（1）贵州茅台的市值远远高于中国石油，这合理吗？

（2）公司的市场价值与内在价值之间是什么关系？

（3）如何评估一家公司的内在价值？

股票估值（stock valuation）是指对上市公司的**内在价值**（intrinsic value）进行评估。内在价值既不同于当前的**市场价值**（market value），又不同于公司的**净资产**（net asset）。对于上市公司而言，投资者评估公司的内在价值的主要目的是得出公司价值被高估或者低估的结论。如果评估出的内在价值高于市场价值，则认为公司价值被低估，否则认为公司价值被高估。股票估值是价值投资者买卖股票的重要依据，因此也是投资者必须掌握的投资分析技能之一。目前，市场上主要存在两种估值方法，分别是以DCF 模型为代表的**绝对估值法**（intrinsic valuation method）和以 PE 倍数为代表的**相对估值法**（comparable valuation method），本章简要介绍这两种方法的主要思想和应用。

13.1　绝对估值法

13.1.1　现金流折现模型

现金流折现（discounted cash flow，DCF）模型是评估上市公司内在价值的经典模型，属于绝对估值模型，其思想即“公司的内在价值=公司未来自由现金流的现值”。需要注意的是，DCF 模型评估的是公司的内在价值，反映公司在当前市场下的理论价值；市场价值反映根据资本市场中股价和股本计算出的公司目前估值。对于投资者而言，他们付出的是市场价值，得到的是内在价值。

13.1　即测即评

1. 计算公式

假设公司无限期存续，公司未来各期自由现金流为 CF_i，DCF 模型公式如下所示：

$$V = \frac{CF_1}{1+r} + \frac{CF_2}{(1+r)^2} + \frac{CF_3}{(1+r)^3} + \cdots$$

$$= \sum_{i=1}^{\infty} \frac{CF_i}{(1+r)^i} \qquad (13-1)$$

假设公司未来各期的自由现金流保持一个稳定的增长率 g，则上述公式可以进行简化，得到永续增长的 DCF 模型公式：

$$V=\frac{CF_1}{r-g} \tag{13-2}$$

永续增长的 DCF 模型基于企业未来各期自由现金流保持稳定增长率（g）的假设，在实际应用时，可以将企业未来的发展划分为成长期和稳定期，并对不同时期的自由现金流分别进行估计和折现。本部分根据 n 年成长期的企业假设给出二阶段 DCF 模型，在估值期的前 n 年，企业自由现金流以较高的增长率增长；n 年之后，企业自由现金流以更加平缓的增长率增长：

$$V=PV_{\text{成长期}}+PV_{\text{稳定期}}=\sum_{t=1}^{n}\frac{CF_n}{(1+r)^t}+\frac{CF_{n+1}}{(r-g)(1+r)^n} \tag{13-3}$$

式中，$PV_{\text{成长期}}$为成长期的折现现金流现值；$PV_{\text{稳定期}}$为稳定期的折现现金流现值；CF_n为企业在第 n 年的自由现金流；g 为自由现金流在企业稳定期的增长率；r 为折现率。根据 DCF 模型估计出企业的内在价值后，还可以进一步估计企业股权以及每只股票的内在价值。具体计算公式如下：

$$\text{股权内在价值}=\text{公司内在价值}-\text{债务价值}+\text{现金及现金等价物} \tag{13-4}$$

$$\text{每股内在价值}=\frac{\text{股权内在价值}}{\text{发行在外的普通股股数}} \tag{13-5}$$

根据式（13-2），我们可以得到影响公司内在价值（V）的三要素：盈利性（第一期的自由现金流水平，CF_1）、成长性（自由现金流增长率，g）和安全性（折现率，r）。

此外，针对股利发放较为稳定或可预测的公司，也可以使用**股利折现模型**（dividend discount model，DDM）直接预测每股的内在价值。假设公司未来股利以固定的增长率增长，则内在价值的计算公式如下：

$$V=\frac{Div_1}{r-g}$$

式中，V 为股票的内在价格；Div_1为投资后第 1 期收到的预期每股股利；g 为股利增长率；r 为折现率，以股权资本成本度量。虽然 DDM 被广泛使用，但其也有一定的局限性。首先，对于那些股利增长率有波动或根本就不发放股利的新公司来说，DDM 可能就不太适用。虽然仍然可以对这些公司使用 DDM，但是随着加入的假设越来越多，估值的精度会降低。其次，DDM 忽略了股票回购的影响，而股票回购可能会对股票价格产生巨大影响。忽略股票回购的影响说明 DDM 总体上对股票价值的估计过于保守。

2. 估计企业未来存续期内各期的自由现金流

（1）自由现金流的定义和理解。DCF 模型中的自由现金流与会计利润以及企业现金流量表中的经营性现金流不是等同的概念。会计利润，是以权责发生制为基础计算的利润表中的指标，包括营业利润和净利润等，代表企业在每一会计期间的最终经营成果。经营性现金流，是以收付实现制为基础计算的现金流量表中的指标，包括企业在销售或购买商品等日常经营活动中所得或支出的现金，是企业在经营活动中创造的现金流，表明企业经营周转是否顺畅，资金是否紧缺。自由现金流，是经营性现金流扣除资本性支出等后可自由用来向股东和债权人进行分配的现金流，或被公司经营活动创造出来的满足值得投资的项目等所需资金之外的自由可用的现金流，代表公司在一定时期内为其所有投资者创造的净现金流量。

自由现金流的形成有两个要点：第一，要有现金，企业不仅要赚取利润，更要赚取现金；第二，赚到的现金还要“自由”，即企业可以自由地支配这些现金。如果自由现金流为负，一般说明公司正处于快速成长期，公司营运资本的增加和对长期资产的投资高于其经营活动所创造的现金流，理论上不具备给债权人分配利息和向股东分红的能力。

（2）自由现金流的估计。首先，根据自由现金流的定义，可得到公式：

$$\text{自由现金流}=\text{经营性现金流}-\text{资本性支出} \tag{13-6}$$

其次，经营性现金流可以通过会计利润进行推导估计，主要是调节权责发生制下的会计利润和收付实现制下的经营性现金流在折旧、摊销和营运资本等方面的差异。在具体计算时，一般会选取息前税后利润这一会计利润来进行调节。需要注意的是，这里扣除的所得税费用是以息税前利润为基数，乘以所得税税率直接计算得出的，并非引用自利润表中的所得税费用数据，因为这里体现的是非杠杆模式下的自由现金流，即核心经营资产所产生的现金流。具体计算方式如下所示：

$$\text{经营性现金流}=\text{息前税后利润}+\text{折旧和摊销}-\text{营运资本的增加} \tag{13-7}$$

$$\begin{aligned}\text{息前税后利润}&=\text{息税前利润}-\text{以息税前利润为基础计算的所得税费用}\\&=\text{息税前利润}-\text{息税前利润}\times\text{所得税税率}\\&=\text{息税前利润}\times(1-\text{所得税税率})\end{aligned} \tag{13-8}$$

综合上述，自由现金流的计算也可以细化为如下公式：

$$\begin{aligned}\text{自由现金流}&=\text{息税前利润}\times(1-\text{所得税税率})+\text{折旧和摊销}-\text{营运资本的增加}\\&\quad-\text{资本性支出}\\&=\text{息税折旧摊销前利润}-\text{所得税费用}-\text{营运资本的增加}-\text{资本性支出}\end{aligned} \tag{13-9}$$

在实际使用中，经营性现金流也可以使用现金流量表中的“经营活动产生的现金流量净额”直接进行估计。

此外，营运资本衡量的是一家公司维持其持续经营所需的流动资金。营运资本的增加反映了公司在经营过程中对现金流占用的增加，也可以理解为公司在营运资本上增加了投资。因此，营运资本的增加计算公式为：

营运资本的增加＝非现金流动资产的增加－不带息流动负债的增加
＝(存货＋经营性应收项目的增加)－经营性应付项目的增加 (13-10)

资本性支出是指一家公司用于购买、改善、扩张或者更换实物资产的现金支出，比如购买建筑物、设备等固定资产。在权责发生制下，资本性支出并不直接计入利润表，而是资本化计入资产负债表，然后以折旧的形式在使用年限期间通过利润表列支。在收付实现制下，资本性支出一般列支于投资活动产生的现金流量中，并不包含在经营性现金流中，但由于资本性支出是维系企业继续经营和发展的重要开支，因此在计算企业可自由分配给股东和债权人的自由现金流时必须将其从经营性现金流中扣除。要计算企业当期增加了多少资本性支出，可以通过公司长期资产的账面价值倒推得出。因此，资本性支出的计算公式为：

资本性支出＝长期资产的期末值－长期资产的期初值＋折旧和摊销
≈购建固定资产、无形资产和其他长期资产支付的现金 (13-11)

综合上述这些公式，我们就可以根据公司的会计利润，逐步推导出其自由现金流；或者，仅使用现金流量表中的经营活动产生的现金流量净额以及购建固定资产、无形资产和其他长期资产支付的现金数据，更简便地估计企业自由现金流。

案例分析 13-1

表 13-1 展示了美的集团 2021—2022 年的合并现金流量表信息。根据数据，我们可以逐步计算出美的集团在 2021 年的自由现金流＝经营活动产生的现金流量净额－购建固定资产、无形资产和其他长期资产支付的现金＝346.58－73.52＝273.06（亿元）。

同样使用上述方法，我们可以计算出美的集团 2022 年的自由现金流为 282.67 亿元。

表 13-1 美的集团 2021—2022 年的合并现金流量表信息 单位：亿元

项目	2022 年	2021 年
经营活动产生的现金流量净额	350.92	346.58
购建固定资产、无形资产和其他长期资产支付的现金	68.25	73.52

3. 估计自由现金流增长率

公司的内在价值等于公司未来各期自由现金流的现值，DCF 二阶段模型将自由现金流划分为过渡期（成长期）和永续期（稳定期）两个阶段。永续期的增长率通常参考未来 GDP 的增长率，过渡期的增长率可参考历史增长率进行估计，或者基于预测的利润表和资产负债表项目，直接预测过渡期各期的自由现金流水平。

为了更加保守地估计企业的内在价值，可使用可持续增长率估计过渡期的增长率。可持续增长率是指企业在没有外部融资的情况下，仅依靠内部自有资金实现的增长率。可持续增长率的计算公式表达为：

$$\text{下年的盈利}=\text{今年的盈利}+\text{今年的留存盈利}\times\text{留存盈利的回报率} \tag{13-12}$$

在等式两边同时除以今年的盈利，可以得到：

$$\frac{\text{下年的盈利}}{\text{今年的盈利}}=1+\frac{\text{今年的留存盈利}}{\text{今年的盈利}}\times\text{留存盈利的回报率} \tag{13-13}$$

假设盈利的年增长率为 g，则下年的盈利＝今年的盈利×(1＋g)。今年的留存盈利除以今年的盈利则是留存盈利比率（b），它等于 1 减去股利支付率，代表今年未分配部分的盈利占比。整理上述公式可以得到：

$$\frac{\text{今年的盈利}\times(1+g)}{\text{今年的盈利}}=1+\text{留存盈利比率}\times\text{留存盈利的回报率} \tag{13-14}$$

$$g=\text{留存盈利比率}\times\text{留存盈利的回报率} \tag{13-15}$$

值得注意的是，对于自由现金流和增长率的估计一定要保持谨慎的态度。首先，在实际中，现金流的变化可能比利润的变化更难预测；其次，DCF 模型对于增长率（g）的变化较为敏感，若估计增长率（g）在永续期极高，甚至超过资本成本（r），则 DCF 模型将不再适用。

案例分析 13-2

表 13-2 展示了使用上述方法得到的美的集团 2018—2022 年自由现金流增长率估计值。结果显示，美的集团 2018—2022 年留存盈利比率均值为 0.55，留存盈利的回报率（留存盈利是权益资本，因此留存盈利的回报率一般用近 5 年的 ROE 的均值来衡量）的均值达到 14.84%，最终估计得到 2018—2022 年美的集团自由现金流增长率均值为 8.27%。

表 13-2　美的集团 2018—2022 年自由现金流增长率估计值

项目	2018 年	2019 年	2020 年	2021 年	2022 年	均值
留存盈利比率	0.60	0.56	0.59	0.59	0.41	0.55
留存盈利的回报率	16.07%	16.54%	15.52%	14.34%	11.72%	14.84%
增长率（g）	9.04%	9.20%	0.16%	8.46%	4.81%	8.27%

4. 估计折现率

由于货币存在时间价值，需要对企业未来的自由现金流进行折现，具体折现的程度就是折现率。假设折现率为 r，下年自由现金流为 CF_1，则下年自由现金流的现值为 $CF_1/(1+r)$。在估计折现率 r 时，需要考虑取得的未来现金流量的风险，风险越大，要求的折现率就越高。在实务中，折现率经常使用资本成本来替代。

13.1.2 资本成本估计

1. 资本成本概述

企业的资本成本指的是其债务和权益资本的加权平均资本成本（WACC），具体计算公式如下：

$$R_{WACC}=\frac{S}{D+S}R_S+\frac{D}{D+S}R_D(1-T_C) \tag{13-16}$$

式中，D 为公司债务的市场价值；S 为公司权益的市场价值；R_D为债务资本成本；R_S为权益资本成本；T_C为所得税税率。由于企业的负债可以税前列支，具有抵税效应，因此会降低债务部分的资本成本。

在实际应用上述公式时，一般根据企业负债的账面价值计算债务的市场价值，根据企业的市场价值计算权益的市场价值，根据公司的利息支出除以期初期末平均有息负债计算债务资本成本，但是权益资本成本应该怎么估计呢？根据风险回报原理，权益资本成本可以理解为股东在一定的风险水平下所期望取得的必要报酬率，具体可以通过**资本资产定价模型**（capital asset pricing model，CAPM）来计算。

2. 风险与回报

风险与回报是资本市场中的两个基础概念，在投资活动中，我们不可避免地承担风险，并期望取得回报。具体而言，风险指的是未来的不确定性，包含可分散的非系统性风险（也叫非系统性风险）和不可分散的系统性风险（也叫市场风险）；回报指的是期望回报，也即投资者所要求的最低回报，包含无风险回报和风险回报。前者是确定性的回报，如银行定期存款或者买国债的回报；后者则是不确定性的回报。风险的高低决定风险回报的高低，它们之间存在一个基本的等式，即

$$\begin{aligned}\text{期望回报}&=\text{无风险回报}+\text{风险回报}\\&=\text{无风险回报}+\text{风险}\times\text{单位风险回报}\end{aligned} \tag{13-17}$$

虽然风险与回报密切相关，但并不是所有风险都与回报相关。诺贝尔经济学奖获得者哈里·马科维茨指出，风险可以通过分散投资的方式降低。由于风险可以分为可分散的非系统性风险和不可分散的系统性风险，对于一家公司而言，市场风险就是系

统性风险，是不可分散的，如经济危机、通货膨胀、经济衰退以及高利率；个体公司的特殊风险则是非系统性风险，是可以分散的，如某家企业面临倒闭的非系统性风险时，并不一定会影响到其他企业，此时从投资的其他优质企业取得的回报可以对冲倒闭企业带来的损失。

让我们来看一个有趣的例子。中国男足前教练米卢每次乘坐飞机外出参加比赛时，总是预订同一时间段的两架波音 737 飞机。米卢的飞行计划有何深意？从分散风险的角度来看，假设米卢乘坐的波音 737 飞机个体固有延误风险为 10%，那么米卢预订同一时间的两架波音 737 飞机同时延误的不可分散的固有风险为 1%（10%×10%）①，只要一个航班准时到达，米卢就能准时参加比赛。通过预订这样的一个飞机组合，米卢将原本 10%的延误风险降低到 1%，而 9%的风险都被分散了。那么米卢是否还有其他的方案可以降低风险呢？

米卢之前选择的方案为预订同一时间段的两架波音 737 飞机，这一组合中只包含 1 类元素，虽然元素的数量多了，但元素本身的固有风险没有改变。由于不同航空公司、不同型号的飞机具有的个体固有延误风险不同，米卢还可以选择在方案中添加固有延误风险更低的元素，如同时预订延误风险更低的大型空客 380 飞机等。随着组合中元素种类的增加，不同元素的个体固有延误风险将被分散，剩下的即为无法分散的延误风险。

通过上述例子，我们知道了风险可以分解为不可分散的市场风险和可分散的非系统性风险，非系统性风险可以通过增加组合元素种类予以分散，当组合元素种类足够多时，非系统性风险被全部分散，风险趋近于系统性的市场风险。

3. 资本资产定价模型

风险回报原理指出，风险大小决定风险回报高低。由于风险经过分散后趋近于系统性的市场风险，因此应用风险分散原理将风险回报原理进行重构，可以得出市场风险的大小决定了风险回报的高低，即期望回报是市场风险的线性函数，这一函数就是资本资产定价模型（CAPM）。

期望回报＝无风险回报＋市场风险×单位市场风险回报　　(13-18)

这一模型也是诺贝尔经济学奖获得者威廉·夏普的重要理论贡献。他指出，个股的市场风险越大，个股回报受市场的影响也越大，也就是说，在任何时候无风险回报和单位市场风险回报对于所有投资者都是一样的，投资者向企业要求的最低期望回报取决于这家企业的市场风险的高低。上述关系用数学公式表达为：

个股的期望回报＝无风险收益率＋市场风险 β 系数×市场风险溢价

① 实际上并不是简单的相乘，而是更为复杂的概率计算。

$$=无风险收益率+市场风险\beta系数\times(市场平均收益率-无风险收益率) \quad (13-19)$$

我们可以使用这个公式对任何一家公司股东要求的回报率进行估计，即对公司的权益资本成本进行估计。例如，A公司股票的β系数为1.5，无风险收益率为7%，市场的期望收益率（市场平均收益率）与无风险收益率之差为2%。那么，A公司股票的期望回报=A公司的权益资本成本=7%+1.5×2%=10%。

根据资本资产定价模型，我们可以估计出企业的权益资本成本，进一步可以估计出企业的资本成本。企业的资本成本指的是其债务和权益资本的加权平均资本成本，代表资本提供者对企业要求的期望回报率。风险越大，安全性越低，要求的回报率就会越高，对于企业而言，其资本成本也就越大。值得说明的是，β系数的估计依赖于资本市场有效性。当市场有效性不足时，可参考所在行业的β系数，并根据公司的负债率相对于行业的平均水平作适当调整，或基于基本面指标（如负债率、破产指数）大致估计公司的系统性风险水平。

案例分析13-3

使用资本资产定价模型对美的集团2022年12月31日的资本成本进行估算。

第一，确定美的集团的市场风险β系数。我们将美的集团股票所在的深圳成指的收益率作为市场收益率，以2018—2022年周收益率进行计算。美的集团的市场风险β系数回归图如图13-1所示，美的集团的市场风险β系数为0.85。

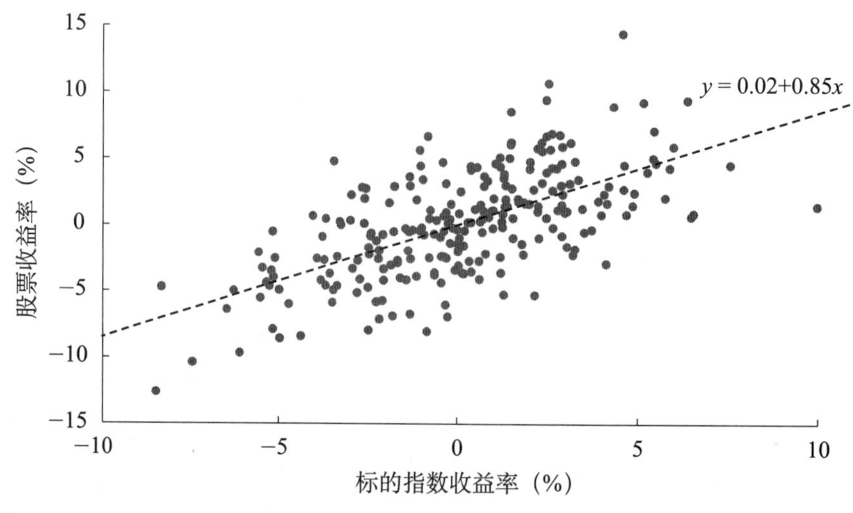

图13-1 美的集团的市场风险β系数回归图

第二，计算美的集团的权益资本成本。使用3年期国债年到期收益率衡量无风险利率，数值为 2.40%；使用标普 500 指数 1980—2022 年考虑股利分配的年化收益率 9.50%衡量市场收益率，以此得到的平均市场风险溢价为 7.10%。因此，可以计算出美的集团的权益资本成本＝2.40%＋0.85×7.10%＝8.44%。

第三，估算美的集团的债务资本成本。美的集团 2022 年的利息费用为 18.31 亿元，截至 2022 年 12 月 31 日，美的集团的有息负债约为 693.36 亿元，可以估算出公司的债务资本成本约为 2.64%。

第四，估算美的集团的资本成本。2022 年 12 月 30 日美的集团的收盘价为每股 51.80 元，截至 2022 年 12 月 31 日美的集团的总股数为 6 997 273 076 股，以此估算出美的集团的权益市值约为 3 624.59 亿元。此外，美的集团的总负债为 2 706.31 亿元。结合上述数据，可以计算出美的集团的资本成本＝8.44%×3 624.59/(2 706.31＋3 624.59)＋2.64%×2 706.31/(2 706.31＋3 624.59)×(1−25%)＝5.68%。

通过上述方法，美的集团 2018—2022 年的资本成本估计如表 13 - 3 所示。

表 13 - 3　美的集团 2018—2022 年的资本成本估计

项目	2018 年	2019 年	2020 年	2021 年	2022 年	均值
市场风险 β 系数	0.85	0.85	0.85	0.85	0.85	0.85
无风险利率	2.87%	2.73%	2.82%	2.81%	2.40%	2.73%
平均市场风险溢价	6.63%	6.77%	6.68%	6.69%	7.10%	6.77%
权益资本成本	8.51%	8.48%	8.50%	8.50%	8.44%	8.48%
债务资本成本	1.76%	1.82%	2.21%	2.44%	2.64%	2.17%
权益比重	0.59	0.68	0.75	0.67	0.57	0.65
债权比重	0.41	0.32	0.25	0.33	0.43	0.35
资本成本	5.55%	6.18%	6.76%	6.30%	5.68%	6.09%

13.1.3　绝对估值法的应用与不足

至此，我们已经完成对 DCF 模型的学习。需要说明的是，绝对估值法的优点在于能够较为精确地揭示公司股票的内在价值，可以通过一系列比较系统、完整的模型运算来全面了解一家公司的财务状况和经营情况。其缺点在于对三要素的估计依赖于一些假设，假设条件过多且比较复杂，往往不能得到足够支撑这些假设的信息，因此这些假设的准确性就打了折扣。

鉴于 DCF 模型的局限性，巴菲特的合伙人查理·芒格曾说："巴菲特会提到折现现金流，但是从没见过他拿着笔和计算器去算一家企业的价值。"可见，巴菲特可能更倾向于将 DCF 模型当作一种思维方式而不是计算公式。为什么说 DCF 模型是一种思维方式呢？有两个理由，第一，DCF 模型从一个基本的常识出发：企业值多少钱取决于其未来能赚多少钱，这个常识对于任何公司都是适用的。第二，DCF 模型教会我们回归事物的本质，对公司的价值判断无关个人对公司的道德评判，只与公司未来创造现金流的能力有关。为什么不能把 DCF 模型当作计算公式呢？也有两个理由：第一，DCF 模型中的参数不易估计；第二，很难精确地计算出公司的内在价值。

著名经济学家凯恩斯有一句名言："模糊的正确好过精确的错误。"这句话非常好地诠释了对 DCF 模型的正确认识：如果把 DCF 模型当作思考估值的一种方式，我们可能会得到对公司价值的大致正确判断；如果把 DCF 模型当作一个计算公式，更多的精力不是去思考估值中最重要的三要素，而只是想精确计算出公司价值的具体数字，就有可能得出精确但错误的结果。

案例分析 13-4

离开财务报表，站在企业估值的角度，我们应如何计算美的集团的内在价值？接下来，我们将美的集团与格力电器、海尔智家进行对比分析，应用 DCF 思维，从 DCF 模型的三要素切入，对其进行估值分析。为简便起见，案例中用营业收入增长率衡量企业的成长性，用资产负债率衡量企业的安全性。

美的集团、格力电器和海尔智家 2013—2022 年的自由现金流如图 13-2 所示。在盈利性方面，美的集团 2013—2022 年获得自由现金流合计为 2 371.39 亿元，超过格力电器的 1 744.74 亿元和海尔智家的 890.22 亿元。总体来看，美的集团的自由现金流在 10 年间的表现更为稳定。相比较而言，格力电器的自由现金流出现了更大的波动，尤其是 2021 年其自由现金流为负，这与 2021 年格力电器经营出现较大波动的情况相吻合。海尔智家因为规模原因，其自由现金流水平远低于美的集团和格力电器。总体上，美的集团的自由现金流创造能力在行业中领先，但其地位受到格力电器的挑战。

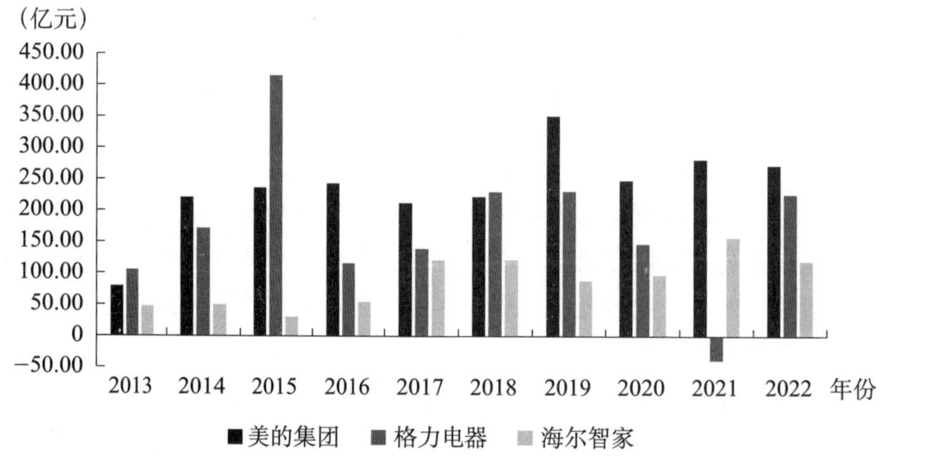

图 13-2 美的集团、格力电器和海尔智家 2013—2022 年的自由现金流

美的集团、格力电器和海尔智家 2013—2022 年的营业收入增长率如图 13-3 所示。

在成长性方面，2013—2022 年美的集团、格力电器和海尔智家的营业收入增长率都存在一定程度的波动。从 10 年的平均增长率来看，美的集团为 12.86%，格力电器为 6.65%，海尔智家为 11.79%，美的集团成长性更好。从 2020—2022 年来看，2020 年，格力电器的营业收入增长率为负；2021 年，美的集团的营业收入增长率领先；2022 年，海尔智家的营业收入增长率领先，而美的集团和格力电器的营业收入增长率几乎为 0。

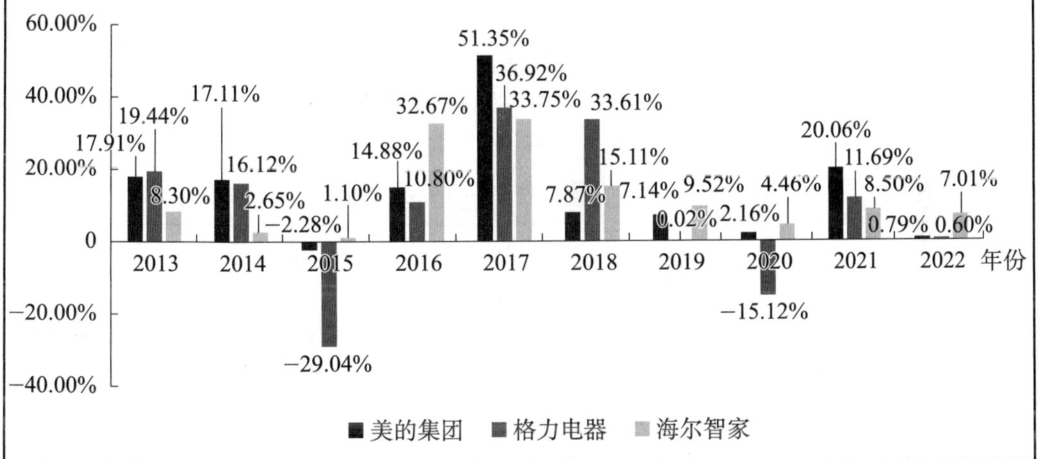

图 13-3　美的集团、格力电器和海尔智家 2013—2022 年的营业收入增长率

美的集团、格力电器和海尔智家 2013—2022 年的资产负债率如图 13-4 所示。在安全性方面，3 家公司的资产负债率均处于 55%～75%的范围内，若剔除经营性负债，3 家公司的资产负债率更低，总体财务风险处于行业的正常水平。美的集团的资产负债率在 10 年中从 59.69%上升至 64.05%。格力电器的资产负债率由 2013 年的 73.47%下降至 2020 年的 58.14%，但 2022 年又上升至 71.30%。海尔智家的资产负债率在 2013—2016 年出现较大波动，但之后稳步下降至 59.84%。进一步结合资产负债表数据，我们发现：美的集团 2021 年年底账面上的货币资金约为 719 亿元，有息负债约为 544 亿元；2022 年年底美的集团的货币资金约为 553 亿元，有息负债约为 693 亿元，这表明美的集团的财务风险有所上升。

分析了 3 家公司的 DCF 模型三要素后，可以发现，虽然在财务风险方面美的集团并不占据优势，但其自由现金流总体上更加强劲，格力电器和海尔智家自由现金流的盈利性相对较弱，且从成长性的角度来看，美的集团的多元化程度相对更为成功，未来的增长预期更好。因此，从 DCF 模型的角度分析，美的集团的内在价值应该高于格力电器和海尔智家。实际上，从资本市场上的实际表现来看，目前美的集团的估值的确远高于格力电器和海尔智家。

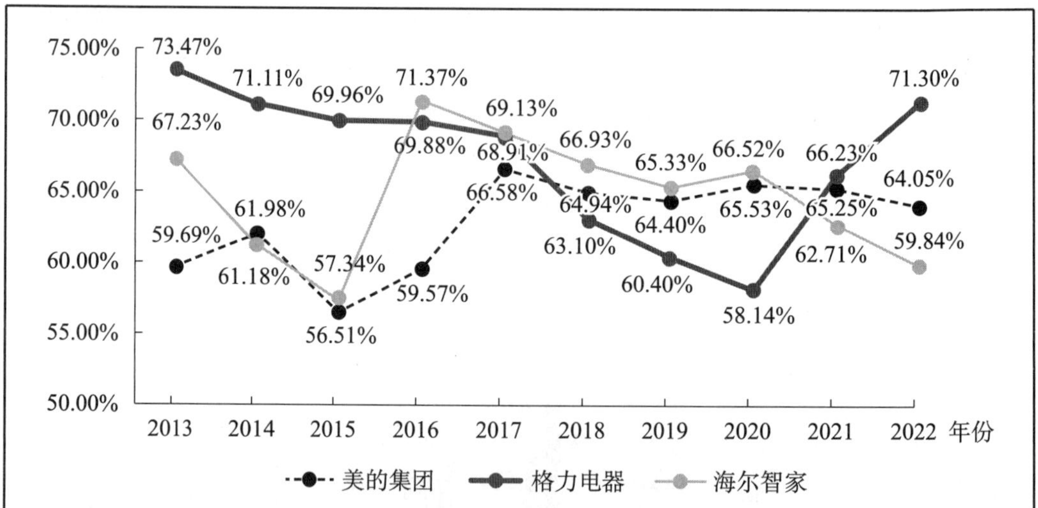

图 13-4　美的集团、格力电器和海尔智家 2013—2022 年的资产负债率

总之，资本市场是复杂多变的，DCF 模型提供一种评估企业内在价值的思维方式。评估一家企业的价值，不能从谣言和情绪出发，而要从常识和本质出发，常识就是企业今天能值多少钱取决于企业未来能赚多少钱；本质就是影响企业价值的三要素：盈利性、成长性和安全性。无论市场情绪如何变化，我们都不能忘记所学的估值的常识和本质：用 DCF 思维去思考企业的内在价值。

案例分析 13-5

参考案例分析 13-1 中的方法，计算美的集团 2018—2022 年的自由现金流，结果如表 13-4 所示，并将其均值作为计算美的集团未来自由现金流的基础。

表 13-4　美的集团 2018—2022 年的自由现金流　　单位：亿元

项目	2018 年	2019 年	2020 年	2021 年	2022 年	均值
经营性现金流	278.61	385.90	295.57	350.92	346.58	331.52
资本性支出	56.12	34.52	46.57	68.25	73.52	55.80
自由现金流	222.49	351.39	249.01	282.67	273.06	275.72

根据案例分析 13-2 的结果，我们将 8.27%作为美的集团在成长期的自由现金流年增长率，将 2%作为美的集团在稳定期的自由现金流年增长率；根据案例分析 13-3 的结果，将美的集团 2018—2022 年年均资本成本 6.09%作为折现率。表 13-5 展示了使用上述数据预测的 2023—2029 年自由现金流情况。在预测中，我们假定 2023—2027 年为美的集团自由现金流的成长期，从 2028 年开始，自由现金流增长进入稳定期。

表 13-5　美的集团 2023—2029 年的自由现金流预测　　单位：亿元

项目	2023 年	2024 年	2025 年	2026 年	2027 年	2028 年	2029 年	……
上期自由现金流	275.72	298.52	323.21	349.94	378.88	410.21	418.42	……
自由现金流增长率	8.27%	8.27%	8.27%	8.27%	8.27%	2.00%	2.00%	……
本期自由现金流	298.52	323.21	349.94	378.88	410.21	418.42	426.79	……
折现率	6.09%	6.09%	6.09%	6.09%	6.09%	6.09%	6.09%	……
本期自由现金流现值	281.39	287.17	293.07	299.09	305.24	293.47	282.16	……

使用式（13-3），计算美的集团在 DCF 二阶段模型估值方法下的公司价值，如下所示：

$$\text{美的集团公司价值} = PV_{\text{成长期}} + PV_{\text{稳定期}}$$
$$= 6\,466.31(\text{亿元})$$

美的集团 2022 年 12 月 31 日在 DCF 二阶段模型估值方法下的公司价值约为 6 466.31 亿元，这一估值结果远大于公司目前的权益市场价值和债务账面价值之和。此外，公司价值预测同样要注意永续增长率和用作折现率的资本成本的敏感性影响。表 13-6 展示了美的集团价值对永续增长率和资本成本的敏感性分析。如表 13-6 所示，不同水平的永续增长率和资本成本对公司价值的预测结果产生了显著的影响。

表 13-6　美的集团价值对永续增长率和资本成本的敏感性分析　　单位：亿元

		永续增长率				
		1.00%	**1.50%**	**2.00%**	**2.50%**	**3.00%**
资本成本	**4.00%**	9 952.40	9 994.55	10 036.69	10 078.84	10 120.98
	5.00%	7 889.85	7 921.99	7 954.13	7 986.27	8 018.41
	6.00%	6 517.48	6 543.02	6 568.56	6 594.11	6 619.65
	7.00%	5 539.37	5 560.26	5 581.15	5 602.04	5 622.93
	8.00%	4 807.58	4 825.02	4 842.47	4 859.92	4 877.37

13.2　相对估值法

13.2.1　相对估值法概述

相对估值法又称乘数估值法，这种方法假设类似企业之间存在支配其市场价值的共同变量，市场价值与该变量的比值对不同企业而言是类似的、可比较的。根据这个原理，我们可以在市场上选择一家或几家与目标企业类似的可比企业，分析确定可应用的估值指标，在计算出可比企业估值指标的基础上进行修正、调整以得到计算目标企业市场价值的估值指标，最后确定目标企业的市场价值。相比绝对估值法，相对估值法更贴近市场，更好地反映了股票市场对该行业内公司的喜好，且估值过程相对简便，成本收益比优于绝对估值法，因此在基金公司和投资银行中得到广泛使用。下面具体介绍市盈率法、PEG 法、市净率法、市销率法等相对估值法。

13.2 即测即评

13.2.2 市盈率法

市盈率法假设每股市价是每股收益的函数，代表市场对于企业未来盈利增长的期望。类似企业应该有相同的市盈率，每股收益越高，则每股市价越高。具体公式为：

$$\text{市盈率}(PE)=\frac{\text{每股市价}(P)}{\text{每股收益}(E)} \tag{13-20}$$

从直观上看，如果公司未来若干年的每股收益保持不变，那么市盈率值约等于收回这笔投资的年限，这类似于实业投资中回收期的概念。当然，公司未来的每股收益不可能保持不变，每股收益的变动往往取决于行业竞争环境和公司的竞争力。在牛市中，投资者可能会给予部分预期发展前景较好的公司较高的市盈率，然而这些公司中的大多数公司未来并不能实现投资预期中的高增长，导致股票回报不够理想。投资者需要牢记，永远不要以超过合理市盈率的价格买入公司的股票。

根据股利折现模型（DDM）做简单推导，可以得出，理论上公司合理的市盈率受到公司成长性、股利支付率和资本成本三个因素的影响。首先是公司成长性，具有良好的未来发展前景的公司，其市盈率（或称合理市盈率）应更高。其次是股利支付率，具有良好股利支付的公司，其盈利的含金量越高、支付股利的意愿更强，其合理市盈率更高。最后是资本成本（折现率），更低的折现率意味着更高的折现现金流价值，这种公司的合理市盈率更高。

市盈率法适用于成熟的稳定增长型公司，因为它能够把价格和收益联系起来，直观地反映投入和产出的关系。但如果每股收益是负值，市盈率法就失去了其使用价值，因此市盈率法并不适用于每股收益为负的情形。另外，每股收益的结果受会计处理方式的影响非常大，公司管理层很可能在短期内通过会计调整来美化每股收益以欺骗投资者。

中国实践 13－1

中国企业的市盈率

图 13－5 展示了各行业 2022 年市盈率中位数。数据显示，我国企业的市盈率水平

普遍较高，大多数行业的市盈率中位数在20～50的范围内。其中，农、林、牧、渔业，信息传输、软件和信息技术服务业的市盈率水平较高，中位数均超过50，这表明投资者对上述行业的未来增长率预期较高。采矿业和金融业的市盈率较低，这反映了投资者认为上述行业的未来成长空间较小。

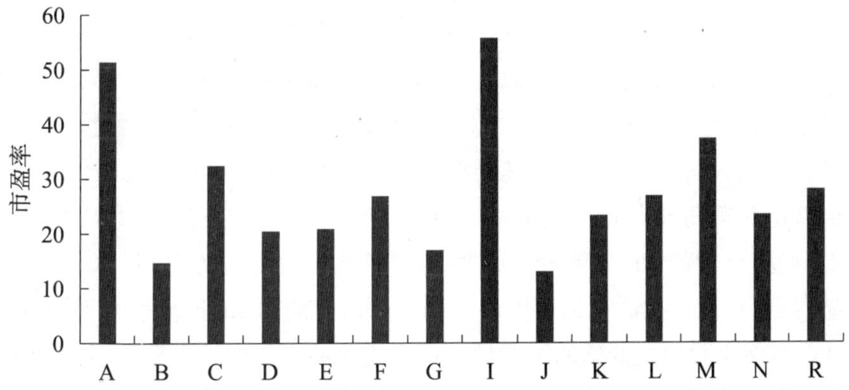

图13-5 各行业2022年市盈率中位数

注：根据中国证监会2012年划分的一级行业（门类），仅保留样本量超过30的行业。其中，A为农、林、牧、渔业，B为采矿业，C为制造业，D为电力、热力、燃气及水生产和供应业，E为建筑业，F为批发和零售业，G为交通运输、仓储和邮政业，I为信息传输、软件和信息技术服务业，J为金融业，K为房地产业，L为租赁和商务服务业，M为科学研究和技术服务业，N为水利、环境和公共设施管理业，R为文化、体育和娱乐业。

13.2.3 PEG法

PEG法是在市盈率的基础上发展形成的，即市盈率与盈利增长速度的比率。这种方法在一定程度上弥补了前述估值方法因采用历史数据而对企业动态成长性估计不足的缺陷，可以用来比较不同增长期的公司价值。具体公式为：

$$PEG=\frac{\text{市盈率}(PE)}{\text{盈利增长速度}(G)} \tag{13-21}$$

PEG估值法兼顾了企业的价值和成长性，适用于对成长股估值。在具体应用中，公司的盈利增长速度一般使用未来3～5年的预计利润年增长率计算。美国著名投资者彼得·林奇认为，PEG超过1，表明企业的市盈率高于其盈利增长速度，企业价值被高估；反之，表明企业价值被低估。

13.2.4 市净率法

市净率法假设股权价值是净资产的函数，类似企业有相同的市净率，预期每股净资产价值越高，则每股价格越高。具体公式为：

$$\text{市净率}(PB)=\frac{\text{每股市价}(P)}{\text{每股净资产}(B)} \tag{13-22}$$

根据市净率法，公司的股权价值是净资产的一定倍数，因此对于股票投资者来说，准确预测每股净资产是非常重要的。每股净资产的增长趋势可能影响股价的涨跌，每股净资产增加，表明股东权益的账面价值上升，股价可能会随之上涨。

公司的PB水平受未来预期的ROE和资本成本的影响。根据剩余收益估价模型思想①，企业的价值可以分解为股东权益的账面价值和账面价值溢价两部分。只有当股东投入资本的收益超过其资本成本时，其股东权益的账面价值才能够享受溢价，PB才能大于1。也就是说，当公司的ROE超过其资本成本时，其净资产才能享受溢价，PB大于1。当公司的ROE恰好等于其资本成本时，PB等于1。公司未来预期的ROE越高、资本成本越低，则其合理的PB水平越高。因此，如果公司当前的ROE水平较低，而PB水平较高，则存在股价被高估的可能性；如果公司当前的ROE水平大于资本成本，而PB小于1，则存在股价被低估的可能性。值得说明的是，由于未来预期的ROE水平并不等于当前的ROE水平，PB小于1且当前的ROE水平较高的公司，未必股价被低估，因为股价反映的是投资者对公司未来的预期。

市净率法适用于净资产规模大且比较稳定的企业，如固定资产占比较高的周期性行业。但是对于固定资产占比很少的服务型企业和高科技企业，由于净资产与企业价值的相关性较低，应用市净率法有一定的挑战性。需要注意的是，市净率法有效应用的前提是合理评估资产价值，因为大部分公司的资产并不会随着时间增值，更多是出现贬值，导致资产的实际价值低于账面价值，所以一个较低的市净率并不一定代表企业价值被低估。此外，提高资产负债率可以扩大为公司创造利润的资源的规模，同时提高ROE，但资产负债率升高也会带来相应的财务风险，所以在运用市净率法估值时需要考虑公司的杠杆水平。

中国实践 13-2

中国企业的市净率

图13-6展示了各行业2022年市净率中位数。数据显示，我国过半数行业的市净率中位数在2～4之间。其中，信息传输、软件和信息技术服务业，科学研究和技术服务业，文化、体育和娱乐业的市净率水平较高，均超过4，这说明投资者对这些行业未来的盈利能力（ROE）预期较高。批发和零售业、建筑业以及房地产业的市净率较低，这反映了投资者对这些行业未来的盈利能力预期较低。

---

① Ohlson J A. Earnings, book values, and dividends in equity valuation. Contemporary Accounting Research, 1995, 11 (2): 661-687.

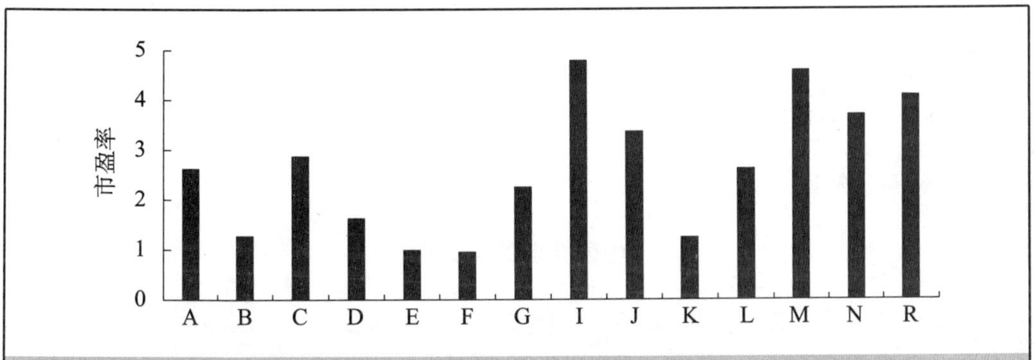

图 13－6　各行业 2022 年市净率中位数

注：根据中国证监会 2012 年划分的一级行业（门类），仅保留样本量超过 30 的行业。其中，A 为农、林、牧、渔业，B 为采矿业，C 为制造业，D 为电力、热力、燃气及水生产和供应业，E 为建筑业，F 为批发和零售业，G 为交通运输、仓储和邮政业，I 为信息传输、软件和信息技术服务业，J 为金融业，K 为房地产业，L 为租赁和商务服务业，M 为科学研究和技术服务业，N 为水利、环境和公共设施管理业，R 为文化、体育和娱乐业。

13.2.5　市销率法

市销率法假设销售收入是影响企业价值的关键变量，企业价值是销售收入的函数，预期销售收入越大则企业价值越大。具体公式为：

$$\text{市销率}(PS)=\frac{\text{每股市价}(P)}{\text{每股销售收入}(S)} \tag{13-23}$$

相较于市净率法和市盈率法，应用市销率法最明显的优势在于企业的销售收入不可能为负值，因此对于净资产为负和亏损的企业来说，应用市销率法依然可以得到一个有意义的估值乘数。

企业的净利润可以由销售收入乘以销售净利率得到。因此，企业合理的市销率除了受成长性、股利支付率和资本成本三个因素影响，还受到企业预期利润率的影响。公司成长性越高、股利支付率越高、资本成本越低、利润率越高，则理论上市销率（合理的市销率）越高。

销售最终并不一定能带来盈利和价值增长，甚至可能会有损公司价值。因为公司创造价值的能力不仅取决于销售收入，而且取决于对成本费用的控制能力。对市销率的公式进行分解可以发现，市销率其实等于每股市价除以每股收益，再乘以每股收益除以每股销售收入。每股收益除以每股销售收入即代表着销售利润率，因此，在使用市销率法时，不能只关注销售收入的增长而忽略销售净利率。市销率法其实反映的是通过销售实现的盈利增长能力。

市销率是互联网等初创新经济行业企业最常用的估值指标。在 2000 年左右的互联网泡沫时期，大量新兴科技公司的市销率超过 20 倍，但是美国历史上市销率的中位数仅为 0.9 倍，其中，美国在线这家公司的市销率高达 46 倍，如果这个市销率是合理的，那么未来10年美国在线的销售收入会保持高速增长，并实现较高的利润率，很明显，公司未来能否保持高速增长以及实现较高的利润率存在较大的不确定性，因此，公司股价存在被高估的风险。

中国实践 13-3

中国企业的市销率

图13-7展示了各行业2022年市销率中位数。数据显示，我国不同行业的市销率中位数总体在1～3之间。其中，农、林、牧、渔业，信息传输、软件和信息技术服务业，制造业以及科学研究和技术服务业的市销率水平较高，均超过2，这说明投资者对这些行业未来的增长能力和盈利能力预期较高。金融业和房地产业的市销率较低，这反映了投资者对这些行业未来的成长能力和盈利能力预期较低。

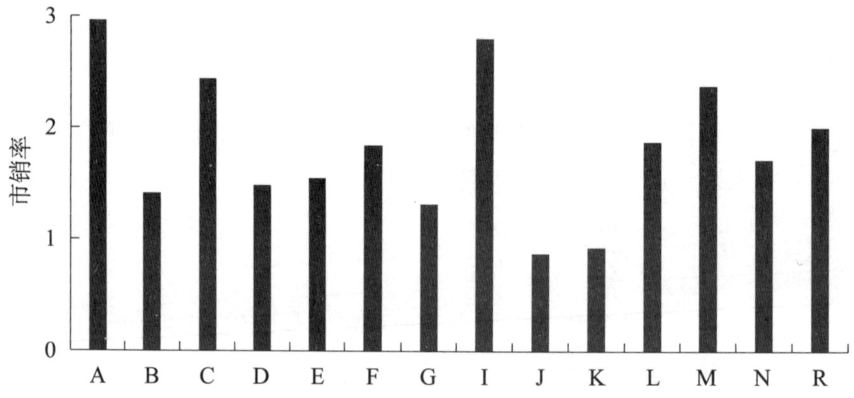

图13-7 各行业2022年市销率中位数

注：根据中国证监会2012年划分的一级行业（门类），仅保留样本量超过30的行业。其中，A为农、林、牧、渔业，B为采矿业，C为制造业，D为电力、热力、燃气及水生产和供应业，E为建筑业，F为批发和零售业，G为交通运输、仓储和邮政业，I为信息传输、软件和信息技术服务业，J为金融业，K为房地产业，L为租赁和商务服务业，M为科学研究和技术服务业，N为水利、环境和公共设施管理业，R为文化、体育和娱乐业。

13.2.6 相对估值法的应用

1. 应用相对估值法估计企业内在价值

应用相对估值法估计企业内在价值一般分为四个步骤，具体如下：

（1）寻找可比公司。首先根据一些标准确定与需要估值的目标企业类似的一家或一组企业，能否精准地确定这些可比公司将直接决定相对估值法估值结果的准确性。以市盈率法为例进行说明。

根据DDM和市盈率的计算公式，进行如下推导，可以得到本期市盈率与公司的股利支付率、增长率和股权成本之间的关系，具体如下：

$$\text{每股股价}=\frac{\text{每股股利}}{\text{股权成本}-\text{增长率}} \quad (13-24)$$

$$\frac{\text{每股股价}}{\text{每股收益}}=\frac{\text{每股股利}}{(\text{股权成本}-\text{增长率})\times\text{每股收益}} \quad (13-25)$$

$$\frac{\text{每股股价}}{\text{每股收益}}=\frac{\text{每股收益}\times(1+\text{增长率})\times\text{股利支付率}}{(\text{股权成本}-\text{增长率})\times\text{每股收益}} \quad (13-26)$$

$$\text{市盈率}=\frac{\text{股利支付率}\times(1+\text{增长率})}{\text{股权成本}-\text{增长率}} \quad (13-27)$$

上述公式意味着，增长率、股利支付率和股权成本共同决定了一家公司市盈率的高低。因此，当采用市盈率法时，应在这三个方面类似的企业中寻找可比公司。由于增长率是大多数估值倍数的伴随变量（关键变量），找到具有类似增长率和增长模式的可比公司为最佳。此外，公司规模可能影响公司的资本成本。因此，在实践中，投资者应该优先选择同行业规模和增长率相近的公司作为可比公司。

（2）选择合适的估值指标。相对估值法常用的估值指标包括市盈率、市净率、市销率等。由于不同行业、不同类型的公司适用的估值指标存在差异，投资者应该选择适合公司的估值指标，或者采用多种估值指标进行交叉验证。

（3）计算可比公司估值水平。通常我们选取可比公司估值指标的平均数或中位数作为目标企业估值水平的参考。由于目标企业与可比公司不可能完全相同，所以可以针对目标企业的特点对可比公司估值水平进行相应的调整。例如，如果目标企业相较于可比公司拥有更为领先的技术优势，其在行业中的竞争力更强，则可以在可比公司估值水平的基础上，相应给予一定的溢价。

（4）计算目标企业的内在价值。根据可比公司的估值水平，以及目标企业的相关财务数据，计算得到目标企业的总体内在价值或每股内在价值。

案例分析 13－6

根据上述理论，我们将格力电器和海尔智家作为可比公司，对美的集团 2022 年 12 月的内在价值进行估计，选取的估值指标为市盈率、市净率和市销率。表 13－7 列示了美的集团、格力电器与海尔智家 2022 年 12 月的市盈率、市净率和市销率等关键指标数据。

表 13－7 美的集团、格力电器与海尔智家 2022 年 12 月关键指标数据 单位：百万元

公司名称	销售收入	净利润	权益账面价值	市场价值	市销率	市盈率	市净率
格力电器	188 988	23 011	101 876	183 415	0.96	7.78	1.93
海尔智家	243 513	14 732	94 713	233 462	1.01	17.43	2.57
美的集团	343 917	29 810	151 923	?	?	?	?

根据表 13－7，可以得出可比公司的市销率、市盈率和市净率的均值分别为 0.99、12.61 和 2.25。利用美的集团相应的财务数据乘以这些估值倍数，可以估算出美的集团的整体内在价值。具体计算过程如表 13－8 所示。

表 13－8　2022 年 12 月美的集团内在价值的计算过程　　单位：百万元

项目	可比公司的乘数均值	×	美的集团的金额	=	美的集团的内在价值
销售收入	0.99	×	343 917	=	340 478
净利润	12.61	×	29 810	=	375 904
权益账面价值	2.25	×	151 923	=	341 827
平均估值					352 736

用美的集团的平均估值除以当时发行在外的股数 6 830 百万股，计算得出美的集团每股股价预计应达到 51.65 元，而当时的真实价格为 51.80 元。如果按此估值，我们可以认为美的集团的股票在当时被准确估值。当然，投资者也可以直接用美的集团每股收益指标乘以可比公司的市盈率得出美的集团的每股内在价值。

相对估值法因其简便性在实践中被广泛使用，是投资者最喜欢使用的估值方法（其次是 DCF 模型）。需要注意的是，相对估值法有两大重要缺陷：（1）相对估值法依赖于对可比公司的选择，但世界上没有完全相同的两家公司，投资者选择的可比公司可能不完全可比。（2）市场整体的估值水平影响相对估值法的有效性。例如，在牛市时期，市场整体估值水平较高，使用相对估值法可能高估股票的真实价值。总之，估值既有科学成分，又有艺术成分，投资者需要选择合适的估值方法，谨慎评估公司的内在价值，同时也要对估值的结果保持怀疑态度。

练习题

一、行动学习

请选取两家可比公司，下载并阅读两家公司的年报，并尝试用本章介绍的 DCF 模型对这两家公司进行对比分析，判断其内在价值是否与实际资本市场中的估值一致。

二、简答题

1. DCF 模型的主要思想是什么？根据 DCF 模型，企业的价值主要取决于哪些因素？

2. DCF 模型中的折现率如何计算？需要考虑哪些方面的影响？

3. DCF 模型中每一期的自由现金流如何进行估计？

4. 相对估值法可以使用哪些指标进行估计？使用相对估值法需要注意哪些问题？

5. 影响企业合理市盈率的因素有哪些？

6. 如果你是一家上市公司的财务总监，公司目前正在进行新一轮的融资，公司经理希望你采取一些措施，以提高公司的估值水平，你会怎么做？如果经理要求你使用会计手段进行一些操作达到美化财务报表数据的效果，你会如何处理？

第 5 篇
综合篇

第 14 章

财务报表分析与估值：以美的集团为例

学习目标

学会综合运用本书所学知识，对公司的财务报表数据进行全面分析，并对公司进行估值。

14.1 业务与治理①

14.1.1 主要业务与行业发展

1. 主要产品和业务概述

美的集团是一家覆盖智能家居、工业技术、楼宇科技、机器人与自动化及其他创新业务的全球化科技集团，已建立面向消费者（ToC）与面向企业（ToB）并重发展的业务矩阵，可提供多元化的产品与服务。美的集团是一家全球运营的公司，业务与客户遍及全球。2024 年美的集团在全球拥有超 400 家子公司、33 个研发中心和 43 个主要生产基地，员工超过 19 万人，业务覆盖 200 多个国家和地区。2022 年，从营业收入构成来看（见图14－1），暖通空调、消费电器、机器人及自动化系统的营业收入占比分别为 43.80％、36.43％和 8.70％，国内和国外业务分别占 58.52％和 41.48％。

2. 行业地位

2022 年 8 月，《财富》世界 500 强榜单发布，美的集团跃居第 245 位，较上年跃升 43 位，连续七年跻身世界 500 强企业行列；2022 年 7 月，《财富》中国 500 强榜单发布，

---

① 本章融合了前面章节对美的集团的分析，部分表格和数据请参考前面章节。

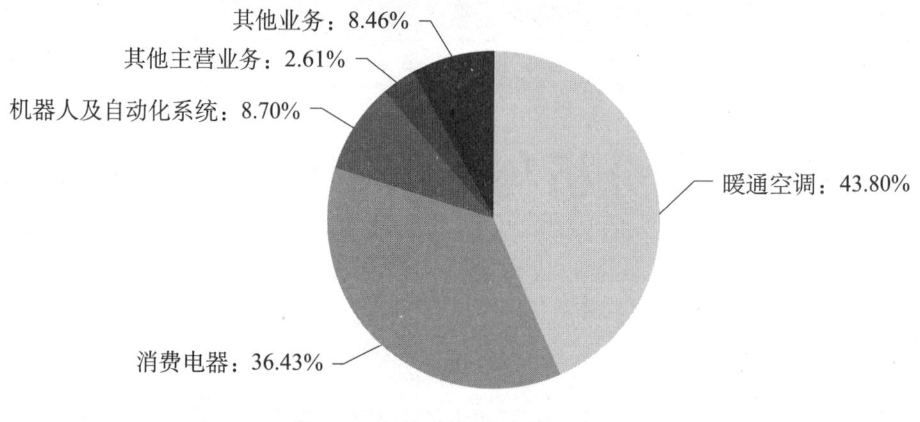

图 14-1 美的集团营业收入构成

美的集团位列第 35 名，较上年提升 4 名。2022 年，美的集团在中国区域全面推进落实“数一”战略，奥维云网数据显示，在家用空调、台式泛微波、台式烤箱、电暖器、电磁炉、电热水壶 6 个品类中，美的系产品在国内线上与线下的市场份额均位列行业第一。在大家电中，家用空调、洗衣机、干衣机、冰箱四大家电的市场份额分别为 33.7%、25.1%、23.1%、13.5%，分别为行业第 1，2，2，2 名。

3. 行业发展概述

2022 年家电行业出口和内销规模均出现下滑，其中，家电行业出口规模为 5 681.6 亿元，同比下降 10.90%，家电行业国内销售规模为 7 307.2 亿元，同比下降 9.50%。虽然家电销售整体增长减速，但在 2022 年消费升级并未减速，市场竞争愈发激烈，拉动市场结构向上提升，高品质、高性能已经成为企业和消费者的共识，从中长期来看，产业结构升级、居民收入相对稳定、消费多元化、国家政策对绿色和智能产业发展引导以及家电行业产品标准持续升级将带来新的机会和增长。图 14-2 所示的是家电行业营业收入及其增长率。数据显示，近年来，家电行业整体的营业收入增速有所下滑，2021—2022 年家电行业营业收入基本保持平稳。

4. 公司核心竞争力

公司披露的主要核心竞争力包括：（1）美的集团作为主要产品品类皆占据领导地位的全球家电行业龙头，可为用户提供覆盖全品类的一站式高品质家庭生活服务方案；（2）坚持科技领先战略，整合全球研发资源，构建全球创新生态体系与科学家体系，持续打造产品与技术创新能力；（3）凭借持续的全球资源配置与产业投入，依靠全球领先的制造水平、规模优势，不断实现全球突破；（4）美的集团业态布局完整且广阔，稳固的渠道网络与完善的智能供应链体系为公司在国内市场的稳步增长提供坚实保障；（5）聚焦数智驱动，围绕用户体验进行全面数字化、全面智能化变革，力争成为物联网

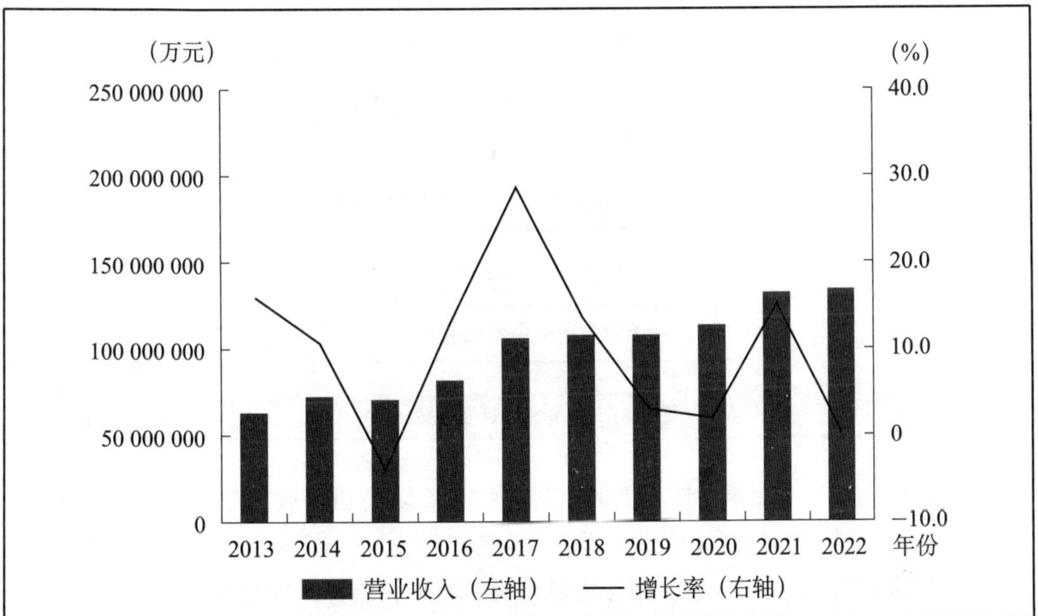

图 14-2　家电行业营业收入及其增长率

时代的领先企业；(6) 完善的公司治理机制与有效的激励机制为公司持续稳定发展奠定了坚实基础。

5. 公司发展战略

美的集团坚持“科技领先、用户直达、数智驱动、全球突破”的四大战略主轴，聚焦全面智能化和全面数字化，以四大战略主轴为支柱推进公司业务持续发展。

公司坚持 ToC 与 ToB 并重突破，通过提升 ToC 领域的产品力和核心技术，稳定并提升盈利能力，为 ToB 业务的转型提供战略支撑；公司努力实现从中国本土化企业向全球化企业的突破，加快海外业务布局与增长，构建全球化产业链能力，以推动品牌力持续提升；公司努力推进从效率优势向产品优势、技术优势、创新驱动的转变，以时间换空间，继续夯实确立面向未来的长期能力。

总的来说，美的是一家以智能家居为主，兼营工业技术、楼宇科技、机器人与自动化及其他创新业务的全球化科技集团。公司在智能家居行业的地位稳定、核心竞争力突出，但面临行业增速放缓的形势。公司的 ToB 业务渐入佳境，营业收入占比超过 20%，保持较快的增长速度，未来有望贡献更多的收入和利润。

14.1.2　公司治理

1. 实际控制人与股权结构

美的集团的股权结构如图 14-3 所示。

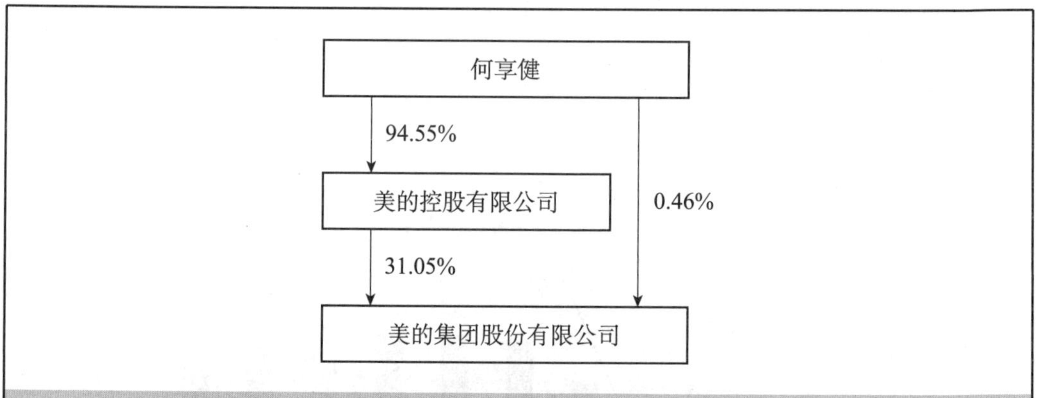

图 14－3　美的集团的股权结构

公司 2022 年年报显示，第一大股东美的控股有限公司持股 31.05%，何享健持有美的控股有限公司 94.55%的股份，为公司实际控制人，这说明美的集团是一家民营企业，大股东处于相对控股地位。第二大股东为香港中央结算有限公司（陆股通），占比高达 20.48%，这说明美的集团较受外资青睐。

2. 董事会与经理层

公司董事会由 8 名成员组成，其中 3 名为独立董事，占比超过 1/3。非独立董事何剑峰为创始人何享健的儿子，可看作大股东的代表。鉴于董事会的独立性和大股东代表的参与，投资者有理由相信，实际控制人能够对公司的经理人实施有效监督。此外，根据年报信息可知，公司的关联交易金额较少，大股东的代理问题不突出。

公司董事长兼总裁均为方红波。方红波出生于 1967 年，于 1992 年加入美的集团，曾任美的空调事业部总经理、美的制冷家电集团总裁、广东美的电器股份有限公司董事长兼总裁等职务。作为职业经理人，方红波持股比例为 1.67%，折合市值约 60 亿元。以上信息表明，经理人属于公司内部培养，具有较强的专业能力，公司对其也具有较高的激励水平。

3. 外部审计师

根据美的集团 2022 年年报，公司的内部控制审计意见为标准无保留意见，表明审计师认为，公司按照《企业内部控制基本规范》和相关规定在所有重大方面保持了有效的财务报告内部控制。公司财务报告的审计意见也为标准无保留意见，表明审计师认为，公司的财务报表在所有重大方面按照企业会计准则的规定编制，公允地反映了美的集团 2022 年 12 月 31 日的合并及公司财务状况以及 2022 年度的合并及公司经营成果和现金流量。

公司的审计师为普华永道中天会计师事务所（特殊普通合伙），审计师的报酬为 897.5 万元，已经连续为公司服务 8 年。注册会计师为姚文平、吴芳芳，已经分别连续为公司服务 3 年和 2 年。从现有信息来看，公司的审计师声誉较高，没有证据表明他们存在独立性缺失的情况。

总的来说，美的集团的公司治理水平较高。公司认为，完善的公司治理机制与有效的激励机制是其重要的核心竞争力之一。

14.2　三大报表分析

14.2.1　资产负债表

1. 资产来源与结构分析

公司 2022 年年报显示，美的集团的总资产规模高达 4 225.55 亿元，资产负债率为 64.05%，高于制造业公司的平均水平，低于竞争对手格力电器（71.30%），但高于竞争对手海尔智家（59.84%）。美的集团总体的资产负债率较高，后续需要进一步分析美的集团的财务状况和负债构成，以评估公司的商业模式和信用风险（清偿能力）。

2022 年，公司的流动资产占总资产的比例为 61.79%，非流动资产占总资产的比例为 38.21%。从流动性的角度看，公司的资产质量较高。从金额上看，排名靠前的流动资产分别为货币资金、应收票据及应收账款、存货以及其他流动资产；排名靠前的非流动资产主要是商誉、固定资产、无形资产及其他债权投资，这些资产的质量值得进一步关注。

美的集团的固定资产占总资产的比例只有 6.17%，低于大多数行业，也远低于制造业的中位数以及竞争对手海尔智家（11.52%）和格力电器（9.53%）。因此，可以认为，美的集团的资产模式较轻。公司的固定资产包括房屋及建筑物、境外土地、机器设备、运输工具、电子设备及其他。2022 年公司固定资产折旧金额为 33.65 亿元。固定资产折旧政策对公司的利润影响较小。

美的集团的金融性资产占总资产的比例约为 20%，说明公司主要以经营实业为主，金融化程度略高。进一步分析表明，2022 年公司的净利润主要来自经营业务，金融业务产生的利润占比不到 1/10，公司金融化的风险可控。

美的集团的商誉占总资产的比例为 6.76%，超过 90%的同行业公司，说明美的集团当前的商业模式（或战略）比较依靠对外并购实现增长。作为对比，格力电器的商誉占总资产的比例只有 0.47%，海尔智家的商誉占总资产的比例接近 10%，体现了三家公司商业模式和发展战略的差异。对于投资者而言，在分析美的集团的增长前景时，其外延式增长的机会和风险应该列为分析重点。

2. 其他重要资产项目分析

美的集团的货币资金占总资产的比例为 13.08%，略低于行业平均水平和竞争对手海尔智家（22.96%）、格力电器（44.36%）。考虑到公司较强的盈利能力和较强的融资能力，公司货币资金占比较低的风险较低。

2022 年美的集团的应收账款占总资产的比例约为 6.68%，相比 2021 年略有下降，但低于行业平均水平，处于行业正常范围之内。进一步分析发现，美的集团的应收账款周转率为 13 倍左右，应收账款周转率较高说明应收账款风险可控，这主要得益于公司 ToC 的稳健商业模式以及在产业链中的优势地位。公司计提的坏账总金额由 2021 年 8.6 亿元增加到 2022 年的 13.3 亿元，增长了 55%。1～2 年账龄的应收账款金额增加了 77%，总金额约为 10.11 亿元。总体上，美的集团应收账款的质量有所恶化，但由于规模较小，对利润的影响不大。

2022 年美的集团的存货占总资产的比例为 10.90%，相比 2021 年略有下降，低于行业平均水平，处于行业正常范围之内。进一步分析表明，美的集团的存货周转率较高（2022 年高于 5 倍）且较为稳定，低于可比公司格力电器，表明公司的商业模式较好、存货的风险可控。

2022 年美的集团母公司长期股权投资金额为 731.04 亿元（包括对子公司的长期股权投资以及对联营企业和合营企业的长期股权投资），集团合并报表的长期股权投资金额仅为 51.89 亿元（不包括对子公司的长期股权投资），说明母公司的长期股权投资主要是对子公司的投资，对合营企业和联营企业的投资规模较小，集团采取的可能是相对放权的管控模式。美的集团对合营企业和联营企业的投资采用权益法核算，因此集团按所占份额享有这些公司的利润。

2022 年美的集团的无形资产金额为 169.09 亿元，占总资产的比例为 4.00%。公司的无形资产包括土地使用权、专利权及非专利技术、商标权、商标使用权和其他，它们都以历史成本计量。2022 年公司无形资产摊销的金额为 10.17 亿元，摊销政策对公司的利润水平影响较小。从金额来看，公司表内的无形资产较少，投资者需要重点关注公司表外的无形资产。

3. 表外资产分析

根据美的集团 2022 年年报核心竞争力部分披露的内容，公司的核心竞争力主要包括全球家电行业龙头（品牌形象）、产品与技术创新能力（创新能力）、全球领先的制造水平、规模优势（生产能力）、稳固的渠道网络（销售渠道）、数智驱动（数字化水平）、完善的公司治理机制。这些是美的集团的表外无形资产，在资产负债表上大多没有体现。然而，通过品牌价值排行榜、市场占用率、专利申请数量、公司治理等非财务信息，以及公司营业收入、利润和研发投入等财务数据，可以初步验证美的集团的核心竞争力所言非虚。

就品牌价值而言，根据“2022 胡润品牌榜”，美的集团位列中国企业第 41 名，品牌价值为 345 亿元；根据“2022 中国上市公司品牌价值榜”，美的集团位列第 10 名，品牌价值高达 2 748 亿元。这显示出，即使在市场价值评估上同一时间两家机构对于美的集团的品牌价值的排名和估值也相距甚远。由此可见，计量品牌的市场价值非常困难。

4. 负债分析

2022 年美的集团的流动负债和非流动负债占总资产的比例分别为 48.83%和 15.21%。在总负债中，流动负债占 76%左右，非流动负债只占 24%左右。占比较高的流动负债依次是应付账款、应付票据、其他流动负债（主要是欠经销商的奖励）、合同负债、一年内到期的非流动负债；非流动负债主要是长期借款。2022 年公司长期借款有所增加，同时一年内到期的非流动负债有所减少，推测应该系长期借款“借新还旧”所致。通过对比美的集团流动负债和流动资产的金额，并结合公司的盈利能力，可初步判断公司的信用风险较低。

美的集团的有息负债主要是短期借款、一年内到期的非流动负债、长期借款和应付债券，它们占总资产的比例并不高，合计不到 16%。在学术研究中，通常将有息负债当作正常经营下企业真正的负债，用“有息负债/总资产”衡量企业的资产负债率。以此来看，美的集团的实际资产负债率只有不到 16%，杠杆并不高，说明公司负债经营的风险并不高。

美的集团账面上总共有 662.60 亿元的有息负债，包括应付债券、长期借款、一年内到期的长期借款、短期借款，而利息支出只有 18.21 亿元，据此估算，公司的年化利率不到 3%。此外，美的集团账面上还有 552.70 亿元的货币资金，发放贷款或垫款的余额为 141.39 亿元，利息收入高达 58.38 亿元（其中从事金融业务的利息收入约为 17.4 亿元）。综合起来，公司 2022 年的净财务费用（利息收入－利息支出）达到 33.87 亿元，说明公司的资金配置效率较高。

2022 年美的集团的应付账款为 642.33 亿元，主要是应付材料供应商的账款，其金额是应收账款（282.38 亿元）的两倍多。结合其他信息可知，美的集团拥有较大金额的应付账款的主要原因是公司对下游的议价能力较强。

2022 年美的集团的合同负债主要为预收货款及劳务款，金额为 279.60 亿元，占营业收入的比例为 8.13%。作为对比，格力电器和海尔智家的合同负债分别为 149.72 亿元和 93.30 亿元，占营业收入的比例分别为 7.90%和 3.40%。综合来看，美的集团在部分业务方面对下游的议价能力较强。

5. 所有者权益分析

2022 年美的集团的留存收益金额高达 1 303.82 亿元，占所有者权益的 85.82%。此外，美的集团自 2013 年整体上市以来，仅在 2014 年通过定向增发募集资金 12.04 亿元，但累计派发现金股利超过 867 亿元、累计回购的股份近 200 亿元。

美的集团 2013—2022 年累计分红约 867 亿元，2022 实际派发现金股利 172 亿元，占归属于母公司所有者的净利润的比例达 58.2%。美的集团分别在 2014 年和 2016 年实施转增，并在近几年发放股票股利。美的集团在稳定分红派现的同时，持续推出并实施了一系列股票回购方案。公司自 2019 年起已连续四年推出回购计划，将回购的股票用于公司股权激励计划及员工持股计划，以维护公司市值稳定与全体股东利益。2021 年公司累计回购金额已超过 136 亿元，2022 年回购金额超过 26 亿元，预计公司将继续实施股票回购。综上，美的集团商业模式较好，盈利能力较强且较注重对投资者的回报。

14.2.2 利润表

1. 收入及业务构成分析

2022 年美的集团的营业总收入包括营业收入和其他类金融业务收入（主要是利息收入）两部分，其中以营业收入为主。2022 年和 2021 年公司营业收入分别为3 439.18 亿元和 3 412.33 亿元，其他类金融业务收入分别为 17.91 亿元和 21.28 亿元，公司营业收入总体保持稳定。

在营业收入方面，分产品来看，2022 年公司的营业收入主要包括暖通空调业务收入（占比 43.80%）、消费电器业务收入（占比 36.43%）、机器人及自动化系统业务收入（占比 8.70%）。2020—2022 年，各项业务收入占比基本保持稳定，其中，暖通空调、机器人及自动化系统的业务收入略有增长，消费电器业务收入略有下降。分地区来看，2022 年公司国内外业务收入占比分别为 58.52%和 41.48%，近三年总体保持平稳。在毛利润方面，2022 年公司暖通空调和消费电器业务的毛利率相比 2021 年有所上升，国内外业务毛利率也有所上升，这主要受益于原材料成本下降和公司制造效率提升。总体来看，美的集团是一家主营业务突出、竞争力很强的家电龙头企业，但其业务未来的增长前景以及毛利率的变化还需要进一步跟踪观察。

2. 成本和费用分析

2022 年美的集团的营业成本为 2 605.39 亿元，占营业收入的比例为 75.76%。年报附注显示，公司营业成本主要由原材料、人工工资、折旧和能源四部分组成，其中原材料成本占比高达 83.63%，相比 2021 年略有下降；人工工资占比为 6.26%，相比 2021 年略有上升。因此，原材料价格的波动会对美的集团营业成本及毛利率产生较大影响。在美的集团的营业总成本中，营业成本占据主导地位，且营业成本中 80%以上是原材料成本。原材料是变动成本，因而美的集团的经营杠杆较低，规模效应并不显著。2013—2022 年，公司的销售费用和管理费用占营业收入的比例略有下降，这显示了一定的规模效应，然而，考虑到当前的下降幅度，未来进一步下降的空间有限。

2022 年美的集团的营业成本和期间费用占营业收入的比例分别为 75.76%和 15.39%，公司的销售毛利率和销售净利率分别为 24.24%和 8.59%。总体来看，公司的盈利能力较强，且销售毛利率和销售净利率相比 2021 年均略有提升。2022 年美的集团的销售费用率、管理费用率和研发费用率分别为 8.35%、3.37%和 3.67%。从研发费用率来看，美的集团虽然不算高科技企业，但其产品均具有一定的技术含量。同时，通过对比美的集团的销售费用率和管理费用率，可以看出公司过去并不是技术导向型公司，而是营销导向型，公司的品牌和销售渠道可能比研发能力更重要。从公司年报描述和研发投入的规模来看，公司正在向科技企业转型，但科技的底色还略显不足。

2022 年美的集团的销售费用为 287.16 亿元，占营业收入的比例为 8.35%，主要构成为维修费、宣传促销费、职工薪酬费用、租赁费、运输及仓储费，这些费用占销售费用总额超过 70%。管理费用为 115.83 亿元，占营业收入的比例为 3.37%，主要构成为职工薪酬费用、折旧与摊销费用、技术维护费、行政办公费、租赁及物业管理费，这些费用占管理费用总额超过 70%。研发费用为 126.19 亿元，占营业收入的比例为 3.67%，主要构成为职工薪酬费用、折旧与摊销费用及试制产品与材料投入，这些费用占研发费用总额超过 80%。从纵向对比来看，美的集团的销售费用、管理费用和研发费用占营业收入的比例保持稳定。从横向对比来看，美的集团的营业收入规模大于海尔智家（2 435.14 亿元）和格力电器（1 889.88 亿元）；在研发费用占营业收入的比例上，这三家公司差异不大，在销售费用和管理费用占营业收入的比例上，美的集团远低于海尔智家，但略高于格力电器。

14.2.3　现金流量表

1. 现金流量表主要项目分析

2021 年美的集团资产负债表中的货币资金为 718.76 亿元，而现金流量表中的现金及现金等价物只有 405.50 亿元，出现差异的主要原因是美的集团有近 300 亿元三个月以上的定期存款，这些定期存款虽计入资产负债表中的货币资金项目，但没有计入现金流量表中的现金及现金等价物项目。2022 年公司的货币资金为 552.70 亿元，相比 2021 年有所下降，但现金及现金等价物为 511.31 亿元，相比 2021 年有所上升。2022 年公司经营活动、投资活动和筹资活动产生的现金流量净额分别约为 346.58 亿元、－135.10亿元和－108.55 亿元，这说明公司主要依靠经营活动产生现金流量。

2022 年和 2021 年美的集团投资活动产生的现金流量净额分别为－135.10 亿元和 136.00 亿元，波动较大。究其原因，主要是金融性投资（尤其是短期金融投资）较多。2022 年公司投资支付的现金和投资收到的现金都近 1 000 亿元。相对而言，购建固定资产、无形资产和其他长期资产支付的现金（经营性投资）金额较少，2022 年仅为 73.52 亿元，与 2021 年相比略有增长。

2021 年美的集团筹资活动产生的现金流量净额为－312.05 亿元，主要原因是筹资活动现金流入远少于现金流出。流入金额较大的项目是取得借款收到的现金；流出金额较大的项目有偿还债务支付的现金，分配股利、利润或偿付利息支付的现金以及支付其他与筹资活动有关的现金。其中，分配股利、利润或偿付利息支付的现金为

128.94 亿元，包括财务费用 13.58 亿元（参见利润表）和 2021 年分配给股东的股利（2020 年年度分红实施方案）110.66 亿元。

2. 销售收入含金量和净利润含金量分析

2022 年和 2021 年美的集团销售商品、提供劳务收到的现金分别为 3 169.98 亿元和3 104.90 亿元，经营活动产生的现金流量净额分别为 346.58 亿元和 350.92 亿元。公司 2022 年和 2021 年的营业收入分别为 3 439.18 亿元和 3 412.33 亿元，归属于母公司股东的净利润分别为 295.54 亿元和 285.74 亿元。综合两年的数据来看，美的集团 2022 年和 2021 年的销售收入含金量分别为 92.17%和 90.99%，均低于参考值 113%；净利润含金量分别为 117.27%和 122.81%，均高于参考值 100%。为何公司的销售收入含金量较低？董秘的回答是："销售商品收到的部分应收票据存在背书业务，用于购买材料或设备等。也即公司收到银行承兑汇票后，将其背书转让给上游供货商，导致销售商品收到的现金和购买商品支付的现金都大幅减少，企业经营活动产生的现金流量净额正常。"

美的集团现金流量表补充资料显示，将净利润调节为经营活动产生的现金流量净额共分三个步骤并涉及 13 个项目。这 13 个项目中，第一步（影响利润但不影响现金流）调整涵盖资产减值损失、信用减值损失、折旧和摊销、公允价值变动损失、股份支付及其他，其中折旧和摊销金额最大，为 65.08 亿元；第二步（影响现金流但不影响利润）调整涵盖递延所得税资产的增加、递延所得税负债的减少、存货的增加、经营性应收项目的增加、经营性应付项目的增加，后两者的金额分别为－194.24 亿元和 215.56 亿元；第三步（不属于经营活动）调整涵盖资产处置损失、财务收益、投资收益，金额分别为 0.60 亿元、－32.27 亿元和－2.08 亿元。上述数据表明，2022 年公司经营活动产生的现金流量净额大于净利润，主要是因为折旧和摊销以及经营性应付项目显著增加和经营性应收项目大幅减少。

3. 自由现金流分析

2022 年和 2021 年美的集团经营活动产生的现金流量净额分别为 346.58 亿元和 350.92 亿元，购建固定资产、无形资产和其他长期资产支付的现金分别为 73.52 亿元和 68.25 亿元。根据直接法估算，2022 年和 2021 年公司的自由现金流分别为 273.06 亿元和 282.67 亿元，说明自由现金流的水平较高。

从美的集团 2003 年 12 月至 2022 年 12 月近 20 年经营活动产生的现金流量净额和资本开支的数据来看（见图 4－1），其现金流的变化大致可以分为两个阶段：(1) 发展期（2003—2011 年），美的集团经营活动产生的现金流量净额为正，同时资本开支水平较高，表现为自由现金流水平较低。(2) 成熟期（2012—2022 年），美的集团经营活动产生的现金流量净额较高，同时资本开支水平较低，表现为自由现金流水平较高，但经营活动产生的现金流量净额的增长速度放缓甚至停滞。从现金流的数据来看，公司在发展期和成熟期的现金流数据基本符合其生命阶段的特征。美的集团在成熟期的自由现金流水平较高，这在一定程度上说明了公司的商业模式较好。最近几年，公司步入成熟期后成长性有所下降，为了应对这一问题，管理层试图通过内部培育和外部并购双管齐下寻找新的增长点。但是，新业务的拓展并不容易，投资者需要关注新业务发展不及预期的风险。

14.3　四项能力分析

14.3.1　盈利与成长能力分析

数据显示（见图 5－3），2022 年美的集团的销售毛利率为 24.24%，位于行业中游水平，略低于格力电器的 26.04%以及海尔智家的 31.33%。海尔智家通过实施差异化战略，发力高端品牌、布局智能家居，形成了自身在行业中的独特优势，获得了行业内最高水平的销售毛利率。

图 5－7 列示了 2022 年部分家电企业毛利率、期间费用率及税率与净利率。数据显示，在销售费用率方面，海尔智家和海信家电均超过 10%，格力电器和美的集团则分别为 5.94%和 8.31%。格力电器和美的集团凭借高效的营销策略和较高的初始获利能力最终保持了较高的净利率水平。2022 年美的集团、格力电器和海尔智家的净利率分别为 8.59%、12.97%和 6.04%，美的集团的净利率水平在三巨头中处于中间水平，略高于行业中位数。

表 5－1 列示了美的集团、格力电器和海尔智家 2020—2022 年的投入资本回报率（ROIC）。数据显示，在 3 年中，美的集团的 ROIC 先上升后下降，格力电器的 ROIC 持续降低，海尔智家的 ROIC 总体保持上升趋势。2022 年三家公司的 ROIC 差异不大，美的集团的 ROIC 大于 15.00%，高于行业平均水平。

图 5－18 展示了美的集团 2018—2022 年的营收增长率。数据显示，受家电市场竞争加剧和新冠疫情影响，美的集团的营收增长率和净利润增长率总体呈下降趋势。2021 年因疫情形势的缓和，家电市场出现复苏，美的集团的营收出现了较大规模的增长。总体来看，美的集团的净利润增长率高于营收增长率且保持为正，说明虽然家电市场竞争加剧，利润空间不断被压缩，但是美的集团通过加强内部管理和成本控制等方式在行业内保持了较强的市场竞争力，具有较好的发展趋势。就近几年的增长速度而言，海尔智家>美的集团>格力电器。

总体上，无论是利润规模、利润率，还是投入资本回报率，相对于家电行业其他企业美的集团具有一定优势，体现了家电龙头企业的绝对实力。在家电三巨头中，美的集团、格力电器和海尔智家在盈利和成长能力方面各有所长，但是美的集团也面临收入和利润增速放缓的困境，其成长能力需要进一步观察。

14.3.2 营运能力分析

根据表6-1、表6-5、表6-6、表6-8和表6-10中的数据，2022年美的集团的总资产周转率为0.54次，远高于格力电器，但略低于海尔智家。存货周转天数为64.51天，远少于格力电器和海尔智家；应收账款周转天数为27.67天，与格力电器和海尔智家相差不大；净营业周期为7.00天，远少于格力电器和海尔智家；固定资产周转率为14.06次，远高于格力电器和海尔智家。

综合各项数据来看，美的集团的营运能力要强于竞争对手格力电器和海尔智家。

14.3.3 创新能力分析

表7-4列示了美的集团、格力电器及海尔智家三家公司2017—2022年的创新投入情况。结果显示：(1) 从研发投入规模来看，美的集团投入最大，海尔智家次之，格力电器投入最小。(2) 从研发强度来看，海尔智家最强，格力电器和美的集团旗鼓相当。从趋势来看，海尔智家的研发支出增长最为迅速，美的集团紧随其后，格力电器近年来研发支出增加缓慢。

创新产出包括：(1) 在获奖方面，截至2022年年底，海尔智家累计获得16项国家科技进步奖，美的集团累计获得3项国家科技奖。(2) 在专利申请方面，根据2023年1月6日领先的全球知识产权产业科技媒体IPRdaily中文网发布的《2022年全球智慧家庭发明专利排行榜（TOP100）》，海尔智家以5 691项公开的专利申请位居第一，代表中国企业连续8次夺得全球第一，美的集团和格力电器的专利申请数量分别为2 773项和2 118项。

综合来看，我国家电行业的创新能力领跑全球，家电三巨头都非常重视创新活动，创新能力都较强，但相比较而言，美的集团的创新投入更大，而海尔智家的创新效率更高。

14.3.4 综合财务分析

图8-14运用杜邦分析，对比分析了美的集团、格力电器和海尔智家三家公司的综合业绩。数据显示，2022年美的集团的ROE为19.45%，格力电器和海尔智家分别为24.06%和15.53%，说明美的集团在同行业中表现较为优异，是一家高质量公司。进一步利用杜邦分析分解ROE可以看出，在权益乘数方面，格力电器最高，美的集团次之，海尔智家最低；在总资产周转率方面，海尔智家最高，美的集团次之，格力电器最低。如果进一步剔除金融性资产的影响，则美的集团的总资产周转率实际最高，营运能力最强；在销售净利率方面，格力电器最高，美的集团次之，海尔智家最低，格力电器销售净利率最高主要是因为其有较强的品牌效应以及对销售费用有良好的控制。

综合杜邦分析的结果来看，美的集团的综合业绩较好，主要得益于较强的营运能力、盈利能力和良好的杠杆水平。相较于竞争对手，美的集团的营运能力强劲，但在盈利能力和杠杆水平方面还有提升空间。

14.4　三大风险分析

14.4.1　竞争风险分析

根据第 9 章的内容，公司的竞争环境主要可以从以下几个方面进行分析：

1. 行业现有竞争对手

家电行业是一个充分竞争的大行业。美的集团的各项业务都面临较为激烈的竞争，大大小小的竞争对手可能有数百家。国内主要的竞争对手有海尔智家、格力电器，国外主要的竞争对手则有惠而浦、西门子、大金、松下、三星等公司。就国内的竞争对手而言，格力电器在高端空调领域略有优势，海尔智家在冰箱、洗衣机领域的市场份额和高端市场有一定优势，而美的集团在小家电方面有非常明显的优势。

2. 现有竞争者之间的竞争程度

表 9-1 报告了家电行业 8 家龙头公司 2020—2022 年的销售毛利率和销售净利率。在家电三巨头中，美的集团、格力电器和海尔智家的销售毛利率均超过了 20.00%，美的集团和格力电器的销售净利率接近或超过 10.00%。从近几年的趋势来看，三家公司的利润率虽然有所波动，但整体保持平稳，说明竞争格局较为稳定。

3. 潜在进入者和替代品

家电行业的潜在进入者包括华为、小米等互联网公司（消费电子公司）。从 2016 年开始，小米通过电视、电饭煲、空调、冰箱等产品逐步进军家电行业。美的集团和小米集团，无论是从公司的资产和营收规模，还是从研发投入的规模来看，都算是同一级别的公司。因此，小米进军空调以及大家电领域，应该会对原有的家电巨头——美的集团、格力电器和海尔智家造成一定的冲击，但不会是碾压式的冲击，而是旗鼓相当的较量，结果还有待观察。

4. 上下游议价能力

表 9-5 中的数据显示：（1）美的集团应收账款周转天数较少，平均只有 25.87 天，说明美的集团对下游客户的议价能力较强；（2）应付账款周转天数平均高达 78.87 天，说明公司对上游供应商的议价能力也较强；（3）公司的营业周期较短，平均只有 85.06 天，而净营业周期最高不超过 13.20 天，说明公司对上下游整体的控制能力很强。除此之外，进一步查阅公司 2022 年的年报可知，公司前五名客户合计销售金额占年度销

售总额的比例为11.36%，前五名供应商合计采购金额占年度采购总额的比例为6.36%。上述数据进一步说明美的集团不存在对供应商和客户的重大依赖，对上下游的议价能力较强。

5. 未来竞争环境变化展望

家电行业在现在和未来一直都是一个充分竞争的行业。未来，如果我国家电行业整体规模下滑，预计竞争程度将会进一步加大。公司能否在激烈的竞争环境中生存和发展，取决于公司能否保持其核心竞争力。正如美的集团在2022年年报的致股东的信中所提到的："美的这棵大树，更需要坚定生长，躯干粗壮，枝繁叶茂，而树根深扎大地。躯干是我们的核心业务，茂密的树杈是我们要创新的增量，公司治理的优越性、价值理念的先进性、管理层的心智成长就是这棵大树的树根，唯有坚定生长，才可生生不息。"

14.4.2 清偿风险分析

根据第10章的内容，信用风险（清偿能力）分析可以关注三个方面的财务指标，即企业现金流量基础和盈利基础的盈利能力、流动资产相对于流动负债的充裕程度或总资产相对于全部负债的充裕程度、企业的风险水平。

年报数据显示，2022年美的集团盈利能力较为突出，ROA（归属于母公司股东的净利润/总资产）和ROE（归属于母公司股东的净利润/股东权益）分别高达6.99%和19.45%，以现金流为基础的利息保障倍数（经营活动现金净流量/利息费用）达12.34倍；2022年美的集团的流动资产相对充裕，流动比率（流动负债/流动负债）和速动比率（(流动资产－存货)/流动负债）分别为1.27和1.04，均大于1。公司的总资产相对于总负债较为充裕，资产负债率（总负债/总资产）为64.05%，主动性负债水平（有息负债率）低于20%；最近几年，公司营收和利润规模及其增长率的波动较小，企业风险水平较低。综合来看，美的集团的清偿能力较强，信用风险较低。

14.4.3 财务舞弊风险分析

根据第11章的框架，投资者可以根据财务指标和非财务指标信号，评估企业的财务舞弊风险。在非财务指标信号方面，美的集团经营良好、融资需求较低、大股东股权质押较低（占总股本不到2%）；公司和管理层历史诚信水平良好、注重对投资的回报；公司审计师为普华永道（国际四大），审计师的声誉良好；公司现任财务总监为内部培养，独立性一般。随着新《证券法》的实施，公司实施财务舞弊被发现的可能性和处罚的力度均大幅上升。

从财务指标信号来看，公司的业绩增速不高，与公司的实力相匹配；公司的利润率处于行业正常水平，不存在明显异常；公司销售收入含金量和净利润含金量处于正常水平；公司的货币资金占比处于正常水平，应收账款周转率、存货周转率和固定资产周转率均较高，无明显异常。

综上，结合非财务指标信号和财务指标信号来看，公司发生财务舞弊的风险较低。

14.5　前景与估值分析

14.5.1　前景分析

相比短期的股价波动，价值投资者更关注公司的基本面和未来的发展前景。长期来看，公司业绩增长是股价上涨最为重要的推动力。价值投资者强调对公司业绩前景的预测。第 12 章从美的集团的财务维度、行业维度、资源维度和战略维度进行综合分析，帮助投资者更好地预测其未来。

在财务维度上，图 12－1 描述了美的集团 2013—2022 年的营业收入及其增长率情况。可以发现，美的集团在这 10 年中营业收入持续增长、业务不断扩张；营业收入增长率波动较大，但整体仍然保持增长水平。图 12－2 描述了美的集团 2013—2022 年的净利润及其增长率情况。10 年间，虽然美的集团的净利润持续增长，但净利润增长率持续降低，从 2013 年的近 35％降低至 2022 年的不足 3％。综合美的集团的营业收入和净利润来看，公司未来业务有望实现进一步扩张，但是净利润因家电行业的激烈竞争可能陷入增长停滞的困境。

利用历史财务数据预测企业未来的前景并不总是可靠的，要判断企业未来的前景，不仅需要了解企业当前的经营状况，而且要分析行业的发展前景和竞争格局，以及企业的核心竞争力和战略选择。

在行业维度上，市场竞争愈发激烈，拉动市场结构向上提升，高品质、高性能已经成为企业和消费者的共识。从中长期来看，产业结构升级、居民收入相对稳定、消费多元化、国家政策对绿色和智能产业发展的引导以及家电行业产品标准的持续升级将带来新的机会和增长。如图 12－4 所示，2018—2022 年美的集团、格力电器和海尔智家三家公司的主营业务收入远高于行业第四、第五大公司（海信家电和长虹美菱）。在这三家公司中，海尔智家的业绩增速最快，格力电器的销售净利率最高，而美的集团的总体稳定性最高。在业务差异度方面，美的集团在家电领域主营空调和消费电器，公司近年来坚持全球化战略，国内外市场双管齐下，各地的销售保持稳定水平。

在资源维度上，美的集团 2022 年年报中关于核心竞争力的部分披露，公司的核心竞争力主要包括全球家电行业龙头（品牌形象）、产品与技术创新能力（创新能力）、全球领先的制造水平、规模优势（生产能力）、稳固的渠道网络（销售渠道）、数智驱动（数字化水平）、完善的公司治理机制。这些资产是美的集团的表外无形资产，在资产负债表上大多没有体现。例如，在品牌方面，美的集团旗下拥有美的、KUKA、小天鹅、东芝家电等世界知名的商标及其使用权。2022 年商标权账面余额为 4.67 亿元，商标使用权账面余额为 1.80 亿元。在技术方面，2018—2022 年公司的研发投入累计超过 500 亿元，公司拥有超过 20 000 名研发人员，在全球 12 个国家设有 35 个研发中心，能够发挥全球技术区位优势，整合全球资源，形成优势互补的综合研发能力。在销售渠道方面，美的集团形成了综合家电卖场、自有专卖体系、传统零售商以及电商下沉加盟店的全业态网络布局；已打造超过 6 000 家数字化零售标杆店，借力数智驱动实现用户直达，从用户需求和服务场景出发，深化面向终端零售的业务变革。

在战略维度上，美的集团坚持以科技领先为核心的四大战略主轴，实现 ToC 与 ToB 并重，启动第二引擎，通过 ToC 领域产品力与核心技术的提升，带动盈利能力提升，为 ToB 业务的转型提供战略支撑。美的集团、格力电器和海尔智家作为中国家电行业的三巨头，聚焦于行业内部不同的细分领域。美的集团将暖通空调和消费电器业务并重，并积极开拓机器人及自动化系统等新业务。2022 年美的集团的暖通空调、消费电器和机器人及自动化系统收入占主营业务收入比例分别为 43.80%、36.43%和 8.70%。通过对公司四个维度的全面分析，预计美的集团未来仍然能够保持中低速增长。

14.5.2 股票估值

1. 绝对估值法

现金流折现（DCF）模型是评估上市公司内在价值的经典模型，属于绝对估值模型，其思想为“公司的内在价值＝公司未来自由现金流的现值”。根据案例分析 13－2 的结果，我们将 8.27%作为美的集团在成长期的自由现金流年增长率，将 2%作为美的集团在稳定期的自由现金流年增长率；根据案例分析 13－3 的结果，将美的集团 2018—2022 年年均资本成本 6.09%作为折现率。表 13－5 展示了使用上述数据预测的 2023—2029 年自由现金流情况。在预测中，我们假定 2023—2027 年为美的集团自由现金流的成长期，从 2028 年开始，自由现金流增长进入稳定期。美的集团 2022 年 12 月 31 日在 DCF 二阶段模型估值方法下的公司价值约为 6 466.31 亿元，这一估值结果大于公司目前（2022 年年底）的权益市场价值和债务账面价值之和。但是由于 DCF 模型对参数的敏感性较高，如表 13－6 所示，不同水平的永续增长率和资本成本对公司价值的预测结果产生了显著的影响，我们需要十分谨慎地得出目前美的集团的价值被低估的结论。

2. 相对估值法

根据相对估值模型，美的集团在 2022 年 12 月每股股价预计应达到 51.65 元左右，当时真实的市场价格为 51.80 元，因此，我们可以认为美的集团的股票在当时被准确估值。

综合以上讨论，我们认为美的集团在 2022 年 12 月的估值较为合理，略有低估。如果未来公司股价下跌或基本面好转，可能会出现较好的长期投资机会。

主要参考文献

［1］Mary E. Barth，Ken Li，Charles G. McClure. Evolution in value relevance of accounting information. The Accounting Review，2023，98（1）：1－28.

［2］Palepu K. G.，Healy P. M.，Wright S.，et al. Business analysis and valuation：using financial statements. Cengage AU，2020.

［3］Penman S. H. Financial statement analysis and security valuation. New York：McGraw-hill，2013.

［4］Sloan R. G. Fundamental analysis redux. The Accounting Review，2019，94（2）：363－377.

［5］阿斯瓦斯·达莫达兰．估值：难点、解决方案及相关案例：原书第3版．北京：机械工业出版社，2019.

［6］巴鲁克·列夫，谷丰．会计的没落与复兴．北京：北京大学出版社，2018.

［7］查理·芒格，芒格书院．芒格之道．北京：中信出版集团，2023.

［8］贾宁．贾宁财务讲义：人人都需要的财务思维．北京：中信出版集团，2020.

［9］玛丽·巴菲特，戴维·克拉克．巴菲特教你读财报．北京：中信出版集团，2015.

［10］唐朝．手把手教你读财报．北京：中国经济出版社，2022.

［11］王化成，支晓强，王建英．财务报表分析．3版．北京：中国人民大学出版社，2022.

［12］沃伦·巴菲特，劳伦斯·坎宁安．巴菲特致股东的信：投资者和公司高管教程．北京：机械工业出版社，2023.

［13］夏立军，李莫愁．价值投资者的财报分析．北京：机械工业出版社，2022.

［14］肖星．一本书读懂财报．杭州：浙江大学出版社，2022.

［15］薛云奎，郭照蕊．财务报表分析．北京：机械工业出版社，2019.

［16］张新民，钱爱民．财务报表分析．6版．北京：中国人民大学出版社，2023.

图书在版编目（CIP）数据

财务报表分析与估值 ：立体化数字教材版 / 宋顺林，郑登津主编；陈运森，梁上坤，鲁桂华副主编 . --北京 ：中国人民大学出版社，2024. 10. --（高等学校经济管理类核心课程教材）. -- ISBN 978-7-300-33115-7

Ⅰ. F231. 5

中国国家版本馆 CIP 数据核字第 2024CQ6208 号

高等学校经济管理类核心课程教材
财务报表分析与估值（立体化数字教材版）
主　编　宋顺林　郑登津
副主编　陈运森　梁上坤　鲁桂华
Caiwu Baobiao Fenxi yu Guzhi

出版发行　中国人民大学出版社
社　　址　北京中关村大街 31 号　　**邮政编码**　100080
电　　话　010－62511242（总编室）　010－62511770（质管部）
010－82501766（邮购部）　010－62514148（门市部）
010－62515195（发行公司）　010－62515275（盗版举报）
网　　址　http://www. crup. com. cn
经　　销　新华书店
印　　刷　北京密兴印刷有限公司
开　　本　787 mm×1092 mm　1/16　　**版　　次**　2024 年 10 月第 1 版
印　　张　22 插页 1　　**印　　次**　2025 年 3 月第 2 次印刷
字　　数　443 000　　**定　　价**　49. 00 元

中国人民大学出版社　管理分社

教师教学服务说明

中国人民大学出版社管理分社以出版工商管理和公共管理类精品图书为宗旨。为更好地服务一线教师，我们着力建设了一批数字化、立体化的网络教学资源。教师可以通过以下方式获得免费下载教学资源的权限：

★ 在中国人民大学出版社网站 www.crup.com.cn 进行注册，注册后进入“会员中心”，在左侧点击“我的教师认证”，填写相关信息，提交后等待审核。我们将在一个工作日内为您开通相关资源的下载权限。

★ 如您急需教学资源或需要其他帮助，请加入教师 QQ 群或在工作时间与我们联络。

中国人民大学出版社　管理分社

教师 QQ 群： 648333426（工商管理）　114970332（财会）　648117133（公共管理）
教师群仅限教师加入，入群请备注（学校 + 姓名）

联系电话： 010-62515735，62515987，62515782，82501048，62514760

电子邮箱： glcbfs@crup.com.cn

通讯地址： 北京市海淀区中关村大街甲 59 号文化大厦 1501 室（100872）

管理书社　　人大社财会　　公共管理与政治学悦读坊